21 世纪特殊教育创新教材

主编单位
华东师范大学学前与特殊教育学院
南京特殊教育师范学院
华中师范大学教育科学学院
陕西师范大学教育学院
总主编：方俊明
副主编：杜晓新　雷江华　周念丽
学术委员会
主　任：方俊明
副主任：杨广学　孟万金
委　员：方俊明　杨广学　孟万金　邓　猛　杜晓新　赵　微
　　　　刘春玲
编辑委员会
主　任：方俊明
副主任：丁　勇　汪海萍　邓　猛　赵　微
委　员：方俊明　张　婷　赵汤琪　雷江华　邓　猛　朱宗顺
　　　　杜晓新　任颂羔　蒋建荣　胡世红　贺荟中　刘春玲
　　　　赵　微　周念丽　李闻戈　苏雪云　张　旭　李　芳
　　　　李　丹　孙　霞　杨广学　王　辉　王和平

21世纪特殊教育创新教材·理论与基础系列

主编：杜晓新　　　　　审稿人：杨广学　孟万金

- 特殊教育的哲学基础（华东师范大学：方俊明）
- 特殊教育的医学基础（南京特殊教育师范学院：张婷、赵汤琪）
- 融合教育导论（华中师范大学：雷江华）
- 特殊教育学（雷江华、方俊明）
- 特殊儿童心理学（方俊明、雷江华）
- 特殊教育史（浙江师范大学：朱宗顺）
- 特殊教育研究方法（华东师范大学：杜晓新、宋永宁）
- 特殊教育发展模式（纽约市教育局：任颂羔）

21世纪特殊教育创新教材·发展与教育系列

主编：雷江华　　　　　审稿人：邓　猛　刘春玲

- 视觉障碍儿童的发展与教育（华中师范大学：邓猛）
- 听觉障碍儿童的发展与教育（华东师范大学：贺荟中）
- 智力障碍儿童的发展与教育（华东师范大学：刘春玲）
- 学习困难儿童的发展与教育（陕西师范大学：赵微）
- 自闭症谱系障碍儿童的发展与教育（华东师范大学：周念丽）
- 情绪与行为障碍儿童的发展与教育（华南师范大学：李闻戈）
- 超常儿童的发展与教育（华东师范大学：苏雪云；北京联合大学：张旭）

21世纪特殊教育创新教材·康复与训练系列

主编：周念丽　　　　　审稿人：方俊明　赵　微

- 特殊儿童应用行为分析（天津体育学院：李芳；武汉麟洁健康咨询中心：李丹）
- 特殊儿童的游戏治疗（华东师范大学：周念丽）
- 特殊儿童的美术治疗（南京特殊教育师范学院：孙霞）
- 特殊儿童的音乐治疗（南京特殊教育师范学院：胡世红）
- 特殊儿童的心理治疗（华东师范大学：杨广学）
- 特殊教育的辅具与康复（南京特殊教育师范学院：蒋建荣、王辉）
- 特殊儿童的感觉统合训练（华东师范大学：王和平）

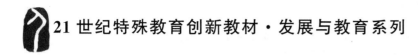

21世纪特殊教育创新教材·发展与教育系列

视觉障碍儿童的发展与教育

邓 猛 主 编
孙玉梅 副主编

图书在版编目(CIP)数据

视觉障碍儿童的发展与教育/邓猛主编.—北京：北京大学出版社，2011.5
（21世纪特殊教育创新教材·发展与教育系列）
ISBN 978-7-301-15951-4

Ⅰ.①视…　Ⅱ.①邓…　Ⅲ.①视觉障碍–儿童–特殊教育–教材　Ⅳ.①G761.2

中国版本图书馆CIP数据核字（2011）第177030号

书　　　名	视觉障碍儿童的发展与教育 Shijue Zhangai Ertong de Fazhan yu Jiaoyu
著作责任者	邓　猛　主编
丛书策划	周雁翎
丛书主持	李淑方
责任编辑	李淑方
标准书号	ISBN 978-7-301-15951-4
出版发行	北京大学出版社
地　　　址	北京市海淀区成府路205号　100871
网　　　址	http://www.pup.cn　新浪微博:@北京大学出版社
微信公众号	通识书苑（微信号：sartspku）　科学元典（微信号：kexueyuandian）
电子邮箱	编辑部 jyzx@pup.cn　总编室 zpup@pup.cn
电　　　话	邮购部 010-62752015　发行部 010-62750672　编辑部 010-62767857
印　刷　者	北京鑫海金澳胶印有限公司
经　销　者	新华书店
	787毫米×1092毫米　16开本　16.75印张　430千字 2011年5月第1版　2024年7月第8次印刷
定　　　价	55.00元

未经许可，不得以任何方式复制或抄袭本书之部分或全部内容。
版权所有，侵权必究
举报电话：010-62752024　电子邮箱：fd@pup.cn
图书如有印装质量问题，请与出版部联系，电话：010-62756370

顾明远序

去年国家颁布的《国家中长期教育改革和发展规划纲要(2010—2020年)》专门辟一章特殊教育,提出:"全社会要关心支持特殊教育"。这里的特殊教育主要是指"促进残疾人全面发展、帮助残疾人更好地融入社会"的教育。当然,广义的特殊教育还包括超常儿童与问题儿童的教育。但毕竟残疾人更需要受到全社会的关爱和关注。

发展特殊教育(这里专指残疾人教育),首先要对特殊教育有一个认识。所谓特殊教育的特殊,是指这部分受教育者在生理上或者心理上有某种缺陷,阻碍着他的发展。特殊教育就是要帮助他排除阻碍他发展的障碍,使他得到与普通人一样的发展。残疾人并非所有智能都丧失,只是丧失一部分器官的功能。通过教育我们可以帮助他弥补缺陷,或者使他的损伤的器官功能得到部分的恢复,或者培养其他器官的功能来弥补某种器官功能的不足。因此,特殊教育的目的与普通教育的目的是一样的,就是要促进儿童身心健康的发展,只是他们需要更多的爱护和帮助。

至于超常儿童教育则又是另一种特殊教育。超常儿童更应该在普通教育中发现和培养,不能简单地过早地确定哪个儿童是超常的。不能完全相信智力测验。这方面我没有什么经验,只是想说,现在许多家长都认为自己的孩子是天才,从小就超常地培养,结果弄巧成拙,拔苗助长,反而害了孩子。

在特殊教育中倒是要重视自闭症儿童。我国特殊教育更多的是关注伤残儿童,对于自闭症儿童认识不足、关心不够。其实他们非常需要采取特殊的方法来矫正自闭症,否则他们长大以后很难融入社会。自闭症不是完全可以治愈的。但早期的鉴别和干预对他们日后的发展很有帮助。国外很关注这些儿童,也有许多经验,值得我们借鉴。

我在改革开放以后就特别感到特殊教育的重要。早在1979年我担任北京师范大学教育系主任时就筹办了我国第一个特殊教育专业，举办了第一次特殊教育国际会议。但是我个人的专业不是特殊教育，因此只能说是一位门外的倡导者，却不是专家，说不出什么道理来。

方俊明教授是改革开放后早期的心理学家，后来专门从事特殊教育二十多年，对特殊教育有深入的研究。在我国大力提倡发展特殊教育之今天，组织五十多位专家编纂这套"21世纪特殊教育创新教材"丛书，真是恰逢其时，是灌溉特殊教育的及时雨，值得高兴。方俊明教授要我为丛书写几句话，是为序。

中国教育学会理事长
北京师范大学副校长
2011年4月5日于北京求是书屋

沈晓明序

由于专业背景的关系,我长期以来对特殊教育高度关注。在担任上海市教委主任和分管教育卫生的副市长后,我积极倡导"医教结合",希望通过多学科、多部门精诚合作,全面提升特殊教育的教育教学水平与康复水平。在各方的共同努力下,上海的特殊教育在近年来取得了长足的发展。特殊教育的办学条件不断优化,特殊教育对象的分层不断细化,特殊教育的覆盖面不断扩大,有特殊需要儿童的入学率达到上海历史上的最高水平,特殊教育发展的各项指标均位于全国特殊教育前列。本市中长期教育改革和发展规划纲要,更是把特殊教育列为一项重点任务,提出要让有特殊需要的学生在理解和关爱中成长。

上海特殊教育的成绩来自于各界人士的关心支持,更来自于教育界的辛勤付出。"21世纪特殊教育创新教材"便是华东师范大学领衔,联合四所大学,共同献给中国特殊教育界的一份丰厚的精神礼物。该丛书全篇近600万字,凝聚中国特殊教育界老中青50多名专家三年多的心血,体现出作者们潜心研究、通力合作的精神与建设和谐社会的责任感。丛书22本从理论与基础、发展与教育、康复与训练三个系列,全方位、多层次地展现了信息化时代特殊教育发展的理念、基本原理和操作方法。本套丛书选题新颖、结构严谨,拓展了特殊教育的研究范畴,从多学科的角度更新特殊教育的研究范式,让人读后受益良多。

发展特殊教育事业是党和政府坚持以人为本、弘扬人道主义精神和保障人权的重要举措,是促进残障人士全面发展和实现"平等、参与、共享"目标的有效途径。《国家中长期教育改革和发展规划纲要(2010—2020年)》明确提出，要关心和支持特殊教育，要完善特殊教育体系，要健全特殊教育保障机制。我相信，随着我国经济的发展，教育投入的增加，我国特殊教育的专业队伍会越来越壮大，科研水平会不断地提高，特殊教育的明天将更加灿烂。

沈晓明

上海交通大学医学院教授、博士生导师

世界卫生组织新生儿保健合作中心主任

上海市副市长

2011年3月

丛书总序

特殊教育是面向残疾人和其他有特殊教育需要人群的教育,是国民教育体系的重要组成部分。特殊教育的发展,关系到实现教育公平和保障残疾人受教育的权利。改革和发展我国的特殊教育是全面建设小康社会、促进社会稳定与和谐的一项急迫任务,需要全社会的关心与支持,并不断提升学科水平。

半个多世纪以来,由于教育民主思想的渗透以及国际社会的关注,特殊教育已成为世界上发展最快的教育领域之一,它在一定程度上也综合反映出一个国家或地区的政治、经济、文化和国民素质的综合水平,成为衡量社会文明进步程度的重要标志。改革开放30多年以来,在党和政府的关心下,我国的特殊教育也得到了前所未有的大发展,进入了我国历史上最好的发展时期。在"医教结合"基础上发展起来的早期教育、随班就读和融合教育正在推广和深化,特殊职业教育和高等教育也有较快的发展,这些都标志着我国特殊教育的发展进入了一个全球化、信息化的时代。

但是,作为一个发展中国家,由于起点低、人口多、各地区发展不均衡,我国特殊教育的整体发展水平与世界上特殊教育比较发达的国家和地区相比,还有一定的差距,存在一些亟待解决的主要问题。例如:如何从狭义的仅以视力、听力和智力障碍等残疾儿童为主要服务对象的特殊教育逐步转向包括各种行为问题儿童和超常儿童在内的广义的特殊教育;如何通过强有力的特教专项立法来保障特殊儿童接受义务教育的权利,进一步明确各级政府、儿童家长和教育机构的责任,使经费投入、鉴定评估等得到专项法律法规的约束;如何加强对"随班就读"的支持,使融合教育的理念能被普通教育接受并得到充分体现;如何加强对特教师资和相关的专业人员的培养和训练;如何通过跨学科的合作加强相关的基础研究和应用研究,较快地改变目前研究力量薄弱、学科发展和专业人员整体发展水平偏低的状况。

为了迎接当代特殊教育发展的挑战和尽快缩短与发达国家的差距,三年前,我们在北京大学出版社出版意向的鼓舞下,成立了"21世纪特殊教育创新教材"的丛书编辑委员会和学术委员会,集中了国内特殊教育界具有一定教学、科研能力的高级职称或具有本专业博士学位的专业人员50多人共同编写了这套丛书,以期联系我国实际,全面地介绍和深入地探讨当代特殊教育的发展理念、基本原理和操作方法。丛书分为三个系列,共22本,其中有个人完成的专著,还有多人完成的编著,共约600万字。

理论与基础系列

本系列着重探讨特殊教育的理论与基础。讨论特殊教育的存在和思维的关系,特殊教育的学科性质和任务,特殊教育学与医学、心理学、教育学、教学论等相邻学科的密切关系,力求反映出现代思维方法、相邻学科的发展水平以及融合教育的思想对现代特教发展的影响。本系列特别注重从历史、现实和研究方法的演变等不同角度来探讨当代特殊教育的特点和发展趋势。本系列由以下8种组成：

《特殊教育的哲学基础》《特殊教育的医学基础》《融合教育导论》《特殊教育学》《特殊儿童心理学》《特殊教育史》《特殊教育研究方法》《特殊教育发展模式》。

发展与教育系列

本系列从广义上的特殊教育对象出发，密切联系日常学前教育、学校教育、家庭教育、职业教育和高等教育的实际，对不同类型特殊儿童的发展与教育问题进行了分册论述。着重阐述不同类型儿童的概念、人口比率、身心特征、鉴定评估、课程设置、教育与教学方法等方面的问题。本系列由以下7种组成：

《视觉障碍儿童的发展与教育》《听觉障碍儿童的发展与教育》《智力障碍儿童的发展与教育》《学习困难儿童的发展与教育》《自闭症谱系障碍儿童的发展与教育》《情绪与行为障碍儿童的发展与教育》《超常儿童的发展与教育》。

康复与训练系列

本系列旨在体现"医教结合"的原则，结合中外的各类特殊儿童，尤其是有比较严重的身心发展障碍儿童的治疗、康复和训练的实际案例，系统地介绍了当代对特殊教育中早期鉴别、干预、康复、咨询、治疗、训练教育的原理和方法。本系列偏重于实际操作和应用，由以下7种组成：

《特殊儿童应用行为分析》《特殊儿童的游戏治疗》《特殊儿童的美术治疗》《特殊儿童的音乐治疗》《特殊儿童的心理治疗》《特殊教育的辅具与康复》《特殊儿童的感觉统合训练》。

"21世纪特殊教育创新教材"是目前国内学术界有关特殊教育问题覆盖面最广、内容较丰富、整体功能较强的一套专业丛书。在特殊教育的理论和实践方面，本套丛书比较全面和深刻地反映出了近几十年来特殊教育和相关学科的成果。一方面大量参考了国外和港台地区有关当代特殊教育发展的研究资料；另一方面总结了我国近几十年来，尤其是建立了特殊教育专业硕士、博士点之后的一些交叉学科的实证研究成果，涉及5000多种中英文的参考文献。本套丛书力求贯彻理论和实际相结合的精神，在反映国际上有关特殊教育的前沿研究的同时，也密切结合了我国社会文化的历史和现实，将特殊教育的基本理论、基础理论、儿童发展和实际的教育、教学、咨询、干预、治疗和康复等融为一体，为建立一个具有前瞻性、符合科学发展观，具有中国历史文化特色的特殊教育的学科体系奠定基础。本套丛书在全面介绍和深入探讨当代特殊教育的原理和方法的同时，力求阐明如下几个主要学术观点：

1. 人是生物遗传和"文化遗传"两者结合的产物。生物遗传只是使人变成了生命活体和奠定了形成自我意识的生物基础；"文化遗传"才可能使人真正成为社会的人、高尚的人、成为"万物之灵"，而教育便是实现"文化遗传"的必由之路。特殊教育作为一个联系社会学科和自然学科，理论学科和应用学科的"桥梁学科"，应该集中地反映教育在人的种系发展和个体发展中所发挥的巨大作用。

2. 当代特殊教育的发展是全球化、信息化教育观念的体现，它有力地展现了人类社会发展过程中物质文明与精神文明之间发展的同步性。马克思主义很早就提出了两种生产力的概念，即生活物资的生产和人自身的繁衍。伴随生产力的提高和社会的发展，人类应该有更多的精力和能力来关注自身的繁衍和一系列发展问题，这些问题一方面是通过基因工程来防治和减少疾病,实行科学的优生优育,另一方面是通过优化家庭教育、学校教育和社会教育的环境,来最大限度地增加教育在发挥个体潜能和维护社会安定团结与文明进步等方面的整体功能。

3. 人类由于科学技术的发展、生产能力的提高,已经开始逐步地摆脱了对单纯性、缓慢性的生物进化的依赖,摆脱了因生活必需的物质产品的匮乏和人口繁衍的无度性所造成"弱肉强食"型的生存竞争。人类应该开始积极主动地在物质实体、生命活体、社会成员的大系统中调整自己的位置,更加注重作为一个平等的社会成员在促进人类的科学、民主和进步过程中所应该承担的责任和义务。

4. 特殊教育的发展,尤其是融合教育思想的形成和传播,对整个教育理念、价值观念、教育内容、学习方法和教师教育等问题,提出了全面的挑战。迎接这一挑战的方法只能是充分体现时代精神,在科学发展观的指导下开展深度的教育改革。当代特殊教育的重心不再是消极地过分地局限于单纯的对生理缺陷的补偿,而是在一定补偿的基础上,积极地努力发展有特殊需要儿童的潜能。无论是特殊教育还是普通教育都应该强调培养受教育者积极乐观的人生态度和做人的责任,使其为促进人类社会的进步最大限度地发挥自身的潜能。

5. 当代特殊教育的发展,对未来的教师和教育管理者、相关的专业人员的学识、能力和人格提出了更高的要求。未来的教师和教育管理者、相关的专业人员不仅要做到在教学相长中不断地更新自己的知识,还要具备从事普通教育和特殊教育的能力,具备新时代的人格魅力,从勤奋、好学、与人为善和热爱学生的行为中,自然地展示出对人类未来的美好憧憬和追求。

6. 从历史上来看,东西方之间思维方式和文化底蕴方面的差异,导致对残疾人的态度和特殊教育的理念是大不相同的。西方文化更注重逻辑、理性和实证,从对特殊人群的漠视、抛弃到专项立法和依法治教,从提倡融合教育到专业人才的培养,从支持系统的建立到相关学科的研究,思路是清晰的,但执行是缺乏弹性的,综合效果也不十分理想,过度地依赖法律底线甚至给某些缺乏自制力和公益心的人提供了法律庇护下的利己方便。东方哲学特别重视人的内心感受、人与自然和人与人之间的协调,以及社会的平衡与稳定,但由于封建社会落后的生产力水平和封建专制,特殊教育长期停留在"同情""施舍""恩赐""点缀""粉饰太平"的水平,缺乏强有力的稳定的实际支持系统。因此,如何通过中西合璧,结合本国的实际来发展我国的特殊教育,是一个需要深入研究的问题。

7. 当代特殊教育的发展是高科技和远古人文精神的有机结合。与普通教育相比,特殊教育只有200多年的历史,但近半个世纪以来,世界特殊教育发展的广度和深度都令人吃惊。教育理念不断更新,从"关心"到"权益",从"隔离"到"融合",从"障碍补偿"到"潜能开发",从"早期干预""个别化教育"到终身教育及计算机网络教学的推广,等等,这些都充分地体现了对人本身的尊重、对个体差异的认同、对多元文化的欣赏。

本套丛书力求帮助特殊教育工作者和广大特殊儿童的家长:① 进一步认识特殊教育的本质,勇于承担自己应该承担的责任,完成特殊教育从慈善关爱型向义务权益型转化;② 进一步明确特殊教育和普通教育的目标,促进整个国民教育从精英教育向公民教育转化;③ 进一步尊重差异,发展个性,促进特殊教育从隔离教育向融合教育转型;④ 逐步实现特殊教育的专项立法,进一步促进特殊教育从号召型向依法治教的模式转变;⑤ 加强专业人员的培养,进一步促进特殊教育从低水平向高质量的转变;⑥加强科学研究,进一步促进特殊教育学科水平的提高。

我们希望本套丛书的出版能对落实我国中长期的教育发展规划起到积极的作用,增加人们对当代特殊教育发展状况的了解,使人们能清醒地认识到我国特殊教育发展所取得的成就、存在的差距、解决的途径和努力的方向,促进中国特殊教育的学科建设和人才培养。在教育价值上进一步体现对人的尊重、对自然的尊重;在教育目标上立足于公民教育;在教育模式上体现出对多元文化和个体差异的认同;在教育方法上本着实事求是的精神实行因材施教,充分地发挥受教育者的潜能,发展受教育者的才智与个性;在教育功能上进一步体现我国社会制度本身的优越性,促进人类的科学与民主、文明与进步。

在本套丛书编写的三年时间里,四个主编单位分别在上海、南京、武汉组织了三次有关特殊教育发展的国际论坛,使我们有机会了解世界特殊教育最新的学科发展状况。在北京大学出版社和主编单位的资助下,丛书编委会分别于2008年2月和2009年3月在南京和上海召开了两次编写工作会议,集体讨论了丛书编写的意图和大纲。为了保证丛书的质量,上海市特殊教育资源中心和华东师范大学特殊教育研究所为本套丛书的编辑出版提供了帮助。

本套丛书的三个系列之间既有内在的联系,又有相对的独立性。不同系列的著作可作为特殊教育和相关专业的教材,也可供不同层次、不同专业水平和专业需要的教育工作者以及关心特殊儿童的家长等读者阅读和参考。尽管到目前为止,"21世纪特殊教育创新教材"可能是国内学术界有关特殊教育问题研究的内容丰富、整体功能强、在特殊教育的理论和实践方面覆盖面最广的一套丛书,但由于学科发展起点较低,编写时间仓促,作者水平有限,不尽如人意之处甚多,寄望更年轻的学者能有机会在本套丛书今后的修订中对之逐步改进和完善。

本套丛书从策划到正式出版,始终得到北京大学出版社教育出版中心主任周雁翎和责任编辑李淑方、华东师范大学学前教育学院党委书记兼上海市特殊教育资源中心主任汪海萍、南京特殊教育师范学院院长丁勇、华中师范大学教育科学学院院长邓猛、陕西师范大学教育科学学院副院长赵微等主编单位领导和参加编写的全体同人的关心和支持,在此由衷地表示感谢。

最后,特别感谢丛书付印之前,中国教育学会理事长、北京师范大学副校长顾明远教授和上海市副市长、上海交通大学医学院教授沈晓明在百忙中为丛书写序,对如何突出残疾人的教育,如何进行"医教结合",如何贯彻《国家中长期教育改革和发展规划纲要(2010—2020年)》等问题提出了指导性的意见,给我们极大的鼓励和鞭策。

"21世纪特殊教育创新教材"

编写委员会

(方俊明执笔)

2011年3月12日

前　言

特殊教育是世界进入近代以后,人类文明形态进步的一大表征。① 作为弱势群体中的一员,残疾人必须享有平等接受教育的权利,才能和其他社会成员站在同一起跑线上,获得平等的发展空间,才能在人类社会中获得真正的平等。随着人们对个体平等权利的伸张以及对教育公平的诉求,特殊教育日益受到关注,更多的人参与到特殊教育的领域中来,更多的特殊孩子能够有机会享受到受教育的权利。

根据世界银行的估计,世界上最贫穷的人当中20%是残疾人,他们是最为弱势的群体。根据2006年全国残疾人第二次抽样调查显示,我国视力残疾1233万人,占残疾人总数的14.86%。如果说残疾人是弱势群体中最为艰难的群体的话,视觉障碍人士显然又是残疾人中最为艰难的群体。自法国盲教育家阿于伊1784年在巴黎建立世界上第一所盲校至今,世界盲教育已经走过了两百多年的历程。1874年,苏格兰长老会(Presbyterian)牧师威廉·穆恩(William Moon)在北京开办的中国第一所特殊学校暨瞽叟通文馆(后改为"启明瞽目院",即北京盲校的前身),招收盲童为教育对象,讲授圣经、读书、算术以及音乐等课程,开启了中国盲教育的先河。在随后的一百多年里,特别是20世纪80年代以来,在党和政府的重视下,我国特殊教育发展迅速,受回归主流与融合教育思想的直接影响,我国特殊教育改变了百余年来以特殊学校为单一发展途径的做法,大力推行随班就读模式,使得原来无法上学的特殊儿童得到了入学机会。单就视觉障碍教育领域而言,截至2000年底,我国义务教育阶段在校视觉障碍学生共有34781人,共有盲校43所,盲聋合校106所,特殊学校附设盲班298个。盲校、盲聋合校、特殊学校附设盲班中共有视觉障碍学生8140人,占视觉障碍学生在校总人数的23.3%;在普通学校特殊班或随班就读的视觉障碍学生26641人,占视觉障碍学生在校总人数的76.7%。② 不管是盲校学生数目的扩大还是普通学校视觉障碍学生数目的扩大,都说明了大量流失在校外的视觉障碍学生就学有门了。在此基础上,如何保障视觉障碍教育的质量,使学校能够留得住视觉障碍学生则是我们要进一步考虑的问题。

时代在不断向前发展,推动残疾人教育的不断革新。特别是随着人们社会生活水平的提高以及辅助技术的不断开发,残疾人在生活、学习和工作方面的境况有了较大的改善。首先是社会氛围的好转,人们不再将残疾人看作异类,残疾人能够得到较为平等的对待。再就是借助先进的辅助技术装备,残疾人可以独立地学习和生活,甚至是完成一些普通人都难以完成的任务。相应的,视觉障碍儿童的发展与教育也悄然发生着变化,其课程设置也更符合

---

① 郭卫东.论中国近代特殊教育的发端[J].教育学报.2007,3:91
② 邓猛.金钥匙视障教育理论与实践[M].北京:教育科学出版社,2008:184

当今时代的要求,更着重于儿童的社会化发展和职业训练。因此,固守传统观念势必带来教育上的失败,视觉障碍教师迫切需要观念更新,需要与时俱进,才有可能满足视觉障碍儿童的教育需求,保障视觉障碍教育的质量。特别是视觉障碍学生随班就读之后,怎样帮助普通班级教师认识视觉障碍,了解视觉障碍学生的身心特点以制订更适合的教育计划,是新时期发展视觉障碍教育不得不面对的问题。

我国高等特殊教育师范教育在改革开放以后才逐步得到重视与发展,目前高等学校特殊教育专业教材建设正方兴未艾。本书立足新时期特殊教育的发展,试图以崭新和全面的眼光来审视视觉障碍儿童的发展与教育,为高等特殊教育师范本专科教学提供一本系统、全面、理论与实用性较强的教材,并为特殊学校和普通学校中面对视觉障碍学生的教师掌握视觉障碍儿童身心发展规律和教育原则方法提供指导用书与参考用书。同时,本书还可以作为视觉障碍儿童家长、相关的管理与康复服务人员的参考书,帮助他们了解视觉障碍儿童特点,并制订有针对性的教育与康复方案,从而推动我国视觉障碍教育的深入发展。

本书作者分工如下:第1章,李园林、邓猛;第2章、第3章,李战营;第4章、第5章,孙玉梅;第6章,彭兴蓬;第7章,杨萍;第8章,蒋邓鋆;第9章,程三银;第10章,闫燕;第11章,汪斯斯;第12章,邓猛。李园林同志为广东省中山市特殊教育学校教师,其他作者均为华中师范大学特殊教育专业教师或研究生,全书由邓猛博士与孙玉梅博士生完成统稿的工作。

目 录

顾明远序	(1)
沈晓明序	(1)
丛书总序	(1)
前　言	(1)

第1章　视觉障碍的概述 …………………………………………………………… (1)

 第1节　视觉障碍的概念 ……………………………………………………… (1)

  一、视觉的基本概念及其重要性 …………………………………………… (1)

  二、视觉障碍的定义 ………………………………………………………… (4)

  三、视觉障碍儿童的出现率 ………………………………………………… (5)

 第2节　视觉障碍的分类 ……………………………………………………… (6)

  一、我国对视觉障碍的分类 ………………………………………………… (6)

  二、国际组织对视觉障碍的分类 …………………………………………… (7)

  三、其他各国对视觉障碍的分类 …………………………………………… (8)

  四、不同行业对视觉障碍的分类 …………………………………………… (9)

 第3节　视觉障碍儿童教育的发展 …………………………………………… (10)

  一、西方视觉障碍教育的发展 ……………………………………………… (10)

  二、我国视觉障碍教育的发展 ……………………………………………… (15)

  三、我国视觉障碍儿童教育的发展方向 …………………………………… (19)

第2章　视觉系统与视觉障碍的成因 ……………………………………………… (22)

 第1节　视觉系统的结构和功能 ……………………………………………… (22)

  一、眼球 ……………………………………………………………………… (22)

  二、视路 ……………………………………………………………………… (27)

  三、眼附属器 ………………………………………………………………… (27)

 第2节　视觉障碍的成因 ……………………………………………………… (28)

  一、先天原因 ………………………………………………………………… (28)

  二、后天原因 ………………………………………………………………… (29)

 第3节　常见的视觉器官疾病 ………………………………………………… (31)

  一、白内障 …………………………………………………………………… (31)

  二、青光眼 …………………………………………………………………… (32)

  三、角膜病 …………………………………………………………………… (32)

  四、沙眼 ……………………………………………………………………… (33)

　　　　五、视神经萎缩 ……………………………………………………………… (33)
　　　　六、视网膜色素变性 …………………………………………………………… (34)
　　　　七、屈光不正/弱视/斜视 ……………………………………………………… (34)
　　第4节　视觉障碍的早期预防 ………………………………………………………… (35)
　　　　一、杜绝近亲结婚，做好婚前检查 …………………………………………… (35)
　　　　二、注意孕期保健，保证身心健康 …………………………………………… (35)
　　　　三、按时接种疫苗，预防传染病 ……………………………………………… (35)
　　　　四、加强安全教育，防止眼外伤 ……………………………………………… (35)
　　　　五、讲究合理饮食，做到营养全面 …………………………………………… (36)
　　　　六、做到早发现，早干预，早治疗 ……………………………………………… (36)

第3章　视觉障碍儿童的鉴定与评估 ……………………………………………………… (37)
　　第1节　视觉障碍儿童鉴定与评估概述 ……………………………………………… (37)
　　　　一、视觉障碍儿童鉴定与评估的目的与功能 ………………………………… (37)
　　　　二、视觉障碍儿童鉴定与评估的内容与方法 ………………………………… (38)
　　　　三、视觉障碍儿童鉴定与评估的流程与模式 ………………………………… (39)
　　第2节　视觉障碍儿童的视力检查 …………………………………………………… (42)
　　　　一、筛查 ………………………………………………………………………… (42)
　　　　二、诊断 ………………………………………………………………………… (44)
　　　　三、分类的原则 ………………………………………………………………… (50)
　　第3节　视觉障碍儿童的功能性视力评估 …………………………………………… (50)
　　　　一、功能性视力评估的目的与意义 …………………………………………… (51)
　　　　二、功能性视力的影响因素 …………………………………………………… (53)
　　　　三、功能性视力评估的向度与内容 …………………………………………… (57)
　　　　四、功能性视力评估的实施 …………………………………………………… (59)

第4章　视觉障碍儿童的认知发展 ………………………………………………………… (65)
　　第1节　感知觉的发展 ………………………………………………………………… (65)
　　　　一、视觉障碍儿童感觉的发展 ………………………………………………… (66)
　　　　二、视觉障碍儿童知觉的发展 ………………………………………………… (70)
　　第2节　注意的发展 …………………………………………………………………… (72)
　　　　一、注意的基本概念 …………………………………………………………… (73)
　　　　二、视觉障碍儿童注意的发展特点 …………………………………………… (73)
　　第3节　记忆的发展 …………………………………………………………………… (74)
　　　　一、记忆的基本过程 …………………………………………………………… (74)
　　　　二、视觉障碍儿童记忆的发展 ………………………………………………… (75)
　　第4节　想象的发展 …………………………………………………………………… (78)
　　　　一、想象概述 …………………………………………………………………… (78)
　　　　二、视觉障碍儿童想象的发展 ………………………………………………… (78)

第5节　思维的发展 ··· (80)
　　　　一、思维的一般概念 ·· (81)
　　　　二、视觉障碍儿童思维的特点 ·· (81)
　　第6节　语言的发展 ··· (84)
　　　　一、语言的一般概念 ·· (84)
　　　　二、视觉障碍儿童语言的发展 ·· (84)

第5章　视觉障碍儿童情绪与意志、人格及社会性发展 ······························· (87)
　　第1节　视觉障碍儿童情绪与意志的发展 ······································· (87)
　　　　一、视觉障碍儿童情绪的发展 ·· (87)
　　　　二、视觉障碍儿童意志的发展 ·· (90)
　　第2节　视觉障碍儿童人格的发展 ·· (93)
　　　　一、视觉障碍儿童的人格特征研究 ·· (93)
　　　　二、视觉障碍儿童的人格特征 ·· (94)
　　第3节　视觉障碍儿童的社会性发展 ··· (96)
　　　　一、视觉障碍儿童的社会性发展内容 ····································· (97)
　　　　二、视觉障碍儿童的社会适应 ·· (98)

第6章　视觉障碍儿童教育概述 ··· (104)
　　第1节　视觉障碍儿童培养目标 ·· (104)
　　　　一、视觉障碍儿童教育目的 ··· (104)
　　　　二、视觉障碍儿童具体培养目标 ··· (105)
　　第2节　视觉障碍儿童的教育原则 ·· (109)
　　　　一、早期教育原则 ·· (109)
　　　　二、直观性教育原则 ··· (109)
　　　　三、感知觉缺陷补偿与潜能开发原则 ····································· (109)
　　　　四、实践性原则 ··· (110)
　　　　五、个别化教育原则 ··· (110)
　　　　六、系统化教育原则 ··· (111)
　　第3节　视觉障碍儿童的教育安置 ·· (111)
　　　　一、影响教育安置的因素 ··· (111)
　　　　二、教育安置的模式 ··· (114)
　　第4节　视觉障碍儿童的学校教育体系 ·· (118)
　　　　一、学前教育 ·· (119)
　　　　二、义务教育 ·· (122)
　　　　三、高中教育 ·· (125)
　　　　四、职业教育 ·· (127)

第7章　视觉障碍儿童的早期干预 ·· (131)
　　第1节　视觉障碍儿童早期干预概述 ··· (131)
　　　　一、早期干预的发展与内涵 ··· (131)

二、视觉障碍儿童早期干预的重要性 …………………………………… (132)
　　三、视觉障碍儿童早期干预的服务模式 ………………………………… (134)
　　四、视觉障碍儿童早期干预的内容 ……………………………………… (136)
  第2节　视觉障碍儿童的早期干预训练 ……………………………………… (137)
　　一、感官训练 ……………………………………………………………… (137)
　　二、运动技能的早期干预训练 …………………………………………… (139)
　　三、语言领域的早期干预训练 …………………………………………… (141)
　　四、生活自理及社交技能的培养 ………………………………………… (142)
  第3节　视觉障碍儿童家庭与早期干预 ……………………………………… (143)
　　一、视觉障碍儿童家庭 …………………………………………………… (143)
　　二、视觉障碍儿童家庭干预的方法 ……………………………………… (146)

第8章　视觉障碍儿童的课程设置 ……………………………………………… (153)
  第1节　视觉障碍儿童课程概述 ……………………………………………… (153)
  第2节　我国盲校培养目标的发展及其理论导向 …………………………… (154)
　　一、我国盲校培养目标的历史发展和理论基础 ………………………… (154)
　　二、我国盲校课程理论的发展 …………………………………………… (156)
  第3节　盲校的课程设置 ……………………………………………………… (158)
　　一、盲校课程设置的依据 ………………………………………………… (158)
　　二、盲校课程设置的原则 ………………………………………………… (159)
　　三、我国盲校课程设置的变化 …………………………………………… (160)
　　四、新课程的实施和评价 ………………………………………………… (161)

第9章　视觉障碍儿童的教学 …………………………………………………… (164)
  第1节　点字教学 ……………………………………………………………… (164)
　　一、点字教学的要求 ……………………………………………………… (165)
　　二、点字教学的内容与方法 ……………………………………………… (166)
  第2节　语文教学 ……………………………………………………………… (167)
　　一、语文教学的要求 ……………………………………………………… (168)
　　二、语文教学的内容与方法 ……………………………………………… (168)
  第3节　数学教学 ……………………………………………………………… (170)
　　一、数学教学的要求 ……………………………………………………… (170)
　　二、数学教学的内容与方法 ……………………………………………… (170)
  第4节　其他课程教学 ………………………………………………………… (173)
　　一、体育教学 ……………………………………………………………… (173)
　　二、音乐教学 ……………………………………………………………… (173)
　　三、美工教学 ……………………………………………………………… (174)

第10章　低视力儿童的教育教学 ………………………………………………… (176)
  第1节　低视力儿童教育概述 ………………………………………………… (176)
　　一、低视力儿童教育的历史和现状 ……………………………………… (176)

二、视觉损伤对低视力儿童的影响 ································· (177)
　　三、低视力儿童教育的目的与目标 ······························· (180)
　第2节　低视力儿童的教育教学 ······································· (181)
　　一、低视力儿童教育的组织形式 ···································· (181)
　　二、低视力儿童教育的设施 ··· (183)
　　三、低视力儿童的教学指导 ··· (185)
　第3节　低视力儿童的视功能训练 ···································· (188)
　　一、视功能的定义 ·· (188)
　　二、低视力儿童的视功能评估 ······································· (188)
　　三、低视力儿童的视功能训练 ······································· (190)
　第4节　低视力儿童的教育辅助设备 ································· (193)
　　一、光学辅助设备 ·· (193)
　　二、非光学辅助设备 ··· (194)
　　三、电子辅助设备 ·· (195)
　　四、其他教育辅助设备 ·· (195)

第11章　定向行走 ··· (197)
　第1节　定向行走概述 ··· (197)
　　一、定向行走的发展历程 ··· (197)
　　二、定向行走训练的目的 ··· (199)
　　三、定向行走训练的意义 ··· (199)
　第2节　定向的理论研究 ·· (200)
　　一、空间定向 ··· (200)
　　二、空间组织能力 ·· (204)
　　三、定向的评估和教学 ·· (204)
　第3节　行走的理论研究 ·· (206)
　　一、行走前训练 ·· (207)
　　二、独自行走的方法 ··· (208)
　　三、行走技能技巧 ·· (209)
　　四、行走能力的评估 ··· (210)
　第4节　辅助行走的方法 ·· (211)
　　一、人导法 ·· (211)
　　二、杖导法 ·· (212)
　　三、犬导法 ·· (214)
　　四、电子辅助器法 ·· (216)

第12章　视觉障碍教育与随班就读 ······································ (218)
　第1节　视觉障碍儿童随班就读概述 ································· (218)
　　一、视觉障碍儿童随班就读的产生与发展 ····················· (218)
　　二、视觉障碍儿童随班就读的优势 ······························ (219)

三、视觉障碍儿童随班就读的弊端 …………………………………………（220）
　第 2 节　视觉障碍儿童随班就读的实施与特色 ………………………………（222）
　　一、视觉障碍儿童随班就读的实施 …………………………………………（222）
　　二、视觉障碍儿童随班就读实施的特色 ……………………………………（232）
　第 3 节　视觉障碍随班就读模式的特点 ………………………………………（234）
　　一、关于随班就读模式的争论 ………………………………………………（234）
　　二、我国随班就读模式的特点 ………………………………………………（235）
附录　汉语双拼盲文的基本内容 …………………………………………………（237）
参考文献 ……………………………………………………………………………（240）

第1章 视觉障碍的概述

学习目标

1. 掌握视觉障碍的概念以及我国视觉障碍的分类。
2. 了解西方和我国视觉障碍儿童教育的发展情况,并比较二者之间的差异。
3. 了解我国视觉障碍儿童教育的发展趋势。

特殊教育是教育的一个组成部分,是使用一般的或经过特别设计的课程、教材、教法和教学组织形式以及教学设备,对有特殊需要的儿童进行的旨在达到一般和特殊培养目标的教育。[①] 视觉障碍儿童属于有特殊需要的儿童,他们由于各种原因导致双眼视力障碍或视野缩小,不能像正常儿童一样顺利地工作、学习或从事其他活动。[②] 视觉障碍儿童的教育需要根据他们的身心发展规律和特点对其施以针对性的教育和训练,使其能力得到不断发展,适应社会。过去,对他们的教育主要是在特殊学校或者是专门的盲校进行的,随着近年来全纳教育思想的不断发展,残疾人重返主流学校与社会成为大势所趋,越来越多的视觉障碍儿童进入普通学校普通班级接受教育。特殊教育受到前所未有的广泛关注,也是普通学校难以回避的一个问题,不仅特殊学校教师需要掌握特殊教育的知识与技能,普通学校教师也需要适应时代的需求,学习特殊教育基本理论与专业知识。本章作为本书的开篇,主要讨论视觉障碍的定义、分类以及视觉障碍儿童教育发展的过程与趋势。

第1节 视觉障碍的概念

视觉在我们的日常生活、学习过程中扮演着重要的作用。俗话说"眼睛是心灵的窗户",视觉的缺陷会改变一个人对世界的看法和理解,同时影响其各个方面的发展,给日常生活与活动带来不便。视觉障碍判断的标准是什么?视觉缺陷在何种程度上被称为视觉障碍?在了解这些之前,我们必须首先弄清楚视觉的概念以及视觉对个体发展的重要意义。

一、视觉的基本概念及其重要性

眼睛是人类进行学习和工作的重要器官。衡量眼睛的"好坏",主要是从"视力"和"视觉"两方面来判断的。

---

① 朴永馨,等. 特殊教育辞典[M]. 北京:华夏出版社,2006:42.
② 同上书,159.

(一) 视觉的基本概念

视觉系统的四个部分包括：提供视觉信息的客体；从客体上发出来的光；眼睛（自动成像）；枕叶（对视觉信息进行加工的枢纽）。① 视觉是视觉器官在光波作用下所产生的对外界事物明暗、颜色和形状等特性的感知。人能看到光波，并理解不同光波的意义，是其视觉系统共同作用的结果。② 从这个概念我们可以看出，视力与视觉不属于同一个概念。

在很多情况下，视力与视觉被混用，实际上两者之间是有区别的。根据《辞海》的解释，视力又称"视敏度"(visual acuity)，是指眼部组织视网膜上黄斑部位中央凹分辨两个光点的敏锐程度，更确切地讲是指眼睛看细节的能力，即眼辨别物体形状的能力。③ 它是眼睛分辨物体的形态、大小及细微结构的最大能力。具体包括中心视力和周边视力。中心视力包括远视力（辨别 5 米或 5 米以外距离最小视标的能力）和近视力（辨别 30 厘米以内距离最小视标的能力）。④

视觉能够辨别外界物体的明暗和颜色特性，能够区分物体的空间属性如大小、远近。外界的物体通过视觉器官，反映到大脑皮质的视觉中枢就会产生光觉、色觉、形觉及双眼视觉等。视觉作为一种重要的感觉功能，由三个方面所组成：完整的视觉通道，包括健康的眼睛、正常的视力和屈光状态；视觉技巧，包括眼球运动、双眼视和融合功能；信息处理，包括识别、辨别、空间感知以及视觉与其他感觉的统合。如果一个人没有好的视力，当然不会有好的视觉；但有好的视力，却未必就会有好的视觉。因为视觉还受到我们每个人的视觉技巧和信息处理能力的影响。同样的事物，在视力相同的两个人眼里形成的视觉信号不尽相同。

由此我们可以看出，视觉更为精细，结合了更加复杂的心理加工过程。视觉包括视力，但视力不能涵盖视觉，它是视觉的物质基础。视力可用视力表测量，即可以用数值来表示。而视觉功能是指个体运用视觉观察事物的实际能力，它是不能被准确测量或通过医疗、心理以及教育人员的努力而做出任何精确的临床报告的，换句话说，视觉功能受复杂病理及心理因素的影响。⑤

对于每个视觉障碍儿童来说，视觉功能都不可能是相同的，且视觉功能的高低不能仅根据视力值的大小来判定。举例来说，两个具有相似临床视力值的儿童在助视器的帮助下，都可以用一把尺子去量桌子的边缘，两人都有运用他们视力的能力，但是这并不说明，这两个人具有相同水平的视觉功能。因为他们其中的一个也许认为这是一项困难的视力工作，而另一个却认为这很容易做到，显然这两者的视觉功能是不同的。可见，临床视力仅是影响视觉功能的一个因素，除此之外，像智力、情绪、动机、视觉障碍病因、控制眼睛运动的能力、环境等因素都可能影响视觉功能的正常发挥。

有时候，我们将视觉功能称为个体的功能视力，通过视敏度和视野的测量而来的视力则称为生理视力。功能视力包括形觉、色觉、光觉、调节与辐辏等，是一个综合性指标，涉及① 视力、视野、色觉。② 个人的认知能力及生理心理的发展状况。③ 环境因素，包括照明、

---

① 陈彩琦，等．注意水平对视觉工作记忆客体表征的影响[J]．心理学报，2003，5：591—597．
② 柳树森．全纳教育导论[M]．武汉：上海：华中师范大学出版社，2007：173．
③ 沈家英，等．视觉障碍儿童的心理与教育[M]．北京：华夏出版社，1993：1．
④ 徐白仑．家长怎样对视障儿童进行早期干预[M]．北京：中国盲文出版社，2005：20．
⑤ 钱志亮．特殊需要儿童咨询与教育[M]．北京：北京师范大学出版社，2006：118．

材料的对比度、助视设备等。任何方面的变化都会影响到视觉功能,但视力是最基本的条件。[①]

我们往往过分关注视力测验的结果,而忽视了视觉功能的开发。事实上对于视觉障碍学生来说,视觉功能开发的程度与生理视力的检测结果并不一定相吻合。视力值完全相同的两个学生,视觉功能却并不一定完全相同,所带来的影响也就不同。这种不同取决于一系列复杂的因素,例如学生的用眼动机、环境的影响和个人的感知能力等。[②]

(二) 视觉的重要性

自古以来,人们都知道视觉的重要性,眼睛被认为是最珍贵的感觉器官,所以人们常把珍惜宝贵的东西比喻为"像爱护眼睛一样",因此,失去眼睛或者视觉出现障碍给一个人带来的困难与痛苦是可想而知的。[③] 人在社会生活及劳动中,主要依靠视觉来认识世界、认识客观事物的发生发展。对于普通人而言,视觉信息具有信息量大、速度快、整体性强等特点,还有检验其他感觉所获得信息的功能。[④] 当人的视力出现问题时,感知周围的客观事物就会受到很大的限制。

第一,视觉是人类获得外部信息的主要感觉通道。[⑤]

眼睛是人类赖以观察外部世界、表达内心情感的主要器官之一。人自出生以来即开始学习使用视觉观察周围世界。儿童出生后约从第 1 个月末起,就逐渐能随着移动的物体而移动自己的目光;到第 4 个月,儿童开始能对颜色有分化反应,特别是红色的物体最能引起儿童的兴奋;约从第五六个月起,儿童开始能够注视远距离的物体,如飞机、月亮、街上行人等。此后,视觉进一步发展,已经不只是集中注视,而是对事物的积极观察了。如前所述,人类接受的外部信息中超过 80% 是从视觉得来,大大超过其他感知觉。

第二,视觉是辨别物品的形状、大小、颜色等属性及物品所处的空间状态(如:方向、距离、位置)等的重要知觉。

人类对物体具有的多种物理属性(如:质量、体积、温度、形状、颜色等)的认知,对视觉依赖较大。视觉在区分形状、大小、高低、远近、宽窄、长短、阴暗及色彩等方面与其他感觉器官相比具有绝对的优势。例如:物体的颜色属性只有通过视觉才能辨认,视觉障碍的人通过语言的描述很难理解颜色,也无法辨别颜色。人类日常生活与工作离不开对物品形状、大小、体积等物体的空间属性的认知与把握。在认识一个物体时,形状、大小等空间属性具有较重要的地位,如辨别人物的面孔与体形特征,辨别各类动物的模样,认识大自然等。视觉正常的人能够顺利地识别生活中的各种物体与形状,以此进行有效的社会交往与独立生活。视觉障碍的人却要依靠其他知觉的补偿,间接地分辨不同物体,必须多费时间和精力,而且获得的表象并不完整。有许多物体,看得见却摸不着,也听不到。先天失明的全盲儿童就很

[①] 朴永馨,等. 特殊教育辞典[M]. 北京:华夏出版社,2006:136.
[②] http://www.tejiao.net/jiaoxue/shizhang/2008-07-21/1227.htm[EB/OL].
[③] 徐白仑. 视障儿童随班就读教学指导[M]. 北京:华夏出版社,1992:1.
[④] 钟经华. 视力残疾儿童的心理与教育[M]. 天津:天津教育出版社,2007:1.
[⑤] 陈云英. 残疾儿童的教育诊断[M]. 北京:科学出版社,1996:104—105.

难理解蓝色的天空、洁白的云彩、圆圆的月亮等可远观而不可触摸的事物;①有些庞大或微小的物体也不可能被完整地感知,如湖泊、蚂蚁等;运动的物体、动物,如行进中的火车、奔跑的兔子等,视觉障碍的人也很难通过其他感知觉来观察它们。因此,视觉的缺陷会导致视觉障碍的人在认知事物、形成多样概念等方面受到限制。②

第三,视觉是人类进行空间定向、有效行走与活动的主要依仗。

由于视觉经验具有真实性、可靠性、便捷性,因此正常的明眼儿童都是通过视觉途径来学习定向的。物体在视野中位置不同,相应地在个体视网膜上视像的位置也不相同,个体据此判断物体的上、下、左、右等方向,加上双眼视差所产生的立体知觉,个体就能对环境中各种物体所处的位置进行定向。个体在定向过程中还通过转眼、转头、转身,把视线对准物体,以便在视网膜上形成更清晰的图像。这种视觉、动觉、平衡觉的协同活动,使个体能够更准确地判断自己在所处环境中的位置。行走对儿童的发展有重要的意义:它可以发展儿童的动作,使动作具有灵活性;可以扩大儿童认知的范围,使他们不但能主动地接触物体,而且还能从各个方面来认识物体;为空间知觉、初步思维活动的形成准备条件,为有目的的活动准备条件;发展儿童的独立性。③

视觉障碍儿童由于视觉的缺陷,严重影响其获得环境空间触觉以外的信息,使其不能有效地适应环境,无法迅速地将自己与自己所处的环境建立起暂时的神经联系,无法对环境中各种物体所处的位置进行定位,因此极大限制了视觉障碍儿童的自由活动能力和自由行走的机会。由于控制环境能力的减弱,使其在行走过程中的不安全感与紧张度增加,减少了向外积极探索获取知觉经验的频率,与社会交往与沟通的能力和机会也大大降低。因此,视觉是人类进行成功定向与行走的主要途径,一旦视觉出现问题,将会严重影响个体的定向能力,进而限制个体的行走能力。

概而言之,视觉障碍使个体主要在三个方面受到限制:一是概念形成的种类与范围,二是个体顺利行走能力,三是个体对环境以及自身与环境联系的控制能力。④

二、视觉障碍的定义

视觉障碍过去通常被称做"盲",或称"瞽"、"瞽目"、"瞎子",现代医学及特殊教育领域常用的名词有"视力残疾"、"视觉缺陷"、"视力损伤"等。

美国1975年颁布的《教育所有残障者法案》(94—142公法)中对视力残疾的定义是以一个人如何体验和学习社会为核心,认为视力残疾是一种视觉上的损伤,即使经过矫正,其损伤对孩子的教育活动仍有不利的影响。这个定义的关键是学生有某些妨碍他们学习的视觉系统的障碍。对于视力残疾者而言,视觉上的障碍影响其在日常生活中的行动及社交生活,

---

① 沈家英,等. 视觉障碍儿童的心理与教育[M]. 北京:华夏出版社,1993:1.
② 苏林. 视力残疾儿童随班就读工作手册[M]. 北京:华夏出版社,1993:9.
③ http://www.edu.cn/20010926/3003039.shtml[EB/OL].
④ Scholl, G. T.. Foundations of education for blind and visually handicapped: Theory and practice[M]. New York: American Foundation for the Blind, Inc., 1986:315.

使之易与社会产生隔阂。①

我国第一次全国残疾人抽样调查手册(1987年)中,认为视力残疾是指由于各种原因导致双眼视力障碍或视野缩小,而难以完成一般人所能从事的工作、学习或其他活动,通常包括盲和低视力两类。② 视野又称周边视力,即视线保持平直方向且静止不动时所能觉察到的空间范围。③ 在第二次全国残疾人抽样调查标准(2006年)中,视力残疾是指由于各种原因导致双眼视力低下并且不能矫正或视野缩小,以致影响其日常生活和社会参与。④

通过对两次全国残疾人抽样调查中所采用的视力残疾的定义的比较可知,第二次全国残疾人抽样调查中采用的定义更为科学准确,所以本书对视觉障碍的定义将采用第二次全国残疾人抽样调查中所采用的视力残疾定义,即视觉障碍是指由于各种原因导致双眼视力低下并且不能矫正或视野缩小,以致在日常生活和社会参与过程中存在障碍。

三、视觉障碍儿童的出现率

出现率即医学上的流行率(prevalence rate),通常用实际发生某种疾患人数同可能发生该疾患的同年龄总人数之比来表示。视觉障碍出现率(pervalence rate of visual impairment)是指一个时期内视觉障碍儿童的数量在同龄人口中的比率。通常用实际发生的视觉障碍人数与同年龄段总人数之比来表示。⑤

由于各国各地区的生活条件、卫生条件、医疗设施状况、判断标准不同,视觉障碍出现率也有很大的差距。一般而言,经济发达、医疗卫生水平高的国家和地区,视觉障碍出现率相对较低,反之则较高。因此,视觉障碍的出现率在一定程度上反映了一个国家、社会的经济发展状况、人民生活水平以及文化和卫生发展状况。如1975年日本视觉障碍出现率为0.2%,而印度则高达1.5%。在我国,城市视觉障碍出现率低于农村。⑥

我国视觉障碍出现率情况:

1. 根据1987年我国第一次全国残疾人抽样调查结果推算,我国视觉障碍者约755万,视觉障碍出现率为0.76%,其中0—14岁儿童约18万,出现率约为0.058%。

2. 根据2006年第二次全国残疾人抽样调查的资料,按照国家统计局公布的2005年末全国人口数,推算出本次调查时点我国总人口数为130948万人,残疾人总数为8296万人,视觉障碍者为1233万人,占残疾人总数的14.86%。根据数据推算,视觉障碍出现率为0.94%,出现率与1987年相比略有上升,值得全社会关注。

---

① 杞昭安主编.视觉障碍学生定向行动能力之研究[C].台北:中华视觉障碍教育学会,1999:29—51.
② 中国残疾人抽样调查办公室主编.中国残疾人手册[M].北京:地震出版社,1988:9.
③ 朴永馨,等.特殊教育辞典[M].北京:华夏出版社,2006:136.
④ 同上书,137.
⑤ 同上注.
⑥ 沈家英,等.视觉障碍儿童的心理与教育[M].北京:华夏出版社,1993:43.

第2节 视觉障碍的分类

一、我国对视觉障碍的分类

视觉障碍一般包括盲与低视力两类。对这两类的划分,存在着两种不同的标准。医学上是按照视锐敏度来区分的,比较精确(许多国家的特殊教育法中也采用这种方法);教育学上主要是基于学生能够运用其视力以从事学习的能力程度来区分。一般而言,只知道某位视觉障碍者的视力,还是无法了解其残余视力的使用程度。即使同样是视觉障碍者,其视觉效率仍有差异。[①]

根据1987年我国第一次全国残疾人抽样调查的标准,我国将视觉障碍分成盲和低视力两类,又把盲和低视力再各划分为两级(如表1-1所示),这样方便辨别一个人视力残疾的严重程度。盲的分级为:一级盲,优眼的最佳矫正视力低于0.02,或视野半径小于5度。二级盲,优眼的最佳矫正视力等于或优于0.02,而低于0.05,或视野半径小于10度。低视力也分两级:一级低视力,优眼的最佳矫正视力等于或优于0.05,而低于0.1。二级低视力,优眼的最佳矫正视力等于或优于0.1,而低于0.3。[②] 同时,还规定对3周岁以上受检者的视力检查,应使用国际标准视力表,或使用由少年儿童出版社发行的《儿童图形视力表》。对于3周岁以下儿童的盲与非盲判断标准则取决于儿童的眼睛是否能够追随目标,且眼外观及反应是否异常。

表1-1　1987年第一次全国残疾人抽样调查视觉障碍分级表[③]

类别	级别	最佳矫正视力
盲	一级盲	<0.02～无光感,或视野半径<5度
盲	二级盲	<0.05～0.02,或视野半径<10度
低视力	一级低视力	<0.1～0.05
低视力	二级低视力	<0.3～0.1

2006年我国进行了第二次全国残疾人抽样调查,修订了视力障碍的分级标准,如表1-2所示。

表1-2　2006年第二次全国残疾人抽样调查视觉障碍分级表[④]

类别	级别	最佳矫正视力
盲	一级盲	无光感～<0.02,或视野半径<5度
盲	二级	≥0.02～<0.05,或视野半径<10度
低视力	三级	≥0.05～<0.1
低视力	四级	≥0.1～<0.3

---

① 于素红,等. 三种不同教育安置模式中的轻度智力落后儿童人格特征比较研究[J]. 中国特殊教育,2004,4:18.
② 中国残疾人抽样调查办公室. 中国残疾人手册[M]. 北京:地震出版社,1988:9.
③ 同上书,10.
④ 表格来源于中国残疾人联合会网站. 2006年第二次全国残疾人抽样调查残疾标准[EB/OL]. http://www.cdpf.org.cn/sytj/content/2007-11/21/content_74883.htm.

从表 1-1 和表 1-2 中可以看出,两次全国残疾人抽样调查采用的视觉障碍级别的划分是一致的,仅仅级别的名称有所改变,体现了二者之间良好的延续性。同时,二者都强调了以下几点基本的原则:

1. 盲或低视力均指双眼而言,若双眼视力不同,则以视力较好的一眼为准。如仅有单眼为盲或低视力,而另一眼的视力达到或优于 0.3,则不属于视觉障碍范畴。

2. 最佳矫正视力是指以适当镜片矫正所能达到的最好视力,或以针孔镜所测得的视力。

3. 视野是指人的眼球固定注视不动时,视线保持平直方向所能见到的空间范围。正常视野是一个近似的椭圆椎体,截面是近似的椭圆。视野半径<10 度者,不论其视力如何均属于盲。

我国香港特别行政区的视觉障碍标准与上述有较大不同[①]:

1. 完全失明(totally blindness)

没有视觉功能,即无光感。

2. 低视力(low vision),分级如下:

(1) 严重低视力(severe low vision)

最佳矫正视力为 6/120 或更差,或最宽的视野直径对角为 20 度或以下。

(2) 中度低视力(moderate low vision)

最佳矫正视力为 6/60 或更差,但好于 6/120。

(3) 轻度低视力(mild low vision)

最佳矫正视力为 6/18 或更差,但好于 6/60。

在这里,6/120 的含义是正常视力在 120 英尺远的地方能够看清的目标,被试在 6 英尺远的地方能够看清,6 和 120 的单位可以是米或英尺等长度单位,视野的单位是角度。

二、国际组织对视觉障碍的分类

世界卫生组织(WHO)是联合国下属的一个专门机构,是国际上最大的政府间卫生组织。它负责领导全球卫生事务,拟定卫生研究议程,制定规范和标准,阐明以证据为基础的政策方案,向各国提供技术支持,以及监测和评估卫生趋势。1973 年,世界卫生组织制定了视觉障碍的标准,这个标准方便了国家之间的比较和统计,对世界各国确定视觉障碍定义及其分级标准有重要指导意义(如表 1-3)。

---

① Poon-McBrayer, K. F., & Lian, M. J.. Special needs education: Children with exceptionalities[M]. Hong Kong: The Chinese Univesity Press, 2002: 175.

表 1-3　1973 年世界卫生组织(WHO)盲及低视力标准[①]

视力残疾级别		优眼最佳矫正视力
低视力	1	<0.3～0.1
	2	<0.1～0.05(2.5 米指数)
盲	3	<0.05～0.02(1.0 米指数);或视野半径<10 度
	4	<0.02～光感;或视野半径<5 度
	5	无光感

注：中心视力好，但视野小，以注视点为中心，视野半径小于 10 度而大于 5 度者，为三级盲；视野半径小于 5 度者为 4 级盲。

三、其他各国对视觉障碍的分类

世界各国对视觉障碍的定义与分类大同小异。美国根据视力损伤的程度将视觉障碍分为盲和低视力两类。美国法律规定：盲是指最佳矫正视力在 20/200 以下或其中心视野在 20 度以下者。也就是说，如果一个个体的最佳矫正视力为 20/200，那么正常人站在 200 英尺远可以看到的东西，他需要站在 20 英尺的地方才能看到(1 英尺＝0.3 米)。中心视野在 20 度以下是指一个个体的视野极为狭窄，视力被限制在 20 度或更小的范围内。低视力是指最佳矫正视力在 20/200 与 20/70 之间的个体。根据视觉障碍的原因，美国还将视觉障碍分为如下常见的类型，见表 1-4。

表 1-4　视觉障碍的类型[②]

类　型	定义/原因
白化病	眼睛、皮肤及头发内色素缺失；视力降低，眼球震颤，导致中度到重度视觉障碍；遗传
弱视	缺乏使用而使弱视眼的视力降低或丧失；斜视、不平衡的屈光或浑浊的晶状体或角质膜会导致弱视
散光	角膜或眼睛其他外膜的不规则使图像投射到视网膜上，而不是聚焦到焦点(屈光不正)，导致视力的扭曲或模糊不清
白内障	晶状体浑浊导致视力模糊不清、扭曲或不完整；由外伤、营养不良或孕期风疹、青光眼、色素性视网膜炎、遗传或老化导致
色弱或色盲	难以辨别某些颜色；红绿色盲最为普遍；视锥细胞畸形或缺失所导致；遗传
大脑皮质性视觉障碍(CVI)	视力缺陷源于视觉皮层和/或视神经的损伤或故障；原因包括缺氧、头部外伤及中枢神经系统的感染；许多大脑皮质性视觉障碍的儿童伴有其他残疾，如脑瘫、智力落后
糖尿病患视网膜病	糖尿病导致的视网膜部位的新血管组织的生长或出血，进而导致视力缺陷；20～64 岁年龄人群有可能致盲
青光眼	流动于正常人眼中的液体被扰乱或受阻导致眼内异常高压；不断增长的眼压损伤到视网膜或视神经时，视力会降低或完全丧失

[①] 孙葆忱. 临床低视力学[M]. 北京：华夏出版社，1999：1.

[②] William L. Heward. 特殊需要儿童教育导论(第八版)[M]. 肖非，等译. 北京：中国轻工业出版社，2007：336—337.

续表

类　型	定义/原因
远视	难以看清近处的物体,但是能够清晰地看到远距离物体;短径眼球使光线无法投射到视网膜上(屈光不正)。
黄斑变性	视网膜中心部位逐渐恶化,导致视野中心清晰视力的丧失;老年人较为常见,儿童相当少见。
近视	远处物体模糊不清或完全不清,但是能够看清近处物体;由拉长的眼球导致图像投射到视网膜之前(屈光不正)。
眼球震颤	眼球快速、不自主、前后地运动,难以注视物体;两只眼睛不能同时注视时,大脑会通过限制一只眼睛的视觉信息输入来避免产生重影;事实上较差的一只眼(经常是那只向前或向后运动的眼睛)将丧失视力;会独自发病,但经常与其他视觉障碍相伴随。
色素性视网膜炎(RP)	最为常见的一种眼睛基因疾病;视网膜渐进性恶化;发病的第一个症状是在夜晚很难看清事物,接下来是周围视力的丧失;遗传。
早产之视网膜病变	由高危婴儿过度吸氧造成;当婴儿从氧气密度高的保育器中移出时,氧气浓度的改变会导致眼睛内部血管或疤痕组织的生长,这会导致视觉障碍或全盲。
斜视	因为一只或两只眼睛的位置向前或向后偏离而导致两只眼睛不能同时会聚到同一个物体上;由肌肉失调所导致;继发于其他视觉障碍。

日本文部省对视觉障碍的定义比较精细,分为全盲、半盲和低视力三类。全盲是指视力完全丧失而没有光感,国际通用视力表检查视力在 0.02 以下者(距离 1 米);半盲是指视力丧失而仍有光感,国际通用视力表检查在 0.02 至 0.04 之间(距离 2 米),全色盲在 0.05 以下,视野狭小在 5 度以下者,为半盲;低视力是指视力低弱但能辨认五指及形色,国际通用视力表检查视力在 0.04 以上至 0.3,全色盲在 0.6 以上者。[①] 法国则规定优眼最佳矫正视力低于 4/10 为视觉障碍,低于 1/10 为盲。德国规定优眼最佳矫正视力低于 0.25 为视觉障碍,低于 0.04 为盲。

四、不同行业对视觉障碍的分类[②]

不同行业、不同专业领域,从各自工作的角度,对视觉障碍有不同的认识和定义。已经形成的视觉障碍标准的领域有法律、卫生、教育、体育、经济,他们的标准不完全一样。世界卫生组织对视觉障碍的分类标准在前面已经提到,在这里主要介绍其他四个领域的视觉障碍的标准。

1. 法律界的标准

法律界对视觉障碍形成的标准通常与卫生界的标准相一致,是确定视觉障碍人群的权利与义务,提供社会保障的法律依据;为视觉障碍儿童教育、福利或其他方面工作提供统计标准与法理依据。

---

① 沈家英,等. 视觉障碍儿童的心理与教育[M]. 北京:华夏出版社,1993:3.
② 钟经华. 视力残疾儿童的心理与教育[M]. 天津:天津教育出版社,2007:8—9.

2. 教育界的标准

教育界的分类标准应当反映视觉障碍儿童教学活动的规律和特点,指导视觉障碍儿童教学活动的开展。

教育盲(educational blindness):视觉受损伤程度严重到无法以视觉进行学习者。这些人必须以听觉、触觉、嗅觉、肤觉等为主要的学习手段,在读写方面使用点字。

教育低视力(educational low vision):远距离使用视力困难较大,近距离能够看见物体,视觉仍然是这些人的主要学习手段,他们可以阅读印刷品,经过调整可以轻松地掌握许多视力正常人学习和生活的内容。

分辨一个儿童是教育盲还是教育低视力的作用在于判断该儿童是适用盲文还是印刷字学习。[1] 教育界的定义主要看儿童视力损伤是否影响儿童学习的效率与相关教学活动的顺利开展,而非仅仅从立法与医学的角度看待视觉障碍儿童;纠正传统上认为视觉障碍儿童眼前只有黑暗的偏见,强调多数视觉障碍人士都具有残余视力,能够克服困难,获得学习与生活的成功。

3. 体育界的标准[2]

从体育运动和竞技的角度,体育界有自己在视觉障碍上的标准。残奥会有专门的标准,残奥会不包括我国视觉障碍标准的二级低视力。B1级相当于我国标准的一级盲,B2级相当于我国标准的二级盲,B3级相当于我国标准的一级低视力。

4. 经济界的标准

在经济界,视觉障碍有经济盲和职业盲两类。

经济盲(economic blind):指视力损伤的严重程度达到足以影响大部分日常生活行动者。经济收入的减少、生活开支的增加都与视觉障碍有直接关系。

职业盲(vocational blind):指视力损伤到使一个人无法从事其原有工作的程度。例如从事焊接工作者经常接触强光,若其眼部没有适当的保护,则很容易损伤视觉,导致日后无法再从事此项工作。[3]

第3节 视觉障碍儿童教育的发展

一、西方视觉障碍教育的发展

(一) 古代盲人的社会地位

自从有了人类,就有了残疾,在人类文明史的大部分时间里,残疾人都生活在社会最底层,歧视、虐待,甚至杀戮,是他们经常面临的遭遇。人类在如何对待残疾人这个问题上经历了从杀戮到遗弃、忽视、怜悯与过度保护,进而发展到逐渐接纳,再到最大限度地使其融合进

---

[1] Poon-McBrayer, K. F., & Lian, M. J. Special needs education: Children with exceptionalities[M]. Hong Kong: The Chinese Univesity Press, 2002:174.
[2] 钟经华.视力残疾儿童的心理与教育[M].天津:天津教育出版社,2007:8—9.
[3] 同上书,9.

主流社会的发展过程。① 在这一漫长的过程中,人类对于残疾人的认识与理解在文明与野蛮、理性与盲目之间的冲突中得到考验,也反映了人类在认识、完善与发展自身的历程中经历的曲曲折折。

在人类社会的早期阶段,任何偏离正常的现象都可能导致神秘的或超自然的解释。尽管在古希腊、罗马以及中国不乏著名的盲人学者、乐师、诗人,但是,在西方的古希腊与罗马时期,对于残疾人的遗弃、绝育、杀戮非常流行。② 历史文献记载了某些盲人如何被他们的家庭疏远,被社会拒绝,成为四处游荡的吟游诗人的故事。例如,传说喀里多尼亚国王芬戈尔的儿子奥西恩,是公元3世纪的一个英雄人物,据说由一次战争导致失明之后,他弹着竖琴,唱着战斗与自由的歌,在乡间流浪。从古希腊诗人荷马所写的作品开始,盲人总是以受同情的形象被人们描述。艺术作品中充满着盲人诗人、盲人说书者和盲人音乐家。在某些文学作品中,盲人英雄的故事往往使读者深受感动。③

(二) 亚里士多德对盲教育的影响

亚里士多德是古希腊著名思想家,除了在哲学、逻辑学、物理学等方面留下了影响深远的著作外,在教育学、心理学方面也作出了重要贡献。亚里士多德对感觉的功能、本质、种类等都有系统的论述。他认为在人的认识过程中,灵魂的主要功能是感觉和思考;灵魂借助于感觉器官感知外界事物,被感觉的东西是不以人的意志为转移的,从而承认感觉在认识过程中的地位和作用。④ 他认为,从本质上说,如果某一感官的功能丧失了,那么,与此相适应的某些知识也一定不可避免地要失去;在味觉、听觉和视觉这三种感觉中,就生存的需要来说,视觉是最重要的;而在智力发展中,听觉则是最重要的。亚里士多德认为,盲虽然是比较严重的残疾,但是那些一出生就盲的人比一出生就聋的人要聪明,因为盲人与视力正常者有相同的智力。⑤ 亚里士多德的观点被医学界无条件地接受,被后世虔诚地信仰和实践着,一直到中世纪结束之前都没有遭到任何的怀疑与挑战。而且从亚里士多德开始,人们认为视觉障碍并不影响一个人语言的获得、智力的发展和道德的形成,盲人与正常人没有太大的差异。所以即使在聋教育较为成功的17到18世纪,盲教育的发展仍比较缓慢,到18世纪初期,对于盲人及其他视觉障碍者的关心也多来自于医学界而非教育界。

(三) 基督教对盲人的影响

基督教的发展给盲教育带来了两重作用:一方面,在基督教宣扬的仁慈、博爱精神的影响下,许多有残疾的人得到了人道主义的收容与关怀,被收进医院治疗或收容所抚养。基督教在保护盲人方面做了一些工作,基督教所到之处,建立了一些养育院,收容盲人。如:1178年德国巴伐利亚州建立盲人教养院;1260年,路易九世在法国建立一所盲人养育院,主要收容在战争中失明的士兵,这为以后盲人教育及教育设施的发展奠定了一定基础。虽然这些机构属于慈善机构,无教育意义,但从中可以看出,盲人的社会地位有了一定的提高。

---

① 邓猛,等.关于制定《特殊教育法》的倡议[J].中国特殊教育,2005,7:3.
② Yang, H. L., & Wang, H. B. Special Education in China[J]. The journal of special education, 1994, 1: 93—105.
③ 张福娟,等.特殊教育史[M].上海:华东师范大学出版社,2000:3—6.
④ http://baike.baidu.com/view/7680.htm[EB/OL].
⑤ 张福娟,等.特殊教育史[M].上海:华东师范大学出版社,2000:10.

另一方面,基督教又宣称盲人与聋哑人、低能者同为上帝惩罚恶人之标记,故盲人应当逆来顺受;视残疾人为"魔鬼缠身"、"上帝的惩罚",是邪恶精神的体现,因而对于残疾人充满畏惧。据不完全统计,在中世纪的欧洲,有超过30万的人因为被认为"魔鬼缠身"需要驱邪而被处死。①

(四)西方视觉障碍教育的产生与发展

自14世纪以来产生于欧洲的文艺复兴运动使人们关心人本身超过关心神,它所倡导的人文主义精神猛烈冲击着中世纪的神学、禁欲主义,导致了宗教改革、科技革命、理性时代的来临以及人性与自由精神的张扬。随着这一时期科学的发展,人们对残疾的认识逐渐清晰,大批启蒙思想家、哲人、政治家如法国的卢梭(Jean Jacques Rousseau)、伏尔泰(Voltaire)、狄德罗(Denis Diderot),英国的洛克(Locke),美国的杰弗逊(Thomas Jefferson)等倡导个性独立、自由、平等的精神,②也成为西方20世纪所共享的基本价值观:在法律面前,人人平等、天赋人权、人为自然立法、平等、博爱等。正如刘全礼所总结的,理性之光所照耀下的科学进步与博爱、平等的思想是特殊教育产生的直接思想基础。③ 从这里可以看出,特殊教育从一开始就与对人的基本权利的尊重与保护紧密联系在一起,它能够体现一个社会文明发展的水平。

文艺复兴及宗教改革对基督教的原罪说及禁欲主义产生了巨大冲击,人权及人道主义思想形成并发挥作用。18世纪启蒙运动中的平等、自由、博爱思想的宣传对特殊教育的发展起到很大作用。法国著名启蒙思想家狄德罗为盲人的权利大声疾呼,对盲教育的发展起到很大的推动作用。1749年他发表了一篇《供明眼人参考的谈盲人的信》,在世界上第一个提出对盲人进行教育的计划。狄德罗通过对盲人的观察与研究确信:盲人有足够的智慧和能力接受教育,他们完全可以和正常人一样过体面的生活。④

法国巴黎是盲教育的发源地,在人类历史上第一个从真正意义上对盲人进行教育的专业教师是法国盲教育家胡威(Valentin Hauy,1745—1822)。⑤ 胡威在街上找来一个名叫莱局的盲童(乞丐),进行盲教育实验,取得惊人的成果,吸引其他人投身到盲教育工作中。1784年,胡威在法国政府的资助下,在巴黎建立了世界上第一所盲校——巴黎盲校(国立),胡威担任第一任校长,开始有组织地对盲童进行教育。该校对欧美各国产生了巨大影响,各国纷纷仿效,导致欧美盲教育的兴起。后来,许多国家邀请胡威指导。1807年受俄国官方的邀请,胡威到圣彼得堡指导俄国人建立了俄国第一所盲校。由于胡威对盲教育的贡献很大,他被称为"盲教育的开创者"。

英国的盲教育到18世纪末才出现,1791年,因眼疾而致盲的茹悉顿在英国利物浦为贫穷的盲人开办了一所盲人学校,他当时招收的学生从14岁到45岁不等。开设的课程主要

---

① Telford, C. W. & Sawrey, J. M. The exceptional individual [M]. 2nd ed. Englewood Cliffs, N.J.: Prentice-Hall, 1972.
② WINZER, M. A. The history of special education: From isolation to integration [M]. Washington, D.C.: Gallaudet University Press, 1993: 98.
③ 刘全礼. 个别教育计划的理论与实践 [M]. 北京:中国妇女出版社,1999:21.
④ 苏林. 视力残疾儿童随班就读工作手册 [M]. 北京:华夏出版社,1993:1.
⑤ 朴永馨,等. 特殊教育辞典 [M]. 北京:华夏出版社,1996:240.

是：宗教仪式中的赞美诗、管风琴演奏、贸易等。1793年，英国其他几所盲人教育机构也先后建立。[①]

1804年，奥地利的克莱因(John Wilhelm Klein)在维也纳创办第一所盲校，后来，他又继续创办了数所盲校，德国及其他欧洲国家都受到影响。1806年，德国在柏林创立了第一所盲校——皇家盲童学校，以后每隔几年都会新建一所盲校。随后，荷兰、瑞典、丹麦纷纷创办盲校。

19世纪30年代，美国才开始大力发展盲教育。美国盲教育史上的四个先驱者是：波士顿的塞缪尔·豪(Samuel Gridley Howe)、纽约的阿克来(Ackrly)、罗斯(Russ)和费城的弗锐德兰德(Friedlander)。他们于1830年后开始从事盲教育。1832年，豪建立了美国第一所盲人教育机构——帕金斯与马萨诸塞盲人养育院。经过努力，美国各州相继建立了盲校。到1875年，美国有州立盲校25所，私立盲校5所，学生2000多人。1910年，美国全国盲校学生共有4653人，占全国盲童总数的1/2。[②]

19世纪下半叶，兴起了一种新的特殊教育机构——盲童幼稚园。1861年，世界上第一所盲童幼稚园在德国诞生，随后，丹麦、荷兰、奥地利都相应开设了盲童幼稚园。在德国和美国，许多盲童幼稚园附属在盲校中。幼稚园的建立符合现代观念，目的是改变幼儿因失明而产生的不良习惯，训练听觉及触觉等其他感觉，通过体操等强身健体。

20世纪，人们认识到盲童仅仅接受普通教育对他们将来十分不利，应使他们掌握一技之长，可通过职业教育达到这个目的，因此培养盲童的生活能力及职业技能成为盲教育的重点。如：在美国的马萨诸塞州，为盲人建立实习工厂，经过培训后，盲人能制作非常精良的工艺制品；法国的马赛盲童职校注重工艺技术教育，盲童能制作精良的珠宝和美术用品；日本政府规定按摩职业只能由盲人从事。

20世纪20年代以后，进步主义教育运动、新教育运动在欧美蓬勃兴起。在此背景下，要求加强教育与生活的联系的口号响彻云霄，许多教育家呼吁盲童教育定位应由过去的改变盲人命运、尊重盲人幸福转变为将其培养成为对社会有用的人，为社会作贡献。20世纪中叶以后，特殊教育进入黄金时期，许多国际组织呼吁发展特殊教育。1969年，联合国通过《社会进步与发展宣言》，明确指出：对精神上和生理上的残疾者，尤其是儿童和青少年的康复应采取适当措施，使其成为社会的有用成员。1975年，联合国通过《残疾人人权宣言》，再度重申残疾人的权利。在此情况下，在世界范围内，特殊教育普遍受到各国政府的重视。

对于视觉障碍儿童的安置模式，早在1866年，美国帕金斯与马萨诸塞盲人养育院盲校校长塞缪尔·豪就提出应该将盲童与正常儿童安置在同一所学校接受教育。豪早在1831年访问欧洲时，就认为这些寄宿制的学校应该是"警示灯而非引路的明灯"。在1866年，豪在巴特维亚州立盲学生教养院的创立大会上就倡导残疾学生与正常儿童融合的观念："让健全的人士和正常的环境围绕并影响精神不健全的人士，品行良好的学生与环境环绕、影响

[①] 张福娟，等.特殊教育史[M].上海：华东师范大学出版社，2000：70.
[②] Winzer, M. A. The history of special education: From isolation to integration[M]. Washington, D. C.: Gallaudet University Press, 1993: 109.

品行不端的儿童,盲生和明眼学生在一起,'哑'生和会说话的学生在一起。"①他还建议改造现存的隔离式特殊教育养护机构,逐渐减少并停止建立此类机构。1900年,在芝加哥公立学校成立了第一所盲童走读班。但这种班级在当时办得很少,20世纪50年代后才逐步得以普及。20世纪60年代,视觉障碍教育发生根本性变化,盲童回归主流学校与社会的理想得以实现。随着社会的发展,一体化教育、回归主流思想被越来越多的特殊教育工作者所接受,成为一种趋势和主流。

(五)盲人学具的发展

据历史文献记载,盲人学具的历史可以追溯到4世纪。当时的希腊和罗马等地出现供盲人摸读的"方字块"(tadella)——在木板、兽骨或金属上雕刻凹陷或凸起的字母,但并未得到普及。

17世纪中叶,欧洲有个叫赫德裴尔(Georg Harsdorfer)的人为盲人发明了简单的写字工具——用铁笔在涂有蜡渍的平板上刻画字母,让盲人摸读。1517年,西班牙人费兰西斯·路克斯(Fraecesco Lucas)把字母雕刻在木块上教盲人摸读,这是利用盲人触觉认读的最早尝试。后来有人用厚纸雕刻成字母、用大头针在软垫上刻出字母、用较大的铅字字母等方式教盲人认读。②1670年,意大利天主教士兰特齐(Framcesco Landterxi)创造了由点和线组成的文字符号,作为盲人读书所用的工具。这些方法都是将普通字母按照本来的形状凸现出来,没有根据盲童的触觉特点专门进行设计,阅读速度慢、困难大,实用价值较小。

1829年,20岁的布莱尔(Braille,1809—1852)发明了布莱尔盲文,给世界盲人教育带来巨大影响。布莱尔盲文的原理为:用6个小孔点组成简单符号,根据这6个点位的不同排列,可排列成63种点位组合,每个点位组合可以代表字母、词汇,或标点符号。他还发明盲字笔及盲字板,可供盲人书写。但他的发明在当时并未得到人们的认可,甚至遭到讥讽,被认为不值一提,一直到1852年布莱尔去世前夕,才得到人们的认可和高度评价,并逐渐得到推广。1895年,为纪念他,人们将其发明的盲文点字定名为"布莱尔盲文"。至今,布莱尔盲文被公认为盲人学习的最好文字,具有易摸读书写、能拼读、符号齐全等许多优点,为各国盲人的学习作出了巨大贡献。③

20世纪,人们发明了盲文打字机,它可以提高盲人的写字速度,省时省力,方便校对和修改。除此之外,人们还根据不同需要发明了一些特殊的盲文打字机,如大字型的盲文打字机、单臂型的盲文打字机(供单臂盲人使用)等。随着科技的发展,从20世纪中叶至今,盲文打字机已由第一代机械式,经过第二代电动式,过渡到第三代电子式。阅读设备的类型也越来越多,有声读物、视触转换器、克兹维尔阅读机等的出现都为盲人提供了更加便利的条件,但是用手触摸还是最基本的阅读方式。

---

① Winzer, M. A. The history of special education: From isolation to integration[M]. Washington, D.C.: Gallaudet University Press, 1993: 317.
② 钟经华. 盲文[M]. 天津:天津教育出版社,2007:1.
③ 孙哲. 盲文的起源发展和改革方向[J]. 才智,2008,23:177.

二、我国视觉障碍教育的发展

(一) 视觉障碍教育的兴起与发展

受儒家思想的影响,中国两千多年的封建社会是建立在等级森严的礼教制度基础之上的,"平等"与"公平"的思想没有得到广泛的认同与传播。[①] 残疾人长期生活在这一封建等级制度金字塔的最底层,残疾人系统的学校教育在几千年的漫长封建社会里一直没有诞生。直到19世纪末鸦片战争后,由于西方传教士的直接参与,特殊教育学校机构才得以出现。

鸦片战争后,中国和西方有了更多的接触,西方的教育思想开始传入中国。有的大臣将西方的教育,包括特殊教育的情况写成奏文呈给光绪皇帝,希望在变法中效仿;当时还有驻法国的外交使节到巴黎盲人学校参观、考察。1859年,太平天国农民起义的领袖洪秀全在《资政新篇》一书中大力介绍了西方国家特殊教育的情况。此外,他还主张借鉴西方国家的经验来发展本国的特殊教育,包括提出鼓励民间兴办"跛盲聋哑院",实行相关的文化教育和职业教育。不过,随着太平天国革命的失败,这个纲领也只成为一个历史文献。[②] 直到1874年,苏格兰长老会(Presbyterian)牧师威廉·穆恩(William Moon)在北京开办了中国第一所特殊学校瞽叟通文馆(后改为"启明瞽目院",即北京盲校的前身),招收社会盲童学习文化和劳动技能,传播宗教,引进了布莱尔盲文体系,并创立了中国盲字数字符号。[③]

到20世纪初,我国的有识之士也开始关注中国特殊教育。近代著名实业家张謇分别于1912年与1916年在江苏南通创办了南通盲哑师范传习所及南通盲哑学校,这是由中国人创办的最早的特殊师范学校及特殊学校之一。随后,政府部门也在各地创办少量的公立特殊学校。但是由于社会动荡、经济落后以及观念陈旧,20世纪上半叶的中国特殊教育仅限于盲聋哑教育,并且发展缓慢。到1949年,中国仅有特殊学校42所,学生2000余人,其中公立特殊学校9所,其余皆为教会和私人开办,带有宗教和慈善性质。[④]

1949年10月中华人民共和国成立后,中国政府接管了所有外资津贴的学校,改为公立。此举改变了特殊教育的慈善性质。随后,我国还出台了各项政策法规以促进特殊教育的发展。1951年10月,中国政务院颁布了《关于改革学制的决定》,规定:各级人民政府应设立聋哑、盲目等特殊学校,对生理有缺陷的儿童、青年和成人,施以教育。[⑤] 这是中华人民共和国人民政府为发展特殊教育事业而制定的第一个重要法规,它明确了特殊教育学校是社会主义教育体系的组成部分,使特殊教育第一次被纳入到国民教育体系,走上正常发展的轨道。此后全国各地各类公立盲、聋哑学校陆续建立。我国政府在1957年4月25日颁布的《中华人民共和国教育部办好盲童学校、聋哑学校的几点指示》中,第一次对视力障碍儿童的培养目标做出明确规定:"我国盲童学校、聋哑学校的基本任务是:培养盲童和聋哑儿童具有一定的科学文化知识,掌握

---

① LIN B, FAN L. Education in Mainland China: Review and Evaluation[M]. Taipei: Institute of International Relations, National Chengchi University, 1990: 190.
② 邓猛. 金钥匙视障教育理论与实践[M]. 北京:教育科学出版社,2008:29.
③ 朴永馨,等. 特殊教育辞典[M]. 北京:华夏出版社,2006:173.
④ 周甲禄,等. 中国残疾儿童教育纪实[M]. 武汉:湖北少年儿童出版社,1997:13—15.
⑤ 中国残疾人联合会教育就业部,中华人民共和国教育部基础教育司. 特殊教育文件选编(1990—1994)[G]. 北京:华夏出版社,1996:64.

一定的职业劳动技能,并具有共产主义的道德品质,使他们成为积极的、自觉的社会主义的建设者和保卫者。"①到 1965 年底,全国有盲、聋哑学校 266 所,学生 22850 人(是 1949 年的 11.4 倍,平均每年增加 1176 名学生)。在此期间,教育部制定了《全日制盲童学校教学计划(草案)》,结合我国当时的情况提出了盲童学校的任务是:"必须在党的领导下,贯彻教育为无产阶级政治服务,教育与生产劳动相结合的方针,通过学校教育与训练,力求弥补盲童的视觉缺陷,使他们在德育、智育、体育几方面都得到发展,成为有社会主义觉悟的有文化的劳动者。"除此之外,还统一制订了特殊学校的教学计划、教学大纲,编写了专门的教材,颁布了全国统一的新盲文和汉语拼音手指字母,使特殊学校的教学初步走上了正规化、科学化的道路。

1978 年后,随着改革开放的进行,我国的特殊教育有了巨大的发展。我国宪法第 45 条明确规定:"国家和社会帮助安排盲、聋、哑和其他有残疾的公民的劳动生活和教育。"到 1988 年,我国共有特殊教育学校 577 所,特殊教育班 599 个,在校人数达 57600 人。②

20 世纪 80 年代以来,在党和政府的重视下,我国特殊教育发展迅速。我国宪法明确规定"国家和社会帮助安抚盲、聋、哑和其他有残疾的公民的劳动、生活和教育"。1986 年通过的《中华人民共和国义务教育法》规定"地方和各级人民政府应为盲、聋哑和弱智的儿童、少年举办特教学校(班)"。

尽管经过多年的努力,残疾儿童的入学率得到了很大的提高,但残疾人受教育程度低的现状仍然没有得到根本的改变,残疾少年儿童教育仍然是普及初等教育中最薄弱的环节。据 1987 年的统计,我国残疾人有 5164 万,约占人口的 5%,影响到全国 1/5 的家庭和数以亿计的亲属,而 6—14 岁学龄残疾儿童就有 625.26 万,但全国盲童、聋童的入学率不足 6%。③中华人民共和国成立以来,尽管盲校数量逐年有所增加,在校人数却仍然一直徘徊在 3000 人左右。在一些农村、偏远山区,正常儿童的流失情况还很严重,正常儿童普及九年义务教育的目标还没有完全得到实现,更不用说残疾儿童少年的教育了。④"金钥匙"视觉障碍教育研究中心主任徐白仑记录了盲童渴望上学的一个极端的案例:

> 山东的一位初中女生在信中说,她有一个弟弟,自幼失明,总要背着妈妈为他缝制的小书包,向书声琅琅的校园摸去。有一天,他再也没有回来,8 岁的小弟弟已带着入学的渴望淹死在池塘。

由于种种历史原因,我国残疾人事业起点低、基础薄弱。直到 1991 年底,仍有近 2000 万残疾人尚未解决温饱问题,几乎占我国贫困人口总数的 50%;全国文盲率不到 20%,残疾人文盲率却高达 68%;全国适龄儿童入学率为 97.8%,却有近 90% 的盲、聋、弱智儿童没有入学;城镇人口待业率不到 3%,残疾人待业率却高达 49%,农村则更为严重,还有近三分之二的残疾人靠亲属供养,给残疾人及其家庭带来沉重的物质和精神负担。⑤

---

① 中国残疾人联合会教育就业部,中华人民共和国教育部基础教育司.特殊教育文件选编(1990—1994)[G].北京:华夏出版社,1996:255.
② 顾定倩.试论我国特殊教育义务教育立法的发展[J].特殊教育研究,1933(4):1—9.
③ 徐云,等.弱智儿童教育经验精选[M].浙江:浙江教育出版社,1990:10.
④ 邓猛.随班就读的利与弊探讨[J].特殊教育,1992(3):5—7.
⑤ 徐白仑.金钥匙计划的回顾与展望[J].特殊教育研究,1992,2:1—8.

如何在教育基础比较薄弱、经济条件困难、地区差异（特别是农村与城市、东中西部经济文化差异）显著的情况下，以较快、较经济的方式使大量无法上学的残疾儿童"就学有门"，已经成为各级政府、相关部门与特殊教育工作者面临的一个严峻的问题。

（二）视觉障碍儿童随班就读的发展

20世纪80年代以来，受回归主流与融合教育思想的直接影响，我国特殊教育改变了百余年来以建特殊学校为唯一发展途径的做法，大力推进随班就读模式。[①] 1987年，在西方回归主流思想的影响下，徐白仑先生在江苏、河北、黑龙江、北京房山县三省一县进行了盲童在本村就近进入普通小学随班就读的"金钥匙"工程，开始了探索符合中国国情的特殊教育新模式的试验。[②] 1988年11月，中华人民共和国成立后的首届全国特殊教育工作会议在北京召开，会议交流了各地开展特殊教育的经验，提出适合中国具体情况的发展特殊教育的途径，即：

> 逐步形成一定数量的特殊学校为骨干，以大量设置在普通学校的特殊教育班和吸收能够跟班学习的残疾儿童随班就读为主体的残疾儿童少年教育的格局。[③]

同年公布的《中国残疾人事业五项工作纲要》第42条规定："坚持多种形式办学。办好现有的盲、聋和弱智学校，新建一批特教学校。同时，采取有力措施，积极推动普通学校和幼儿园附设特教班，及普通班中吸收肢体残疾、轻度弱智、弱视和重听（含经过听力语言训练达三级康复标准的聋童）等残疾儿童随班就读。"

从此，随班就读成为我国普及残疾少年儿童义务教育的主要策略，尤其在经济落后、人口居住分散、交通不便，且残疾儿童数量较多的农村地区（80%以上的残疾儿童在农村），随班就读成为发展特殊教育、提高残疾儿童少年入学率的主要途径。[④][⑤] 以经济富裕的广东省为例，只有广州、梅州、深圳、湛江四所盲校；其中深圳只收本市的盲生，广州、梅州、湛江三校面向全省招生，每年招生也不足50人。另外，盲校一般都在城市，盲童大部分分散在农村，寒暑假和法定长假给盲生家长接送盲生带来了很大的财力、人力负担；且盲生年龄很小，远在他乡，使他们失去了接受亲子教育的机会。父母最了解、关心自己的孩子，是孩子的第一任教师；让六七岁的孩子远离父母去住校，对盲孩子的身心健康发展极为不利。

由于我国经济尚欠发达，教育经费有限，残疾少年儿童数量众多，现有的特殊学校远远不能满足巨大的需要。如果按照传统的方式建立特殊学校招收残疾少年儿童入学，校舍、食宿、医疗以及教师、生活管理人员的筹备非一朝一夕能够办到，也非社会、家庭能够承受；[⑥]在许多偏僻的山区与广大的农村地区，人口居住分散、交通不便，而许多残疾儿童少年因为残疾等多种原因又不宜远足上学，所以，随班就读在某种意义上是一种无奈的选择。[⑦] 随班就

---

① 邓猛.从隔离到融合：对美国特殊教育发展模式变迁的思考[J].教育研究与实验,1999,4：41—45.
② 徐白仑.金钥匙计划的回顾与展望[J].特殊教育研究,1992,2：1—8.
③ 朴永馨.特殊教育辞典[M].北京：华夏出版社,1996：36.
④ 邓猛.随班就读的利与弊探讨[J].特殊教育,1992(3)：5—7.
⑤ 朴永馨.聋童教育概论[M].合肥：安徽教育出版社,1992：8.
⑥ 徐白仑.金钥匙计划的回顾与展望[J].特殊教育研究,1992,2：1—8.
⑦ 邓猛.随班就读的利与弊探讨[J].特殊教育,1992,3：5—7.

读采取在邻近普通学校就近入学的方式,使大量残疾儿童踏进校门,不仅节约了财力、物力、人力,而且大大提高了残疾儿童的入学率,解决了残疾儿童少年入学呼声高与特殊教育学校数量不能满足要求这两者之间的矛盾。① 经过不断的探索与试验,这一新的发展模式在20世纪80年代以来的许多特殊教育相关法律法规中得到确认。例如:1989年国务院颁布的《关于发展特殊教育的若干规定》、1990年全国人大通过的《中华人民共和国残疾人保障法》、1994年国务院颁布的《残疾人教育条例》等都强调要大力发展随班就读,普及残疾少年儿童义务教育。国家教育委员会于1994年颁布的《关于开展残疾儿童少年随班就读工作的试行办法》总结了我国随班就读近十年的经验与教训,对随班就读工作的对象、教学、管理等方面进行了规定,并明确指出:"开展残疾儿童少年随班就读工作,是发展和普及我国残疾儿童少年义务教育的一个主要办学形式……实践证明,这是对残疾儿童少年进行义务教育行之有效的途径。"

随班就读实验的成功,使残疾儿童回归主流学校与社会的思想被推广到城乡各个地区,随班就读的实验也从盲童扩展到听力残疾、智力落后等不同的残疾领域。1990年5月,国家教委在无锡市召开了随班就读工作现场会,要求各地教委、残联派人参加,听取经验介绍,进行实地考察,并对此项实验作了全面肯定;1992年和1993年又分别在河北、黑龙江召开了现场会,要求全面推广随班就读的做法。虽然社会上对于残疾人的歧视与偏见仍然不同程度地存在,师资与其他资源还相当缺乏,但是随班就读的开展在很短的时间内极大地提高了残疾儿童的入学率,使大量流失在校园外的残疾儿童就学有门。随班就读实验在普及特殊儿童义务教育、转变社会观念、促进特殊教育与普通教育融合等方面取得了丰硕的成果。② 许多普通学校已经招收了特殊儿童,因而普通班内学生的学习能力与需要趋于多样化。③ 1988年,全国只有57600名残疾学生就读于特殊学校或随班就读;1992年,在校人数增加到129400人,④2003年,在校人数达364700人⑤。全国三类残疾儿童入学率从1987年的不足6%提高到1996年的60%;⑥2000年入学率更是超过80%。1992年,28%的在校残疾学生在普通学校随班就读;2003年,随班就读生占入学残疾学生总数的70%左右。2007年全国共有特殊教育学校1618所,比上年增加13所;招收残疾儿童6.34万人,比上年增加1.36万人;在校残疾儿童41.93万人,比上年增加5.64万人。其中在盲人学校就读的学生4.48万人,在聋人学校就读的学生11.85万人,在弱智学校及辅读班就读的学生25.60万人。在普通学校随班就读和附设特教班就读的残疾儿童招生数和在校生数分别占特殊教育招生总数和在校生总数的67.11%和64.88%。残疾儿童毕业人数达到5.03万人,比上年增加0.51万人。⑦

虽然我国视觉障碍儿童随班就读取得了巨大的成就,但是盲校仍然在视觉障碍儿童教

---

① 赵永平.进一步解放思想,把盲童随班就读引向深入[J].现代特殊教育,1992,3:4—6.
② 邓猛.关于融合教育学校课程调整的思考[J].中国特殊教育,2004,3:1—7.
③ DENG, M., & MANSET, G.. Analysis of the "Learning in Regular Classrooms" movement in China[J]. Mental Retardation, 2000, 38(2): 124—130.
④ 顾定倩.试论我国特殊教育义务教育立法的发展[J].特殊教育研究,1993,4:1—9.
⑤ 教育部. 2003年全国教育事业发展统计公报[EB/OL]. http://www.edu.cn/20040527/3106677.shtml,2003.
⑥ 国务院. 中国残疾人事业"九五"计划纲要与配套实施方案[EB],1996.
⑦ http://www.moe.edu.cn/edoas/website18/54/info1209972965475254.htm.

育中居于主导位置;盲校与随班就读相互补充、协调发展,构成我国视觉障碍儿童教育的基本格局。到目前为止,我国有盲校100多所,多数为盲聋合校,单纯的盲校只有20多所。北京、上海、天津、重庆四个直辖市各有一所盲校;大多数省、自治区有一至几所盲校;山东省是个例外,有16所盲校(盲聋合校),它的每个地市级行政区都有一所自己的盲校。大多数盲校设小学部、初中部,少部分盲校设职业高中部,有几所盲校设普通高中部。目前,已经有北京、上海等几所盲校在试办学前教育部、多重残疾儿童部。

三、我国视觉障碍儿童教育的发展方向

随着社会主义的不断发展以及人们观念的不断更新,我国特殊教育的发展也进入了一个新的发展时期。作为特殊教育的一个分支,视觉障碍儿童教育也得到了稳步的发展。特别是伴随着全纳教育的逐步开展,越来越多的视觉障碍儿童进入了普通学校接受教育,进一步促进了视觉障碍儿童的身心健康发展。纵观我国整个特殊教育的发展趋向,可以预见视觉障碍儿童教育的未来走向。

(一) 重视视觉障碍儿童的早期教育和早期干预

越来越多的研究证明,对于特殊儿童,早期的教育和干预将会影响其一生的认知水平和社会发展。鉴于这样的认识,各个国家都在不同程度上努力贯彻"早发现、早诊断、早训练"的"三早"原则。例如,美国在1994年推出"早期提前开端计划",将特殊幼儿作为资助的主要对象,为其提供专项经费以接受早期教育;英国政府在2001年成立了跨部门的工作小组,检视两岁以下特殊幼儿的教育服务,通过实施"一起开端计划"、"早期支持领航计划"等为特殊幼儿的早期教育和健康服务提供专项资金,以保证所有儿童获得人生发展最佳开端的可能。[①] 而我国也认识到特殊幼儿早期干预和早期教育的重要性,1994年公布的《残疾人教育条例》规定:"通过残疾幼儿教育机构、普通幼儿教育机构、残疾儿童福利机构、残疾儿童康复机构、普通小学的学前班、特殊学校的学前班以及家庭等开展学前特殊教育。"2001年,北京市已经初步建立起学前康复教育体系,全市城镇地区80%以上的视力、听力、语言、智力等残疾幼儿均接受了2至3年的康复训练;远郊区县采取在普通小学或特教学校开设学前班的形式接受残疾幼儿。[②] 由此可见,重视特殊幼儿的早期教育和早期干预是特殊教育发展中的一个重要方面。

视觉障碍儿童作为特殊教育的对象,对其进行早期教育和早期干预是一件刻不容缓的事情。国内外研究一致表明,视觉障碍儿童如能得到适宜的早期教育,可以增进身体素质、认知能力、语言能力、社会行为能力以及自理技巧的发展;可以避免由于缺乏早期经验而导致的智力发育迟缓或一些不当行为的出现;减少社会性的依赖以及机构的收容;减少特殊教育的成本。[③] 因此,重视视觉障碍儿童的早期教育和早期干预,将极大程度地减轻视觉障碍儿童因视觉缺陷而带来的不利影响,更能有效防止由于视觉缺陷而派生出的其他障碍,帮助他们健康成长,从而为其进入普通小学打下良好基础。随着义务教育阶段特殊教育的逐步

---

① 朱宗顺.学前特殊教育:创建和谐社会不应忽视的领域[J].中国特殊教育,2005,5:5—6.
② 同上注.
③ 彭霞光.早期教育:视障儿童人生发展的重要起点[J].现代特殊教育,2006(1):5.

普及,特殊儿童包括视觉障碍儿童的早期教育和早期干预将会得到充分的重视和长远的发展。

(二)随班就读的进一步发展

在经济落后、人口居住分散、交通不便且残疾儿童数量较多的农村地区(残疾儿童中的80%以上在农村),视觉障碍儿童唯有通过随班就读的形式才能接受义务教育,因为盲校一般都建在城市,远距离的接送会给盲生家长带去很大的财力、人力负担,而且盲生的年龄还很小,远离家人,会失去很多亲子教育的机会。① 随班就读的形式保障了视觉障碍儿童入学接受教育的权利。但有学者指出,"提高入学率是相关法律法规以及各地特殊教育实践的首要目标。质量,即特殊儿童是否能够在普通教室里接受恰当的教育长期以来受到了忽略"。② 因此,在视觉障碍教育的未来走向上,还需要对随班就读的教学质量做进一步的调整和评估,这样才能切实保障视觉障碍儿童接受平等、适合且高质量的教育。

学业上的成功对于视觉障碍儿童来说只是其学校发展的一部分,在普通学校里能否得到平等对待、享受同样的权利也是视觉障碍儿童随班就读中必须考虑的一部分。尽管随班就读可以为国家节约建设特殊学校的高额成本,免去家长因远距离接送孩子上学而增加的生活、交通上的负担,对残疾儿童就近入学起到了积极的作用,但是我们也应该考虑到让视觉障碍儿童随班就读是否真正有利于其身心的健康发展。在随班就读的课堂上,我们不难发现有些特殊儿童虽然被安置在了普通教室,但是仍然无法融入正常的班级生活——一个人坐在角落,教师和同学对其完全忽视。这种随班就座、随班混读的不良现象对随班就读的质量是一种严峻的拷问。

2006年,"金钥匙"视觉障碍教育研究中心提出了将"随班就读"更名为"同班就读"的建议。虽然两者仅有一字之差,但其中却蕴含了理念的差异。从字面上分析,"随班就读"中的"随"表明了一种主从关系,似乎在普通学校中正常学生才处于主要地位,残疾学生则处于随从地位;正常学生的教育是主要的,残疾学生的教育是次要的。残疾儿童在班级中处于"随"的地位,这种教育从本质上是不公平的。③ 而"同班就读"虽然承认残疾儿童与正常儿童存在一定的差异,但更强调他们处于同等的地位,在学校里享有同样的权利。所以,"随班就读"向"同班就读"转变是我国特殊教育发展的必然趋势。④ 随班就读是走向全纳教育的第一步,同班就读则加快了走向全纳教育的进程。

特殊儿童进入普通学校学习已经不再是一种神话,而逐渐变成了事实。尽管在视觉障碍儿童随班就读的过程中还存在着这样或那样的问题,但是,随着世界范围内全纳教育的不断进步,这些问题会慢慢得到解决。另外,电子信息技术以及残疾人辅助技术的不断发展,使视觉障碍儿童在普通学校面临的困难越来越少,而随班就读带给视觉障碍儿童的裨益将会越来越大。

---

① 邓猛.随班就读的利与弊探讨[J].特殊教育,1992(3):5—7.
② 邓猛.特殊教育管理者眼中的全纳教育:中国随班就读政策的执行研究[J].教育研究与实验,2004(4):45.
③ 钟经华.视力残疾儿童的心理与教育[M].天津:天津教育出版社,2007:85—86.
④ 邓猛,等.金钥匙视障教育理论和实践[M].北京:教育科学出版社,2008:189—190.

本章小结

人类大约80%的信息都源于视觉,因此视觉在人的发展过程中扮演着重要的角色。视觉的缺陷或丧失可能改变一个人对世界的理解,同时也影响其认知、语言、社交和动作等几方面的能力发展。视觉障碍是指由于各种原因导致双眼视力低下,且不能矫正或视野缩小,以致影响其日常生活和社会参与。根据视觉障碍的障碍程度,可以将视觉障碍分为盲和低视力两类。具体分类标准因国家或地区而有所不同。

对世界盲人教育作出重要贡献的三位历史人物分别是:狄德罗,世界上第一位提出对盲人进行教育的计划,认为盲人有足够的智慧和能力接受教育;胡威,世界盲童教育的创始人,1784年在巴黎建立了世界上第一所盲校;布莱尔,点字盲文的创造者,为盲人教育提供了有力的工具。

视觉障碍儿童教育在我国的发展起步较晚,一直到20世纪初才开始受到关注。到20世纪80年代,视觉障碍儿童教育发展迅速,并且在西方回归主流和融合教育思想的影响下,开始推行随班就读的安置模式。日益重视视觉障碍儿童的早期教育和早期干预,并且进一步发展视觉障碍儿童的随班就读,是视觉障碍教育未来发展的基本方向。

 思考与练习

1. 为什么说视觉对人类有重要意义?
2. 我国视觉障碍的定义及其分类。
3. 历史上基督教对盲人以及盲人教育的发展起到了怎样的作用?
4. 我国随班就读的发展对视觉障碍儿童教育产生了怎样的影响?
5. 浅谈我国视觉障碍教育的发展方向。

第2章 视觉系统与视觉障碍的成因

学习目标

1. 认识和了解视觉系统的结构与功能。
2. 理解视觉障碍的成因,熟悉常见的视觉器官疾病。
3. 掌握视觉障碍早期预防的一般措施。

视觉障碍教育的对象是视力损伤或视野缩小到一定程度的儿童。因此,教师必须首先了解人的视觉是如何产生的、造成视觉障碍的原因有哪些。只有在了解这些问题的基础上,教师才能够懂得如何保护和开发视觉障碍儿童的残余视力,以及如何用其他感觉器官来代替、补偿眼睛的功用,发挥视觉障碍儿童的潜能。

第1节 视觉系统的结构和功能

眼睛是人体的视觉器官,是人类认识世界的重要通道。从表面上看,眼睛很像照相机,由相当于照相机的镜头、光圈、暗箱、胶片等的部分组成,而实际上眼睛比照相机更复杂、更精细、更富有灵活性。首先,光线通过眼睛的屈光系统到达视网膜,并在视网膜上形成物象,同时在视网膜上引起视神经冲动,然后沿视神经纤维传递到大脑皮层的视觉中枢而产生视觉。这种光刺激引起视觉的过程,是由视觉器官的各个不同系统完成的。① 视觉器官主要包括眼球、视路和眼附属器三个部分。②

一、眼球

眼球的基本构造如图2-1所示,分为眼球壁与眼球内容物两部分。眼球壁分为三层,外层为纤维膜,中层为葡萄膜,内层为视网膜。③ 眼球内容物则包括前房与后房中的房水、晶状体及玻璃体。人眼之所以能看见物体,是因为照在物体上的反射光线,经过眼球的角膜、晶状体及玻璃体等屈光间质折射后,成像在视网膜上。由此看来,人的眼球就像是一部精密的照相机。④

---

① 眼睛有三个解剖学系统:光学系统、肌肉系统和神经系统,正常视力需要这三个系统保持正常的机能。引自William L. Heward著,肖非,等译.特殊需要儿童教育导论[M].北京:中国轻工业出版社,2007:334.
② 彭霞光.视力残疾儿童的教育理论与实践[M].北京:华夏出版社,1997:22.
③ 郭秉宽.眼科学[M].上海:上海医科大学出版社,1988:5.
④ http://www.mingsou.com/html/22465.htm[EB/OL].

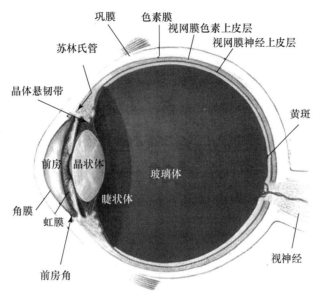

图 2-1 眼球的基本构造

(一) 眼球壁

1. 纤维膜

纤维膜(fibrous membrane)主要由胶原纤维组织构成。因部位不同及纤维排列不同而分为角膜和巩膜。前 1/6 为角膜,凸而透明;后 5/6 为巩膜,俗称白眼球。纤维膜的功能为保护眼内部组织和维持眼球的球形状态。[①]

(1) 角膜

角膜(cornea)俗称"黑眼球",相当于照相机的镜头,直径约为 11.5 毫米,中央厚 0.6 毫米,周边厚 1 毫米,是光线进入眼球的第一道关口。[②] 角膜前的一层泪液膜有防止角膜干燥、保持角膜平滑和光学特性的作用。角膜含丰富的神经,感觉敏锐,任何一点小刺激或损伤都会引起疼痛、流泪和眼睑痉挛等症状。因此角膜除了是光线进入眼内和折射成像的主要结构外,也起保护作用,并且还是测定人体知觉的重要部位。[③] 若角膜混浊,则会阻碍光线正常通过,从而影响一个人的视觉功能。[④]

(2) 巩膜

巩膜(sclera)俗称"眼白",相当于照相机的机壳,外观呈乳白色不透明,厚度约为 1 毫米。巩膜由致密相互交错的纤维组织组成,质地坚韧,对眼球起保护作用。[⑤] 巩膜表面被眼球筋膜和结膜覆盖,前面与角膜,后面与视神经硬膜鞘相连。巩膜除表层组织富有少许血管

[①] 郭秉宽.眼科学[M].上海:上海医科大学出版社,1988:5.
[②] http://www.mingsou.com/html/22465.htm[EB/OL].
[③] http://www.cnophol.com/eyes/200810/20081014143258.html[EB/OL].
[④] 中山医院附属眼科医院编写组.眼科护理[M].上海:科学技术出版社,1980:2.
[⑤] http://www.mingsou.com/html/22465.htm[EB/OL].

外,深层组织内血管及神经均较少,新陈代谢缓慢,有炎症时反应迟钝,病程迁延迟缓。[1]

2. 葡萄膜

葡萄膜(uvea)因含有丰富的血管与色素,故又称血管膜或色素膜。由于有丰富的血管及大量色素,使该层颜色呈棕黑色,似紫色葡萄,因而得名。葡萄膜由前向后又可以分为虹膜、睫状体及脉络膜等三个相连续的部分。[2]

(1) 虹膜

虹膜(iris)位于角膜后、晶状体前,在葡萄膜的最前部。虹膜为一圆盘状膜,自睫状体伸展到晶状体前面,将眼球前部腔隙隔成前房与后房。虹膜悬在房水中,表面有辐射状凹凸不平的皱褶,称虹膜纹理和隐窝。虹膜中央为直径 2.5～4.0 mm 的瞳孔(pupil)。虹膜由前面的基质层和后面的色素上皮层构成。[3] 上皮层又由两层细胞组成,前层分化为两种排列不同的平滑肌纤维,即瞳孔括约肌(环绕瞳孔呈环形排列,受副交感神经支配,收缩时可使瞳孔缩小,以防止视网膜受强光的过度刺激)和瞳孔开大肌(呈放射状排列,受交感神经支配,收缩时可使瞳孔开大,以利于视网膜对弱光的吸收);后层为色素上皮层,细胞内充满色素,虹膜颜色的人种差异主要取决于虹膜色素细胞的多寡,不同种族人的虹膜颜色不同。当说一个人是蓝眼睛或黑眼睛时,所说的就是虹膜的颜色。[4] 瞳孔俗称瞳仁,相当于照相机的光圈,能够控制射入眼底的光线。当外界光线强的时候,瞳孔缩小;光线弱的时候,瞳孔则变大,以保证成像清晰。一旦调节失调,则将导致曝光不当。[5]

(2) 睫状体

睫状体(ciliary body)前接虹膜根部,后接脉络膜,外侧与巩膜毗邻,是葡萄膜的中间部分。内侧环绕晶状体赤道部,面向后房及玻璃体。睫状体主要由睫状肌(纵形、放射状和环形三种)及血管所组成。睫状肌受副交感神经支配,并有丰富的三叉神经末梢分布。睫状体前1/3部分,肥厚隆起,称为睫状冠,其内侧表面有 70～80 纵形放射状突起,为睫状突。后2/3薄而扁平,称为睫状环或睫状平坦部。从睫状体至晶状体赤道部由纤细的晶状体悬韧带与晶状体联系,借以调节晶状体的屈光度。睫状体在眼内组织中特别重要是因为:① 睫状突的上皮能产生房水,以供眼球内部组织营养及维持新陈代谢。② 睫状体又能调节晶状体的屈光力,当睫状肌收缩时,悬韧带松弛,晶状体借本身的弹性变凸,增加其屈光力,使近处的物体成像清晰。[6]

(3) 脉络膜

脉络膜(choroid)位于巩膜和视网膜之间,为葡萄膜的后2/3部分,是贴于巩膜内面的富有血管和色素细胞的疏松结缔组织。其中丰富的毛细血管为视网膜提供部分营养,色素细胞能吸收眼内分散光线,以免影响视觉。脉络膜的最内层为一层透明薄膜,称玻璃膜。脉络膜是色素膜中面积最广的,相当于照相机的暗箱,它主要供给视网膜外层营养和吸收散射光

---

[1] 郭秉宽.眼科学[M].上海:上海医科大学出版社,1988:6.
[2] 徐白仑.家长怎样对视障儿童进行早期干预[M].北京:中国盲文出版社,2005:2.
[3] http://drchengang.haodf.com/wenzhang/32843.htm[EB/OL].
[4] 徐白仑.视障儿童随班就读教学指导[M].北京:华夏出版社,1996:27.
[5] http://www.mingsou.com/html/22465.htm[EB/OL].
[6] 郭秉宽.眼科学[M].上海:上海医科大学出版社,1988:7—8.

线,以及遮断光线,以免干扰视网膜上清晰的成像。①

3. 视网膜

视网膜(retina)是视觉形成的神经信息传递的最敏锐的区域,也是视觉形成的神经信息传递的第一站。如同照相机的感光底片,视网膜是人眼感受光线的最重要装置,具有很精细的网络结构及丰富的代谢和生理功能。②

(1) 内层与外层

视网膜分内、外两层。内层为神经上皮层,主要起视觉的感受和传导作用。外层为色素上皮层,该层的色素细胞含有大量的黑色颗粒及板层小体,当视网膜受强光照射时,黑色素颗粒移入细胞突起,吸收光线,可保护视细胞免受强光刺激;板层小体是视杆细胞脱落的膜盘碎片,被色素细胞吞噬后与细胞内初级溶酶体结合而成,因此色素细胞具有参与视杆细胞更新的作用;此外色素细胞尚有储存维生素 A 及参与视紫红质合成的功能。内外层之间连接疏松,病理情况下易分离,形成视网膜脱离。③

(2) 视部与盲部

紧贴于脉络膜内面的部分有感光作用,称视网膜视部;贴于虹膜和睫状体内面的部分无感光作用,称视网膜盲部。视部和盲部交接处呈齿状,称锯齿缘。在视网膜后部有一直径为 1.5 mm 的淡红色圆形隆起,称视神经盘(或视神经乳头),由视网膜的节细胞的轴突汇集而成,是视网膜上视觉纤维汇集向视觉中枢传递的眼球部位,无感光细胞,故视野上呈现为固有的暗区,称生理盲点。在视神经盘颞侧约 3.5 mm 处,有一横椭圆形黄色小区称黄斑,其中央的凹陷称中央凹,为视觉(辨色力、分辨力)最敏锐的部分。

(3) 视杆细胞与视锥细胞

在视网膜上,分布着一片无数个薄薄的、相互联系着的视觉感受细胞,这些细胞把光转化为神经脉冲——神经系统的语言。按其形态和功能的不同,视觉感受细胞分为视杆细胞(杆体)和视锥细胞(锥体)两种。视杆细胞细长,核小而圆且色深,胞体向外侧伸出细长的突起,故称视杆。视杆细胞对弱光很敏感,是微光视觉的感受器,但不能感受颜色和物体的细节。视锥细胞形态与视杆细胞相似,核大而染色浅,细胞外侧突呈圆锥状,故名视锥。杆细胞和锥细胞在视网膜上的分布各不相同。靠近黄斑中心窝的为锥细胞,中心窝以外则锥细胞逐渐减少,而杆细胞逐渐增多,到周边几乎都是杆细胞。正因为此种原因,黄斑区中心窝才成为视觉最敏锐的地方。人眼的视线对准外界物体时,一般就是在这里聚焦成像的。④ 人们之所以能看清外界物体,视网膜起着最关键的作用。⑤

(二) 眼内容物

眼内容物包括房水、晶状体和玻璃体三种透明物质,是光线进入眼内到达视网膜的通路,与角膜一并称为眼的屈光介质,能使进入眼球的物体反射出来的光线会聚到视网膜上成像,对维持正常视力有重要作用。

---

① 俞自萍.颜色视觉与色盲[M].贵阳:贵州人民出版社,1988:39.
② http://www.cnophol.com/eyes/200810/20081014143258.html[EB/OL].
③ http://sosyao.com/eye/literature/11_33_33_673.htm[EB/OL].
④ 沈家英,等.视觉障碍儿童的心理与教育[M].北京:华夏出版社,1992:27.
⑤ 徐白仑.家长怎样对视障儿童进行早期干预[M].北京:中国盲文出版社,2005:2.

1. 房水

房水(aqueous humor)为含少量蛋白质的透明水状液,是由睫状体血管过滤和睫状体非色素上皮细胞分泌产生的,充满前房与后房。前房指角膜后面与虹膜和瞳孔区晶状体前面之间的眼球内腔,容积约 0.2 ml。前房中央部深约 2.5～3 mm,周边部渐浅。后房为虹膜后面、睫状体内侧、晶状体悬韧带前面和晶状体前侧面的环形间隙,容积约 0.06 ml。房水产生后先进入眼后房,经瞳孔到眼前房,沿虹膜膜角渗入巩膜静脉窦,最后注入睫状体静脉。房水有营养角膜和晶状体的作用,并且能保持一定的眼内压,使角膜保持一定的曲度和紧张度。如果房水的回流受阻以致眼内压增高,影响视网膜的血液循环而影响视力,甚至导致失明,称为青光眼。[1]

2. 晶状体

晶状体(lens)形如双凸透镜,位于瞳孔和虹膜后面、玻璃体前面,由晶状体悬韧带与睫状体的冠部联系固定。晶状体前面的曲率半径约 10 mm,后面约 6 mm,前后两面交界处称晶状体赤道部,两面的顶点分别称晶状体前极和后极。晶状体直径约 9 mm,厚度随年龄增长而缓慢增加,中央厚度一般约为 4 mm。晶状体本身富有弹性,随年龄增长晶状体弹性将逐渐减弱。晶状体内无血管和神经,营养由房水供应。晶状体具有将物体反射出的光线聚合在视网膜上的功能,此外还可滤去部分紫外线,对视网膜起一定的保护作用。正常情况下,晶状体靠睫状肌收缩或舒展,改变其凸曲率,以使物体能在视网膜上结成清晰的像。若晶状体发生代谢障碍时,则会失去透明性变为混浊,临床上称为白内障。[2]

3. 玻璃体

晶状体的后方是玻璃体(vitreous body),填充于晶状体和视网膜之间。玻璃体是一种无色透明的半流体,呈胶状,主要成分为水,占 98.5%～99.7%,充满眼球后 4/5 的空腔。玻璃体内有一条从晶状体后面至视神经盘的透明管,为胚胎时期玻璃体动脉的遗迹。玻璃体由胶原组织和少量的细胞组成,是良好的屈光介质,因而具有折射光线的作用。除此之外,玻璃体还与其后的视网膜相贴,而且中间不留空隙,具有支撑眼球的作用。玻璃体极易受炎症、外伤、蜕变等影响而发生变性、溶解或积血,造成屈光系统功能的下降或丧失。光线通过玻璃体,最后完成了它的屈光过程而到达视网膜。[3]

作为眼睛的光学系统,眼球主要是收集和聚集来自视野中物体的反射光线。当光线进入人眼,几个组织对光线进行弯曲或折射,产生一个清晰的影像。光线首先接触角膜,角膜是一个弯曲透明保护人眼的组织(很像保护手表的外部水晶)。然后光线通过房水——一种充满在眼睛前房的似水液体。接下来穿过瞳孔,瞳孔是一个居于有色虹膜中央的圆形小孔;瞳孔通过缩小或放大来调节进入人眼的光线量。光线再通过晶状体,晶状体是一个透明的弹性组织。再穿过玻璃体,一个填充在人眼内部的胶状组织,这时光到达了人眼的最内层——视网膜。视网膜是一个位于眼睛后方的多层的神经组织,如同相机里的胶片:为了能够形成一个清晰的图像,光线必须精确地聚焦在视网膜上。[4]

---

[1] 北京师范大学等编.人体解剖生理学[M].北京:高等教育出版社,1990:120.
[2] 沈家英,等.视觉障碍儿童的心理与教育[M].北京:华夏出版社,1992:27.
[3] 同上书,26.
[4] William L. Heward.特殊需要儿童教育导论[M].肖非,等译.北京:中国轻工业出版社,2007:334.

二、视路

物体在视网膜上成像,视网膜上的神经细胞受到光的刺激后,产生神经冲动,通过神经系统传至大脑中的视觉中枢。这种视觉信息从视网膜的光感受器开始,到大脑枕叶视中枢的传导径路,就称为视路。临床上的视路通常指从视神经开始,经视交叉、视束、外侧膝状体、视放射至枕叶视中枢的神经传导径路。

自然界各种物体在光线的照射下,不同的颜色可以反射出阴暗不同的光线,通过角膜进入眼内,经过屈光介质即房水、晶状体和玻璃体的折射,在视网膜上成像。视网膜把这些光的刺激变为神经冲动,由神经传入大脑中枢,然后我们就可以看见物体了。

眼球只是视觉器官的感受部分,完整的视觉器官还应该包括它的传导部分和中枢部分等,而后面这部分的路是很长的,大部分是在颅腔内,与大脑及其他组织密切相关。把眼球比作一个电灯泡,电灯泡所以发光,除了它本身特殊的结构和功能外,还必须有它的电源(发电机)、电路和传导(电线)等部分。否则,只有灯泡的装置是不会自己亮起来的。

眼睛在看东西时,只是外界物体的影像被视神经细胞所感受。要使我们在主观上能够看到这一物体,还必须经过视神经等一系列复杂的传导,直至大脑枕叶视觉皮质中枢,经过中枢的综合分析,包括对两个眼睛传来的不完全相同的影像的综合分析以后才能完成。这个过程与只要按动一次快门、底片曝光一次就可以显出影像来的简单照相技术是无法相提并论的。

我们看东西,要经过视觉器官的感受、传导等一系列过程。这些环节中各种组织必须完全健康,功能必须完全正常,视觉才能形成。任何一个环节出现了障碍,都会影响甚至破坏视觉的形成。

图 2-2 概括了视觉信号释译的过程。

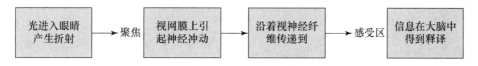

图 2-2 视觉信号释译过程

三、眼附属器

眼附属器是指支持和保护眼球以及使眼球运动的一些结构,包括眼睑、结膜、泪器、眼外肌和眼眶等。

眼睑遮在眼球的前方,有保护眼球的作用,可分上睑和下睑。上下睑之间的裂隙称为睑裂。眼睑内有睑板腺体,可分泌油样的分泌物,起润滑和防止泪液外流的作用。

结膜是联结眼睑和眼球的薄膜,含有血管。结膜能分泌黏液,润滑眼球表面以减少结膜与角膜的摩擦。

泪器包括泪腺和泪道。泪腺位于眼眶外上方,分泌的泪液有湿润眼球,清除灰尘、异物和杀菌的作用。过多的泪液可经泪小管、泪囊、鼻泪管而流入鼻腔。

眼外肌附于眼球周围,有上直肌、下直肌、内直肌、外直肌、上斜肌和下斜肌,共六条肌肉,受动眼神经、滑车神经和展神经的支配。眼外肌的协调活动可使眼球做向上、向下、向内、向外等多个方向的运动。

眼眶为四边锥形的骨窝,开口向前,其尖端向后略偏内侧,由七块骨组成。眼眶有四个壁,上、下、内侧、外侧。眼眶外侧壁较厚,其前缘偏后,眼球暴露较多,有利于外侧视野开阔,但也增加了外伤机会。其他三壁骨质较薄,较易受外力作用而发生骨折,且与额窦、筛窦、上颌窦毗邻,这些鼻窦发生病变时可累及眶内。眼眶内容纳了眼球、眼外肌、泪腺、血管、神经和筋膜等,其间有脂肪填充,脂肪起软垫作用。眶内无淋巴管和淋巴结。眼眶前部有一弹性的结缔组织膜,连接眶骨膜和睑板,与眼睑形成隔障,称眶隔。

第2节 视觉障碍的成因

造成视觉障碍的原因是多方面的。视觉生理结构和功能的障碍,可以发生在胚胎发育时、出生后的很短时间内或在儿童成长的任何时期。视觉障碍的成因大致上可以归纳为两大类:一是先天性的,二是后天致病和外伤造成的。[1] 在我国,1949年前及解放初期以沙眼、感染及营养不良性眼病为致盲主要原因;而1949年后,特别是20世纪80年代以后,随着我国医疗卫生条件和人民生活水平的改善,先天性因素占致盲比例的绝大部分,而后天性因素所占的比例相当少。[2]

一、先天原因

在我国,先天性因素已成为青少年致盲或低视力的主要原因。先天性因素是指儿童出生时就出现的因素。先天性因素并不等同于遗传,但许多遗传性病人在出生时就表现出症状,也可以说是先天性疾病。因此,先天性因素可能包含遗传与非遗传两种情况。

先天致盲原因,主要可分为家族遗传、近亲婚配、孕期原因以及其他不明原因。

(一) 家族遗传

家族遗传是指父系或母系中有一方或双方存在显性或隐性的致盲因素,遗传给后代。父母有一方或双方患有先天性疾病,如先天性青光眼、白内障、白化病、虹膜缺损等眼病,就有可能遗传给子女。有研究显示,遗传性眼疾在我国一些地区已成了青少年致盲的主要因素。因此,必须采取措施,高度重视遗传眼疾的预防和防治,确保下一代的健康。

(二) 近亲婚配

近亲结婚是指直系血亲和三代以内的旁系血亲的结婚。从遗传学角度讲,近亲结婚容易造成隐性遗传的发生,近亲结婚所生子女的视力残疾比率常常是非近亲结婚的几倍。因为近亲之间往往有某些基因是相同的,因此相同的致病基因纯合的可能性大大增加,从而生出先天疾病儿童的可能性也随之增加。近亲结婚是造成先天性视觉障碍的一个不可忽视的重要因素。在中国,有调查报告表明,近亲结婚致盲占盲童先天性视觉障碍的3.8%。[3] 近

---

[1] 方俊明.特殊教育学[M].北京:人民教育出版社,2005:126.
[2] 沈家英,等.视觉障碍儿童的心理与教育[M].北京:华夏出版社,1992:30.
[3] 同上书,37.

亲婚配在个别地方仍然存在，如姑表、姨表之间结婚。①

（三）孕期原因

孕期原因是指母亲在妊娠期药物中毒、外伤、营养不良或患有其他疾病及临产时难产而使胎儿缺氧等各种因素，致使胎儿先天发育不良，形成视神经中枢或眼球发育不良，或眼结构缺损。1949年前由于营养不良引起角膜软化而失明的现象很常见。中华人民共和国成立后，人民生活水平大为提高，这种情况大为减少。但是，有些家长不注意子女偏食现象，结果也造成因缺乏维生素A使儿童患上角膜干燥症；同样，维生素D的缺乏也可能导致儿童出现白内障。②

例如，如果母亲甲状腺机能低可导致胎儿小眼球，眼球震颤等眼疾；母亲怀孕早期受风疹感染，则可使胎儿患先天白内障、小眼球等。如有些视觉障碍儿童的小眼球、小结膜、先天性虹膜缺损，视神经发育不良等，都可能是出自此原因。尽管这些因素致盲比例不太大，但如果加强孕妇的保健意识，做好医疗知识的普及工作，这些致盲原因是完全可以避免的。因此孕妇在妊娠期间应注意生活保健、加强孕期营养、减少患病机会以减轻对胎儿的不利影响。

（四）其他不明原因

除了以上原因外，还有许多先天视觉障碍是因某些疾病造成的，但究竟是何种病因却又无法确定。这种情况在先天因素中占有很大比例。③

二、后天原因

后天因素包括各种出生后发生的眼疾，如眼球萎缩、角膜病、视神经萎缩等，还包括心因性疾病、眼外伤和环境因素等。偶然事故、中毒、脑肿瘤和其他全身性疾病（包括传染病和一般性疾病）也都可能造成明显的视力缺陷，严重的可能致盲。而情绪困扰、强烈的精神刺激、精神发育迟缓等，也均可导致暂时或永久性的视觉障碍。④

（一）眼疾

视觉障碍多是由视觉器官本身的器质性病变造成的。视觉器官包括眼球、视神经传导系统（临床上也称为视路）和眼附属器三部分，这三个部分的哪个部位发生病变，都会导致视觉缺陷。⑤ 从1987年全国残疾人抽样调查结果看，造成我国视觉障碍的各种眼疾中，白内障、青光眼、角膜病、视神经萎缩、沙眼、视网膜色素变性、屈光不正/弱视等为我国目前主要致盲眼疾。其中白内障是我国当前致盲的主要因素之一，角膜病在各种致盲眼疾中排第二位，沙眼与青光眼则是致盲因素的第三和第四位。⑥ 表2-1列出了我国盲及低视力的主要病因。

---

① 徐白伦.家长怎样对视障儿童进行早期干预[M].北京：中国盲文出版社，2005：4
② 中国残疾人抽样调查办公室主编.中国残疾人手册[G].北京：地震出版社，1988：193
③ 沈家英，等.视觉障碍儿童的心理与教育[M].北京：华夏出版社，1992：38
④ 雷江华.学前特殊儿童教育[M].武汉：华中师范大学出版社，2007：71.
⑤ 柳树森.全纳教育导论[M].武汉：华中师范大学出版社，2007：175.
⑥ 方俊明.特殊教育学[M].北京：人民教育出版社，2005：126.

表 2-1 盲及低视力的病因[①]

病因	占盲人构成比(%)	占低视力构成比(%)	视力残疾构成比(%)
白内障	41.06	49.83	46.07
角膜病	15.38	8.45	11.44
沙眼	10.87	9.55	10.12
青光眼	8.8	2.34	5.11
脉络膜视网膜病变	5.54	6.16	5.89
先天遗传病	5.5	3.69	4.28
视神经病变	2.9	2.03	2.41
屈光不正/弱视	2.72	14.98	9.73
眼外伤	2.56	1.1	1.73
其他	4.16	1.45	2.61
不详	0.92	0.38	0.62
合计	100.00	100.00	100.00

(二) 心因性疾病

随着科学技术的迅猛发展及心理学、医学的日益发达,人们越来越清楚地认识到,造成视觉障碍的原因,除了身体各个部位上的疾病外,人们的情绪及心理问题也是导致视觉功能异常的重要因素。短期的情绪困扰往往会立刻在视觉功能上显示出异常症状,长期的情绪压力对于视觉功能则会显示出更长远的影响。病态的情绪反应,甚至会造成完全失明。例如,美国加州大学的精神病学专家加里·孟尔勃和眼科专家哈维·塞兹对 33 例突然失明的患者的研究发现,所有失明者都有严重精神创伤史,一般在遭受巨大打击后 7 天左右发病,表现为视力突然减退,严重的仅有光感或完全失明。少数人先表现出视力模糊,眼前呈灰暗色或有云雾感,随即视力骤减;有的视力丧失前有头痛、头晕等症状。对于这些患者,如治疗及时、得当,多数病人在数周或数月后可逐渐恢复视力。歇斯底里失明症就是此种病因的典型病例。[②]

(三) 眼外伤

由于眼球是直接暴露在体表的器官,故易受外伤的侵袭。眼球结构精密而又脆弱,生理功能复杂,即使是轻微的眼外伤,也可能造成严重的视力减退;尤其是穿孔性眼外伤,不仅受伤眼会遭到严重破坏,而且可以通过交感性眼炎的发生导致双眼失明。因此,眼外伤是致盲的重要原因之一。眼外伤的分类如下[③]:

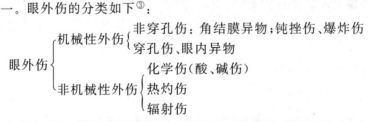

眼外伤对眼球的破坏,会造成严重的视功能损坏,即使及时得到治疗,有时也难以保持

---

① 孙葆忱.临床低视力学[M].北京:华夏出版社,1999:4.
② 沈家英,等.视觉障碍儿童的心理与教育[M].北京:华夏出版社,1992:38—39.
③ 郭秉宽.眼科学[M].上海:上海医科大学出版社,1988:133.

原有的视功能。因此,预防眼外伤的发生是保护视功能的重要措施。①

(四) 全身性疾病

眼是人体感觉器官之一。从解剖位置上看,眼与耳鼻、口腔颌和脑有着密切的关系。因此必须从整体观点对待眼的病理改变,以提高诊疗水平。有些眼病可出现全身症状,如闭角型青光眼急性发作时伴有低烧、头疼、恶心甚至呕吐,可被误认为是胃肠炎、偏头疼,甚至急腹症。也有不少眼病可由全身病或周围其他器官病变引起,如虹膜睫状体炎可由其他器官感染性病灶如龋齿、扁桃体炎等引起。综上所述,可以看出,眼与全身病紧密相关。②

眼是人体不可分割的组成部分,很多全身性疾病都可能在眼部表现出或多或少的症状。这些全身性疾病主要包括某些传染性疾病和一般性疾病两类。传染性疾病包括麻疹、风疹、脑炎、伤寒、结核病、白喉和猩红热等;一般性疾病则包括糖尿病、高血压、肾炎、贫血及维生素缺乏等。以上这些疾病均有可能造成不同程度的视力损伤。除此之外,颅脑外伤、震荡造成的器质性病变、脑肿瘤等也可导致视力缺陷。尽管由以上这些疾病造成视力缺陷的比例不高,但仍需给予足够的重视,最大限度地避免由此类原因导致的视力缺陷的发生。③

第3节 常见的视觉器官疾病

一、白内障

白内障是眼睛内晶状体发生混浊,由透明变成不透明,阻碍光线进入眼内,从而影响了视力的眼病。早期的混浊对视力的影响不大,以后逐渐加重,明显影响视力甚至造成失明。在世界范围内,白内障的病因有很多,有些是先天性的,主要发生在儿童群中;有些是后天的外伤所致;有些又是由于内科的疾病而导致白内障,比如糖尿病、肾炎等等,多见于老年人。白内障的主要症状是视力障碍,早期眼前出现固定不动的黑点,在光亮背景下不显著;晚期看不见物体或仅仅存在光感。由于视觉障碍儿童多因先天性白内障而导致视觉障碍,在这里重点对先天性白内障进行介绍。

先天性白内障是婴幼儿常见的眼病,指婴幼儿在出生后第一年发生的晶状体部分或全部浑浊的疾病。先天性白内障有两种情况,一种情况是出生时幼儿即患有白内障;另一种情况是婴幼儿在出生后数周或数月后才发生的白内障,有时也称为婴儿性白内障。引起晶状体生长发育障碍的原因大体可分为两种:① 内生性因素:指染色体基因变异,引起晶状体胚胎发育过程障碍,有遗传性及家族史。② 外生性因素:如母体妊娠前两个月的感染,或在怀孕6个月内患风疹、水痘、麻疹、腮腺炎等传染病时,造成胎儿晶状体的损害,是引起先天性白内障的主要原因。甲状腺机能不足、营养不良、维生素缺乏等都可引起先天性白内障。个别患者除白内障外,还伴有虹膜缺损、小眼球或大脑发育不全等先天畸形。

先天性白内障目前仍然以手术治疗为主,但手术时机掌握得是否得当是先天性白内障患儿视力能否恢复的重要因素。

---

① 彭霞光.视力残疾儿童的教育理论与实践[M].北京:华夏出版社,1997:32.
② 郭秉宽.眼科学[M].上海:上海医科大学出版社,1988:190.
③ 沈家英,等.视觉障碍儿童的心理与教育[M].北京:华夏出版社,1992:38.

二、青光眼

青光眼是一种发病迅速、危害性大、随时可导致失明的常见疑难眼病,中医上称为眼青盲或绿风内障。特征就是眼内压间断或持续性升高的水平超过眼球所能耐受的程度,从而给眼球各部分组织和视功能带来损害,导致视神经萎缩、视野缩小、视力减退;失明只是时间的迟早问题,在急性发作期24~28小时即可完全失明。因为急性眼压增高时瞳孔区显示出一种青绿色反光现象,因此称为青光眼。青光眼属双眼性病变,可双眼同时发病,或一眼起病,继发双眼失明。一旦患上青光眼,就必须按双眼病变对待,不能盲目地认为若一眼患青光眼失明了,另一只眼睛仍会保持原有视力。

青光眼是目前国内外主要致盲眼病之一。世界卫生组织于2006年公布的一份最新报告指出,全球视力受损的人数高达3亿1000多万人,其中各种原因导致的先天性青光眼已经超过了6600万。① 在中国大约有900多万人患有青光眼,其中,超过半数的青光眼患者一眼或双眼失明。② 先天性青光眼最典型的症状是怕光、流泪、夜间哭啼、睡眠不好、眼球增大、角膜增大、角膜混浊、眼压高。如果婴儿生下来眼睛很大,一定要到医院检查。

一般患上青光眼的患者早期可能没有不适的感觉,患者往往意识不到自己已经患了青光眼,只是会出现视疲劳、眼胀头痛、晚间看灯光周围有彩虹式的光圈和视物模糊的症状;经过休息,症状可以消失。有以上症状者,应该及时就医,而不能麻痹大意。

青光眼不能预防,只能依靠早期发现和早期治疗。如果发现较早的话可以通过药物或手术进行治疗,免于失明。

三、角膜病

角膜病是主要致盲性眼病之一。角膜为透明组织,即使轻微的病变,也会造成混浊,影响视力,而且角膜没有血管,一旦发病,不易修复。

角膜病是眼科的常见病、多发病。近些年来,由于抗菌素及皮质类固醇药物的广泛应用造成菌群失调,病毒性和真菌性角膜炎的发生率逐年增加,而细菌性角膜炎的发生率则逐年下降。长期佩戴角膜接触镜后护理不当或不按操作规范戴用,也是造成角膜病的原因。

角膜病的临床表现有眼红、眼痛、畏光、流泪、眼内异物感、角膜混浊和视力不清等症状。出现这些症状后,必须尽早去看眼科医生,不能滥用眼药水进行自我治疗;因为不同病因治疗方法各异,如真菌性角膜炎患者误用抗生素或皮质激素类眼药水,可加重病情;严重可导致角膜穿孔,造成无可挽回的后果。

正确的角膜病的治疗,主要是依据发病原因而进行眼部用药或注射用药,一般很少采用全身输液用药。如角膜病经药物保守治疗仍不能控制,可以进行角膜移植手术。西方国家以及国内的一些大城市都已建立了自己的眼库,角膜移植手术正在成为常规的治疗手段。美国平均每年可做3万多例角膜移植手术。与之相比,我国虽有最庞大的盲人群体,也不乏优秀的眼科医生,但每年所做的角膜移植手术仅为两千余例。近几年,我国在广东、河南、山东以及湖南等地方先后建立了眼库,以便更好地采集、保存、研究角膜材料及其他眼组织,为

---

① 孙兴怀,等.注重青光眼是一种心身疾病[J].眼科,2010,1:8.
② 吴丽珍.青光眼的预防和护理[J].基础医学论坛,2010,06:166.

角膜移植手术等及时、合理地提供角膜材料,满足广大患者的需求。

四、沙眼

沙眼是一种常见的慢性传染性眼病,是由微生物沙眼衣原体引起的一种慢性传染性结膜角膜炎。因其在睑结膜表面形成粗糙不平的外观,形似砂粒,故名沙眼。小儿时期的发病较为常见。感染沙眼可以持续数年以致数十年之久,其患病和病变的严重程度与环境卫生、生活条件的优劣密切相关。新中国成立前我国沙眼患病率约为50%以上,新中国成立后随着医疗条件的不断改善,防治的逐步加强,沙眼的并发症和致盲率大大降低,但仍未得到完全控制。有资料显示,全世界有3～6亿人感染沙眼。[1] 据1999年在昆明召开的全国沙眼评估与控制研讨会报告,我国很多地区沙眼患病率仍然高达20%以上。如安徽沙眼炎症达10.2%,沙眼性倒睫达11.5%;四川沙眼炎症达20%,沙眼性倒睫为1.2%。在我国少数民族地区,如云南、宁夏、海南,沙眼患病率更高,因此沙眼被列为我国视觉2020行动中欲根除可避免盲中的五种眼病之一[2]。

沙眼感染早期会引起不同程度的怕光、流泪、发痒、异物感、分泌物增多等眼部不适,还会导致眼睑结膜血管充血、乳头增生、滤泡形成,严重时可侵犯角膜而发生角膜血管翳。角膜上有活动性血管翳时,刺激症状变得显著,视力减退。晚期睑结膜发生严重瘢痕,使睫毛向内倒长形成倒睫。睫毛持续地摩擦角膜引起角膜浑浊、白色瘢痕。晚期常因后遗症,如睑内翻、倒睫、角膜溃疡及眼球干燥等,症状更为明显,并严重影响视力。

沙眼一方面很容易感染,另一方面又由于环境、个人卫生习惯可导致反复感染,使得沙眼愈演愈烈,眼部健康每况愈下直到致盲;其中反复感染是导致沙眼盲的主要原因。如已染上沙眼,治疗和预防是十分重要的,并且在每个阶段都可以防治,阻断其发展,使人们远离致盲的危害。

五、视神经萎缩

视神经萎缩是一种会引起失明的疑难眼病,是一种因各种原因导致的视神经坏死以及传导功能障碍——就好比电灯由于电线的损坏、中断而不能发光发热一样。在中医学上,它属于"青盲"的范畴。临床上根据它的发病情况可以将其分为两类:原发性视神经萎缩,是由某些颅内占位性病变或视神经损伤而引起的原发性或单纯性视神经萎缩;继发性视神经萎缩,又分为炎性、变性和遗传性三类,主要包括视乳头炎或视网膜炎后的上行性萎缩、球后病变的下行性萎缩、视网膜色素变性、缺氧性视乳头水肿、视网膜中央动脉阻塞等变性萎缩,以及遗传性神经萎缩。临床上表现为视乳头颜色变淡或苍白,视力不同程度、不同速度的下降,视野向心性缩小、缺损、偏盲,甚至视神经功能完全丧失。视神经萎缩因为病因复杂,所以治疗起来相当困难,也没有特效的疗法。过去人们应用"针灸"、"中药"及"高氧压"等办法治疗,但效果不明显,也不持久。特别是遗传性视神经萎缩,根本治疗方法是基因治疗。近年来遗传病的治疗取得了相当程度的进展,但这些研究仍存在很多问题,尚处在临床观察阶段,没有广泛应用于临床。

---

[1] 孙戈利.沙眼患病因素的调查[J].中国误诊学杂志,2007,10:5950.
[2] 致盲眼病的60年变迁史[EB/OL].http://eye.39.net/097/31/946444.html,2009-07-31.

六、视网膜色素变性

视网膜色素变性是一类功能进行性损害的遗传性视网膜疾病。它表现为慢性、进行性视网膜变性,最终可导致失明。世界上发病率为 5/1000～1/20000,在我国的群体发病率约 1/3467。部分患者视网膜色素变性为显性遗传,父母双方只要有一方带致病基因,子女就会发病。也有部分患者视网膜色素变性为连锁性遗传,只有母亲带致病基因时,子女才会发病。另外,有些病例同时伴有听力减退,这种类型视网膜色素变性多见于男性。这种眼病在近亲结婚者的后代尤为多见,患者及家人可伴有高度近视、精神紊乱、癫痫、智力下降及聋哑等症状。视网膜的一些感光细胞(视杆细胞)是负责暗光下的视力的。若视杆细胞逐渐变性,患者在暗光环境下视力将明显减退(夜盲)。夜盲症状常在儿童期就出现,随着时间发展,可出现进行性周边视野缺失。晚期可发展到仅残存一个小的中心视野(管状视野)和很窄的周边视野,造成行动不便,严重影响学习和工作。此种眼病尚无有效治疗方法。

七、屈光不正/弱视/斜视

随着人民生活状况的改善以及医疗水平的提高,许多致盲眼病的发生率有明显的下降,例如沙眼以及其他感染性眼病。而白内障、青光眼,特别是先天性白内障、先天性青光眼等眼病的发生率却在逐渐上升。因此,早期发现、早期预防和早期治疗在防盲治盲工作中占有很重要的地位,可以很大幅度地减少致盲的可能性。

在美国,大多数可预防的、造成儿童和青少年视觉损伤的因素已经被根除。但是也有一些迹象表明学龄儿童的视觉损伤人数正在增加,部分原因是生活贫困而无法接受充分的产前、产后照顾的人数的增加。表 2-2 列出了美国 1990—1996 年出生的儿童的视觉损伤的主要原因及其百分比分布。

表 2-2 美国 1990—1996 年出生的儿童的视觉损伤的主要原因及其百分比分布

原因	百分比
白化病	5
眼球炎	2
白内障	5
眼组织残缺	6
大脑视皮层损伤	22
青光眼	2
Leber 氏先天性黑内障	2
微小的眼炎	4
近视眼/远视眼	3
视神经萎缩	2
视神经发育不良	10
视网膜通路发育不良	13
视网膜脱落	6
主要玻璃体增殖	
其他种类	18

注:引自 Ferrell,K. A. (1998)。PRISM 计划:一项视觉损伤儿童的发展模式的纵向研究。行政摘要。Greeley,CO:北卡罗莱纳州大学。

第4节 视觉障碍的早期预防

积极做好视觉障碍的早期预防工作,最大限度地降低视觉障碍的出现率,对个人及社会都有着极其重要的意义。科学实践表明,眼疾是可以防治的。只要增强预防意识,了解眼保健知识,做到"早发现、早诊断、早治疗",就可以有效地保护眼睛,改善视觉功能。[①] 视觉障碍的早期预防一般包括:杜绝近亲结婚,注意孕期保健,按时接种疫苗,加强安全教育,注意合理饮食以及早发现、早干预、早治疗等措施。

一、杜绝近亲结婚,做好婚前检查

从遗传学角度讲,近亲结婚容易造成隐性遗传的发生,近亲结婚所生子女的视力残疾比率常常是非近亲结婚的几倍。近亲结婚是造成先天性视觉障碍的一个不可忽视的重要因素。日本专家加藤谦(1977)认为,避免近亲结婚能降低视网膜色素变性发病比例的20%~30%。此外,有研究显示,遗传性眼疾在我国一些地区已成了青少年致盲的主要因素。[②]

因此,必须采取措施,高度重视遗传眼疾的预防和防治,杜绝近亲结婚,做好婚前检查,确保下一代的健康。

二、注意孕期保健,保证身心健康

如前所述,母亲在怀孕期间因药物过敏、外伤、营养不良或患有其他疾病及临产时难产而使胎儿期缺氧等各种因素,会使胎儿先天发育不充分,造成眼睛发育不良或眼结构缺损或其他眼疾。尽管该因素致盲比例不太大,但如果加强孕妇的保健意识,做好医疗知识的普及工作,这种致盲现象的发生是完全可以避免的。[③]

因此,母亲怀孕后要注意孕期保健,保证营养全面,不乱服药物,避免不良刺激的伤害,并保持轻松、愉快的心境——这些对确保下一代的健康具有重要意义。[④]

三、按时接种疫苗,预防传染病

眼是人体不可分割的组成部分,很多全身性疾病都可能在眼部表现出或多或少的症状。这些全身性疾病主要包括某些传染性疾病和一般性疾病两类。

家长应按时带孩子接种疫苗,预防传染病。在传染病多发期(如春季)应保持孩子生活环境卫生清洁、空气新鲜,并经常消毒。注意孩子的精神、饮食及睡眠。

四、加强安全教育,防止眼外伤

家长在平时要经常性地对孩子进行安全教育,让孩子理解危险游戏有可能产生的严重后果,并禁止一切有害的活动;婴幼儿做游戏时最好有成年人照顾。

---

① 国际狮子会,等.低视力[M].北京:华夏出版社,2000:1.
② 沈家英,等.视觉障碍儿童的心理与教育[M].北京:华夏出版社,1992:36.
③ 同上注.
④ 徐白伦.家长怎样对视障儿童进行早期干预[M].北京:中国盲文出版社,2005:5.

五、讲究合理饮食,做到营养全面

家长应注意让孩子保持合理的饮食,做到营养全面,不迁就孩子偏食的习惯。这样不仅能避免包括眼疾在内的一些与营养有关的疾病,还可以增强儿童体质,提高抗病能力。[①]

六、做到早发现,早干预,早治疗

如果发现孩子有一些异常表现,如畏光、看小人书和电视时歪头、看东西喜欢拿到眼睛跟前等表现,就应立即到医院去做检查。如果确有问题应及早治疗或通过佩戴合适的眼镜等方法矫治;治疗越早,效果越好。只要父母认识到保护孩子视力的重要性,并采取有效措施,就会使孩子拥有一双明亮的眼睛。

本章小结

视觉器官主要包括眼球、视路和眼附属器三个部分。眼球主要负责收集和聚集来自视野中物体的反射光线。而从视网膜到大脑枕叶中枢的神经径路称为视路,是视觉传导系统。眼附属器主要起到对眼球的保护、运动和支持作用。

在导致儿童视觉障碍的因素中,主要有先天性和后天性两类。先天性因素致盲是我国儿童与青少年致盲或低视力的主要原因。在这些先天性致盲因素中,主要包括家庭遗传、近亲婚配、孕期影响以及其他不明原因等。在后天致盲因素里则包括致盲性眼疾、眼外伤、心因性和环境因素等引起的视力残疾。视觉障碍多是由视觉器官本身的器质性病变造成的。常见的视觉器官疾病一般包括白内障、青光眼、角膜病、白化病、视神经萎缩和沙眼等。

积极做好视觉障碍的早期预防工作,最大限度降低视觉障碍的出现率,对个人、家庭和社会都有着重要的意义。主要方法包括:杜绝近亲结婚,注意孕期保健,按时接种疫苗,加强安全教育,注意合理饮食及做到"早发现、早干预、早治疗"等。

思考与练习

1. 简述视觉系统的基本构造。
2. 人的视觉是怎样产生的?
3. 视觉障碍的先天性致盲因素有哪些?
4. 简述目前我国导致青少年致盲的主要眼疾。
5. 试述视觉障碍早期干预的意义与措施。

---

① 徐白伦.家长怎样对视障儿童进行早期干预[M].北京:中国盲文出版社,2005:5.

第3章 视觉障碍儿童的鉴定与评估

1. 了解视觉障碍儿童鉴定与评估的目的、内容、方法与基本程序。
2. 认识并掌握视觉障碍儿童常规视功能检测的基本内容与主要方法。
3. 认识并掌握视觉障碍儿童功能性视觉评估的基本内容与主要方法。

科学的鉴定与评估在视觉障碍儿童发展与教育中占有十分重要的地位。它可以为视觉障碍儿童的鉴别、教育的安置、个别化教育的进行和教育质量的监控提供依据,使视觉障碍儿童获得公平、适当、优质的教育。只有把鉴定和评估工作这一基础环节做好了,教师才能比较科学、全面地掌握视觉障碍儿童的特点,从而成功地进行针对个别需要的特殊教育,并提供相应的服务与支持。

第1节 视觉障碍儿童鉴定与评估概述

评估就是搜集、综合及解释被评估者有关信息以协助评估者做决定的过程;鉴定则是基于评估结果,按照某种标准将事物或人员加以区分归类的过程。视觉障碍儿童的鉴定,即首先确定被评估者是否为视觉障碍儿童,如果是,他就获得了接受视觉障碍教育及相关服务的资格;然后确定其特殊性程度,明确其特殊教育需求,以便提供适切的教育安置和教育服务。视觉障碍儿童的鉴定和评估,既是对儿童身心障碍及功能水平的描述,也是对其潜在教育需要和教育安置的探讨,在视觉障碍儿童的发展与教育中占有十分重要的地位。

一、视觉障碍儿童鉴定与评估的目的与功能

一般而言,对特殊需要儿童进行鉴定与评估,需要回答关于特殊教育服务的四个基本问题:谁可能需要帮助;谁真正需要帮助;需要什么样的帮助;这些帮助对他有用吗?[①] 具体来讲,做好特殊儿童鉴定与评估工作,最重要的目的有下列六项:(1)落实教育机会均等;(2)筛选真正需要特殊教育的学生;(3)鉴别学生个别的教育需要;(4)评量学生的学习、发展情形;(5)给予学生适当的教育安置;(6)向学生提供适当的教育。[②]

就视觉障碍儿童而言,鉴定是对其取得相关福利的资格的确认,其功能至少有三项:(1)福利服务的决定。各国均有针对身心障碍人士所制定的特别的福利措施,这些福利服

---

① William L. Heward.特殊需要儿童教育导论[M].肖非,等译.北京:中国轻工业出版社,2007:209.
② 林宝贵.特殊教育理论与实务[M].台北:心理出版社,2000:293.

务的取得,均需通过一定的鉴定过程,并取得身心障碍手册,才有权力提出申请。(2)安排的决定。确认个案是否符合法令对特殊学生的认定标准,以便予以适当的安置,而后施予特殊教育。(3)设计的决定。确认个案是否为具有某种特殊需求的学生,以便在教学设计中提出特别服务。① 例如经早期观察,怀疑 A 生是视觉障碍学生,则应该安排眼科专家、验光师等进行检测、诊断,并协助特殊教育教师在教育教学活动中,设计相应的训练课程。

二、视觉障碍儿童鉴定与评估的内容与方法

视觉是视觉器官在光波的作用下所产生的对外界事物的大小、明暗、颜色和动静等特性的感知,具体包括视力(生理视力)与视能(功能性视力)。因此,视觉障碍儿童的鉴定与评估主要包括客观检查和主观评估两个方面,即视力检查与视能评估。

(一)视力检查

视力,即生理视力,是指一定距离内眼睛辨别物体形象的能力,是通过对视敏度和视野的测量以及对特殊眼病、外伤、遗传或产前因素的影响的评估而得知的。视力是反映视觉功能最常用最重要的指标之一,视力的好坏由视网膜分辨影像能力的大小来判定,是衡量眼机能是否正常的尺度,也是分析病情的重要依据。视力包括中心视力(即视敏度)和周边视力(即视野)。视敏度反映的是视网膜黄斑部注视点的视力,包括远视力和近视力。视野是指当眼球固定注视不动时视线保持平直方向所能见到的空间范围,也是视功能检查的重要方面。

视力检查,即视觉量的评估,包括视力量的评估和视野量的评估。视力量的评估一般借助于视力表进行,如《国际标准视力表》、《标准近视力表》,其结果用数值表示;视野量的评估则需借助于视野计测定,如"周边弧形视野计"、"自动视野计",结果用视野图表示。

医院所提供的视力值虽然是标准化测验的结果,但是该视力值无法代表儿童拥有的所有功能性视觉能力。② 因此,除了视力检查,还有必要对儿童在日常生活情境中视觉功能的使用情况进行了解。

(二)视能评估

视能,即功能性视力,是指个体应用其视觉的实际能力,即个体在周围环境观察事物中实际可利用的有效视力,其结果是不能被准确测量或通过医疗、心理以及教育人员的努力做出任何精确的临床报告的。③ 每个人的视力实际可利用的程度像其指纹一样各不相同,视觉障碍儿童的功能视力并不总是与用视力表检查出的理论视敏度相符。这是因为,生理视力仅是影响视觉功能的一个因素;除此之外,像智力、情绪、动机、视觉障碍病因、控制眼睛运动的能力、环境等因素都可能影响视觉功能的正常发挥。④

视能评估,即视觉质的评估,是评估儿童在日常生活情境中如何利用剩余视力进行日常生活的活动。视能评估的结果并不完全依赖视力值,而应从生活的种种情境中做系统的观

---

① 陈丽如.特殊儿童鉴定与评量[M].台北:心理出版社,2001:11—12.
② 张千惠.功能性视觉能力评估与观察之研究[J].特殊教育研究学刊,2004,(27):113—135.
③ 沈家英,陈云英,彭霞光.视觉障碍儿童的心理与教育[M].北京:华夏出版社,1992:47.
④ 柳树森.全纳教育导论[M].武汉:华中师范大学出版社,2007:174.

察与记录,内容需统合个体的视觉能力、环境线索及现存可用个人经验。

视能评估是确定视觉障碍儿童独特视觉功能的最有效的方式。对视觉障碍儿童进行视能评估,可以了解其在日常生活情境中使用残余视力的情况,以帮助视觉障碍儿童选择适宜的学习媒介,拟定适宜的个别化教育计划,设计适宜的教学活动等。[1]

三、视觉障碍儿童鉴定与评估的流程与模式

(一) 美国视觉障碍儿童鉴定与评估流程图

在美国,视觉障碍儿童的鉴定与评估是由眼科医生、家长和教师共同完成的。眼科医生主要是通过各种仪器的检查来确定儿童视觉障碍的程度、部位和病因,以及矫正后视力可能实现的功能。家长和教师是根据自己的观察来考虑儿童的教育安置的。美国的特殊教育将这一鉴定与评估过程分成观察、医学检查、治疗前后的安排和综合评估等几个不同的阶段。每一个评估阶段都必须遵循美国在1975年颁布的《所有残疾儿童教育法》中所提出的无歧视评估程序,在评估的过程中考虑儿童的语言和文化背景,不带有任何的偏见和歧视。图3-1就是这一无歧视评估过程的流程图。[2]

无歧视评估

观察	
父母观察	儿童可能没有眼睛的转动或对视觉刺激没有预期的反应
医生观察	新出生的婴儿有可诊断的视觉障碍
教师观察	学生有斜视或看上去讨厌光线;学生的眼睛流泪或是红的;学生常撞东西

医学检查	
评估手段	评估内容
眼科评估	医学检查显示存在障碍或视觉功能降低,但不能通过手术或医学干预来提高到正常水平
视能评估	视觉障碍妨碍了学生从环境中附带学习的能力,并明确学生在完成任务时的视觉使用情况
低视力专家	专家的评估确认其视觉功能不能通过使用透镜(眼镜)改善到正常水平
学校低视力筛查	由于在入校前低视力学生未被确认,所以筛查指明了进一步评估的需要

预备治疗安排
通常这些学生是不需要这一步骤的,因为他们残疾的程度已经说明了特殊教育和相关服务的需要

---

[1] 雷江华.学前特殊儿童教育[M].武汉:华中师范大学出版社,2008:75.
[2] 方俊明.特殊教育学[M].北京:人民教育出版社,2005:126—129.

治疗安排
医学人员或家长应确保视觉障碍学生在幼儿期或学龄前的早期干预中接受治疗;许多州会帮助视觉障碍学生寻找合适的机构以保证这些学生接受教育的权利;孩子应该在进入学校以前在评估方面受到保护;教师应该把任何有可能存在视觉障碍的学生立即送去相关机构进行评估

无歧视综合评估	
评估手段	评估内容
个别智力测验	标准化的测验可能需要修改,因为学生的视觉障碍会妨碍其完成任务的能力;因此,结果可能不能正确反映其能力
个别成就测验	学生在一些概念形成和学科领域不能获得与同伴相似的成就。同样,由于视觉障碍,这些标准化的测验无法得以应用,致使这些测验结果可能不能正确反映学生成就;因此这些测验需要修订后才能施用于视觉障碍学生
适应的行为量表	学生由于视觉或动作问题,在自我照顾、家务、社交技能方面存在困难
定向和行走评估	学生在环境中定位和到达其想去的地方的能力可能是有限的
事件记录	学生可能不参与家庭、社区或学校的与年龄相适应的自我帮助、社交活动和娱乐活动
以课程为基础的评估	学生可能不掌握与其年龄相适应的交流、日常生活、职业认知、知觉和良好的动作、社交和自主方面的知识和技能
直接的观察——学习工具的评估	学生不能使用放大的事物或替代工具,不能或难以对印刷媒质作出反应或者学生较长时间不能确认课文中的阅读内容

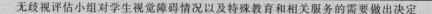

无歧视评估小组对学生视觉障碍情况以及特殊教育和相关服务的需要做出决定

合适的教育

图 3-1 视觉障碍儿童的评估过程

(二)中国台湾视觉障碍儿童评估与鉴定流程图

特殊教育的实施过程,有咨询、调查、筛选、鉴定、安置、评量、辅导等步骤,是一连串的过程,必须做好调查、鉴定与评量工作,安置才能妥当;有适当的安置,辅导才能事半功倍。在台湾,鉴辅会委员会依身心障碍儿童各项诊断评量资料,参考家庭因素、适应问题及所需要的相关服务措施进行综合研判,必要时可请评量小组或学校教师提供其他具体资料供讨论参考。鉴辅会委员依综合研判结果,提出特殊儿童所需特殊教育服务的建议。其建议流程如图 3-2。①

---

① 林宝贵.特殊教育理论与实务[M].台北:心理出版社,2000:306

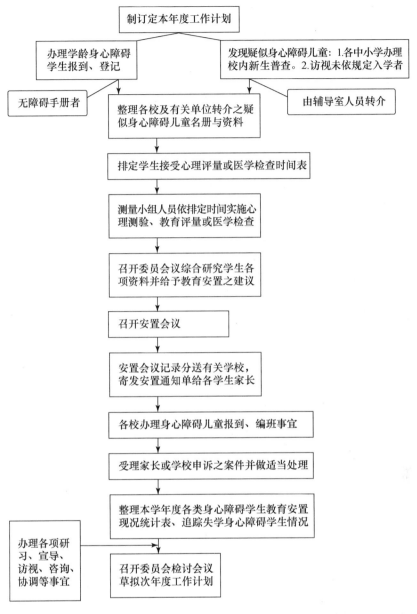

图 3-2 身心障碍学生鉴定及就学辅导工作运作流程图

(三)"金钥匙中心"视觉障碍儿童鉴定与评估流程图

由徐白仑先生发起的"金钥匙视觉障碍教育研究中心"以"珍惜生命,珍惜每一名失明儿童"的融合教育理念为出发点开展"金钥匙工程"。它依托我国农村地区现有的教育体系与资源,充分挖掘本地潜能,促进学校改革,采取各种教育措施满足视觉障碍儿童的特殊教育需要,让他们与正常儿童一道成长,探索出了一条在发展中地区大面积、高速度、优质量普及视觉障碍教育的道路。如何做到无遗漏地找到视觉障碍儿童,并对他们进行客观、科学的检测和分类,一直是"金钥匙"的首要工作。不仅如此,"金钥匙"从一开始就注重探索有效的、因地制宜的评估手段与策略,并形成了一套行之有效的评估程序。为了便于广大基层干部和教师掌握"金钥匙"的实施办法,"金钥匙"制订了简易、明了的操作流程(见图3-3),以旗县金钥匙项目为例。①

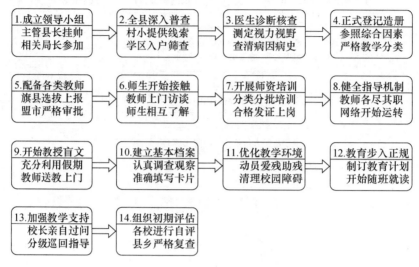

图3-3 "金钥匙工程"启动流程图

第2节 视觉障碍儿童的视力检查

视力是反映视觉功能最常用最重要的指标之一,视力的准确检查对判断视功能非常重要。一般来讲,视觉障碍儿童的视力检查主要包括筛查、诊断和鉴定等三个重要环节。

一、筛查

筛查(screening)是视觉障碍儿童接受特殊教育的前提。筛查的目的是尽快安排视觉障碍儿童入学,其当务之急是准确地辨明哪些儿童有视觉障碍,其中哪些是盲,哪些是低视力,病情是好转、稳定、还是恶化;而不是立即要求眼科医生去做诊断、提出治疗方案。筛查工作开始得越早,越有利于对视觉障碍儿童及早进行教育,使视觉障碍儿童获得较好的身心发展。②

儿童出现视觉障碍后,他在行动、表情及反应等方面都会表现出异常;只要家长及教师细心观察,就能及早发现。所以,家长和教师可以用正常儿童的发展过程作为衡量标准,当儿童的视觉发育与正常儿童相差甚远时,家长应及早带孩子上医院进行确诊。一般来说,早期发现主要是通过观察儿童的视觉行为和眼睛的症状来进行的。③

(一)视觉行为

1. 过分地揉眼睛;

---

① 邓猛.金钥匙视障教育理论与实践[M].北京:教育科学出版社,2008:153.
② 同上书,70.
③ 雷江华.学前特殊儿童教育[M].武汉:华中师范大学出版社,2008:73.

2. 常闭上一双眼睛,并把头向前倾;
3. 有怕光的现象;
4. 无法区别色彩;
5. 无法区别事物;
6. 无法区别人物;
7. 对阅读或需近距离眼力的工作感觉困难;
8. 当阅读或需近距离眼力的工作时,常眯眼、眨眼、皱眉头,或显现出怪异的表情;
9. 阅读的教材放得过近,或放得过远;或常改变阅读的距离,由近到远或由远到近;
10. 在做需近距离眼力的工作后,常抱怨眼睛痛、头痛、头晕,或恶心;
11. 无法区别房内有无光线;
12. 常有眼球震颤的现象;
13. 常斜眼阅读或视物;
14. 看一件物体常会成双;
15. 对看远处的事物有困难;
16. 有将某些字母、音节或单字颠倒的倾向;
17. 有对形状相似的字母(如 o 与 a、c、e,n 与 m、h,及 f 与 t 等)产生混淆的倾向;
19. 有找不到某些句子或页次的倾向;
20. 在书写时对空间的掌握不良,且要求其写字整齐也有困难;
21. 无法以周围视觉看清事物。[①]

(二)眼睛的症状

1. 眼睑通红;
2. 眼睑长痂;
3. 眼睑浮肿;
4. 眼部有许多分泌物;
5. 眼睛充水或发红;
6. 眼睛无法直视;
7. 瞳孔大小不一;
8. 眼球的活动过多;
9. 眼睑下垂。[②]

通过对视觉障碍儿童以上几个方面的观察,可以对被观察者的视觉功能情况有个大致的了解。但是,这种观察缺乏量化及统一标准,如果以此观察结果作为视力诊断的依据,则不免会带有主观性。因而,若想对视觉障碍者的视力情况有一个全面的了解,最好的方法是做客观的检查。

在欧美发达国家,一般由父母、教师和儿保人员根据日常观察或选用适当的简易方法,筛查出可能存在残疾的儿童;然后把筛查出来的儿童转介到学区的特殊儿童委员会或适当

[①] 何华国.特殊儿童心理与教育[M].台北:五南图书出版公司,1987:133.
[②] 同上书,133—134.

的授权机构,由多学科人员组成的小组或专业人员对儿童作进一步的诊断和评鉴。[1]

在我国,尤其在广大的农村,视觉障碍儿童的发现和筛查是一项艰巨的工作。由于知识贫乏、社会偏见、专业人员缺乏等原因,视觉障碍儿童多被"藏"在家中,难以被发现和筛查出来。经过多年的实践,金钥匙视觉障碍教育研究中心逐渐摸索出多种符合我国国情的、实用的筛查方法和措施,例如在全面宣传、广泛动员、深入调查的基础上,使用自行设计的简易筛查卡进行初步筛查。这份简易筛查卡只需要两个步骤就可以判明儿童是否有视觉障碍、是盲还是低视力,准确率可达85%~90%。2000余例的实践证明,简易筛查卡是在广大农村地区迅速筛查出视觉障碍儿童的有力工具。大量深藏在家中的视觉障碍儿童被逐渐发现出来,为下一步有计划、有步骤地安排进行专业的检测与诊断打下了良好的基础。[2]

二、诊断

当视觉障碍儿童和"疑似"的视觉障碍儿童被筛查出来以后,就要由眼科医生运用各种有效的工具对其进行全面的、专业的检测和诊断(diagnosis)。[3] "诊断"一词来自医学,其目的是确认某一病症或障碍状况的原因并提出适当处方,其意义在于对症下药。用在特殊教育上,则指分析研判会影响特殊学生学习成果的任何生理问题、心路历程或行为表现及其原因,以便作为进一步的教学计划及辅导治疗的依据。

对视觉障碍儿童进行诊断是指通过专业的医学人员(如眼科专家、验光师等)或接受过训练的教师运用各种有效的工具,对儿童的视觉及眼睛状况进行专业上的检查,即通常所指的一般眼科检查。眼科检查主要包括眼部、视力、视野等三方面的内容。

(一)眼部检查

一般的眼部检查,应当先右后左,由外向内,按顺序进行,才不致遗漏重要的体征,但也应具体情况具体对待。[4] 眼部检查包括眼附属器检查和眼球检查。检查眼外部附属器时最好用自然光线,配合聚光灯和放大镜;眼球检查一般应用聚光电筒或裂隙灯显微镜。

1. 眼附属器检查

(1) 眼睑:注意皮肤颜色,有无炎症、水肿、皮疹、包块、压痛现象;睑缘或眦部是否糜烂;有无内翻、外翻、倒睫、下垂、闭合不全现象;两侧睑裂大小是否对称,眉毛及睫毛有无脱落、变色;耳前淋巴结有无肿痛;并注意两侧眼睑是否对称,眶缘有无损伤,眶内有无肿块。

(2) 泪器:泪小点位置是否正常、有无闭塞;泪囊部有无红肿、压痛现象,挤压泪囊部有无分泌物排出,其性质如何;泪腺区有无红肿、硬块、压痛现象。[5]

(3) 结膜:睑结膜与穹隆结膜有无充血、出血、乳头、滤泡、结石、异物或瘢痕,组织是否清晰;球结膜有无充血、何种性质,有无结节、干燥、皱褶以及色素沉着等。[6]

(4) 眼球及眼外肌:注意眼球的大小、位置、运动是否正常,有无内陷或突出和有无斜

---

[1] 邓猛.金钥匙视障教育理论与实践[M].北京:教育科学出版社,2008:70.
[2] 同上书,72.
[3] 同上书,71.
[4] http://www.4yan.net/phpwind/read.php? tid=27018[EB/OL].
[5] http://check.91.cn/jccs/2007—07—26/299080.htm[EB/OL].
[6] 郭秉宽.眼科学[M].上海:上海医科大学出版社,1988:24—25.

视。眼球突出检查一般采用 Hertel 眼球突出计,眼位置及眼运动检查宜采用灯照法。①

(5) 眼眶:两侧是否对称,有无压痛现象,眶压是否正常(即用手掌向眶后压迫眼球时所感到的反抗力)。通过 X 线、超声波和 CT 断层扫描可以了解眼眶有无扩大,骨质有无破坏或吸收,框内各间隙是否正常、有无扩大。眶内有无出血、脓肿、异物或肿物。②

2. 眼球检查

(1) 巩膜:注意颜色,有无充血、色素、结节状隆起、压痛现象。

(2) 角膜:注意其大小、形状及弯曲度,是否透明、光滑;如有混浊应观察其厚薄、颜色、部位、大小、形态、深浅及是否为浅色;有无浅、深层新生血管,感觉是否正常。

(3) 前房:注意深浅,房水有无混浊,有无积脓或积血。

(4) 虹膜:纹理是否清楚,颜色是否正常,有无新生血管、结节、震颤,有无撕裂、穿孔或异物,与角膜或晶体有无粘连,睫状体部有无压痛现象。

(5) 瞳孔:注意大小、形状、位置,两侧是否对称,对光反射是否灵敏,有无闭锁、膜闭或残存的瞳孔膜。

(6) 晶状体:是否透明,位置是否正常;如有混浊要注意部位、形状、颜色、范围及程度。③

(7) 眼底检查:包括玻璃体、视网膜和脉络膜这三部分的检查。可用直接眼底镜、间接眼底镜、三面镜和裂隙灯显微镜等检查。

① 玻璃体:正常时是透明的。检查时注意有无混浊、出血、机化或膜形成,有无后脱离、新生物、寄生虫或异物。

② 视网膜:包括视乳头、视网膜血管、黄斑部和除黄斑部以外的视网膜。颜色是否透露脉络膜,有无水肿、渗出、出血、游离色素、萎缩、瘢痕、新生物、新生血管和脱离(均需注意形状、大小、部位)。

③ 脉络膜:注意有无色泽的改变(一般为橘红色);若出现色泽改变,则可见晚霞样眼底,常代表原田病晚期。正常状况下看不见脉络膜血管;如有脉络膜硬化或色素上皮萎缩,则可见脉络膜大血管。注意有无病灶或视网膜下新生血管、有无隆起的肿物和颜色的改变。④

(二) 视力检查

视力检查通常是指中心视力的检查。中心视力,即视敏度,是指眼睛视网膜的敏锐程度,尤其是指视网膜上黄斑部中央凹处分辨两个光点的敏锐程度。⑤ 中心视力包括远视力和近视力。平时所说的某人的视力为 0.1,如未加注明是近视力,则通常是指远视力值为 0.1;而视觉障碍的分类,也是以远视力值大小为依据的,所以从狭义角度讲,中心视力即为我们所说的视力。视力是反映视觉功能最常用最重要的指标之一,视力的好坏由视网膜分辨影像能力的大小来判定,是衡量眼机能是否正常的尺度,也是分析病情的重要依据。

---

① 郭秉宽.眼科学[M].上海:上海医科大学出版社,1988:25.
② 同上注.
③ 晶状体的作用和结构是怎样的?[EB/OL].http://www.4yan.net/phpwind/read.php?tid=27018.
④ 郭秉宽.眼科学[M].上海:上海医科大学出版社,1988:26—27.
⑤ 沈家英,等.视觉障碍儿童的心理与教育[M].北京:华夏出版社,1992:47.

中心视力检查分为远视力检查和近视力检查,主要通过视力表检查。常用的视力表有《国际标准视力表》、《Snellen 视力表》和《对数视力表》,此外还有《儿童视力表》。《国际标准视力表》的视标是根据视角设计的。当眼睛注视一个目标时,由目标两端发出的光线在眼的节点相交所构成的角称为视角。眼所能辨别出的两点间最小距离的夹角为一分夹角,也就是最小视角。视力表是根据视角原理设计的:视角的大小和目标大小成正比;和目标距离成反比。视角越小,视力越好。视力表上每个视标(如 E 字或环线条)线条的宽度和线条间距离能够构成一分视角。①

1. 远视力检查

远视力检查是指视网膜黄斑部中央凹处视力机能的检查,检查方法有视力表检查和实物检查两种。

(1) 视力表检查

对于远视力的检查,目前国内有三种检查表可供使用:《国际标准视力表》、《儿童图形视力表》和《标准对数视力表》。目前我国通用的远视力表是《国际标准视力表》。该表的悬挂应使正常视力 1.0 这一行视标与被检者眼等高。检查距离一般为 5 米,但可以根据需要变更检查距离。最好使用人工照明,光线要力求均匀、恒定、无反光、不炫目。如采用自然照明,光线应充足,但应避免阳光直射视力表。②

远视力表的检查步骤与记录方法如下:

① 视力检查一般先右眼、后左眼,然后再查双眼。

② 视力检查一般从上而下,先从 1.0 行开始,答对后转入下一行。一般在一行视标中要答对一半以上才转入下一行。

③ 视力检查时,戴眼镜者应戴眼镜检查。

④ 检查视力时,如被检者能看清 0.3 或 0.3 以上 E 字缺口方向的,则不属于视力残疾范围;如视力不及 0.3,则应以适当镜片或针孔镜试其好眼视力;如仍看不清 0.3 行视力,则为视力残疾者。

⑤ 如较好眼经适当镜片矫正或加用针孔镜后,其视力可达 0.1 或 0.2,但不及 0.3 的,属二级低视力。

⑥ 如较好眼经适当镜片矫正或加用针孔镜后,其视力仍不及 0.1,则让被检者逐步走近视力表,直至看清 0.1 行视标为止;记录下被检者与视力表距离,并按下列公式计算其视力:视力(V)=(检查距离/5)×0.1。如缩短距离于 2.5 米处,被检者才能分辨 0.1 行视标,则视力为 0.05,属一级低视力;如缩短距离于 1 米处,被检者才能分辨 0.1 行视标,则视力为 0.02,属二级盲。

⑦ 如较好眼在距离 1 米远处仍分辨不清 0.1 行视标,则视力低于 0.02,应改用数手指。具体方法为:让被检者背光而立,指间距离略同指宽。如在 50 厘米处能数出指数,则视力记为:指数/50 厘米;如仍分不清,改用眼前手晃动,记录下能看到的距离,如手动/20 厘米。

⑧ 如不能看到眼前手动者,则需在暗室内用烛光或手电筒照射眼睛。看到光亮者为有

---

① 郭秉宽.眼科学[M].上海:上海医科大学出版社,1988:17.
② 彭霞光.视力残疾儿童的教育理论与实践[M].北京:华夏出版社,1997:41.

光感,不能看到者为无光感。如被检者较好眼经适当镜片矫正或加用针孔镜,其视力仍低于0.02者,称为一级盲。

⑨ 检查完右、左眼后,应再查双眼视力。双眼视力结果更能说明被检者的视力情况。①

（2）实物检查

实物检查法用于因年幼不能用视力表测查的小儿或者不需准确检查其视力、只想粗略了解其视力情况的较大年龄的视力残疾者。

实物测定视力可根据以下公式进行计算：

视力＝1.5/实物大小(毫米)×实物距离(米)/5

实物检查法一般包括以下两种方法：乒乓球测试和硬币测试。

① 乒乓球测试。将直径约40毫米的白色乒乓球置于深色背景下、被检者面前2米处,若被检者能看见而拾起,则其视力大约相当于0.02或以上；若看不见,则为一级盲。把乒乓球放到6米处,被检者仍能看见,则视力相当于0.05；若看不见,则为二级盲。

② 硬币测试。把一枚伍分硬币(直径约为24毫米)置于小儿面前2米处的深色背景上,被检者若能拾起,则视力相当于0.02。将壹分硬币(直径约为18毫米)置于被检者面前3米处,若能看见,则视力相当于0.05；置于6米处则视力相当于0.1。②

2. 近视力检查

近视力的检查有时也称调节机能或阅读视力的检查,主要是检查两眼受调节作用下的视敏度。对于视力残疾者来说,远视力的检查固然重要,但从教育的角度讲,近视力检查更不能忽视。因为儿童在学校的学习活动中,需要用到近视力的场合相当多,时间也相当长。有些儿童的远视力虽差,但其阅读的能力还不错,因此近视力的检查更有意义。③

目前我国通用的近视力表为标准近视力表,其设计原理与记录方法均同远视力表。近视力检查时,通常是将视力表放置于30厘米处,若能看见0.1行视标,则为正常视力；若在30厘米处看不清0.1行视标,可以移近距离直至能看见0.1行视标为止,然后记录下视力及测试距离。做近视力检查时,若受检者戴眼镜,则应戴眼镜检查,并记录在案。近视力检查主要是测量内眼肌(睫状肌)的调节能力,因此对于视觉严重损伤儿童的近视力检查可以不限定距离——只要被检者看得清,多近的距离都可以；但应如实记录,必要时还应记录检查过程中被检者的特殊行为反应,以便为教学活动提供宝贵的资料。④

检查近视力的目的是看其是否具有阅读印刷字体的知觉能力,因而检查近视力也可以使用《中文近用视力表》及《汉字阅读视力表》,以确定其阅读文字的视觉能力。眼科专家孙葆忱认为,如果儿童的近视力在0.3或以下,如不使用助视器则基本上无法阅读一般书籍、杂志(5号字)；如果儿童的近视力在0.5～0.6以上,则一般能顺利阅读书籍、杂志,读小5号字亦无多大困难。⑤

---

① 陈云英.残疾儿童的教育诊断[M].北京：科学出版社,1996：113—114.
② 同上书,119—120.
③ 徐白仑.家长怎样对视障儿童进行早期干预[M].北京：中国盲文出版社,2005：27.
④ 陈云英.残疾儿童的教育诊断[M].北京：科学出版社,1996：121.
⑤ 柳树森.全纳教育导论[M].武汉：华中师范大学出版社,2007：176.

(三) 视野检查

除了常规的视力(中心视力)检查外,还应做视野(周边视力)的检查。视野正常的眼睛固定看正前方某一点时,单眼可见范围为上方至 60°、下方至 75°、鼻侧至 60°、颞侧至 90°。某些眼病,如青光眼、视神经疾病、原发性视网膜色素变性及各种偏盲均表现有视野的改变,所以视野的检测对诊断眼病及鉴定是否为视力残疾等都有着重要的价值。[①] 有中心视力而无周边视力的患者就好像通过管道窥物(管状视野),不能很好地察觉周围环境,使行动受到严重限制。视野包括周边视野和中心视野两种。周边视野即指整个视野范围,中心视野是以黄斑为中心的 30°以内的视野范围。检查中心视野很重要,因为与这部分相应的视网膜视敏度极高;同时,很多病理性视野改变也经常出现在这个范围。在视野范围内,除生理盲点外出现其他任何暗点都是病理性暗点。[②] 因此视野检查是非常必要的,方法分为动态与静态检查两种。

1. 动态检查

一般视野检查属动态检查,是利用运动着的视标测定相等灵敏度的各点并连结各点成线的方法。所连之线称为等视线,记录视野的周边轮廓。

(1) 面对面法(对比法)

面对面法主要用于测量视野大致的范围、轮廓,简单易行,但准确性较差。检查者与受检者相对,两人相距 1 米。两眼分别检查。检查右眼时,让被检查者用眼罩遮盖左眼,检查者闭合右眼,两人相互注视,眼球不能转动。然后检查者伸出不断摆动的食、中二指,在被检者与检查者的中间同等距离处,分别在上、下、内、外、左上、左下、右上、右下等八个方向,由周边向中心缓慢移动。如果两人同时见到手指,说明被检者的视野是正常的;如果被检查者比检查者发现手指晚,则说明被检者视野小于正常范围。由此检查者可以根据自己的视野(必须是正常的)对比出被检者视野的大概情况。[③]

(2) 周边弧形视野计检查法

周边弧形视野计形式多样,主要的差别在于背景的形状与视标出现的方式。该视野计的工作原理是:通过记录病人对投射在弧板凹面上不同位置处的光视标(可有不同直径大小、颜色)的感知情况来测定病眼视野缺损出现的位置、缺损区均匀度和边缘。[④] 方法是:在自然光线或人工照明下,被检者坐于视野计前,下颌固定于颌架上,受检眼正对视野计中心,注视视野计弧上零度处的白色固定目标,另一眼用眼罩遮盖。视野计为 180°的弧形,半径为 330 毫米,选用适宜的视标(常用的直径为 3 或 5 毫米),从圆弧周边向中心缓慢移动。当被检者刚一发现视标或辨出颜色时,立即告知。将此时视标在弧上的位置记录在周边视野表上。将圆弧转动 30°后再查,如此每隔 30°检查一次,直到圆弧转动一圈,最后把各点连接起来,就是该眼的视野范围。一般常检查白色及红色视野。[⑤] 近年来,一些视野计上已配有电子计算机,可对视野作自动定量的记录。

---

① 于敏,吴淑英.简易视野计的研制[J].中国医学物理学杂志,2003,20(3):179—180
② 国际狮子会,等.低视力[M].北京:华夏出版社,2000:3
③ 零距离接触"视野检查"[EB/OL].http://disease.39.net/sj/085/1/396431.html,2008-5-1.
④ 弧形视野计[EB/OL].http://www.instrnet.com/jsgg/base/8711401030.htm,2009-09-23.
⑤ 零距离接触"视野检查"[EB/OL].http://disease.39.net/sj/085/1/396431.html,2008-5-1.

（3）平面视野计检查法

平面视野计检查的是视野的中心部分，最常用的是平面视野屏。此视野计为1米见方的黑色屏，在它上面以不明显的条纹按照视角的正切，每5度画一同心圆。检查时患者坐在视野计前1米处，受检眼注视视野计中央的固视目标，另一眼遮以眼罩。用2毫米刺激光标由视野计的中央向周边或由周边向中央沿经线移动，同时询问患者何处看见或看不见光标，随时记录暗点的界限，最后把所有的结果转录在视野图上。①

（4）高尔顿曼视野计检查法

高尔顿曼（Goldmann）视野计是投射式半球形视野计，在众多半球形视野计中最具有代表性。它集多种特性于一体，可进行动态及静态视野检测，从而可以了解视野的全貌。② 其背景为半径330毫米的半球，用6个可随意选用的不同大小光点作视标，光点的亮度可以调节。动态检查基本上同弧形视野计法。静态检查是经动态检查法中的可疑或查得的缺损部位所在子午线上，每隔2°～10°检查一点；将视野计上的光点视标调到正常人看不见的弱亮度显示一秒钟，若被检眼看不到，间隔3秒钟后再用强一级的亮度显示，依次逐步增加，直到被检眼看见，记录下此时所用的光强度，然后用坐标记录或将各点连成曲线。由此可对视野缺损的状况得出一深度概念，亦即视野的立体检查。③

2. 静态检查

静态检查是测定一子午线上各点的光灵敏度阈值，连成曲线以得出视野缺损的深度概念。静态视野检查法，是视标不动，通过逐渐增加视标刺激强度来测量视野中某一点的光敏度或光阈值的方法。④ 其结果提供灰阶图和数字图（定量图），取代了动态视野计的等视线图。目前常用的自动视野计是被公认为标准的Humphrey field Analyzer。⑤

静态视野计的工作原理为：阈值型静态视野计是在视野的特定位置，通过判断看见与看不见之间的刺激光标的强度，确定阈值强度。超阈值表态视野计是用事先选择的光标强度，测定其在某些特殊位置是否被看见，从而了解视网膜的敏感度。此种视野计存在的问题是，若光标强度远离阈值，检查时则容易浪费时间。与阈值相关的超阈值型静态视野计，其原理是已知一些点的阈值，选择略高于阈值的光标强度，并在特定位置进行测试。⑥ 不少学者认为，比起动态检查，静态视野检查更有优越性；对一些视网膜变性、黄斑病变、视神经炎等，静态视野检查能查出用一般方法不能查出的视野改变。⑦

此外，教师也可以通过自制的视野卡片和平面视野屏分别检查被检者的周边视野和中心视野。视野卡片检查法主要用于那些因看不见周围物体而行走困难的对象。检查时，把视野卡片放在被检眼前33厘米处，这相当于一般的阅读距离；让被检者遮蔽（用遮眼罩）一眼，另一眼注视卡片的中心黑点不动。此时如被检者不能同时看见卡片上的内环，不论其视力如何，均定为一级盲（视野半径小于5度）；如若被检者能看到卡片内环而看不见外环，则不论其视力如何，均定为二级盲（视野半径小于10度）。中心视野的检查一般使用平面视野

---

① http://family.fh21.com.cn/39120/yx/wxzl/html/20050814/104126.shtml[EB/OL].
② 同上注.
③ 零距离接触"视野检查"[EB/OL]. http://disease.39.net/sj/085/1/396431.html,2008-5-1.
④ http://www.puson.com/yanke/200410/4254_77907.aspx[EB/OL].
⑤ http://family.fh21.com.cn/39120/yx/wxzl/html/20050814/104126.shtml[EB/OL].
⑥ 同上注.
⑦ 零距离接触"视野检查"[EB/OL]. http://disease.39.net/sj/085/1/396431.html,2008-5-1.

屏。平面视野屏为无反光的黑色正方形绒布,面积一般为1平方米,屏面绘有弧线和经线。检查时,被检者坐在视野屏前1米处,被检眼向前注视视野屏中央的固定点,并且与固定点处于同一水平线上;选用1~5毫米直径视标,沿直线移动,记下检查结果。这种检查,可将周边视野放大3倍,便于查出较小的中央视野缺损。①

总之,科学、恰当、准确地对视觉障碍儿童的视力做出诊断是一件相当复杂的工作。然而,只有做出科学的鉴定,才能真实地反映视觉障碍儿童的视觉状况,以便对他们进行恰当的教育。②

三、分类的原则

对视觉障碍儿童进行筛查、诊断和分类,并不应只是确定其是否为视觉障碍、为哪一类型的视觉障碍,更为重要的是为不同障碍类别的学生提供恰当的教育安置,实施恰当的教育服务。筛查、诊断和分类的最终目的都是为教育服务。

我国目前较普遍地以视力检查和视力残疾标准作为视觉障碍儿童的鉴定与分类标准。由此而获得的诊断结果是生理视觉的客观医学数据,并不能完全地说明视觉障碍儿童的主观教育需要,也不能帮助视觉障碍儿童选择适宜的学习媒介、拟定适宜的个别化教育计划、设计适宜的教学活动等,甚至会严重影响视觉障碍儿童的学习。

金钥匙视觉障碍教育研究中心在对视觉障碍儿童进行分类时,坚持医学分类和教育分类并重的原则。根据视觉障碍儿童远、近视力,视野,对光线的适应情况,用眼能力以及病因、病史、目前病情是否稳定等因素,经过验光配镜、试用助视器测定,最终确定其是接受盲教育、低视教育、以盲教育为主兼学明眼文字还是以低视力教育为主兼学盲文,即从教育的角度判断其是盲还是低视力。这种以教育需求为目的的分类方式,在后来被证明是非常实用和有效的。③

总之,从教育的角度来看,单纯的视力检查无法了解视觉障碍儿童实际的用眼能力,必须通过对视觉障碍儿童视觉的主观评估获得。④

第3节 视觉障碍儿童的功能性视力评估

功能性视力评估是对能在实际环境中利用的剩余视力功能的非正式评估。其关注点不在被测者能够看清视力表第几行的E字的开口,而是关注在什么光线下、何种背景中、距离几米处能够看清直径为多少厘米的什么颜色的小球。国外研究发现,了解视觉障碍儿童功能性视力对教学活动的设计与进行是非常重要的。因为,研究数字显示,90%以上的视觉障碍者实际上都有可用的剩余视觉。只有先了解其功能性视觉能力,才能提供具体策略,帮助视觉障碍儿童以更有效率的方式完成多项主要依赖视觉的学习与生活自理活动。⑤

---

① 陈云英.残疾儿童的教育诊断[M].北京:科学出版社,1996:122—123.
② 雷江华.学前特殊儿童教育[M].武汉:华中师范大学出版社,2008:75.
③ 邓猛.金钥匙视障教育理论与实践[M].北京:教育科学出版社,2008:74.
④ 方俊明.特殊教育学[M].北京:人民教育出版社,2005:129.
⑤ 张千惠.功能性视觉能力评估与观察之研究[J].特殊教育研究学刊,2004,(27):113—135.

一、功能性视力评估的目的与意义

功能性视力是一个比较新的概念。在巴拉哥(Barraga)研究视觉效率之前,很少有人注意视力是究竟如何被使用的,而将很大一部分注意力放到对视敏度的测量和视觉缺陷的研究上。巴拉哥于1970年发明了视觉效率等级,这是第一个对儿童进行近距离的功能性视力评估的方案。这一方案表明,有计划的训练可以提高儿童的功能性视力。这一研究成果的发表,推动了对视力使用的研究。巴拉哥于1980年将视觉效率等级修订为诊断性评估程序,这一程序是通过教给患者一套连续的、系统的方法,以帮助其分辨和识别环境中可见的物体和符号。此时对功能性视力的评估可谓初具雏形。[1]

功能性视力评估的目的是评估每位视觉障碍儿童在日常生活情境中,如何利用剩余视力来完成日常生活的活动(tasks)。要了解儿童于日常生活情境(如教室内、走廊上、操场上、公园内、家中)使用剩余视力的情况,并协助课堂教师将其作为辅导的依据,功能性视力评估是必要的。[2] 具体来讲,功能性视力评估对视觉障碍儿童的意义包括:

(一)有利于全面真实地发现和挖掘视觉障碍儿童视觉能力表现水平

由眼科医生通过视力检查表或各种仪器所鉴定出来的视力值,并不能完全代表视觉障碍学生在实际生活中使用视觉的情况;为了了解这些情况,直接利用生活上种种情境进行视力功能的评估,就称为功能性视力评估。因此功能性视力评估不完全依靠视力值做考量,而是从生活的种种情境中做有系统的观察与记录。克恩(Corn)早在1986年就提出:对于视觉障碍者或视觉多重障碍者,需从日常生活中观察他们使用剩余视力的情况;当中观察的内容需统合个人的视觉能力、环境线索及现存可用的个人经验。艾恩(Erin)和保罗(Paul)认为功能性视力评估应包含个人的背景资料、自然环境的描述、眼球屈光的情形、近距离及远距离的视力、视野及其他视力反应;且应配合生态评估的环境观察方式,检视学生的发展能力与周遭常发生的事件来决定评估内容。所以有些低视力专家长期以来认为衡量观察视觉行为,了解功能性视力,比单纯测量视力更为重要。[3]

有很多视觉障碍儿童并不知道,常使用视觉是可以产生效能的。因为神经的一些特性常让视觉障碍儿童在使用视觉时感到不舒服或是未能达到效能,所以在视觉障碍儿童在同一时间很难将视觉系统控制自如的情况下,他们宁愿使用听觉或是触觉。可正如法国生物学家拉马克所说:"在不超越其发展界限的每一种动物中,任何器官的比较频繁的持续使用会逐渐增强这个器官;相反的,任何器官的经常不用,会逐渐使它衰弱,能力愈来愈低,最后引起它的消失。"功能性视力评估能够帮助家长认识到视觉障碍学生拥有的部分视力。通过早期干预对他们进行训练,不仅能够保持剩余的视力,更能在原有的基础上发挥剩余视力的诸多功能。[4]

---

[1] 盛欢.功能性视力[J].国外医学眼科学分册.1996,20(4):371—377.
[2] 张千惠.功能性视觉评估[J].特殊教育季刊.2001,(78):26—28.
[3] 何世芸.有关视觉障碍学生功能性视觉评估宜注意事项及相关活动设计[C].台北市第9届教育专业创新与行动研究高职组成果集,2008:339—348.
[4] 孙玉梅,邓猛.功能性视力评估在视觉障碍教育中的运用[EB].新需要网:http://www.xinxuyao.com/edu/vision/teaching/2008020213380.shtml.

(二)有利于帮助视觉障碍儿童的教师、同学和家长树立积极正确的障碍观

功能性视力评估比其他评估手段优越的地方就在于它是从积极方面去评价有缺陷的个体,是从"丧失多少视力"的悲观论调到"还有多少可以利用"的乐观精神的一种转变。在教育安置中,最可怕的就是由于环境的不利而导致有缺陷的孩子陷入更不利于其成长的处境。所以,让教师和学生本人了解他的长处有利于帮助他们建立信心和学习、与人交往的良好动机。

功能性视力评估能帮助普通班的教师和学生发现视觉障碍学生能在多远处看见他们、喜欢什么颜色、什么大小的物体,能够告诉普通班的学生他们应该在怎样的情况下给予他们协助,又应该在怎样的情况下让他们独立。通过这样的相处,普通学生和教师都会转变自己原有的错误观念,会发现视觉障碍学生并不是不能取得成绩——这种转变对于视觉障碍学生来说具有重大意义。同样,在功能性视力评估的指导下,父母更容易看到自己的孩子在使用剩余视力上的可喜成绩,并且可以在相关专业人士的帮助下,制订出对孩子残余视力的初步的、系统的训练计划。例如:教会视觉障碍儿童利用残余视力进行感知,鼓励他们尽可能使用剩余视觉辨别物体。这既能增强父母对孩子的信心,也更有利于亲情之间的交流。如果他们在较早的时候为儿童的发展付出辛劳,不久,他们就会发现,自己是在为将来孩子获得更多的知识和更好的技能发展奠定基石。[①]

(三)有利于为视觉障碍儿童创造适宜的教学环境、设计有效的教学策略

每位教师在面对形形色色的儿童时,都会感叹儿童之间的差异是如此之大;盲校的教师更会感叹这种差异的存在。盲校的教育究竟怎样才能照顾到每个学生的个体差异、因材施教,促使每个有视觉障碍的学生都得到适宜的教育和发展呢?这无疑是每个视觉障碍教育工作者应该思考的问题。功能性视力评估强调在社会情境中,特别是教育情境中掌握学生使用剩余视力的情况,目的在于了解学生在这些情境中的适应程度以及视觉上的偏好,教师可以根据这个评估结果制订出适合每个视觉障碍学生的教学方案。功能性视力评估的结果不是告诉我们具体的评价措施是什么,而是为特殊教育工作者提供正确的方向。它关注的不仅仅是视觉的表现情况,还有以表现为基础反映出来的视觉功能。[②]

西方研究发现,对于视觉障碍儿童的教学,不论是进行何种领域的教学,一定要将其对功能性视力的需求融入其所有学习活动中,这样学习才能事半功倍——因为透过视觉进行学习(相对于其他感官而言)的效率比较高。因此,西方研究者倡导将日常生活情景、儿童熟悉物与多感官训练原则与该儿童的功能性视力相搭配来进行教学。[③] 具体来讲,教师有必要了解视觉障碍儿童功能性视觉能力,其所偏好之教材、教具形式与大小(面积或体积)、颜色、形状,且应保持在学生面前多少距离范围内、在何种光源强度下,学生才可以看得最清楚。透过这项评估,教师才可知道如何设计教学环境、选择教学用具和调整教学策略。若不了解儿童的功能性视力,教师选用不当的教学方式,则学生学习意愿低落,学习容易受阻;同时,教学者也会有挫折感、无成就感。另外,一些国外研究也发现,环境中的某些变因会影响视

[①] 孙玉梅,邓猛.功能性视力评估在视觉障碍教育中的运用[EB].新需要网:http://www.xinxuyao.com/edu/vision/teaching/2008020213380.shtml.

[②] 同上注.

[③] 张千惠.功能性视觉能力评估与观察之研究[J].特殊教育研究学刊,2004,(27):113—135.

觉障碍儿童功能性视觉能力的表现。最常被提出的环境因素包括：灯光照明强弱是否符合儿童需要，室内外阳光强弱与来向是否干扰儿童用眼，色彩对比明显与否，以及教材教具的大小（面积、体积、字体之粗细与长宽高）是否符合儿童"看"的需求。若教学策略能使这些环境因素符合学童功能性视力的需求，则能鼓励学生多使用功能性视力；也可以引导学童通过多方练习，将其比较罕用的功能性视觉能力加以熟练化，并学习如何有效使用这些功能性视觉能力来完成各项学习和生活任务。

（四）有利于确立视觉障碍儿童相关干预方案的目标并评定其有效性

功能性视力评估能够帮助家长、教师增进对视觉障碍学生在日常生活中实际使用视力情况的了解，并根据评量结果制订适合学生的个别化教育计划、进行功能性视力训练以及佩戴助视器等，并鉴定其有效性。以美国为例，其特殊教育鉴定安置法规定，功能性视力评估是有必要做的，因为其结果报告必须在个别化教育计划（IEP）会议中讨论，以作为安置学生的依据之一。因此，这份结果报告是一份有法律效力的文件。这份评估结果可以帮助所有相关专业人员（例：资源班老师，视觉障碍巡回辅导老师，定向行动老师，职能治疗师，该生所属之普通班老师，体育、美术老师等）来决定究竟要如何帮助该视觉障碍学生学习。因此，视觉障碍巡回辅导老师与定向行动老师有必要为学生做功能性视力评估，以了解学生在各种各样的情境中使用视觉的状况，并且帮助所有相关教育人员拟订与实施适宜的干预方案。[①]

对于视力损害的患者来说，使用视力并不是一个自动的过程，需要一些特殊的训练方案来促使他们使用视力。研究视力损害患者的专家们认为，对于功能性视力的评估比临床评定更能够提供关于患者在教育或其他环境下使用视力的能力的信息。事实上，功能性视力与临床病理评定之间没有直接的联系。巴拉哥发现，对于视力损害儿童，可以通过系统的指导使其视觉效率得以提高。她认为：有计划的视觉刺激可以提高受训练者的功能性视力，但其视力并没有提高，只是视觉效率和进行视觉工作时的速度和效率有所提高。系统设计的技巧和干预方案可以用来促进低视力患者的视觉指导性行为或促进其使用视力，而这一效果的实现与维持则离不开功能性视力评估。

总之，通过功能性视力评估，即通过观察、归纳、分析视觉障碍儿童在日常情境中功能性视力行为的表现，能更有效地帮助教师和家长了解其目前可用的功能性视力，以便制订相应的干预方案与训练计划，设计合宜的教学环境、学习媒介与教学策略，进而提高其学业成就和生活质量。对于功能性视力评估的关注，目前在国外进展较快，成果也较多，但在我国似乎尚未引起足够的重视。

二、功能性视力的影响因素

（一）克恩的功能性视力结构

克恩提出的关于功能性视力的模式为一个有灵活性的三维结构（见图3-4），包括视觉能力、个体可利用的贮备及环境线索。[②]

---

① 张千惠.功能性视觉评估[J].特殊教育季刊,2001,(78):26—28.
② 盛欢.功能性视力[J].国外医学眼科学分册,1996,20(4):371—377.

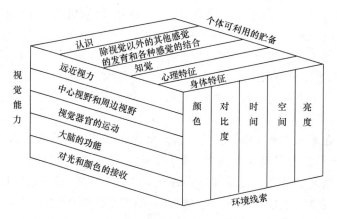

图 3-4 克恩的功能性视力模式

1. 视觉能力

视觉能力包括视觉的五种成分：(1) 远近视力；(2) 中心视野和周边视野；(3) 视觉器官（眼球）的运动；(4) 大脑的功能，包括大脑枕叶和其他参与固视、融合、运动性知觉区域的功能；(5) 对光和颜色的接收，包括对光的耐受和色觉缺陷。

毕晓普(Bishop)将三维结构中的视觉能力比作"指针"。因为在进行功能性视力评估时，这一部分是比较容易取得精确的数据的（如远近视力、视野、眼肌平衡、对光和色的感知、智力潜能）；对这一部分进行评估时所遇到的麻烦也是最少的。对于视觉能力的评估可以作为进一步评估的基础，而且可以为进一步评估提供指导、提示哪些技巧或工作是合适的。

巴拉哥指出：(1) 视觉能力的发育不是天生的或自动的；(2) 视觉能力不只取决于视力，视觉能力的评估结果也不单由对视力的测试而定；(3) 视觉能力和功能性视力与视觉损害的种类和程度之间没有必然的联系；(4) 视觉能力和视觉效率可以通过有关视觉经验的一系列训练而得到提高。

2. 个体可利用的贮备

个体可利用的贮备是指患者过去的经验及一些有效的功能对新的刺激所做出的反应或利用这些经验和功能做新的活动。共包括五个部分，即认知、除视觉以外的其他感觉的发育和各种感觉的结合、知觉、心理特征、身体特征。

(1) 认知：是指一个人的思想、知识和对事物的解释、理解或看法。

(2) 除视觉以外的其他感觉的发育和各种感觉的结合：许韦里宁(Hyvarinen)的研究表明，对于新生儿来说，通过视觉获取的信息并不多，此时获取信息的重要途径是通过触觉（特别是口的触觉）。另外，前庭平衡信息、运动的信息、味觉和嗅觉信息等也十分重要。

(3) 知觉：基夫(Keeffe)将知觉解释为，了解所见之意义。要知道所见的物体或符号究竟是什么，一个人需要见过并能够记住许多类似的物体或符号。

(4) 心理特征：功能性视力评估中患者常受其情感状态如焦虑、抑郁、缺乏自信等的影响。因此，需要注意患者的心理状态，而不是只让患者将注意力集中在视觉信息和视觉技巧上。

(5) 身体特征：包括运动的发育和全身健康状况。

毕晓普将个体可利用的贮备比作一堆难以抓牢的"湿面条"。由于其本质特征、其随时间的易变性且难于准确加以衡量等因素，这一部分信息最难以获取。但是，在进行功能性视力评估中，这一部分信息是必不可少的；而且在每一次进行评估时对这一部分都需要重新评估，因为这一部分数据是最容易随时间改变而变化的。这一部分数据为整个功能性视力的评估提供参考，而且这部分数据对于患者的能力和局限的判定较其他方面的数据更有决定性意义，并且更容易揭示患者的功能性视力是进步还是退步的。

3. 环境线索

先天或后天通过学习而获取视力的患者能够通过环境线索看到外界物体。它包括：

（1）颜色：色度、饱和度、亮度。基夫认为有些物体只需通过颜色而无需看清其细节就可以被识别出来，例如可以通过香蕉的黄色来识别香蕉。因而许多学者提出：无论视觉损害者的病理改变如何，对其进行色觉测试都是极为重要的，对色觉的感知与对形状的感知一样，都是功能性视力的组成部分。

（2）对比度：由于不同颜色和光照到同一物体的不同部分或两个以上物体时的强度不同而产生对比度的差异。良好的对比度对低视力患者是很重要的，只增加对比度而无须改变物体的形状和距离就可使患者更容易看清物体或字迹。

（3）时间：物体显示的频率、持续的时间和速度。

（4）空间：包括物体的大小、杂乱、样式、距离、轮廓、体积、内部细节、物体与物体之间的距离。

（5）亮度：包括进入眼内光线的量、种类及物体的反射情况。环境和物体周围的光线可以影响物体被看见的容易程度。

毕晓普将视觉损害患者的生活环境比作一个"草堆"，没有两个草堆是完全一样的。每一个环境（草堆）都由许多各不相同的"杂草"组成，有学校、家庭、社会；每一部分都包括许多变量：人群、物体、不同的照明情况、时间、空间、对比度和颜色，难以对"草堆中的每一个杂草"进行分类并加以分析。因此在进行功能性视力评估时是对其中有代表性的部分予以评估。一个完整的功能性视力评估应包括患者是如何在这些环境中活动的，及那些基本变量是如何影响其功能性视力的。

4. 功能性视力模式中三维结构间的相互关系

关于上述三维结构中各部分之间的关系，克恩认为：（1）每一维的各部分之间与不同维的各部分之间存在联系，对某一维或几维进行干预可改变功能性视力，对某一部分进行干预可以影响到这一维中的其他部分；（2）每一维中的任意三个成分的交叉点可以形成一个单位，例如视力、时间和知觉，所有这三个部分对于视功能都是必不可少的；（3）为了引发、维持并扩大功能性视力，每一项新的视觉任务的完成需要这一三维立体结构中的每一部分都满足一个最低的量，以构成一定"体积"，且这一"体积"能达到患者完成视觉工作所需的量；（4）对于不同的患者来说，每一维中的每一部分的量之间相等或相关部分的关系相同并不意味着对功能性视力的作用相同；每一个患者在其一生的不同时期或每一天的不同时间中对每一部分的要求也不尽相同（例如对照明度的要求）；（5）视觉能力可以通过个体可利用的贮备和/或环境线索的改变来实现，不时地改变某一维或两维中的某一部分就会产生功能性视力；但增加某一部分的量对患者的功能性视力可能有、也可能没有影响。

克恩认为,功能性视力是在不断发育、成长的。例如,患有先天性白内障或先天性青光眼患儿的视觉能力较之同龄正常视力儿童的视觉能力要差。但是,如果三维结构中其他某一维的几部分(如对比度)所给予的视觉刺激足够多的话,他们仍然能够对视觉刺激产生反应。这说明视觉障碍儿童并没有完全丧失其视觉能力,他们的视觉能力生来是完整的,而且也或多或少地以正常的模式发育。随着视觉障碍儿童的逐渐长大,他们的视觉能力和可利用的个体贮备也都在增加。对环境线索的控制可以提高或降低功能性视力的水平,同样,对于可利用的个体贮备的干预也可以改变功能性视力的水平。另外,功能性视力的不稳定性也是需要加以考虑的因素,例如健康状况会影响到功能性视力。

(二) 布兰克基(Blankshy)的功能性视力结构

布兰克基更多地从解剖学和生理学上来说明有效的及高效率的功能性视力,主要取决于三个因素:视觉能力、视觉加工和视觉注意。在功能性视力中,上述三种因素及其作用是相互联系的,要确定其中一种因素为损害功能性视力的唯一因素常常是很困难的,有时甚至是不可能的。因为通常的情况是,视觉损害患者在每一方面都有不同程度的损伤。[①]

1. 视觉能力

当外周视觉器官,即眼和通向视皮质的神经传导通路受损伤时,便会造成视觉能力下降,进而影响功能性视力。

2. 视觉加工

视觉加工包括视觉感知和视觉认知。视觉感知过程可以分为两类:(1) 自动感知:包括最基本的、生而具备的感知和经过一系列的调节过程后已经建立起来的感知;(2) 调节感知:当面对全新的、陌生的视觉刺激,已经具备的自动感知并不起作用时,便需要调节感知过程。当一个刺激经历了一系列的调节感知过程之后,就会引发对该刺激的自动感知反应。在建立自动感知反应之前的调解感知过程中,需要很复杂的视觉刺激。在进行功能性视力评估时,让受试者作一系列有选择性的视觉感知测试并对其结果进行分析会使测试者获得许多信息。视觉认知过程是视觉加工中比较复杂、疑问较多的部分。

视觉加工受损伤最常见的原因是神经源性的,可表现为多种形式,例如选择贮存或回顾视觉信息时,或对视觉信息进行分类时有困难。当功能性视力受损害是由于视觉加工受损伤所致时,通常称其为皮质性视觉损伤;当然,也可能由于除视皮质以外的其他区域的损伤所致。在有皮质性视觉损伤时,眼球可以接收到适宜的视觉信息并且传递到视皮质;但是,由于处理视觉信息的视皮质或其他区域的损害,导致了能够将视网膜收到的电化学信号转换成有效的视觉信息的视觉感知和视觉认知的功能受到损伤。

3. 视觉注意

凯弗克(Keeffec)将视觉注意定义为个体知道其眼前有物体存在并有意识地去注视这一物体。当涉及有视功能损伤的儿童时,应考虑到视觉注意有时会与视觉能力和视觉加工重叠。例如当儿童看不清楚以致无法确定需要注意哪些特征时,或不能将视觉刺激很好地进行视觉加工获取意义时,被视物件的颜色和移动就成为吸引视觉注意的主要视觉刺激。视觉注意水平低下通常是由于"过滤"问题所致,常被称为注意分散。患者常不能将一些无关

---

① 盛欢.功能性视力[J].国外医学眼科学分册,1996,20(4):371—377.

的刺激滤除而持久地处于连续的视觉和其他感觉的刺激之下。这些患者的注意通常难以维持,常由一个地方转移至另一个地方,因此其通过观察进行学习的可能性很小。

戈茨(Goetz)等人通过研究得出结论:视觉注意是一个可控制的行为,它可以受直接的训练而控制,而这些直接的训练与大多数视觉训练中"被动地看"是有区别的。霍尔(Hall)等从进行功能性视力训练的角度出发,认为有效的功能性视力应具备:(1) 视觉注意行为:包括对物体的固视、优先固视、搜索物体、跟随物体、转头时维持固视、跟随呈环形运动的物体、从一个物体转而瞥视另一个物体、跟随下落的物体、对处于周围的物体的反应、对远处物体的反应。(2) 视觉检查行为:包括集中注意力看手、对面孔或物体消失的反应、注意小的物体、注意潦草的笔迹、看图画并识别图画、远距离识别家人、匹配物体或图画、跟随下落的物体。已有证据表明,如果能够在识别和分辨方面对低视力儿童进行训练,他们完全可以有效地使用其现存的视力。(3) 视觉指导性运动行为:包括伸手触脸和玩具、转头时伸出手去触摸、向任一方向转动、模仿无声的动作。

三、功能性视力评估的向度与内容

(一) 评估向度

功能性视力评估者在评估过程中需注意两方面的向度:一是典型视觉功能,二是最佳视觉功能。[①] 评估者需从日常生活的典型视觉功能评估中,找出个案的最佳视觉功能,以作为拟订教学计划的依据。

1. 典型视觉功能评估

典型的视觉功能评估是指从日常生活中观察个案的视觉的功能性。在观察过程中需注意:(1) 个案的学习动机;(2) 个案熟悉的人、物和环境;(3) 其他人的参与;(4) 个案的身体摆位;(5) 个案所喜欢的增强物;(6) 个案使用其他的感官知觉。观察者必须在审慎地将上述注意事项记载在记录表中之后,才能做后续的评估。评估的重点以远、近距离的测试,视野反应,在各种环境下对光或颜色的反应这三方面的视力表现为主。

2. 最佳视觉功能评估

所谓最佳视觉功能评估,就是教学团队将上述的典型视觉功能评估进行统整,如距离、形状、大小、视野等,从而有重点地指导个案学习,而这些教学重点就是个案的最佳视觉功能。由于视觉障碍学生的视力状况不容易掌握,所以最好能设计更多相似的课程活动,这样才能清楚综合地研判个案的视力状况。但切记不论评估者设计多少活动,都必须将这些重点记录下来,因为这些重点都是书写个别化教育计划与未来发展课程设计的依据。

(二) 评估内容

国外对功能性视力的研究已经进行了至少 40 年,并且依照年龄发展提出了不同的功能性视力项目。就 1 岁以下婴幼儿而言,国外研究(Erin & Paul,1996;Hatlen,1994;Levack,1994)归纳功能性视力包含:瞳孔收缩反应、眨眼反应、眼睛能够将焦点放在近处物体的能力、眼睛外围六条肌肉平衡、近距离注视、远距离注视、追迹能力与注视力转移等 8 个项目。就学龄视觉

[①] 何世芸.有关视觉障碍学生功能性视觉评估宜注意事项及相关活动设计[C].台北市第 9 届教育专业创新与行动研究高职组成果集,2008:339—348.

障碍儿童而言,国外多数研究发现,其功能性视力大致包含:寻找光源、注视、视觉敏锐度(近、中、远距离)、视野、扫描能力、追迹能力、搜寻能力、眼肌平衡、远近调适力、注视力转移、色觉、复杂背景辨识力、手眼协调、反光敏感度、脚眼协调。[①]

综合国外研究成果,台湾学者张千惠将功能性视力评估各项目释义如下:

1. 寻找光源

眼睛会不自主地寻找亮光处或发光物。如:能寻找投射于墙面上的灯束;眼球会寻找天花板上的光点;会用手追寻、触摸桌面上的光点;能移动头、颈部寻找光源或跟着灯源转动;在暗室中,头会转向未遮光的窗户;眼睛会受光吸引。

2. 注视

注视,即眼睛会盯着看某物。如:能注视小汽车约8秒;可注视老师的眼睛约15秒;可持续注视物体约20秒;能注视距眼睛40厘米处转动中的弹珠;能注视黄色皮卡丘玩偶约7秒;能注视荧光笔约7秒。

3. 视觉敏锐度(分为近、中、远距离)

在近(30至50厘米)、中(50至300厘米)、远(300厘米以上)等距离范围内所能看到的最小物品之大小(长宽高)。如:可看到在45厘米处的乒乓球、草莓;可看到楷体72号字体8,眼睛与字体距离约120厘米;能看到直径23厘米的篮球,眼睛与该物体相距310厘米。

4. 视野

睁开眼睛时,在不转动头部的情况下,所能看到的最宽广的角度称为视野。教学者需注意学童比较有反应的视野范围,以避免呈现教材于其视野缺陷区。如:左眼视野反应约有105度;鼻尖上下左右视野反应约10度至15度;左右视野反应共约90度,上下视野反应约60度。

5. 扫描能力

扫描能力是指眼睛能否顺着一个方向寻找静态物品。扫描的方向可由上而下或由左而右。循着对角线式的方向寻找静态物或依波浪式的曲线方向移动视线找东西亦属于扫描能力。如:可从一排糖果中,以由上而下的方式找出老师所指定的一颗。

6. 追迹能力

追迹能力是指眼睛能否跟着正在移动中的物体而移动(寻找动态人、事、物)。如:看着老师手中移动的字卡;眼睛会跟着滚动中的球移动;眼睛能跟着一旁走动的老师由右至左方向移动;在视野范围内,能跟着慢速移动的红色光,以由左至右或由右至左之方式移动。

7. 搜寻能力

搜寻能力是指眼睛能否以不定方向形式寻找物品。如:能拨开桌上不感兴趣的东西,找到跳棋;能在积木堆中找到喜欢的红色积木;会在施测者的旅行箱中找寻想要的玩具;会依指示,从一堆花豆、红豆、绿豆中,找出相同的豆子。

8. 眼肌平衡

眼肌平衡者在看东西时,眼球能够正视,即瞳孔位于眼睛的正中央。国外有医师提供了一个简单方法以便家长或老师做简单的眼肌平衡筛选:以灯笔照在个案之眉心(灯笔与个

[①] 张千惠.功能性视觉能力评估与观察之研究[J].特殊教育研究学刊.2004,27:113—135.

案眼睛至少相距30厘米以上),若看到反射的灯点落于瞳孔中央,则表示个案眼肌平衡。

9. 远近调适力

远近调适力是指眼睛在远、近距离两者之间做快速对焦。即,当儿童抬头看远处物品时,是否头部一上抬,眼睛就立刻看清楚该物品;当头部下垂时,是否可立刻看清楚近处的物品。如:抬头看400厘米远的数字,再低头看桌面数字卡,能于1秒内找出相同的数字。

10. 注视力转移

注视力转移是指视觉注意力能否从甲物移转至乙物上(两物应置于儿童视野之内)。如:视觉注意力可由加菲猫玩具移转至黄色塑胶花朵上、可由大玩具狗身上移转至小玩具狗身上、可于蓝色球与黄色球之间做转换。

11. 色觉

色觉,即对于颜色的认知能力。如:可辨认红、黄、蓝、绿等基本色;可说出小熊衣服为黑色、苹果皮是红色、跳棋是绿色;可说出萤光笔是粉红色、乒乓球是橘红色;能从一堆球中挑出红色球,会指认并说出红色。

12. 复杂背景辨识力

复杂背景辨识力,即在复杂背景的图片中能否分清主题物。如:可于彩色图画背景中找到直径0.7厘米的小饼干碎片;将一块巧克力放在许多动物的卡通贴纸书面上,可找到巧克力;能辨识出风景海报上的房子、鸽子等;能找到放在多种水果图片上的巧克力球。

13. 手眼协调

手眼协调,即当儿童眼睛看到物品时,其手也能精准地抓握到该物品(前提:该儿童手部功能良好)。如:看到一根发夹时,可将其拿起;看到桌面上的蓝色球和花棒,会主动伸手抓取;可自行找出电动娃娃背部的电池开关,并打开电源。

14. 反光敏感度

反光敏感度,即当儿童看到物品上有反光时,会眯起眼睛、揉眼睛、流泪或将头转离该物。对反光会敏感的现象是眼睛处理异常光线的自然生理反应,如:看到图片上有反光时,会一直揉眼睛或显出低于2秒的注视。

15. 脚眼协调

脚眼协调,即当儿童的眼睛看到一个物品时,其脚也能精准地踩到该物品(前提:该儿童脚部功能良好)。若儿童脚眼协调不定,则常会出现以下几种情况:可用右脚踏地面上的灯点,可精准踩中目标;会用脚踢球,但力量很小;会踩在阶梯上贴有脚丫印之处,但是需一边踩、一边用手去扶扶手。

四、功能性视力评估的实施

(一) 准备工作

1. 个案的背景资料

对视觉障碍学生进行功能性视力评估,评估者需先收集资料,才能设计出适合个案的活动,进而解释个案所产生的行为。以下是与个案互动前或准备评估报告前应先收集的资料。[①]

(1) 个案的病症、用药时间及成分

有些视觉障碍儿童需要药物控制他们的抓取动作,或是治疗其他生理上的病症。这些药物多少会对视觉产生影响。比如有些控制抓取动作的药,就会抑制瞳孔的功能,造成对光的敏感或是需要更多的光线;另外,有些药物也会影响对刺激的反应。因此在设计活动时需敏锐地找对时机,如服药后的一段时间或在距离下次服药的中间阶段,均较能大体掌握个案使用视觉的信息。此外,病症也会冲击到个案的反应。如脑性麻痹的个案,因为受伤部位的不同也会产生间断性或永久性不同情况的斜视。因为上述理由,评估者必须仔细审视个案的用药情形及影响那个视觉功能的病症。

(2) 沟通方式

观察个案的行为和收集个案行为的相关资料是了解个案的一个重要立足点。不管用什么方式表达,都为评估者提供了了解个案看到什么的重要信息。因此,评估者要先能确认个案的沟通方式。不管是沟通板还是手语或是一些符号记号,只要能做互动沟通就能做一些评估。评估者可以以声音或肢体动作作为评估重点,如发出声音的方式可能意味着个案看到什么;肢体语言也可以提供个案看到什么的信息,这些动作包含有意地指出图片的内容或是想要的东西以及无意的行为,如头部或眼睛转向、远离视觉刺激物以及眨眼等。

(3) 摆位和移动

视觉障碍儿童因为生理的问题,常只能看到某些角度的东西;为了让个案能够做全面的视觉测试,则需从不同角度做测试。但因个案无法独立完成各种动作,因此需联合职能或物理治疗师提供支持以帮助个案做不同的摆位,如仰卧、俯卧、侧卧、站立或坐下等姿势。

表 3-1 视觉障碍学生功能性视力评估前置工作检核表

1. 沟通	(1) 个案看到事物时最愿意表达的方式? (2) 从个案的什么行为可以知道个案看到什么信息?
2. 药物诊断	(1) 个案服用什么药? (2) 会影响视力吗?
3. 服药情形	(1) 服用药物时间是常常还是偶尔? (2) 药物如何影响个案的视力?
4. 动机	(1) 参与娱乐活动时个案喜欢什么样的事物? (2) 个案如何表达自己的喜好?
5. 生理状况	(1) 个案在什么时间反应较为灵敏? (2) 什么时间反应较快?什么时间反应较慢?

---

① 何世芸.有关视觉障碍学生功能性视觉评估宜注意事项及相关活动设计[C].台北市第9届教育专业创新与行动研究高职组成果集,2008:339—348.

续表

6. 身体摆位	(1) 什么是个案最好的摆位？ (2) 不同方位个案使用视力的状况？ (3) 个案是否因身体或头的改变，而使视觉更加敏锐？
7. 知觉反应	(1) 个案对知觉刺激是反应过多还是反应过少？ (2) 显示有些个案对某些事情有不寻常的反应，如容易受到惊吓，过分地触觉防御，容易被夸张视觉效果的东西吸引。 (3) 个案最佳的学习途径是什么？
8. 社交互动	(1) 个案对不熟悉人的反应如何？ (2) 个案是使用视力还是用别的方法区别熟识或不熟识的人？ (3) 个案是有动机的互动还是嫌恶避开？

资料来源：何世芸.有关视觉障碍学生功能性视觉评估宜注意事项及相关活动设计这[C].台北市第9届教育创新与行动研究高职组成果集,2008：339—348.

(4) 性格和生理行为的反应

如果个案对环境的改变敏感,对不熟识的人会表现出焦虑与不安,因此,容易影响个案功能性评估的结果。所以,利用个案清醒或状况较佳时评估效果最佳。另外,有些个案缺乏知觉统整能力,所以利用摇摆、旋转、滚动等活动对视力是有辅助作用的,因此和职能与物理治疗师做相互沟通,能更有效地评估个案的视觉能力。

2. 前置检核表

综合上述说明,当评估者准备评估个案的功能性视力时,可以依照表3-1中的问题来收集个案在生理及心理方面的背景资料。

(二) 工具材料

袁配芬、张千惠设计的功能性视力评估工具包括下列材料。[①]

1. 瞳孔反应

可使用工具：手电筒(大、中、小型)、灯笔(pen light)。

2. 眼睛肌肉的平衡

可使用工具：有光的玩具(如灯笼、夜光灯)。

3. 注视能力

可使用工具：有光的玩具(如风车、灯笼、夜光灯系列)、会动无声玩具、麦当劳玩具。

4. 偏好使用某一眼

可使用工具：单眼眼罩、或有黏性的眼贴(药房有售)。

5. 中央视野反应

可使用工具：单眼眼罩、乒乓球(以胶带贴上50厘米长的线)、积木(请准备三种规格：3 cm×3 cm×3 cm, 2 cm×2 cm×2 cm, 1 cm×1 cm×1 cm,并以胶带贴上50厘米长的线)。

6. 外围视野反应

可使用工具：同5。

---

① 功能性视觉评估工具[EB/OL]. http://web.cc.ntnu.edu.tw/~sofchang/list0616.htm,2000.

7. 追视

可使用工具：乒乓球、圆形积木(请准备三种规格：直径分别为 3 cm，2 cm，1 cm)。

8. 注视力转移

可使用工具：可同 7。

9. 扫描

可使用工具：图卡、动物或水果造型磁铁系列、孩子喜爱的食物。

10. 伸手或移向发光体/物品

可使用工具：同 9。

11. 远近调适能力

可使用工具：同 9。

12. 色觉反应

可使用工具：色纸、月历纸、色票(美术用品)。

13. 色差区辨

可使用工具：36 色彩色笔 1 盒。

14. 主体背景实物选择

可使用工具：儿童故事书中的图画、风景月历纸或风景照片。

15. 其他必备

(1) 至少 5 条缝衣服的白色细线(每条约 50 厘米长)。

(2) 3 至 5 支透明插花棒(每支约 50 厘米，花店有售，每支约 10 元)。

(3) 一个蛙镜。

(三) 注意事项

1. 情境

功能性视力评估特别强调在评估过程中要考虑到各种生活情境中使用剩余视力的情况，即应在多种日常情境中(如，在课堂上听讲或做作业时；在操场上玩耍时；在走廊上行走时；在中午用餐时；在家中玩耍时)观察并记录儿童使用视力的情况。

2. 频率

剩余视力的使用会随着学生年龄的增长、技能的不断提高而有所发展，因此，持续评价对他们来说是很重要的。最初的评价就像是一串评价中的一颗小珠子，教师需要依靠不断评价来发现儿童的发展和增长的需要，从而调整和改进陈旧的、不适宜的教学方式。

3. 情绪

不管是哪一种测试，只有在被试完全放松的自然状态下，他们的表现才最接近他们真正的能力，这样的测验或者评估才是最有效的。[①] 功能性视力评估强调在游戏或现实生活情境中进行评估，这样可以避免被试者在评估时受到心情或测试人员的影响而导致结果不准确。

4. 时间

做评估时，请预留充裕时间给儿童来观察。当要求他"注意看"东西，请不要"敦促"儿

---

① 孙玉梅，邓猛.功能性视力评估在视觉障碍教育中的运用[EB].新需要网：http://www.xinxuyao.com/edu/vision/teaching/2008020213380.shtml，2008-2-2.

童,以免增加其心理压力而影响其视觉行为表现。

5. 明暗

灯光的明暗度会干扰儿童的辨识能力。因此,当观察儿童时,请注意灯光的明暗度;若儿童认为灯光太过刺眼,请调整并记录儿童所需的灯光明暗度。此外,儿童在夜晚的视力状况也必须记录下来。

6. 物品

利用儿童日常生活情境中易于用到的物体来评估其功能性视觉,所用物品应有大小、颜色之别;如不同大小及颜色的巧克力糖、饼干、球、积木、小玩具车、绑头发的彩色橡皮筋等。

7. 助理

做评估时,请找一位助理(最好是家长或该儿童最熟悉的老师)来帮忙记录。若评估者与该儿童并不熟悉,则请家长或该儿童最熟悉的老师作评估由评估师来记录儿童的反应。若无法在家中观察,请务必记录下家长对该儿童家居生活中使用视力的观察结果。

8. 时机

当儿童无法专心配合功能性视力评估的实施时,请另外选择适当机会再作评估。若勉强儿童继续作评估,其所得结果将无法反映该儿童真正的视觉功能。

9. 背景

当需要儿童注意看某物体时,请注意背景颜色是否与该物体的颜色类似。因为背景颜色与该物体的颜色太接近时,可能会干扰儿童的辨识能力(若儿童的视觉辨识有问题)。若有此状况出现,观察者需记录何种背景颜色会干扰到该儿童使用其视觉。[①]

10. 提示

若期待能多收集个案的视觉信息,就应该多使用视觉提示,这将有助于提高评估效益。[②]建议的视觉提示包括:(1)身体的提示:指导者的轻拍有助于个案的反应;(2)声音的提示:指导者制造一些声音以刺激个案的反应;(3)扩大视觉线索:增加视觉效能以鼓励个案做出反应;(4)中止时间:移动重点物品,当个案注意时再将其恢复摆放。

11. 动机

利用多感官学习的原则,用儿童喜爱的物品搭配音乐(听觉刺激)、灯光(视觉刺激)、手中操作触摸(触觉、本体觉刺激)等其他感官知觉的刺激,可提高视觉障碍儿童使用功能性视力参与评估的动机。

丹·兰斯切利(Dan. Reschly)曾说过:"只有当一个评价的结果能够有助于设计与实施有效的干预方案时,它才是一个好的评价方案。"视力评估也一样,只有当它能被很好地运用于教育安置和生活情境中,才能算是一个好的评价方案。但是它也存在自身的局限性,例如,主要依靠教师的观察,势必会导致教师的主观判定,教师自己的喜好与偏向也会对观察结果有所影响;另外,对观察结果的解释方面,教师有可能在不明白学生某个行为背后真正原因的情况下做出错误的解释。所以,要克服这些缺点就必须在同等情况下多做几次观察,

---

[①] 功能性视觉评估工具[EB/OL]. http://web.cc.ntnu.edu.tw/~sofchang/list0616.htm,2000.
[②] 何世芸.有关视觉障碍学生功能性视觉评估宜注意事项及相关活动设计[C].台北市第9届教育专业创新与行动研究高职组成果集,2008:339—348.

用多种评估工具进行相互补充。评估主要的目的是为了教育,结果的准确性势必会与教育的效果相关联。功能性视力评估要求评估小组在协商的前提下,为学生设置最适当的教育方案。这是每个评估都应该做到的,即不是要让学生去适应学校的教育,而是要找到适合学生的教学方式。只有对学生的视力进行系统评估之后,才有可能找到一个最适合他们的教育方案,才会存在一个最恰当的教育安置。这也正是功能性视力评估小组所期望看到的结果和应该努力的方向。①

本章小结

科学的鉴定与评估是视觉障碍儿童发展与教育中极其重要的环节。视觉障碍儿童的鉴定与评估包括客观检查和主观评估两个方面,即视力检查与视能评估。

视力检查主要包括眼部检查、远视力检查、近视力检查、视野检查等内容。医院所提供的视力值虽然是标准化测验的结果,也是鉴定安置的重要依据,但是该视力值无法代表儿童拥有的所有功能性视觉能力,也无法直接转换成课堂老师可用的教学策略。因此,除了视力检查,还有必要对儿童日常生活情境中视觉功能的使用情况进行了解。

功能性视力评估是对能在实际环境中利用的剩余视力功能的非正式评估。其关注点不在于被测者能够看清视力表第几行的 E 字的开口,而是在于在什么光线下、何种背景中、距离几米处,被测者能够看清直径多少厘米的什么颜色的小球。功能性视力评估是确定视觉障碍儿童独特视觉功能的最有效的方式,对剩余视力的开发和教学活动的设计有着很重要的意义。

思考与练习

1. 简述视觉障碍儿童鉴定与评估的意义。
2. 视力检查项目包括哪些基本内容?
3. 简述功能性视力评估的主要内容。

---

① 孙玉梅,邓猛. 功能性视力评估在视觉障碍教育中的运用[EB]. 新需要网:http://www.xinxuyao.com/edu/vision/teaching/2008020213380.shtml,2008-2-2.

第4章 视觉障碍儿童的认知发展

 学习目标

1. 掌握视觉障碍儿童感知觉发展的特点。
2. 了解视觉障碍儿童注意发展的特点。
3. 认识视觉障碍儿童记忆发展的特点。
4. 掌握视觉障碍儿童想象力的发展特点。
5. 掌握视觉障碍儿童思维和语言的发展特征。

在人类的所有感觉中,视觉毫无疑问是最重要的。发展心理学的有关研究证明,8个月后的婴儿,除睡眠以外,最经常性的活动就是视觉探索。无论在空间定向、时间估计,还是在生活、学习和工作以及个体的智力发育过程中,视觉都起着十分重要的作用。与其他感觉相比,视觉具有感知范围大、距离远、知觉速度快、转移灵便等明显特点。视觉一旦丧失,这些优点也随之消失,改由其他感官活动给予代偿。而视觉障碍儿童或是完全看不见,或是只能看见一些模糊的影像,他们在视觉探索的过程中获得的信息要明显地少于普通儿童。因此,视觉障碍儿童在心理发展过程中势必具有不同于普通儿童的特殊性。但总的来说,视觉障碍儿童的认知发展仍遵循普通儿童认知发展的规律,如同样遵循由简单到复杂、由具体到抽象、由被动到主动、由零乱到成体系的过程。有研究证明,视觉障碍儿童在表象形成、短时记忆、思维途径、解决问题的策略等认知过程和信息加工过程方面,与普通人并没有本质的区别,只是存在某些方面发展的迟缓、滞后与发展程度的差异。[①] 本章将从视觉障碍儿童的感知觉、注意、记忆、想象思维以及语言五个方面来具体探讨视觉障碍儿童的认知发展特点。

第1节 感知觉的发展

感知觉是感觉与知觉的简称。感知觉属于心理活动中较低级的形式,并且它出现较早、发展很快,一般在婴幼儿时期就已经达到成人水平。个体对世界的认知最早是从感知开始的,视觉障碍儿童也不例外。视觉障碍导致儿童在感知事物的时候丧失了视觉所特有的优越性,同时将听觉和触觉作为个体认知的主要途径。在讨论视觉障碍是否影响儿童其他感觉功能的发展时,有三种不同的观点:有学者认为视觉的缺陷导致了个体其他感觉功能的自动增强,认为盲人的听觉比正常人灵敏;还有一部分学者认为视觉的损伤影响了个体其他领域功能的健康发展;另一部分学者认为视觉的损伤使得其他感觉功能得到了锻炼,促进了

---

① 汪海萍.特殊教育与残疾人的精神追求[J].中国特殊教育,2002,1:4.

其他领域机能的更好发展,认为盲人由于长期听、摸锻炼而表现出较强的听觉和触觉能力。[①]这三种不同的观点都清晰地反映出视觉障碍儿童感知觉的发展与普通儿童具有明显的差别。本节将分别从感觉和知觉两个方面来认识视觉障碍儿童感知觉的发展。

一、视觉障碍儿童感觉的发展

从个体发展的情况看,一般是先有各种具体的感觉,然后在此基础上出现种种知觉,在现实生活中纯粹的感觉是很少见的。将感觉与知觉分开来介绍,主要是为了方便阐述。"感觉"一词是多种感觉的总称,包括视觉、听觉、嗅觉、味觉、触觉、肤觉等外部感觉和饥饿觉、渴觉以及本体感觉等内部感觉。在心理学的研究上,最受重视的是视觉与听觉。而在视觉障碍儿童的认知过程中,听觉、触摸觉发挥着主要作用。

(一) 残余视力

在现实生活中,全盲儿童并不多见,多数视觉障碍儿童都有残余视力。美国的调查结果显示,只有7%的法定盲人完全看不见,10%的法定盲人有感光能力,83%以上的盲人还有可用的残余视力,但从残余的视力接收到的信息是模糊、变形或不完整的。[②] 即使是这种模糊、变形以及不完整的信息,对视觉障碍儿童学习行为技能,了解、控制环境也具有十分重要的作用。视觉障碍儿童在助视器的帮助下,结合听觉、触觉、嗅觉、动觉所提供的信息,也能够较快地形成对事物的完整认识,更有助于视觉障碍儿童形象思维以及语言的发展。有些低视力儿童通过适当的残余视觉训练,可以学习普通文字,更能促进其身心的健康发展、知识的不断增长以及良好的社会适应。低视力儿童能依靠视觉从事许多工作。一般来说,其视觉在日常生活中起主导作用,而其他感觉器官对视觉起补充作用。[③] 因此,如何合理地训练、保护和利用视觉障碍儿童的残余视力,是每个视觉障碍儿童本人、家长和教师都必须了解和掌握的。

残余视力发展的顺序大致是:① 能够对光亮产生注意,目光能跟踪目标作上下左右移动。② 能对鲜艳的色彩产生注意,在适合的光线条件下追踪目标。③ 能认识亲人的脸,辨认脸部器官和人体的各个部位。④ 能注意周围的人和物,能寻找东西。⑤ 能辨认物品的形状。⑥ 能看图和描图。低视力儿童的近视力一般比远视力好,看近处的东西比看远处的东西清楚,因此可以发展儿童看图和描图能力。⑦ 能在现实环境中进行观察,能模仿人物的动作并了解各种动作的含义。⑧ 能利用视觉根据目标颜色、大小、长短或事情发生的先后顺序进行分类。[④]

(二) 听觉

听觉是人类获得外部信息的重要感觉通道之一。在人类的各种感觉中,一般认为听觉的重要性要次于视觉。但是在亮度不足或空间受限制(如隔离视线)的情况下,视觉功能可能失效,而听觉则不会受到影响。人们社会关系的建立,也主要是依靠听觉作为沟通途径,因此听觉障碍者比视觉障碍者更容易出现人际适应的困难。

---

① 陈云英.中国特殊教育学基础[M].北京:教育科学出版社,2004:245.
② 王芙蓉.盲童的感知觉与盲校无障碍系统的建立[J].四川建筑科学研究,2003,1:93.
③ 教育部师范教育司.盲童心理学[M].北京:人民教育出版社,2000:14.
④ 沈家英,等.视觉障碍儿童的心理与教育[M].北京:华夏出版社,1992:99—100.

1. 听觉对视觉障碍儿童的意义

对于视觉障碍儿童来说,听觉是他们识别和判断事物特征的重要途径之一。凭借听觉,视觉障碍儿童可以获取知识、辨认他人以及进行空间定向等。

视觉障碍儿童可以通过听广播、录音和阅读有声读物以及使用读屏软件等方式获取所需信息,增长知识。在生活中,视觉障碍儿童通过听觉来认识周围的人、分辨老师和同学以及熟人和陌生人等,进行良好的人际互动。

视觉障碍儿童也可以依靠听觉来判断自己所处的环境及自己所处的位置。生活中有许多声音是与其特定的环境相关联的。如听到朗朗的读书声,就可以判断前面有所学校;听到商贩的叫卖声,则意味着农贸市场就在附近;流水的哗哗声提醒我们离小河不远了。另外,还可以根据汽车发出的声响来判断汽车的行驶方向;根据来自前后左右各种车辆的行驶声判断十字路口的位置;也可以根据走路时的脚步声、手杖敲打地面的回声判断前面是否有楼房或其他较高的障碍物。美国康奈尔大学的达伦贝克等在 1940 年用实验的方法科学地研究了障碍感觉:他们以盲人和蒙眼的明眼人作为实验对象,将被试的面部用毛呢面罩遮住,使其不能通过面部获得有关障碍物的信息。结果,盲人被试能在碰到障碍物前就停住;但当盲人被试的耳朵被堵上时,他们就无法感受到障碍物了。[①] 这也证明,听觉是视觉障碍儿童获得障碍感觉的主要途径。而障碍感觉是视觉障碍儿童准确定向行走的主要依据之一。

2. 视觉障碍儿童的听觉特点

听觉是视觉障碍儿童尤其是全盲儿童的唯一远距离知觉,因此视觉障碍儿童在日常的生活和学习过程中较之普通儿童更依赖听觉。那么视觉障碍儿童的听觉与正常儿童相比有没有区别呢?苏联心理学者曾对 8—16 岁的 25 名盲童和 25 名正常儿童进行了听觉检查,结果发现两类儿童对纯音的感受没有什么明显区别,都随着年龄的增长而逐渐增强。[②]

那么,为什么人们会认为视觉障碍儿童的耳朵更灵敏呢?这主要是由于视觉障碍儿童大多是通过耳朵来了解周围世界的,长期的锻炼和较为频繁地使用听力,使他们的能区别周围许多不同的声响和声音,包括细微的声音,而这些声音往往被普通儿童忽略了。有学者指出,视觉障碍儿童在听觉注意力、选择性和记忆力方面都比普通儿童更加具有优势,因此表现出更灵敏的现象,"听音如识面"。[③] 有研究者通过事件相关电位(ERP)对视觉障碍儿童的认知特点进行研究,发现视觉障碍儿童的听觉记忆操作要优于普通儿童的听觉记忆操作,同时,实验结果可能还表明视觉障碍儿童的听觉注意和听觉表象能力比普通儿童好。[④] 正因为如此,有些视觉障碍儿童能够模仿并记住许多鸟的叫声,有的儿童能根据声音准确说出分别数十年的老师、同学的姓名。但是视觉障碍儿童的这种听觉特点并不是天生的,而是在后天的生活过程中不断补偿和感觉适应的结果。

尽管听觉在视力残疾儿童的生活中扮演着如此重要的角色,但听觉并不能完全取代视觉,仍具有自身的局限性。如听觉感受声音所产生的空间知觉不如视觉感受到的准确,特别是对方位和距离的辨别;通过听觉无法了解事物的形状、大小、颜色及动态形象,如闪电、云

---

① 曹正礼.盲童感知特点刍议[J].青岛教育学院学报,1994,1:55.
② 朴永馨.特殊教育学[M].福州:福建教育出版社,1995:176—177.
③ 沈家英,等.视觉障碍儿童的心理与教育[M].北京:华夏出版社,1992:101—102.
④ 马艳云.视听觉障碍儿童的认知能力[J].中国特殊教育,2004,1:60.

涌等,这对视觉障碍儿童形成正确的概念以及准确认识事物等都会产生不利影响。

3. 视觉障碍儿童的听觉发展

视觉障碍儿童的听觉能力并不是天生比普通儿童要强,而是主要在于后天的不断实践和进行有针对性的训练,是伴随着其认知能力的不断提高和经验的不断增长而逐渐发展起来的。

奈塔利·柏瓦格(Natalie Bawag)把视觉障碍儿童的听觉发展分为以下五级水平[1]：

一级：能对特定环境中的各种声音产生意识和注意。令人愉快、舒适、柔和的音乐与说话声对全盲儿童能起到替代面部表情和手势的作用；连续的合适的声音刺激能帮助视觉障碍儿童学会用听觉去跟踪它。

二级：对特定声音有反应。这种情况出现于4~6个月后。如对特定的声音以微笑、转头、倾听、模仿等形式做出表示；手—耳协调的动作在此阶段也可能出现。

三级：能辨别声音。对熟悉环境中的不同声音能够辨别,能移动身体寻找声源。这个阶段是儿童学习对声音命名的时机。声响成为诱发学步、走动的动机；儿童开始用听觉来代替视觉知觉距离,发现障碍物。

四级：开始识别与特定词语相联系的声音。这时他们开始懂得"猫"和"帽"各自的含义。在这个阶段,家长应适时用词汇解释正在发生的事情以帮助视觉障碍儿童建立这种识别和联系。由于盲童对声音刺激的敏感度要高于普通儿童,因此他们可能会比普通儿童更早出现言语模仿能力。

五级：开始识别和理解语言,建立自己与他人的言语反馈系统,主动掩盖无关的或无意义的声音信息。在这个阶段,应多对视觉障碍儿童进行选择性听觉训练。

（三）触摸觉

触觉是肤觉的一种,也称为压觉,是皮肤表面承受某物体压力或触及某物时所产生的一种感觉。而动觉是因身体活动而产生的一种感觉,一般将其解释为回馈,也就是因身体某部位的动作而形成了刺激,然后再由身体该部位的感受器向神经中枢回应刺激的结果。触觉经常是和动觉一起发生的,要触摸物体的软硬、粗细,需要依靠手指的运动,也需要动觉反馈的参与,因此一般将触觉与动觉结合为触摸觉来进行论述。

1. 触摸觉对视觉障碍儿童的意义

同听觉一样,触摸觉也是视觉障碍儿童认识外界事物的重要渠道之一。视觉障碍儿童通过触摸物体来了解其形状、大小、轻重、温度、软硬、粗细及质地等特征。通过触摸,他们获得了对事物的触觉表象,结合听觉表象和其他表象,在大脑中形成感知图像,并经过思维的加工形成完整的认识。在学习过程中,视觉障碍儿童通过手的触摸来获取信息、掌握知识。在日常生活中,视觉障碍儿童通过手或脚的触摸协助准确行走。由此可见,触摸觉在视觉障碍儿童的生活中扮演着重要的角色。因而对于视觉障碍者来说,自古就有"以手代目"的说法。视觉障碍儿童由于长期的触摸锻炼而形成了非常灵敏的触摸觉。正常人指尖的感觉阈限值为2.2~3.0 mm,而经过长期摸读盲文训练的盲童却能达到1.5 mm,个别竟能达到1 mm；而且,盲校高

---

[1] 教育部师范教育司.盲童心理学[M].北京：人民教育出版社,2000：19.

年级学生摸读盲文的速度与正常人视读文字的速度不相上下。[①]

事实上,手和眼的活动存在许多共同之处:眼也像手一样依次察看、"触摸"图像和对象的轮廓。俄国著名生理学家谢切诺夫认为:不管所说的是对象的轮廓和大小还是对象的距离和相对位置,眼在察看时、手在触摸时的运动反应具有相同的意义,手可以代替眼的一部分功能。[②] 奥·伊·斯柯罗霍道娃把手称作"富于表情的器官"。她在《我怎样理解和想象周围世界》一书中写道:"我觉得人的双手富于表情,至少可以比得上声音和眼睛"[③],并且认为视觉障碍者通过手能辨别出对方的喜怒哀乐。上海盲校的学生用泥塑就准确地塑造出了娃娃笑与哭的不同头像,在一定程度上证实了这样的说法。用手触摸物体不仅可以使视觉障碍儿童获得除色彩、明暗以外的眼睛所能获得的所有信息,还能使他们获得眼睛难以看清的一些信息,例如物体表面性质(密度、光滑度、粗糙度、软硬度等),物体的角、凸起和凹进等。[④]

虽然如此,相比视觉,触摸觉的空间知觉还是存在着多方面的局限性:① 触摸觉需要与所观察的物体有直接接触,对于接触不到的物体或无法接触的物体则没办法用触摸去获取信息,例如太阳、戈壁和地平线等;而视觉却可以感知远距离的事物。② 触摸觉所提供的信息是零散的、需要整合的;视觉所提供的信息却是"一目了然"的,在把不同的物体属性整合成一个完整概念方面起着决定性作用。[⑤] ③ 触摸觉的速度慢,需要由点到线再到面;视觉获取信息的速度快,能同时从不同的方向看到不同的物体。④ 触摸觉需要儿童的主动意识,只有主动地有意识地将触摸觉用于认识的目的时,触摸觉才能发挥其认识物体的功能[⑥];而普通儿童只要睁开眼睛就能进行视觉探索,获取知识。

2. 视觉障碍儿童的触摸觉发展

普通儿童的触摸觉发展遵循着从大到小、从粗糙到精细以及从简单到复杂的规律。奈塔利·柏瓦格在《视觉障碍与学习》一书中,将视觉障碍儿童的触觉发展也分为了五个水平[⑦]:

一级:开始意识到各种物体材料结构性质的不同。当儿童的双手沿着物体的表面移动、按压或举起物体时,会开始注意到有些物体是硬的,有些物体是软的,有些物体是光滑的,有些物体是粗糙的,进而逐渐学会对物体的各种表面性质进行区分。

二级:能够通过触摸辨认物体的基本结构和形状。通过对各种不同形状、大小的物体的触摸,儿童获得了有关物体的轮廓、大小和重量方面的信息。在这个阶段,应多用语言来结合触摸觉教会儿童识别物体,以强化儿童对物体的识别能力。

三级:认识物体部分与整体的关系。儿童对物体进行拆卸、拼装,有助于儿童理解部分与整体的关系,还能够促进儿童空间概念的发展。

四级:认识平面图形。这种平面图形是用金属线或凸点在塑料板或厚纸上制作而成的。

---

① 曹正礼.盲童感知特点刍议[J].青岛教育学院学报,1994,1:56.
② 朴永馨.特殊教育学[M].福州:福建教育出版社,1995:175.
③ 沈家英,等.视觉障碍儿童的心理与教育[M].北京:华夏出版社,1992:106.
④ 汤盛钦.特殊教育概论[M].上海:上海教育出版社,1998:275.
⑤ 同上书,276.
⑥ 教育部师范教育司.盲童心理学[M].北京:人民教育出版社,2000:24.
⑦ 沈家英,等.视觉障碍儿童的心理与教育[M].北京:华夏出版社,1992:110—111.

触摸平面图而得到的表象,很难与触摸实物所获得的表象吻合。因此,可以选择先用简单的几何图形构成的模型让儿童操作,进行从二维到三维之间的转换练习。经过一段时间的积累之后,当儿童的手指可以沿着一定的方式移动时,说明他已经建立起物体与表示这个物体的平面图之间的联系。

五级:认识盲文。触摸觉发展的最高水平就是对盲文的识别,包括盲文符号、用盲字拼写的单词、句子等,需要儿童具备一定的认知、记忆、联想和理解能力。

在视觉障碍儿童的感知觉过程中,不仅听觉和触摸觉扮演着重要的作用,嗅觉和味觉等其他感知觉通道也参与到视觉障碍儿童认识事物的过程中。例如,通过嗅觉确定自己所处的位置、分辨熟人和陌生人,甚至通过嗅觉来分辨颜色进行绘画创作[1]等。完善的感知觉能力来源于各种感觉的相互影响、补充和结合。[2] 因此,在日常的学习和生活中,应该重视对视觉障碍儿童各种感觉能力的综合训练和培养,以促进其感知觉能力的全方位发展。

二、视觉障碍儿童知觉的发展

知觉是大脑对直接作用于感觉器官的客观事物的整体的反映。知觉是在实践活动中发展起来的,需要依赖过去的知识和经验。知觉具有六种心理特征:知觉相对性、知觉选择性、知觉理解性、知觉整体性、知觉组织性以及知觉恒常性。知觉历程又包括空间知觉、时间知觉、移动知觉和错觉。视觉的受损使得视觉障碍儿童在获取信息的主要通道方面异于普通儿童,因此表现出不同于普通儿童的知觉特征和知觉历程。

(一)视觉障碍儿童的知觉特征

视觉障碍儿童的知觉特征主要表现为知觉选择性困难、知觉理解性相对缓慢、知觉欠缺整体性以及知觉恒常性不稳定等特征。

1. 知觉选择性困难

听是个体主动感知信息的过程,虽然视觉障碍儿童具有较好的听觉选择性,但是也会在一定程度上被迫听进去一些无关的信息。而在触摸时,为了能更好地理解事物,视觉障碍儿童就必须全面详细地进行触摸,因此很难分清主体与背景,造成知觉选择性的困难。[3]

2. 知觉理解性相对缓慢

知觉的理解性是指人在知觉一些事物或现象时,不仅能形成关于它的知觉形象,还能根据自己已有的知识、经验对事物加以解释或判断,即从不同方面对它加以理解。人的知觉的理解性与人已有的知识经验有密切关系。

由于视觉障碍儿童的其他感知觉在感知信息的速度上要明显慢于一般人的视觉,所以在缺乏大量视觉经验、也没有直接触觉经验的情况下,视觉障碍儿童很难理解一些概念。例如,有一位先天失明后又复明的盲人,在复明后对月亮感到非常惊奇。当他看到窗外的弦月时,最初以为只是玻璃上的一个映象,当得知是月亮时,他说,他原以为弦月就像一块长面包一样。[4]

---

[1] 付佩茹.女盲童能用鼻子辨颜色[J].科学大观园,2005,20:29.
[2] 王芙蓉.盲童的感知觉与盲校无障碍系统的建立[J].四川建筑科学研究,2003,1:93.
[3] 视障儿童的身心发展[EB/OL]. http://www.jlmr.org/article/articleshow.asp?articleid=26367,2008-7-26.
[4] 同上注.

3. 知觉欠缺整体性

尽管视觉障碍儿童能够通过听觉、触觉以及嗅觉等来代偿视觉,但是其知觉的整体性相较于普通儿童仍表现出一定的不完整性。例如,视觉障碍儿童认识苹果,他可以利用触摸来感知苹果具有圆圆的形状、硬中带软;通过嗅觉感到它具有芳香的气味;通过味觉尝到它的酸甜味道;但是却无法感知到苹果红红的颜色,很难对苹果有一个完整的认识。

4. 知觉恒常性不稳定

知觉恒常性是指当对知觉对象一旦形成了知觉,即使产生知觉的条件在一定条件下发生了改变,其知觉映象仍不改变。[①] 普通儿童在两岁左右就能形成物体的知觉恒常性,而视觉障碍儿童直到3~5岁才能形成物体的知觉恒常性,而且知觉恒常性并不稳定。[②] 例如,普通儿童在玩藏东西游戏时,东西不见了,他们会用视线追随,去看玩具放到哪里了;而对视觉障碍儿童来说,一切东西都是神秘而来神秘而去的,他们早期的认知世界里充满神秘主义色彩,在认识物体的客观存在性方面的能力要比普通儿童差得多。

(二)视觉障碍儿童的知觉历程

1. 空间知觉

空间知觉是指以感觉为基础,对自身所在空间、与自身周围空间中各事物之间关系进行综合了解的心路历程。空间知觉无论在人类还是在动物的日常生活中,都是一种不可缺少的能力。诸如上下台阶、穿越马路、操作工具,以及在拥挤人群中与人保持距离等,都需要空间知觉的判断;而猛虎跳涧、猴子攀登、老鼠回洞、飞鸟归巢等,也要依靠空间知觉做出正确判断。

空间知觉包括形状知觉、大小知觉、深度与距离知觉、方位知觉与空间定向等。人如果不能正确地认识物体的形状、大小、距离、方位等空间特性,就不能正常地生存。[③] 有学者认为视觉障碍儿童在形成空间知觉方面,要比普通儿童困难得多,尤其是在对距离的准确知觉和对深度的知觉方面。[④] 普通儿童3岁即能辨别上下方位,4岁能辨别前后方位,5岁就能够以自身为中心辨别左右方位;而有些视觉障碍儿童在进入小学时,方位观念仍然较差。[⑤] 视觉障碍儿童的形状知觉、大小知觉主要靠触觉和动觉,一般准确性差、速度慢;空间定向对普通儿童而言是非常容易的事情,但对于视觉障碍儿童来说则相对困难得多。[⑥] 法国学者哈特威尔(Y. Hatwell)研究发现,视觉障碍儿童的对空间关系的认知显著迟钝。[⑦] 虽然视觉障碍儿童可以借助听觉、触觉、动觉、嗅觉以及味觉等其他未受损害的感觉器官来形成普通儿童主要由视觉器官获得的空间知觉,发展其空间知觉的能力,但是空间知觉本身主要还是以视觉为主,对距离、方位、深度进行感知,听觉虽然也能为方位和距离知觉提供一定信息,但往往不太准确;触觉对物体大小、距离知觉的形成又存在十分明显的限制,因而影响了视觉障

---

① 知觉的特性[EB/OL]. http://www.optometrynet.cn/dispbbs.asp?boardid=28&id=3739,2007-4-18.
② 视障儿童的身心发展[EB/OL]. http://www.jlmr.org/article/articleshow.asp?articleid=26367,2008-7-26.
③ 彭聃龄. 普通心理学[M]. 北京:北京师范大学出版社,2005,4:142.
④ 贺荟中,等. 视障儿童的认知特点与教育对策[J]. 中国特殊教育,2003,2:41.
⑤ 王芙蓉. 盲童的感知觉与盲校无障碍系统的建立[J]. 四川建筑科学研究,2003,1:93.
⑥ 视障儿童的身心发展[EB/OL]. http://www.jlmr.org/article/articleshow.asp?articleid=26367,2008-7-26.
⑦ 贺荟中,等. 视障儿童的认知特点与教育对策[J]. 中国特殊教育,2003,2:41.

碍儿童空间知觉能力的提高。有的盲童把世界说成"几个学校大",有的冒失地从二楼上跳下来,就是很典型的事例。[①]

2. 时间知觉

时间知觉也称时间感,指在不使用任何计时工具的情况下,个人对时间的长短、快慢等变化的感受与判断。因为受视觉缺陷的影响,视觉障碍儿童无法对时间形成感性的体验,没有直接、形象的事物使之与时间知觉发生相应的联系,无法通过日出日落、天明天暗等自然环境的变化而获得时间知觉的线索。但是他们可以利用生活中的一些周期性活动规律、自己的生理时钟和身体内的代谢作用来作为时间的参考标志。例如,根据上下课铃声体验45分钟和10分钟的长短,根据读了几篇文章、写了多少字判断花了多少时间,等等。对时间的精确判断,视觉障碍儿童还可以借助先进的辅助技术装置完成,例如盲人手表或报时表等。

3. 移动知觉

移动知觉是对环境中物体是否移动,以及对该物体移动快慢、方向等作的解释与判断。移动知觉也是人们日常生活中不可或缺的能力。例如,在拥挤的车道上,如果驾驶人员缺乏移动知觉,就不能和周围正在移动的车辆保持适度的间隔;在球场上,若球员缺乏移动知觉,不仅无法适时与队友快速传球,而且也无法从对方球员的移动阵式中找到自己的合适位置。普通儿童的移动知觉往往来自于视觉提供的观察信息,而视觉障碍儿童则往往依赖于听觉和触觉,他们可以从火车的声音由弱变强或由强变弱判断出火车由远及近或由近及远的运动。但是,视觉障碍儿童用视觉以外的其他各种感官的协同活动而获得的对事物的速度、方向等的移动知觉要明显地比明眼儿童慢、准确性差。[②] 比如,当一个视觉障碍儿童扔出一个玩具后,他很难知道这个物体在移动过程中的快慢和方向以及具体的移动轨迹。

4. 错觉

心理学将错觉解释为完全不符合刺激本身特征的、失真的或扭曲事实的知觉经验。通过视觉、听觉、味觉、嗅觉等渠道形成的知觉经验,是会有错觉的出现的,以视错觉较为多见。但也有研究发现,视觉障碍儿童与普通儿童一样,也会有错觉现象。苏联学者克鲁吉乌斯研究发现,盲人在估计线条的长度、弧的曲率、角的大小、图形的位置时,比视觉正常的人错误要多些。[③] 有研究者向17个不同年龄的盲童呈现两个体积不同、重量相等的平行六面体,结果发现:盲童和正常儿童一样,把较小的六面体感知为较重。[④] 刘艳红等发现,视觉障碍学生的触错觉率略高于普通学生,但并未达到显著性差异。[⑤]

第2节 注意的发展

注意保证了人们对事物有更清晰的认识并做出更准确的反映,是人们获得知识、掌握技

---

① 盲生心理与教育[EB/OL]. http://eblog.cersp.com/UploadFiles/2008/6-16/616673139.doc,2008-6-16.
② 视障儿童的身心发展[EB/OL]. http://www.jlmr.org/article/articleshow.asp?articleid=26367,2008-7-26.
③ 教育部师范教育司.盲童心理学[M].北京:人民教育出版社,2000:32.
④ 同上注.
⑤ 方俊明.特殊教育学[M].北京:人民教育出版社,2005:131.

能、完成各种智力活动和实际操作的重要心理条件。良好的注意力对视觉障碍儿童获取正确信息、发展智力以及参与社会也具有重要意义。

一、注意的基本概念

注意就是通过感觉、已储存的记忆和其他认知过程对大量现有信息中有限信息的积极加工[①],具有一定的指向性和集中性,是一种可以通过外部行动表现出来的内部心理状态。比如在听课时,学生把自己的感知觉、记忆、思维等活动指向和集中在教师所讲授的内容上,其外部表现是专心听讲、认真记笔记。根据注意产生和保持注意时有无目的性和意志努力程度的不同,可以把注意分为有意注意和无意注意两种。无意注意也称不随意注意,是没有预定目的、无需意志努力的注意。有意注意也称随意注意,是有预定目的、需要付出意志努力的注意。无意注意和有意注意常常交替发生,一些简单的不重要的活动只需要无意注意,而对于复杂的重要的活动则必须存在有意注意。在二者的相互转换过程中,可能会形成一种特殊的注意,即有意后注意,即有预定的目的、但不需要意志努力的注意。

二、视觉障碍儿童注意的发展特点

总的来说,就注意的发展而言,视觉障碍儿童和明眼儿童存在着许多的共性[②]:二者注意产生和发展的生理机制一样;二者注意活动过程相似;二者注意的种类一样;二者注意的范围发展都是由小到大并受各种相关因素的影响;二者注意的各种品质(如稳定性、紧张性、分配、转移等)也有诸多共性。但视觉障碍儿童主要通过听觉、触觉、嗅觉等来注意外界事物变化,因此也表现出与普通儿童在注意发展上的差异。

1. 有意注意较为突出

视觉障碍儿童由于缺乏容量较大的视觉信息,只能借助将听觉、触觉、嗅觉以及味觉等其他感觉器官获取的信息加以整合来认识周围事物。因此,视觉障碍儿童需要不断加强有意注意的能力,使有意注意得到不断强化并得以发展。[③]

有学者认为:低视力儿童虽然视力十分有限,但是他们对一切可见事物都有着非常浓厚的兴趣和好奇心;他们视觉的有意注意,通过良好的训练,也可以获得较好的发展。[④] 但也有不同的观点认为:有限的视力常使低视力儿童有"想看又看不清"的感觉经验,导致注意资源白白浪费,于是出现低年级低视力儿童的有意注意、学习不及盲童的现象。[⑤]

2. 听觉注意增强

视觉障碍儿童在听觉、触觉和嗅觉等方面的有意注意较为突出,特别是听觉注意有明显的增强。正如方俊明在《特殊教育学》中所说,"和视觉正常人不同,盲人对声音刺激的反应增强了,并且长时间内不消退,声音对盲人有不同于正常人的信号意义"[⑥]。虽然他们对第一

---

① Robert J. Sternberg.认知心理学(第三版)[M].杨炳钧,等译.北京:中国轻工业出版社,2006:52.
② 视障儿童的身心发展[EB/OL].http://www.jlmr.org/article/articleshow.asp?articleid=26367,2008-7-26.
③ 贺荟中,等.视障儿童的认知特点与教育对策[J].中国特殊教育,2003,2:41.
④ 盲生心理与教育[EB/OL].http://eblog.cersp.com/UploadFiles/2008/6-16/616673139.doc,2008-6-16.
⑤ 贺荟中,等.视障儿童的认知特点与教育对策[J].中国特殊教育,2003,2:42.
⑥ 方俊明.特殊教育学[M].北京:人民教育出版社,2005:131.

信号的注意比正常人减少了,但对第二信号——语言的注意却大大加强了。①

3. 注意分配能力较强

视觉障碍儿童虽然不能或很难从事有视觉参与的注意分配活动,但他们的其他感觉通道的注意分配能力同样可以发展得非常好。如:一边讲,一边摸读、记录;一边弹奏,一边演唱;一边用手杖点触注意道路上的障碍,一边注意来往的车辆等。②

4. 注意稳定性相对较高

对普通儿童而言,注意对象的衣着、服饰、神态等发生变化时,一般都会使其注意受到干扰,而视力障碍儿童则不会受到这些视觉方面的刺激,仍旧能够凝神定气"洗耳恭听"。③

尽管视觉障碍儿童表现出较好的注意稳定性,但盲校有经验的教师观察发现,视觉障碍儿童也存在注意分散的现象。由于其注意分散不像普通儿童一样反映在外部表现(如交头接耳、做小动作等)上,因此不容易被教师察觉。视觉障碍儿童的注意分散主要表现为思想上开小差,干扰则主要来自于非视觉信号的影响,如无关的声响、气味、情绪不安、饥饿、疾病等。④

由于视觉障碍儿童的注意分散不容易从表面现象观察到,所以很容易产生注入式教学,影响教学效果。因此,教师应当加强与学生的互动,带动学生参与到课堂活动中,并细心观察学生学习的情绪、课堂气氛的变化,还要善于通过调动学生多种感觉器官的参与来维持学生的注意力。此外,教师要特别注意教学语言的生动有趣、深入浅出,利用视觉障碍儿童的听觉注意提高学习效果。在这个方面,随班就读的视觉障碍儿童教师应该比普通班级教师具有更高要求的语言修养和教学组织能力。⑤

第3节　记忆的发展

记忆是大脑对过去经历过的事物的反映。通过记忆,人们可以回顾过去经历过、而现在不在眼前的事物。视觉障碍儿童虽然无法通过清晰的视觉表象来完成记忆的过程、辅助记忆内容的提取,但是在记忆的发展上并不完全落后于普通儿童,只是带有自身的特色。

一、记忆的基本过程

按照信息加工理论的说法,记忆是指对输入的信息通过编码、复习而予以储存,并在一定条件下进行检索和提取的过程。人们感知过的事物、思考过的问题、体验过的情感或从事过的活动,都会在人们头脑中留下不同程度的印象;其中作为经验的一部分能保留相当长的时间,在一定条件下还能再现出来,这就是记忆。记忆包括识记、保持和再现(回忆和再认)三个基本过程。识记是记忆的开始阶段,是对所接受的信息进行加工并获得知识经验的记忆过程。识记具有选择性,环境中的各种刺激只有在被个体注意到时才能被识记。保持是

---

① 视力残疾儿童的注意与记忆[EB/OL]. http://220.168.65.38/ky_ll20.asp,2008-04-22.
② 徐白仑.视障儿童随班就读教学指导[M].北京:华夏出版社,1996:63.
③ 残疾人的心理特点与沟通技巧[EB/OL]. http://files.beijing2008.cn/20080715/material/09.doc.
④ 盲生心理与教育[EB/OL]. http://eblog.cersp.com/UploadFiles/2008/6-16/616673139.doc,2008-6-16.
⑤ 徐白仑.视障儿童随班就读教学指导[M].北京:华夏出版社,1996:63—64.

信息储存的过程,个体把识记的东西纳入到自己的经验体系中。再现也就是对信息的检索和提取,最明显的形式是回忆与再认。能回忆,则说明我们把所识记的东西保持在自己头脑中,或者说已经记住了;但有时不能回忆出识记过的内容,并不说明完全没有保持,还可用再认等其他方法来检测。

和普通儿童一样,视觉障碍儿童的记忆也是一个积极能动的过程。视觉障碍儿童同样会接受外界的刺激作用并对所接收的信息进行主动编码,使其成为人脑可以接受的形式,然后有选择地将其保存在自己的知识体系中,在适当的时候通过回忆或再认重现其曾经接触过的事物。例如,视觉障碍儿童在收音机里听到一个笑话,在隔天或更长的时间后能够把这个笑话复述出来,说明他已经记住了这个笑话。

记忆作为一种基本的心理过程,是与其他心理活动密切联系着的。

二、视觉障碍儿童记忆的发展

视觉障碍儿童主要依靠听觉、嗅觉、触觉等感知为记忆的基础来对事物进行再认和回忆,其记忆的发展具有以下几个特点。

1. 视觉障碍儿童记忆过程中缺乏视觉表象或视觉表象不完整

根据内容的不同,记忆可以分为形象记忆、词语记忆、情绪记忆和动作记忆。形象记忆又称为表象记忆,它是以感知过的事物形象为内容的记忆,通常以表象形式存在,具有直观形象性。形象记忆包括视觉表象、触觉表象、听觉表象以及嗅觉表象等参与记忆活动。而视觉障碍儿童由于视觉的缺陷,在由视觉感知事物的过程中可能会出现困难或者根本无法通过视觉来感知事物,因此在其记忆过程中表现出缺乏视觉表象或视觉表象不完整的特点。视觉障碍儿童视觉表象保留的数量和质量取决于视觉损伤的时间和程度。[1] 具体表现为:先天性失明的全盲儿童完全没有视觉表象,因此他们对颜色、亮度、透视没有概念,对人的表情缺少视觉表象;先天失明但有残余视力的儿童,他们有视觉表象但获得的视觉表象不清晰;后天失明已经有视力记忆的全盲儿童虽然保持了一些失明前已形成的视觉表象,但是随时间的流逝,视觉表象无法得到强化,会逐渐损失,甚至有可能完全消失。[2] 一般情况下,失明越早,视力损伤程度越重,视觉表象的保留就越差。就儿童失明的年龄而言,一般5岁是个关键期。5岁以前失明的儿童视觉表象容易消失,而5岁以后失明的儿童其视觉表象就可能保留住,可以为其今后的学习提供比较具体的参考框架。[3]

视觉表象对视觉障碍儿童来说具有重要的作用,可以为其认识事物提供较为具体的参考轮廓,因此家长和教师应该抓住合适的时机强化和利用儿童已经获得的视觉表象,为视觉障碍儿童今后的生活、学习和工作奠定良好的基础。

2. 视觉障碍儿童的记忆以听觉记忆和触觉记忆为主

虽然视觉障碍儿童缺乏视觉表象的记忆,但是他们通过其他感觉通道所获得的表象反而

---

[1] 教育部师范教育司.盲童心理学[M].北京:人民教育出版社,2000:40.
[2] 视力残疾儿童的注意与记忆[EB/OL].http://220.168.65.38/ky_ll20.asp,2008-04-22.
[3] 徐白仑.视障儿童随班就读教学指导[M].北京:华夏出版社,1996:66.

有所增强,导致视觉障碍儿童的记忆主要以听觉记忆和触摸觉记忆为主。在听觉记忆上,视觉障碍儿童表现出凡事一入耳,就像钉子钉在木板上的独特优势。例如,对人的再认,普通人主要凭借的是视觉线索,包括对方的容貌、身材和行为习惯等;而视觉障碍者则主要根据对方的语音、语调甚至是脚步声来回忆,因此才有了视觉障碍者"听音如闻面"的说法。不仅听觉记忆如此稳定,触摸觉表象对于视觉障碍儿童来讲也不容易忘记。苏联心理学工作者通过实验证明:盲人通过触摸盲人地图,能够相当准确地再现一张局部地区的地图,如莫斯科市各地的方位,在这个过程中动觉起了主要作用。这说明盲人通过触摸能够形成心理地图——触摸觉表象,也能够稳定地提取和再现曾经接触到的信息。另外,许多高年级的视觉障碍学生能够做到通顺、流畅、迅速地阅读,但他们并不是按照点字的一个个音节来读,而是按照词语来读。这也证明了视觉障碍儿童的头脑中必定保存着一些常用的双音节、多音节词语盲文图形的触觉表象,一经触摸,立刻就能回忆和再认出来。[①] 通过触摸,视觉障碍儿童在对实物的再认上也表现出较好的成绩。有研究者通过测验发现:他们对熟悉的实物,例如盲文笔、苹果、皮球、茶杯等,几乎一放到手上就能正确地说出其名称,速度几乎等于用眼睛看到物体说出名称的速度;而对于日常生活中不常见或很少用过的物体,视觉障碍儿童也能依靠触觉正确地再认。[②]

3. 视觉障碍儿童机械识记能力较强

根据识记材料和方法的不同,识记过程可以分为机械识记和意义识记。机械识记是指根据材料的外部联系或表面形式,采取简单重复的方式进行的识记。其特点是对识记的材料很少进行加工,基本上是按照材料呈现的时空顺序进行逐字逐句的识记。而意义识记是通过理解材料的意义以及把握材料的内容来进行的识记,需要对材料进行理解和思维加工,即借助已有的知识经验,通过分析综合,把握材料各部分的特点和内在逻辑联系,使之纳入个体的认识结构,以便保持在记忆中。由于视觉障碍儿童的视力残疾,他们缺乏对事物的感性认知,常常需要识记一些自己并未理解的知识,因此,只好在无法加工的情况下进行机械记忆,也就是我们常说的死记硬背。由于长期进行机械识记,视觉障碍儿童的机械记忆能力不断地得到锻炼,因而有所增强。在视觉障碍儿童的全部识记内容中,机械识记是占较大部分的,低年级的视觉障碍儿童尤其如此。[③]

4. 视觉障碍儿童的短时记忆和长时记忆较好

短时记忆是指当信息第一次呈现后,保持在 1 分钟以内的记忆。美国心理学家乔治·米勒(George Miller)在 1956 年提出,短时记忆的容量大概是 7±2 个项目。一个项目可以仅仅代表一个数字,也可以是一个单词,或者是一个组块。当组块越复杂时,能回忆的项目数就越少。北京师范大学教育系曾做过一个实验来比较视觉障碍儿童与普通大学生的短时记忆。研究者通过让 16 位年龄在 9~16 岁的盲校二、三年级视觉障碍儿童进行口头复述不同位的数字,得到如表 4-1 的测验结果。

[①] 教育部师范教育司.盲童心理学[M].北京:人民教育出版社,2000:42.
[②] 同上书,43.
[③] 盲生心理与教育[EB/OL]. http://eblog.cersp.com/UploadFiles/2008/6-16/616673139.doc,2008-6-16.

表 4-1 视觉障碍儿童短时记忆统计表①

学生人数	数位	6位数	7位数	8位数	9位数	10位数	11位数	12位数
二年级	5			1	1	1	1	1
三年级	11	1	1	2	1	4	1	1

研究者用同样的方法测试了5个大学生的短时记忆,得到的结果是:可以完整回忆出8位数的有1人,9位数的2人,10位数的2人,每个人的平均记忆是9.2位;而二年级视觉障碍儿童每个人平均记忆的数字位数是10位,三年级是9.18位,总体水平为9.44位。并且视觉障碍儿童中有4人能记住11—12位的数字,而大学生最多只能回忆10位数的数字。从这个结果可以看出,视觉障碍儿童在短时记忆上似乎存在着些许的优势。这很可能是由于视觉障碍儿童在机械识记能力上要高于普通儿童,从而使得短时记忆的能力也随之增强。

相对于短时记忆而言,长时记忆是指学习过的材料在人脑中保持1分钟以上甚至终生的记忆,其容量几乎无限。盲童教育工作者普遍认为视觉障碍儿童的长时记忆能力也很好。其主要依据是视觉障碍儿童能够对教师上课所讲的某些内容,如古诗词、数字,对听、摸、尝、闻过的东西,对有过深刻体验的情绪、反复练习过的动作等,都有比较强的记忆能力。② 苏联盲人研究者克罗吉乌斯通过研究证明:"盲人在记忆和再现词、数字时,在背诵诗句时,比视觉正常的人强得多,并且长久地记住所获得的知识","盲人在记忆的发展方面比视觉正常的人优越得多"。③

5. 视觉障碍儿童的工作记忆能力可以接近普通儿童水平

从信息加工理论来看,人作为一种信息加工系统,会把接收到的外界信息,经过模式识别加工处理之后放入长时记忆中。之后,当人们在进行认知活动时,需要长时记忆中的信息处于一种活动的状态,这种活动状态中的信息记忆就叫工作记忆。工作记忆是个体存储信息和加工信息的平台。它在表象、言语、创造、计划、学习、推理、思维、问题解决和决策等高级认知活动中起着非常重要的作用。④ 英国心理学家巴德利(Baddeley)认为工作记忆包括视觉空间画板(暂时保存一些视觉表象)、语音回路(储存与复述言语信息)、中央执行器(对注意中的活动进行调整),以及辅助的附属系统。⑤ 2000年,巴德利又新增一个成分——情景缓冲器,用于将工作记忆各部分的信息进行综合。有研究者通过不同的操作任务(数字视听、数字计算、姓氏排序、词语填空、图形排序和图形嵌入)对视觉障碍儿童的工作记忆容量和记忆任务对记忆效果的影响进行了研究,发现:① 在低中年级,视觉障碍儿童工作记忆的效果明显地落后于视力正常儿童;② 在高年级,视觉障碍儿童和视力正常儿童工作记忆的能力的差距趋于消失;③ 随着年龄的增长和训练的加强,视觉障碍儿童工作记忆的能力可以得到较好的改善。⑥

---

① 教育部师范教育司.盲童心理学[M].北京:人民教育出版社,2000:42.
② 徐白仑.视障儿童随班就读教学指导[M].北京:华夏出版社,1996:65.
③ 教育部师范教育司.盲童心理学[M].北京:人民教育出版社,2000:43.
④ 李美华,等.不同年级学生的工作记忆研究[J].韶关学院学报,2007,10:141.
⑤ [美]John B. Best,著.认知心理学[M].黄希庭,主译.北京:中国轻工业出版社,2000:122.
⑥ 方俊明.感官残疾人认知特点的系列实验研究报告[J].中国特殊教育,2001,1:3.

第4节 想象的发展

想象是人类智力结构中的必备要素之一,对学生获取知识形成经验具有重要的意义。爱因斯坦说过:"想象力比知识更重要,因为知识是有限的,而想象力概括着世界上的一切,推动着进步,并且是知识进化的源泉。"[①]离开了积极丰富的想象,学生不仅很难理解教材的内容,也难以准确地掌握知识。

一、想象概述

想象是对头脑中已有的表象进行加工改造、形成新形象的过程,是一种高级的认识活动。[②] 我们在听广播、看小说时,在头脑中产生的各种人物形象或故事画面,表演者根据生活体验,创造出不同时代的人物形象,这些根据别人介绍或者自己已有的经验,在头脑中形成的新形象,都是想象的结果。通过想象过程,既可以创造出人们未曾了解的事物的形象,还可以创造出在现实中并不存在或不可能存在的形象,如三头六臂、牛头马面等。但是这种形象仍然是以现实生活为基础的,来自于对人脑中记忆表象的加工。因此,想象的形象在现实生活中都能找到原型,它同其他心理活动一样,都有其现实的依据。

根据想象活动是否具有目的性,可以将其分为无意想象和有意想象。无意想象是一种没有预定目的、不自觉地产生的想象。例如,人们看见天上的浮云,就想象出各种动物的形象;人们在睡眠时做的梦;精神病患者在头脑中产生的幻觉等都是无意想象。[③] 有意想象是按一定目的、自觉进行的想象。有意想象又可以分为再造想象、创造想象和幻想这三类。再造想象是根据已有的描述在头脑中形成相应的新形象的过程。例如,没有领略过北方冬日的人们,诵读毛泽东的诗词《沁园春·雪》,可以通过自己的再造想象在头脑中形成北国冰山剔透、大雪纷飞的情景。创造形象是根据一定的目的和任务,在头脑中独立创造出新形象的过程。创造想象需要对已有的感性材料进行深入的分析、综合、加工、改造,在头脑中进行创造性的构思。例如,作家创造出一个新的人物形象、工程师设计出一个具有新性能的机器等,都是创造想象的成果。幻想是一种指向未来并与个人愿望相联系的想象。例如各种神话、童话中的形象都是幻想出来的。其中,符合事物发展规律并通过努力能够实现的则是理想,否则就是空想。

二、视觉障碍儿童想象的发展

明眼儿童在还在襁褓之中时,就开始观察事物了,因而储备了丰富的表象资源。表象是想象的基本材料,表象越丰富、质量越高,想象的内容就越丰富、越正确,想象的过程就越容易。视觉障碍儿童由于视觉缺陷而无法获取丰富的视觉表象资源,因而想象资源非常匮乏,但他们仍能够发展出良好的想象能力。

1. 视觉表象的缺乏或不足影响了视觉障碍儿童想象的发展

个体的想象多以自身的生活经验作为基础,而对于缺乏视觉表象的视觉障碍儿童来说,

---

① 钟晓红.浅谈盲生想象力的培养[J].龙岩学院学报,2005,6:35.
② 彭聃玲.普通心理学[M].北京:北京师范大学出版社,2001:248.
③ 同上书,250.

对自然现象和景色如流云、彩虹、闪电等的描述，要形成再造想象是比较困难的。[①] 特别是在语文教学中，视觉障碍儿童很难通过想象去理解好诗如画的境界。例如，他们很难领会"窗含西岭千秋雪"、"日照香炉生紫烟"、"落霞与孤鹜齐飞"以及"一行白鹭上青天"等诗的意境，[②]因而影响了对诗的内容的把握。

苏联盲聋人斯柯罗霍道娃曾写道："许多有视觉的人非常注意一个问题——我能不能想象各种颜色？有些人甚至问，能不能借触觉来区别颜色？……我对这两个问题的答复是：'当然不能'。但是既然我能利用有视觉的人的语言，那么我也就可以用描述它们的字眼来谈各种不同的颜色和色度。"当有人告诉她，赠给她的毛衣是"奶黄的咖啡色"时，她说"我想象倒一杯热的牛奶咖啡……但这不是颜色……靠手指是不能明白咖啡颜色的"[③]。从这点可以看出，视觉障碍者要进行以视觉表象为材料的想象是十分困难的。

2. 视觉障碍儿童的想象以听觉表象、触觉表象等为主要材料

视觉障碍儿童虽然缺乏视觉表象作为想象的材料之一，但是可以通过听觉、触觉以及嗅觉等通道来获取丰富的听觉表象、触觉表象和嗅觉表象等。视觉障碍儿童可以将常人不注意的声响或词语连贯起来，展开丰富的想象：如夏天教室里吊扇的风、夜晚偶尔出现的一些声音、他人讲话的语调等都能使他们展开丰富的想象；他们也可以对文学作品中的语句如"两个黄鹂鸣翠柳"、"大珠小珠落玉盘"等展开丰富的想象；还可以通过音乐的旋律对音乐作品中包含的思想感情与内容进行想象和体会。[④] 斯柯罗霍道娃在《我怎样理解和想象周围世界》中把满月的月亮想象成"光滑的""大瓷球"，把"月儿弯弯"想象成"薄薄的、尖角向上弯起的南瓜片"。她在《我怎样想象舞台上的表演》一文中写道："我坐在第一排，感觉到他的活泼细碎的脚步……他是中等身材（虽然大家没有告诉我……），有笑嘻嘻的脸，敏捷而坚决的动作……有宽大飘拂的袖子……宽大的扎脚口的裤子。由于感觉到音乐声响（钢琴）和脚步声，我就想象出高加索人跳得怎样迅速而津津有味。"[⑤]从斯柯罗霍道娃的回忆中，我们可以看出视觉障碍者在想象的过程中主要是以听觉表象和触觉表象为基本材料，以此形成丰富多彩的想象。

3. 视觉障碍儿童的想象有时带有个人愿望和情感色彩

视觉障碍儿童在缺乏视觉表象的基础上进行想象，有时会带有个人的愿望及情感色彩，甚至产生歪曲的想象。如把要求十分严格、说话很不注意语气语调的教师想象成面目可憎的样子；而将态度和蔼、声音悦耳的教师想象得非常美丽可爱。[⑥]

斯柯罗霍道娃在《我怎样理解和想象周围世界》中描述了她对一位盲童学校女教师的想象："她有一双柔软可爱的手；我觉得她活泼、愉快、温柔……我把她想象成一个非常可爱、善良而极聪明的人。我很爱她，好像觉得她的面貌是非常美好的……温和的脸上泛着美丽

---

① 徐白仑.视障儿童随班就读教学指导[M].北京：华夏出版社，1996：67.
② 视障儿童的身心发展[EB/OL]. http://www.jlmr.org/article/articleshow.asp? articleid=26367,2008-7-26.
③ 教育部师范教育司.盲童心理学[M].北京：人民教育出版社，2000：46.
④ 视障儿童的身心发展[EB/OL]. http://www.jlmr.org/article/articleshow.asp? articleid=26367,2008-7-26.
⑤ 钟晓红.浅谈盲生想象力的培养[J].龙岩学院学报，2005,6：36.
⑥ 视力残疾儿童的想象与思维的发展[EB/OL]. http://220.168.65.38/ky_ll15.asp,2008-03-11.

的红晕,虽然没有视觉,但眼睛是睁开的,清澈而微蓝……"①当得知这位女教师并不如想象的美丽时,她说,"我很惋惜";但是每次和这位女教师见面,"我的想象中总是浮起那虚构的形象……这个可爱的妇人的精神感召有这样伟大……从此以后,我把她想象得更美丽、更娇媚、更文雅……"

视觉障碍儿童这种根据语音、语调来判断对方的特点,使他们有时很容易被一些假象所迷惑,上当受骗。在家庭教育和学校教育中应针对这些问题给予视觉障碍儿童具体的安全辅导,以免引发不良事件。

4. 视觉障碍儿童主要通过再造想象来获取间接的知识

再造想象是根据已有的描述在头脑中形成相应的新形象的过程。视觉障碍儿童与普通儿童一样可以通过词句的叙述、已有的知识经验、个人的感受等来对事物进行再造想象,以获得大量的间接知识,从而丰富自己的知识体系。例如,他们可能并没有坐过飞机或电梯,但是可以通过坐汽车时突然下坡、身体失重的经验来想象飞机下降、电梯下行的感受。②

5. 视觉障碍儿童也具有无意想象——梦

梦是无意想象的一种特殊形式。近年来,美国心理学家研究了盲人的梦,他们发现:先天的盲人,即从未见过任何东西的盲人,他们的梦里没有视觉形象。有研究者还通过调查发现,残疾人功能的丧失往往与梦的变化同步发生。③ 例如一个人是在4岁时失明的,那么在他4岁前的梦中图像是清晰可见的,失明后梦中的图像就和白天看到的一样模糊。在日常生活中,先天盲人是通过辨别声音和触摸物体来理解周围世界的,因而他们的梦也是通过这些感受形成的。例如,一个先天盲人做了个与家人团聚的梦,他梦中的一切,都是听觉和触觉的映象:听到有人在开吹风机,听到洗衣机的转动声和流水声……而成年后失明的盲人所做的梦完全是另一番景象:一位后天失明的女盲人描述,她梦到在朋友的庭院里与一些人共进午餐,她清楚地见到了梦中的人和周围的景物。她所梦到的事情,大都是在她失明之前曾经经历过和看到过的;梦境中的人物形象,也是根据她失明前见到的人塑造出来的。④由此可见,盲人也会做梦,只是缺乏视觉表象的参与;即使有视觉表象的参与,也是将曾经获得的视觉表象进行再加工然后参与到梦境中。

第5节　思维的发展

人不仅能认识事物和现象的外部联系,而且能认识事物和现象的内在联系和规律。这种认识是通过思维过程来进行的。思维较之于感知觉、记忆来讲,是一种更复杂更高级的认知活动。在日常生活中,我们无时无刻都离不开思维活动:我们通过思维来学习知识、解决问题;通过思维来辨别真伪、识别美丑;通过思维来探索新知、创造未来。

---

① 教育部师范教育司.盲童心理学[M].北京:人民教育出版社,2000:45—46.
② 视障儿童的身心发展[EB/OL]. http://www.jlmr.org/article/articleshow.asp?articleid=26367,2008-7-26.
③ 先天性盲人的梦是怎样的[EB/OL]. http://bbs.xlzx.com/dispbbs.asp?boardid=11&id=115145,2008-4-11.
④ 教育部师范教育司.盲童心理学[M].北京:人民教育出版社,2000:46.

一、思维的一般概念

思维是借助语言、表象或动作实现的、对客观事物的概括和间接的认识,是认识的高级形式。它能揭示事物的本质特征和内部联系,主要表现在概念形成和问题解决的活动中。[①] 思维是通过一系列复杂的操作来实现的,包括对外界输入信息的分析、综合、比较、抽象和概括。因此,思维不能离开感知觉、记忆活动所提供的丰富信息。人们只有在大量感性信息的基础上、在记忆的作用下,才能进行推理,作出种种假设,并检验这些假设,进而揭示感知觉、记忆所不能揭示的事物的内在联系和规律。例如,通过感觉和知觉,我们只能感知形形色色的具体的笔(铅笔、钢笔、毛笔、蜡笔等);通过思维,我们就能把所有笔的本质属性(写字的工具)概括出来。思维作为一种理性认识,其发展必须经历从具体的感性认识上升到理性思维的过程。感性认识以及由感性认识所获得的材料是思维不可或缺的基础。

二、视觉障碍儿童思维的特点

由于缺乏视觉参与到认识活动的过程中,视觉障碍儿童获取的感性材料非常有限,在一定程度上制约了视觉障碍儿童思维的发展。

有一个先天盲童在读一篇文章中遇到了"云"这个词,引出了这个盲生和老师的这样一段对话:

"云是什么?"老师问。

"云是有腿有脚的东西。"盲生答。

"你怎么知道云是有腿有脚的?"老师问。

"我听人说过,云会在天上走动。我们走动用腿脚,云在天上走动不也是用腿脚吗?"[②]

从这段对话中,我们可以看出视觉缺陷确实对视觉障碍儿童的思维有一定影响,使其表现出与常人不同的思维方式。但是视觉障碍儿童思维发展的总规律与普通儿童并不存在本质的区别,仍然包括分析和综合、抽象和概括、比较和分类、系统化和具体化等几个方面。

综合相关文献可以发现,视觉障碍儿童的思维能力特点表现在以下几点:

1. 难以形成清晰正确的概念

广义来说,概念是指个体对具有共同属性的事物所获得的概括性的认识。明眼儿童在具体概念和抽象概念的形成上,都是通过辨别事物正反例子的特征,逐步概括出事物的共同特征,从而达到概念的形成。而视觉障碍儿童欠缺具体事物的视觉经验,因而无法形成事物的视觉表象,更不能像明眼儿童那样借助事物的表象,通过比较,认识事物的本质属性。他们通过听觉和触觉感知到的一些事物的特征,往往是不完全、不连贯甚至是不准确的,所以容易形成错误的概念。[③]

---

① 彭聃玲.普通心理学[M].北京:北京师范大学出版社,2001:242.
② 朴永馨,等.缺陷儿童心理[M].北京:科学出版社,1987:53.
③ 贺荟中,等.视障儿童的认知特点与教育对策[J].中国特殊教育,2003,2:42.

视觉障碍儿童的许多概念都不完整,不固定,这在一年级视觉障碍儿童的以下判断中明显地反映出来:

"昆虫——不是小鸟、不是蝴蝶,是蚊子吧?"

"蜜蜂——是蝴蝶,或者小鸟。"

"昆虫——可能是蜥蜴。"

"老鼠——是昆虫,它会咬人。"

"小麦——这是谷物,很小,长在树上,是吧?"①

这些在普通儿童看来非常简单的具体概念,由于视觉障碍儿童无法通过听或触摸感知,导致他们在概念的形成上,表现出一定程度的困难。有学者指出,"视觉在将感知到的物体的各种各样的属性综合成一个完整的概念的过程中,起着至关重要的作用"。② 当我们走进一家商店以后,看见货架上、柜台里、橱窗中各种各样琳琅满目的商品,很快就知道这是一家百货商店。而失去视觉的视觉障碍儿童,如果没有别人的帮助,要形成"百货商店"的概念是相当困难的。③

但是视觉障碍儿童在形成概念上存在的困难并不能一概而论,特别是低视力儿童和后天失明盲童,他们的残余视力和失明前的视觉经验,在概念形成中仍然可以发挥很大的作用。④

2. 分类归纳能力、概括与抽象能力较差

由于视觉障碍儿童在概念形成上存在较大的困难,造成了他们对事物进行分类归纳的能力也比普通儿童要差。所谓分类,就是通过比较事物之间的特征,区分出这些特征的异同,从中抽取出事物的本质特征,把具有共同本质特征的事物归为一类。⑤ 视觉障碍儿童由于缺乏感性经验,达不到全面的分析综合,在概念的掌握上常有扩大或缩小概念的现象。例如,把苍蝇和蜜蜂当成完全一样的东西,认为"会飞"是它们的本质特征。⑥ 特别是那些难以通过触摸觉和听觉了解的物体,视觉障碍儿童在对其进行概念掌握上存在的困难较大。有学者认为,视觉障碍儿童并非没有分析、综合、概括、抽象等思维能力,只是感性经验的缺乏较大地限制了他们思维的发展。⑦ 一般来说,即使是视觉正常的儿童,如果没有丰富的具体的感性经验作为基础,也很难形成对事物抽象的一般认识。视觉障碍儿童由于缺乏视觉通道所获取的感性经验,难以进行合乎实际的判断和推理,对事物的分析、概括只能建立在自己听到、嗅到、触摸到的感性经验的基础上,因而往往容易忽略事物的整体性,不容易全面地反映这些事物,从而表现出较低的思维水平。例如,有的农村盲童,听到汽车会"嘀嘀"叫,便认为汽车有嘴;感到汽车"突突"喘气,便认为汽车有鼻子;听说汽车能看见路,不会跑到沟里

---

① 汤盛钦.特殊教育概论[M].上海:上海教育出版社,1998:279.
② 沈家英,等.视觉障碍儿童的心理与教育[M].北京:华夏出版社,1992:83.
③ 视障儿童的身心发展[EB/OL].http://www.jlmr.org/article/articleshow.asp?articleid=26367,2008-7-26.
④ 教育部师范教育司.盲童心理学[M].北京:人民教育出版社,2000:55.
⑤ 贺荟中,等.视障儿童的认知特点与教育对策[J].中国特殊教育,2003,2:42.
⑥ 教育部师范教育司.盲童心理学[M].北京:人民教育出版社,2000:55.
⑦ 贺荟中,等.视障儿童的认知特点与教育对策[J].中国特殊教育,2003,2:42.

去,便认为汽车有两只大眼睛,并由此得出结论:汽车有一个和人一样的头。[①] 这也证明了视觉障碍儿童由于缺少感性经验而进行了错误的判断和推理。

3. 推理能力发展不平衡

刘旺(2000)对视觉障碍儿童类比推理与因果推理能力的实验研究表明:先天盲童与正常儿童在类比推理能力方面不存在显著性差异;因果推理能力的发展又好于类比推理能力的发展。[②] 究其原因,有学者认为可能是家长和教师对视觉障碍儿童无法通过触觉感知的很多事物,常借助视觉障碍儿童能够感知到的一些事物,通过类比推理的方法进行说明,导致盲童类比推理能力得到了提高。[③]

4. 思维较敏捷

有学者认为视觉障碍儿童虽然失去了视觉,但依然可以借助于第二信号系统进行思维,并且常常独自沉思默想,长期的勤于动脑,使视觉障碍儿童的思维比较敏捷。[④]

我国青年盲诗人周嘉堤就是例证。他在出版的诗集中写道:

> 鲜花在我的梦中变得模糊,
> 如今花瓣的形状我都记不清楚。
> 我后悔当初没有看个够,
> 以至留恋起早已消失的花圃。
>
> 我从记忆中发掘,
> 绿油油的小草长在记忆深处,
> 我曾在山岗上轻抚过它,
> 它纤弱然而内涵丰富。
>
> 这小草给了我启示,
> 远远的,就像绿色的雾;
> 它在贫瘠的土地上蓬勃生长,
> 不断积累看不见的财富。
>
> 于是我懂得了生存的意义,
> 甘愿做小草一株;
> 虽然被大自然缤纷的色彩淹没,
> 连在一起却是诗人赞美的绿。

从这首诗中,我们可以看到他的思维发展已经到了一个相当高的水平。正如臧克家在《周嘉堤同志和他的诗》一文中所说的:"因为眼睛看不见了,他的精神向心沉潜,感觉更敏锐了,思想更深沉了,这情况,从他的诗作中可以看出来。"[⑤]

---

① 盲生心理与教育[EB/OL].http://eblog.cersp.com/UploadFiles/2008/6-16/616673139.doc,2008-6-16.
② 方俊明.感官残疾人认知特点的系列实验研究报告[J].中国特殊教育,2001,1:4.
③ 贺荟中,等.视障儿童的认知特点与教育对策[J].中国特殊教育,2003,2:42.
④ 朴永馨.特殊教育学[M].福州:福建教育出版社,1995:179.
⑤ 朴永馨,等.缺陷儿童心理[M].北京:科学出版社,1987:57—58.

第6节 语言的发展

语言在人类文明和个体智慧的发展中起着重要的作用。人们的日常生活、学习和工作都离不开语言这个工具。另外,语言还能激发人的动机,引起人的情感,调节人的各种行为、活动,在人类意识的产生和发展中也起着重要的作用。[①]

一、语言的一般概念

语言是一种社会现象,是人类通过高度结构化的声音组合,或通过书写符号、手势等构成的一种符号系统,同时又是一种运用这种符号系统来交流思想的行为。[②] 语言是由词汇和语法构成的系统。在语言系统中,每个语言成分都是由形式和意义两个方面结合而成的。语音或书写符号、手势是语言的物质外壳;语义是语言成分的内涵。没有意义的形式不能叫语言成分。

人们理解语言的过程就是对语言材料进行加工,并且在头脑中主动、积极地建构意义的过程。理解语言不仅依赖于对语言材料的正确感知,还依赖于人们已有的认知结构和各种形式的知识经验。视觉障碍儿童由于视觉缺陷而形成了与普通儿童不同的知识获取渠道,因此语言的形成和发展也表现出自己独有的特点。

二、视觉障碍儿童语言的发展

在视觉障碍儿童语言发展水平的问题上,存在着不同的观点。国外多数专家研究认为,语言的习得主要依靠听觉而不是视觉,所以视觉障碍并不会影响儿童语言的发展。他们根据对视觉障碍者与明眼人的对照研究指出,两者在语言的主要方面没有什么不同,仅在说话时的体态、姿势等次要方面,视觉损伤者表现出有点异样。[③] 范德柯尔克(Vander Koll)在分析所有视觉障碍儿童语言智商的研究结果后认为,在语言发展特别是口头语言方面,视觉障碍儿童似乎同明眼儿童没有什么明显的差别。[④]

但也有一些专家,如卡茨福斯认为,视觉障碍儿童言语发展虽然并不一定落后于普通儿童,但他们的言语表达有时有"语意不合"、"语言不真实"的现象。[⑤] 他举例说,有的盲童会说"电话"、"公鸡"、"消防车"、"月亮",但当触摸到实物或者模型时,可能还是不能区分出哪一个是公鸡,哪一个是消防车;而他所理解的"月亮"也只是"一个亮点"而已。

综合国内外专家的相关研究,可以发现视觉障碍儿童的语言发展具有以下几个特点:

---

① 彭聘玲.普通心理学[M].北京:北京师范大学出版社,2001:283.
② 同上注.
③ 沈家英,等.视觉障碍儿童的心理与教育[M].北京:华夏出版社,1992:79.
④ 陈云英.中国特殊教育学基础[M].北京:教育科学出版社,2004:246.
⑤ 教育部师范教育司.盲童心理学[M].北京:人民教育出版社,2000:48.

1. 视觉障碍儿童的语言水平可以达到同龄正常儿童的水平

盲童由于没有智力方面的缺陷,且听力敏锐,他们的语言能力发展的速度与其生理年龄的增长同步,语言水平完全可以达到同龄正常儿童的水平。[①]

视觉障碍儿童的语言发展遵循着普通儿童语言发展的共同规律。语言的学习主要是通过听觉而非视觉,因此,凡是以口语形式进行的活动,如朗诵诗歌、说相声、表演唱歌等,视觉障碍儿童都能够完成得很好。并且,由于语言是视觉障碍儿童与他人交流的主要渠道,因此他们学习或使用语言的主动性要比普通人更强,所以才会有"盲人健谈"之说。由于视觉障碍儿童更注意倾听他人讲话,因此他们对词汇的掌握、言语的发展还可能比普通儿童要快一些。[②]

2. 由于缺乏视觉表象,视觉障碍儿童的语言与实物容易脱节[③]

正常人语言的获得和发展是视觉经验和语言符号相结合的结果。视觉障碍儿童由于缺乏视觉表象,其语言缺乏感受性认识作为基础,导致了语言与实物脱节。从视觉障碍儿童的作文中我们可以看到视觉障碍儿童的用词是非常丰富的,但往往是照搬和模仿,并没有自己的亲身体验,如"蔚蓝色的天空飘着白云、火红的太阳……"这些词汇都是视觉障碍儿童听到的,并没有形成自己的感性认识。特别是在表达与视觉经验有关的概念方面,如月光、浮云、雪亮、五颜六色等,视觉障碍儿童因缺乏亲身的体验而容易误解或错用;或者即使使用了某一词语,也非该词的真正意义,而仅是按其片面或错误的理解而想象出来的意义,造成"语"非其"意"的现象。如盲童说:云在天上"走",是因为它们也有脚。但是这种语意不符的现象会随着视觉障碍儿童学习的深入、知识面的扩大、对词语意义的逐步理解而逐渐减少或消失。

3. 视觉障碍儿童在借助表情、手势、动作来帮助说话方面有较大困难,有时会出现盲态

正常儿童在进行语言表达时,一般附带有表情、手势和动作来完善自身的语言表达,但是视觉障碍儿童因为自身的视力缺陷,往往很难做到这一点;相反,还可能表现出摆弄手指、耸肩、抓弄头发等一些多余的动作。

4. 视觉障碍儿童有的音发不准或有口吃、颤音等

视觉障碍儿童在模仿和学习语言时仅凭听觉和触觉,看不到口形,因而会出现发音不准或口吃、颤音的现象,甚至在发音时出现面部的多余动作。并且由于缺少视觉参与,也就缺少了视觉在模仿发音过程中的调整作用,一些错误的发音动作得不到很好的纠正,也没有办法模仿正确合理的面部表情,因而不可避免地表现出上述的特点。

虽然视觉障碍儿童的语言发展具有上述的一些问题,但是只要教育得法,这些弱点是仍然能够被克服的。刘春玲和马红英研究发现,教育对视觉障碍儿童的词义理解确实有显著作用。[④] 因此,教师在具体的教学过程中应注重将词汇与具体事物的形象联系起来,帮助视觉障碍儿童形成丰富的感性认识,从而使他们在理解的基础上能够掌握词汇,恰当地运用词汇。

---

① 朴永馨.特殊教育学[M].福州:福建教育出版社,1995:177.
② 教育部师范教育司.盲童心理学[M].北京:人民教育出版社,2000:49.
③ 方俊明.特殊教育学[M].北京:人民教育出版社,2005:133.
④ 刘春玲,等.低年级视觉障碍儿童词义理解的初步研究[J].中国特殊教育,2002,3:41.

本章小结

　　视觉障碍儿童的认知发展既遵循普通儿童认知发展的一般规律,又因缺乏有效的视觉活动而表现出与普通儿童不一样的认知发展特性。视觉障碍儿童的感知觉发展表现为:听觉和触摸觉发展要优于普通儿童;知觉选择性困难、知觉理解性缓慢、知觉整体性欠缺以及知觉恒常性相对不稳定。视觉障碍儿童的有意注意较为突出,有较强的听觉注意,注意分配能力较强并有相对较高的注意稳定性。视觉障碍儿童记忆过程中缺乏视觉表象或视觉表象不完整;视觉障碍儿童的记忆以听觉记忆和触摸觉记忆为主;视觉障碍儿童机械识记能力较强;视觉障碍儿童短时记忆和长时记忆较好;视觉障碍儿童的工作记忆能力可以接近普通儿童水平。视觉障碍儿童想象的发展特点为:缺乏视觉表象导致视觉障碍儿童想象发展受阻;以听觉、触摸觉表象为想象的主要材料;想象时常带有个人情感色彩;视觉障碍儿童主要通过再造想象来获取间接知识;也具有无意想象。视觉障碍儿童思维能力特点为:在概念形成方面有困难;分类与归纳能力、概括与抽象能力较差;类比推理、因果推理能力不逊于普通儿童。视觉障碍儿童语言能力随生理年龄的增长而同步发展,语言水平可以达到同龄正常儿童的水平;语言容易与实物脱节;较难借助表情、手势、动作来完善语言表达,容易出现盲态;有些儿童存在发音不准或口吃、颤音等问题。

 思考与练习

1. 如何科学利用视觉障碍儿童的残余视觉?
2. 设计几例教学活动,用以训练视觉障碍儿童的听觉。
3. 视觉障碍儿童知觉发展特点?
4. 视觉障碍儿童注意有何特点。
5. 视觉障碍儿童想象有何特点?如何提高其想象能力?
6. 视觉障碍儿童的语言发展存在哪些弱点?如何克服这些弱点?

第5章 视觉障碍儿童情绪与意志、人格及社会性发展

 学习目标

1. 掌握视觉障碍儿童情绪与意志的发展特点。
2. 认识视觉障碍儿童人格的发展特征。
3. 了解视觉障碍儿童的社会性发展状况。

人的最基本的心理活动,就是知和情两方面。知是认识,包括感知、记忆、思维以及想象等。人对事物的认识往往还伴随着个体的情绪体验,认识活动有愉快的也有不愉快的;个性不同的人对同一事物的认知也是不一样的。前面一章已经讨论了视觉障碍儿童在感知、记忆、思维以及想象等认知方面的发展,这一章主要介绍视觉障碍儿童在情绪与意志、人格和社会性方面的发展。

第1节 视觉障碍儿童情绪与意志的发展

美国盲教育家克兹弗斯指出:"一般人往往误以为眼盲只代表单一感官的丧失或损伤,其实,眼盲重大地改变并且重组了个体的整个心理生活,这种挫折发生得越早,越需要重组工作。"[①]个体的心理生活不仅包括了认识过程,更包括了情感过程和意志过程。因此,视觉障碍儿童势必在情绪和意志方面表现出异于普通儿童的发展特点。本节即着重探讨视觉障碍儿童在情绪和意志发展上的具体特征。

一、视觉障碍儿童情绪的发展

情绪是心理生活中的一个重要方面,它同认知活动一样,都是个体对客观事物的一种反映。我们经常用开心、愤怒、伤心、郁闷、内疚和害怕等来描述个体由于外界事件、思想和生理变化所引起的内在的情感变化。由于视觉缺陷,视觉障碍儿童在表达自己的情绪和理解他人情绪上往往存在问题,导致个体具有更多的负面情绪,严重者甚至影响了其正常的人际交往和社会生活。

(一)情绪及其组成成分

情绪是人类对各种认知对象的一种内心感受或态度,是生理性的;而情感则是情绪过程的主观体验,是情的感受方面,是社会性的。通常所说的感情,是对情绪、情感这一类心理现象的笼统的称谓。人们表现情绪的形式主要是喜、怒、哀、乐,通过这些情绪的表现来表达个

---

① 视力残疾儿童的情感与意志[EB/OL]. http://220.168.65.38/ky_ll5.asp,2008-2-16.

体当前的需要与愿望,同时调节人与人之间的社会距离。

为了更好地理解情绪,人们把情绪结构分成四个组成部分,包括引起情绪的情境、身体状态、情绪表现和情绪体验。

1. 情境

情绪不是自发产生的,而是由某些刺激引起的,这些刺激就是引起情绪的情境。有研究者曾经针对4～7岁的儿童,调查引起其高兴、伤心、愤怒、害怕、惊奇等情绪的情境时发现,各种情绪都可以由人与人或人与环境的事件引起;伤心和愤怒情绪与人与人之间的相互作用关系最密切。[1]

2. 身体状态

情绪的第二个组成成分为身体状态,或者是身体活动的变化,包含自主神经系统的变化,例如心率加快、出汗增多、肾上腺素变化等。例如,当一个人出现害怕的情绪时,会有呼吸加快、心跳加快、血压上升、出汗等一系列的生理变化。这种生理变化是个体无法控制的,并且这种生理变化与不同的情绪体验之间的对应关系也是非常复杂的。

3. 情绪表现

情绪的外部表现通常以面部表情、体态表情和言语表情这三种形式呈现。汉语词汇里的"眉飞色舞"、"愁眉苦脸"、"喜形于色"、"横眉竖眼"等都是情绪通过面部表情表现的例子。有心理学家认为,有些面部表情和特定的情绪之间存在先天的联系:不管是什么地方的人,开心时总是微笑或大笑;伤心时皱眉头,看上去很严肃。[2] 体态表情就如我们用顿足代表生气、搓手表示焦虑、垂头代表沮丧之类的;言语表情则如我们开心时大笑、伤心时大哭、害怕时尖叫这类情绪的表现形式。

4. 情绪体验

情绪体验是个体在情绪状态下的主观感受或认知判断,一个人怎样解释和评价自己的情绪,依赖于他的认知发展水平和已有的经验;[3]其中语言是情绪体验产生的关键。

(二) 视觉障碍儿童情绪发展特征

1. 视觉障碍儿童情绪发展的总体特征

有关研究表明,视觉障碍儿童的情绪多偏向于消极,即缺乏积极、热情、振奋和乐观的情绪,而倾向于消沉、颓废、松懈、灰心和焦虑等消极情绪状态。[4]

情绪与需要是密切相关的,当需要得到满足时,个体就会产生积极的、肯定的情绪,而当需要得不到满足时,个体就会产生消极的、否定的情绪。视觉障碍儿童生活在以明眼人为主流的社会里,因此,势必存在很多其特殊需要得不到很好满足的情形。当需要得不到满足或无法满足时,视觉障碍儿童就会较多地表现出消极的情绪。这种消极的情绪在全盲儿童和后天失明的儿童身上表现得尤其明显。由于无法获取视觉刺激,视觉障碍儿童与社会严重隔离,导致他们蜷缩在自己的小天地里,遭受一点点挫折或困难就退缩。久而久之,视觉障碍儿童便产生焦虑、自卑、甚至是多疑、冷漠的情绪。

---

[1] 刘金花. 儿童发展心理学[M]. 上海:华东师范大学出版社,1997:222.
[2] 同上注.
[3] 桑标. 儿童发展心理学[M]. 上海:上海教育出版社,2003:287.
[4] 方俊明. 特殊教育学[M]. 北京:人民教育出版社,2005:134.

1989年，北京医科大学儿童青少年卫生研究所所做的一项调查表明，视觉障碍儿童情绪不稳定较为突出：认为自己情绪多变者占所调查视觉障碍青少年儿童的41%，多于普通中小学学生29%的比例。有27%的视觉障碍儿童在街上独自行走时会觉得心情紧张，还有47%的视觉障碍儿童敏感，常感觉到自己在公共场所受他人注意。[1]

视觉障碍儿童产生这些情绪困扰的主要原因并非本身的视觉缺陷，而是由于社会或普通人群对他们的不公正态度和他们本身消极的自我观念所造成的。[2] 因此，在教育视觉障碍儿童的时候不仅要致力于文化知识的传授，更要加强视觉障碍儿童的情绪情感教育，积极引导和帮助视觉障碍儿童将负面情绪转化为积极情绪。另外，还应该多创造条件让视觉障碍儿童与普通儿童一起活动；通过主动接触，增强普通儿童对视觉障碍儿童的了解，逐步改变周围人对待视觉障碍儿童的态度。

2. 视觉障碍儿童情绪发展的阶段特征

为了能更全面、有说服力地阐明视觉障碍儿童的情绪发展特点，张家口盲聋学校的赵志成老师将视觉障碍儿童的情绪特征分为低级阶段、中级阶段和高级阶段这三个具有发展趋势的动态阶段，下面对其进行逐一的介绍。

（1）低级阶段

这一阶段的情绪特征具有原发性、固有性和普遍性的特点。之所以具有这样的特点，是由于视觉障碍儿童从小就被局限在狭小的环境中。这个阶段也是进行视觉障碍儿童教育最困难的阶段。其具体情绪特征表现如下：

强烈的自我意识：凡事以自我为中心，这很可能是由于父母的教养方式导致的。在视觉障碍儿童家庭里，父母往往会出于怜悯而过分保护视觉障碍儿童，再加上兄弟姐妹对其一贯忍让，使视觉障碍儿童往往忽视别人的感受、以自我为中心。

优越感：总认为自己比他人强，对别人的优点、进步视而不见。

依赖性：长期依赖父母、他人的帮助，导致视觉障碍儿童的独立生活和处理问题的能力极差。

片面性：视觉障碍儿童由于无法通过视觉了解事物，而只能通过听觉、触摸觉以及嗅觉等其他通道来对事物进行认识，很难全面地了解到事物的全貌，因此容易出现认识上的片面性，从而导致情绪的片面性。

（2）中级阶段

这一阶段的情绪特征普遍具有自发性、敏感性和变异性的特点，这是视觉障碍儿童特殊心理表现最为集中以及最典型的阶段。

自卑：由于存在着多方面的需要，而这些需要并不能一一得到满足，在诸事不能如愿的情况下，视觉障碍儿童会认识到自己的无力，甚至对所有的事情都抱着随便的态度。

好疑心：基于强烈的自我意识，视觉障碍儿童把"我"字看得高于一切，总觉得别人都在算计他、嘲笑他以及议论他，思想上总有一种沉重的压抑感。

自负：视觉障碍儿童往往受到家庭成员的过度溺爱，有较强的自我优越感，表现在学校

---

[1] 汤盛钦.特殊教育概论[M].上海：上海教育出版社，1998：281.
[2] 徐白仑.视障儿童随班就读教学指导[M].北京：华夏出版社，1996：54.

里则是过度以自我为中心,总认为自己很了不起。一旦别人优于或超过自己,就很容易对他人产生敌对心理。

情绪多变:这是视觉障碍儿童摆脱"依赖性"之后的自然产物,他们也想同别人一样自立自强、出人头地,可又性格脆弱、自己支配不了自己,因此表现为忽然积极、忽然消极的情绪,行为非常矛盾。

(3) 高级阶段

这一阶段的情绪特征较为复杂,具有两重性。一方面视觉障碍儿童接近成熟,再加上自身知识和经验的不断丰富,逐渐接近普通人的情绪发展,但是又由于自身的特殊性而仍然表现出特殊的情绪特征。

嫉妒心:这一特点在高年级学生以及能力较好学生中表现比较明显。在这个阶段,视觉障碍儿童在学业、生活上表现得积极进取,但是一旦有人超过自己,就抵触或不承认,甚至出现严重的嫉妒心理。

爱出风头:这是强烈的自我意识的高级表现形式,表现为希望在各个方面争第一。

逆反心理:大都表现在有独立意识的视觉障碍儿童身上。他们对他人或集体的意见较为抗拒,喜欢用自己与众不同的方式(哪怕是幼稚可笑的)去吸引别人的注意力。

自尊意识较强:人人都具有自尊心,只是表现程度不同而已,视觉障碍儿童表现得更敏感;并且随着年龄的增长、知识面的丰富,视觉障碍儿童更会通过自身的不断努力来证实自己,以获得他人的尊重。

有强烈的自立自强的愿望:视觉障碍儿童一旦摆脱了视觉缺陷的阴影,意识到了自我存在的价值后,就会有一种"自己与明眼儿童并没有什么不同"的积极心态,逐渐认识到自己的长处和优点,进而驱使自己以顽强的毅力克服困难、实现自立自强。

需要说明的是,以上所讨论的情绪特征并不是在所有视觉障碍儿童身上都会出现的,而只是在这样一个阶段内,视觉障碍儿童更容易表现出这些情绪特征。在个别视觉障碍儿童身上存在的自私、吝啬、猜疑、嫉妒、固执己见、自我侮辱等行为与表现,正说明社会或周围的人们对他们的态度有问题。[①]但是随着社会的不断进步以及人们对残疾人认识态度的转变,再加上视觉障碍儿童自身的不断努力,这些情绪特征也在逐渐地发生变化。因此,对待视觉障碍儿童的情绪发展,应该以发展的眼光来看。具体到某一情绪问题,则要结合该儿童的具体情况来判断分析,切不可"一刀切"。而且我们也应该认识到,良好的情绪是个体心理健康的重要标志,是个体能够适应现代复杂的人际关系的社会化水平的重要指针,因此必须高度重视视觉障碍儿童情绪能力的培养。

二、视觉障碍儿童意志的发展

意志与认识、情感活动是三个不同但又密切联系的心理过程。认识是意志的基础,而人的情绪情感对意志又有重要的影响,它既可能成为意志行动的动力,也可能成为意志行动的阻力。但是反过来,人的意志也可能会影响和调节人的情绪情感和认识活动。因此,在了解了视觉障碍儿童的情绪发展之后,我们接着来探讨视觉障碍儿童意志的发展特点。

---

① 徐白仑.视障儿童随班就读教学指导[M].北京:华夏出版社,1996:54.

(一) 视觉障碍儿童的意志

意志是人通过克服困难以实现一定目的的心理过程,是人类意识能动性的集中表现,也是人类特有的心理现象。意志对人的行为和内部心理过程具有发动、坚持、制止和改变等调节控制的作用,如我们常说的理智战胜情感,就是意志对情感的调节作用。

而意志行动是由意志支配、调节、控制的行为,它不同于盲目的冲动行为。意志行动具有三个特点:明确的预定目的、以随意运动为基础,以及与克服困难相联系。人们在确定目标以及实现目标的过程中,会遇到各种各样的困难;要战胜这些困难,就必须通过意志努力来实现预定的目标。因此,克服困难是意志行动最重要的特征。很容易就能够完成的行动,不能称之为意志行动。

视觉障碍儿童在生活以及学习的过程中会遇到很多困难,这些困难有内部的也有外部的。内部的困难诸如:视觉上的缺陷、消极的情绪以及性格上胆小、懒惰等;而外部的困难多半是客观上的不利条件,例如缺乏畅通的公共设施、他人的嘲笑或轻视,以及经济上的贫穷等。因此,视觉障碍儿童更需要培养坚韧的品质以克服在生活和学习过程中遇到的种种困难,实现自己的人生价值。调查发现,视觉障碍儿童的意志从总体来说独立意向较差。北京医科大学青少年卫生所所进行的调查发现:视觉障碍儿童中有独立意向的仅有17%,而被调查的普通学生中则占35%。具体到意志品质,视觉障碍儿童则表现为独立性差、果断性差、坚定性不足以及自制力差等特征。[1]

(二) 视觉障碍儿童的意志品质

人们在生活中逐渐形成的比较稳定的意志特点就称为意志品质。积极的意志品质具有自觉性、果断性、坚持性等特点,而消极的意志品质具有依赖性、顽固性、冲动性等特点。[2]

视觉障碍儿童的意志品质则表现为以下特点。

1. 独立性不强

意志的独立性是指不屈服于周围的压力、能够深刻地认识到自己行动的正确性和重要性,并且能够根据自己的认识和信念,独立地采取决定、执行决定,使之符合行动目的。视觉障碍儿童由于与外界接触偏少,对事物认识往往比较片面,因此表现出两方面的极端性:一方面容易固执己见,不愿意接纳别人的意见,也不对具体问题进行具体分析;另一方面容易受他人的暗示,易被他人影响而失去自己的方向。[3]

2. 果断性差

意志的果断性是一个人善于迅速地辨明是非,合理地采取决定和执行决定的品质。这种果断性不是凭空而来的,个体在把握了所认识的事物的规律性之后,才能够做到当机立断。视觉障碍儿童由于很难全面地认识问题的各方面情况,因此不容易给出正确的分析和判断,也不容易辨别事情的是非真伪。所以视觉障碍儿童在做决定时容易优柔寡断,不断地进行内心的斗争和挣扎;而在执行决定时,又容易动摇,拖延时间甚至怀疑自己的决定等。[4]

---

[1] 陈云英.中国特殊教育学基础[M].北京:教育科学出版社,2004:248.
[2] 刘全礼,等.智力落后儿童教育学心理学[M].青海人民出版社,1995:154—155.
[3] 视力残疾儿童的情感与意志[EB/OL].http://220.168.65.38/ky_ll5.asp,2008-2-16.
[4] 钟经华.视力残疾儿童的心理与教育[M].天津:天津教育出版社,2007:62.

3. 坚定性不足

意志的坚定性是一个人在行动中坚持决定,百折不挠地克服重重困难去达到行动目的的品质。这种坚持主要是对行动目的的坚持,而在实现目的的过程中所采用的手段和方法则可以视具体情况而变。视觉障碍儿童由于缺乏自信和独立性,容易被行动过程中的困难吓倒甚至对其屈服,从而放弃既有目标,表现出意志的不坚定性。

4. 自制力较差

意志的自制力是一个人善于控制和支配自己的情绪、约束自己的言行的品质。意志的自制力取决于对自己行动目的的意义的认识,个体觉得自己的行动越具有意义,表现在意志行动的全过程中的自制力就越高。视觉障碍儿童的自制力差既表现在制定决策和执行决定时容易受环境中各种诱因所左右,不能克服内外的干扰,又表现在不能调控自己的情绪状态,在必要时不能调节和抑制自己的负面情绪。[1]

(三) 视觉障碍儿童意志品质的培养

人的意志品质不是天生的,而是在后天的不断学习和实践中逐步形成的。意志是在认识的基础上产生的,并且还受制于个体情绪的影响,因此在视觉障碍儿童意志培养的过程中首先要厘清他们的认识,培养积极的情感。但是光懂得一些道理、知道怎么样去做还不行,还必须在实践中不断地得到磨炼。因此,加强视觉障碍儿童的实践活动,让其在实践中得到丰富的锻炼,也是意志品质培养过程中重要的一环。

视觉障碍儿童意志培养工作主要包括以下几方面。

1. 加强生活目的性教育,树立健康的人生观

人的意志活动是受目的支配的,这种目的不是凭空出现的,而是个体认识活动的结果。个体的认识越丰富、越深刻,就越能够坚持达成这个目的,个体的意志也会越坚强。因此,要培养视觉障碍儿童的意志,首先要加强其生活目的性教育。要帮助视觉障碍儿童认识到眼前的学习、工作、生活是为实现更长远的目标打下基础。也要帮助视觉障碍儿童认识到自己的优势和劣势,学会尽可能地发挥优势、修正劣势,从而建立自信,在面对困难的时候能够向困难发起挑战甚至战胜困难。

2. 培养正面的情感

情绪情感既能促进人的意志行动,又可能成为个体意志行动的阻力。积极正面的情绪情感对个体的意志行动来说具有促进和维持的作用。因此,要培养视觉障碍儿童的意志品质,首先要培养视觉障碍儿童正面的情绪情感。有些视觉障碍儿童因为视觉缺陷,可能觉得自己再怎么努力也不会获取成功,因此意志消沉,自卑、自暴自弃等情绪挥之不去。当遇到这种情况的时候,教师在用言语开导的同时,也要让儿童认识到自身的潜力所在,多创设一些活动让其体验到成功的喜悦,帮其重建信心,形成正面的情绪情感。

3. 鼓励学生进行意志的自我锻炼

教师在教学过程中可以创设丰富的实践活动,让学生在完成活动任务的过程中培养良好的意志品质。例如:要求视觉障碍儿童坚持独立完成作业、坚持为集体做好事、坚持参加兴趣小组的活动等——这对视觉障碍儿童的良好意志的培养是十分有效的。除此之外,更

---

[1] 钟经华.视力残疾儿童的心理与教育[M].天津:天津教育出版社,2007:62.

重要的是教师应该引导学生进行意志的自我锻炼。青少年的自我意识已经逐步形成,已经能够正确地认识自我和评价自我,因此也可以进行意志的自我锻炼了。例如:可以通过榜样人物来对照自己,促使自己不断进步;与周围表现好的同学进行比较,找出自己的差距、不断改进;制订学习计划并严格执行,能够在克服困难的情况下坚持完成。教师在这个过程中扮演着引导者的角色,不应给予过多的干预,应使视觉障碍儿童通过自我教育来培养良好的意志品质。

第2节 视觉障碍儿童人格的发展

对于人格的界说,是心理学中最复杂的问题之一,不同的人格理论学派对人格有不同的看法。黄希庭综合各方面的定义,认为人格即是个体在行为上的内部倾向,它表现为个体适应环境时在能力、情绪、需要、动机、兴趣、态度、价值观、气质、性格和体质等方面的整合,是具有动力一致性和连续性的自我,是个体在社会过程中形成的给人以特色的心身组织。[①] 在这个定义中,他强调了人格的四个主要方面:整体的人、稳定的自我、独特性的个人、具有心身组织的社会化的对象。

个体的人格不是先天决定的,而是在与周围环境相互作用的过程中逐渐发展起来的。影响人格形成的因素很多,遗传、环境、成熟和教育等因素,都会对个体人格的形成和发展产生影响。而视力上的缺陷导致的一系列变化势必影响视觉障碍儿童的人格发展,从而使他们表现出不同于普通儿童的人格特征。

一、视觉障碍儿童的人格特征研究

对于视觉障碍儿童的研究,较多集中在认知发展特点的研究上,对视觉障碍儿童人格发展特点的研究并不多。

张欣等采用EPQ的研究方法调查了天津市盲童学校学生的个性特征,发现该校学生的个性除孤僻外,大体上与同龄明眼人的个性特征相符,甚至比明眼人更诚实、纯朴。[②]

李祚山采用"YG-WR 性格检查量表"对50名重庆市盲校的学生进行测试,发现视觉障碍儿童中人格特征的抑郁倾向和社会性较高,表现出外向性,而攻击性和神经质较低。[③]

张福娟等人通过"缺陷儿童人格诊断量表"来评定视觉障碍儿童人格,发现:① 视觉障碍儿童在各种人格特征上的得分都偏低,尤其在一般活动性、忍耐性和领导性方面表现很差。② 年龄对视觉障碍儿童的人格有较大的影响,年龄越大,人格品质越趋于完善。③ 低视力儿童的人格品质明显好于全盲儿童。④ 视觉障碍儿童的人格品质明显不如正常儿童,但优于听觉障碍儿童和智力落后儿童。[④]

李丽耘对全盲儿童与正常儿童的人格特征进行了比较研究,发现:首先,盲童精神质分数显著高于正常儿童,即盲童可能更孤独、不关心别人,难以适应外部环境;不近人情,感觉

[①] 黄希庭.人格心理学[M].杭州:浙江教育出版社,2002:8.
[②] 张欣,等.天津市盲童学校学生个性特征探讨[J].天津医科大学学报,1996,3:38—41.
[③] 李祚山.视觉障碍儿童的人格与心理健康的特征及其关系研究[J].中国特殊教育,2005,12:79—83.
[④] 张福娟,等.视觉障碍儿童人格特征的比较研究[J].心理科学,2001,2:154—156.

迟钝。与别人不友好；喜欢干奇特的事情，并且不顾危险。其次，盲童更内向。也有研究认为盲童性格外向。再者，情绪性分数明显较低。即他们比正常儿童更少焦虑，遇到强烈的刺激时情绪反应弱，不常做出不够理智的冲动行为，表现为控制力较强。也有研究认为盲童情绪不稳定，易冲动。最后，盲童掩饰性得分低。除女性盲童情绪性高于男性盲童以外，盲童人格特征没有表现出性别差异。①

台湾有教科书将视觉障碍儿童的人格特征概括为：6—10岁的男性视觉障碍儿童缺少安全感、缺乏自信心、自我意识强、无归属感、心思不专一；女性视觉障碍儿童则消沉、缺乏自信、自我意识强、无归属感、心思不专一。11—15岁的男性视觉障碍儿童猜忌心强、成就感偏低、缺乏自信及归属感、对爱的需求强烈；女性视觉障碍儿童则消沉、成就动机低落、缺乏自信及归属感，有的心思不专。②

综合上述研究，我们发现在对视觉障碍儿童的人格探讨上，研究者并没有达成具体的共识，而只是作了初步的探讨，需要进一步验证或是讨论。

二、视觉障碍儿童的人格特征

如前所述，人格是个体适应环境时在能力、情绪、需要、动机、兴趣、气质等方面的整合，而其中对个体人格起关键作用的则包括个体的气质、能力、兴趣以及形成的性格。

下面一一对视觉障碍儿童的以上人格特征进行介绍。

（一）视觉障碍儿童的气质

气质是指在人的心理活动和行为中表现出来的稳定的动力特点，包括感受性、耐受性、反应敏捷性、可塑性、情绪兴奋性、内外向性。气质是人格中受先天因素影响较大的部分，因此是比较稳定的人格特征。气质对应个体的体液可以分为四种典型类型：多血质、胆汁质、抑郁质和黏液质。多血质的人表现为活泼好动、敏感、反应迅速、喜欢与人交往，注意力容易转移、兴趣和情趣容易变换以及外向；胆汁质的人则精力旺盛、脾气急躁、情绪兴奋性高、容易冲动、反应迅速、心境变化剧烈，也具有外向特征；黏液质的人安静稳重、反应缓慢、沉默寡言、庄重、坚韧、情绪不外露、注意稳定但难于转移、内向；抑郁质的人情绪体验较深刻、孤僻、行动迟缓、具有很高的感受性、善于觉察他人不易觉察的事物、内向。

在对视觉障碍儿童的观察中，我们发现视觉障碍儿童的气质倾向以黏液质和抑郁质类型的居多，而多血质和胆汁质类型的人数较少，也就是视觉障碍儿童更多的还是表现出内向的特点。某盲校通过观察食堂开饭晚了之后学校盲生的气质表现，统计出其中胆汁质类型的占11%、多血质类型的占13%、黏液质类型的占48%、抑郁质类型的占28%。③

（二）视觉障碍儿童的能力

能力是一种很重要的人格特质。在西方心理学中，能力有两种含义，既可以解释为实际能力，又可以解释为潜在能力。实际能力指个体现已具备完成某事的既有水平；而潜在能力指个体可能做到的，也就是通过适当的训练和教育能够达到的预期水平。具体的能力则是

---

① 李丽耘.全盲儿童人格特征初探[J].心理科学，1999，6：557—558.
② 钱志亮.盲童的人格特点及其教育对策[J].心理发展与教育，1998，2：56.
③ 盲童个性[EB/OL].http://220.168.65.38/ky_ll4.asp，2008-3-02.

指个人能胜任某种工作或完成某项任务所必须具有的人格特征。① 这种人格特征可以由先天因素决定,例如通过遗传而获得的基本素质;也可以是经过训练和教育而获得的,例如解决某个专业问题的能力。能力的形成也受多方面因素的影响,先天素质、环境和教育的影响、实践的经验以及个人主观的努力,都对能力的形成和发展具有不同影响。

从质的角度来看,视觉障碍儿童的能力发展与普通儿童相比,存在着一定的差异,表现在视觉障碍儿童的听觉分辨能力、触觉能力要高于普通儿童,而应变能力特别是应变新环境的能力、定向行走能力以及操作能力要逊色于普通儿童;而从量的角度来看,国内外均有智商测查结果表明,视觉障碍儿童与普通儿童相比,在能力的发展上还存在着一定的差距。② 1950年,美国心理学家海耶斯(Hayes)提出"快速赶上期"理论,即10~17岁的视觉障碍者韦氏量表IQ值明显低于同龄明眼者;而到17~24岁时,两者间的差距则明显渐趋减小了,因此将这个年龄段称为"快速赶上期"。英国儿童心理学家洛温菲尔德(Lowenfield)分析认为,视觉障碍者的这一"快速赶上期"与他们其他感觉器官在经过一段长时间的自我调节与能动发展后感受性增强,以致代偿视功能感知外界的能力增强和个体不断同外界交往互动而导致社会学习机会增多呈高度相关。③

智力是一般能力的综合,而对智力的研究也属于人格的范畴。对智力研究来说最有应用价值的即是智力测验,对于视觉障碍儿童亦是如此。但是早期对于视觉障碍儿童的智力测验中,并没有一致的结论能说明视觉障碍儿童的智力低于普通儿童。苏联盲教育家斯科罗霍道娃的老师索柯良斯基说:"盲聋哑儿童在'脑的'方面,是完全正常的儿童,因此,能够无限地发展智力。但必须把这种'缺点'变成'优点',亦即利用盲聋哑儿童所具有的那些特点,把这些特点变成某些'优点'。"④

(三) 视觉障碍儿童的兴趣

兴趣是个体以特定的事物、活动以及人为对象,所产生的积极和带有倾向性、选择性的态度和情绪。每个人都会对他感兴趣的事物给予优先注意和积极探索。兴趣不仅表现在对事物表面上的关心,还表现在会在获得这方面的知识或参与该类活动后体验到情绪上的满足。另外,人的兴趣还具有倾向性、广阔性和持久性等品质。兴趣的倾向性是指个体对什么感兴趣,不同年龄、环境、性别的人的指向会不同。兴趣的广阔性主要指兴趣的范围,这也是因人而异的,有的人兴趣广泛,而有的人兴趣狭窄。兴趣的持久性主要指兴趣的稳定程度,稳定的兴趣能促使个体将兴趣发展成为自己的专长,并取得成就。

在兴趣的倾向性上,视觉障碍儿童的兴趣发展受个体心理过程的影响很大,常年以耳代目和以手代目,使其对听觉信息和触觉信息更感兴趣。⑤ 适宜的、能产生愉悦感的听觉、触觉、嗅觉等刺激,更能诱发视觉障碍儿童的兴趣。如昆虫、鸟类的鸣叫声,抒情动人的音乐,发音玩具的模拟声响,器皿的独特音色,摸上去光滑柔软的物品等,都能使一定年龄的视觉

---

① 黄希庭.人格心理学[M].杭州:浙江教育出版社,2002:453.
② 钱志亮.盲童的人格特点及其教育对策[J].心理发展与教育,1998,2:56.
③ 视障儿童的身心发展[EB/OL]. http://www.jlmr.org/article/articleshow.asp? articleid=26367,2008-7-26.
④ 教育部师范教育司.盲童心理学[M].北京:人民教育出版社,2000:63.
⑤ 盲童个性[EB/OL]. http://220.168.65.38/ky_ll4.asp,2008-3-02.

障碍儿童乐此不彼,兴趣盎然。①而在兴趣的广阔性上,视觉障碍儿童由于缺乏视觉这一主要的信息通道而显得不如普通儿童那样兴趣广阔。在兴趣的持久性方面,视觉障碍儿童要强于普通儿童。因此,视觉障碍学校应该通过提供课外读物以及丰富的课外活动等来扩大视觉障碍儿童的知识面,增加其兴趣的广阔性,以帮助他们实现丰富多彩的人生、塑造良好的人格品质。

(四) 视觉障碍儿童的性格

性格是个人对现实的稳定态度及其相应的行为方式。它是人格中后天形成的,是个人有关社会规范、伦理道德方面的各种习性的总称,是不易改变的、稳定的心理品质,具有社会意义。例如诚实、坚贞、奸险、乖戾等可作为善恶、好坏、是非等价值评价的心理品质。②

综合相关研究,可以发现视觉障碍儿童的性格特征体现在以下几个方面。

1. 对现实的态度。视觉障碍儿童在对现实的态度上表现为:首先包括对社会、集体、他人的态度,如社会责任感、正直、勇敢或自私自利、狡猾、虚伪等。视觉障碍儿童在这一点上容易表现出自私、漠不关心、缺乏同情心、冷酷无情、孤僻、不善于与人相处的性格倾向。其次是对劳动和劳动产品的态度,如勤劳、认真、节俭或懒惰、疏忽或浪费等。大多数视觉障碍儿童往往对待学习表现得非常认真、踏实,而对待体力劳动则表现得懒惰。最后在对待自己的态度上,如自信、自尊或自负、自卑等。视觉障碍儿童在对自己的态度上通常表现为异常的自尊、自负或自卑、缺乏自信心。③

2. 性格的意志特征。意志品质是性格的一个重要方面。自觉性、果断性、自制性、坚韧性、勇敢、沉着或盲目性、依赖性、软弱、冲动等都是意志的具体表现。视觉障碍儿童对行为进行自觉调节的方式和水平,成为其性格特征的另一个组成部分。视觉障碍儿童的意志特征主要表现为依赖性、不果断性和不够坚韧。④

3. 性格的情绪特征。性格的情绪特征指影响人的活动的情绪倾向性,主要表现在情绪反应的强弱、快慢、波动性、持续性和主导心境等方面。在视觉障碍儿童的情绪特征中,全盲儿童和有残余视力的儿童有明显的不同:全盲儿童的情绪稳定性和持久性比较强,如有的儿童喜欢钻牛角尖,自己认准的道理不会轻易放弃;而有残余视力的儿童性格的情绪特征表现得恰恰相反,其稳定性和持久性较差,情绪容易波动,忽喜忽悲。在主导心境方面,许多视觉障碍儿童悲观消极,忌讳别人触及他们的缺陷之处,如反对别人讲"盲人摸象"的故事;特别是晚期失明盲人更容易产生强烈的自卑情绪体验。⑤

第3节 视觉障碍儿童的社会性发展

儿童社会性发展有时也称做儿童社会化。它是每个儿童成为负责任的、有独立行为能力的社会成员的必经途径。儿童的社会性发展既离不开与社会群体、集体、个人的相互作用

---

① 教育部师范教育司.盲童心理学[M].北京:人民教育出版社,2000:101.
② 黄希庭.人格心理学[M].杭州:浙江教育出版社,2002:814.
③ 钱志亮.盲童的人格特点及其教育对策[J].心理发展与教育,1998,2:56.
④ 视障儿童的身心发展[EB/OL]. http://www.jlmr.org/article/articleshow.asp?articleid=26367,2008-7-26.
⑤ 盲童心理与教育[EB/OL]. http://eblog.cersp.com/UploadFiles/2008/6-16/616673139.doc,2008-6-16.

和相互影响,也离不开个体主动积极地掌握社会经验和社会关系系统的行动。心理学认为,个体的心理发展,其实质就是人的大脑逐步成熟、肌体逐步成长并运用学习能力在实践中认识现实、改造环境的过程。[①] 个体心理发展的主要过程就是儿童的社会性发展。视觉障碍儿童作为儿童群体中的一类,他们的成长同样有社会化的问题,即同样要经历一个社会化的过程。但是视觉障碍儿童在社会化的过程中又会遇到与普通儿童不同的问题,因而表现出不同的社会性发展特征。

一、视觉障碍儿童的社会性发展内容

在儿童社会性发展的过程中,他们不但形成了个体的独特个性,而且成为具有社会作用的主客体。儿童社会性发展需要掌握多方面的内容,如掌握参加社会生活所必须具备的道德品质、价值观念、行为规范,以及形成积极的生活态度、善于自我调节、掌握交往技能等。这些内容体现在儿童社会性发展的任何领域,不论是在家庭、学校还是在同伴群体中。视觉障碍儿童的社会性发展内容也不外乎这些内容——生活技能的习得,社会文化的融入,自我概念的完善和社会角色的建立。

1. 教导生活技能

生活技能是个体能够在社会中顺利生存的必要技能。生活技能并不仅仅是简单的生活自理的能力,还包括个体在社会中谋求生存的职业技能。对视觉障碍儿童而言,这两点都非常重要。出于对视觉障碍儿童的过分疼爱,有些家长采取事事包办的态度,不让视觉障碍儿童做任何事情,这种行为严重影响了视觉障碍儿童的生活技能的获得。在视觉障碍儿童的教育上,无论是家长还是教师,都应该鼓励和教育视觉障碍儿童进行良好的人际互动,以及在生活上自立自强、在学习上勤奋认真、在工作上勇于进取,成为社会发展进步的推动力。

2. 传递社会文化

社会文化的核心内容包括价值观念体系和社会规范体系。社会化的要求是积极引导人们努力学习与掌握社会价值观念体系,并通过家庭、学校、社会生活实践等逐步掌握社会规范。[②] 视觉障碍儿童要适应社会生活,进行正常的社会化发展,就必须掌握社会文化,即社会具有的共同的价值观念和社会规范。因此,家庭和学校在对视觉障碍儿童进行教育的过程中,要进行正确的人生观、价值观的教育,以及培养视觉障碍儿童具有良好的道德品质,使其成为合法公民。

3. 完善自我概念

自我概念是个体对自己的认识和评价。自我概念的完善,表现在两个方面:知识方面要求人们正确认识自己,按照社会价值观念和社会规范的标准肯定并发扬优点,否定并改正缺点;行为方面要求人们在正确认识自我与他人、自我与社会的相互关系的前提下,调节行为方式,以符合社会化的需要。[③] 随着儿童内心世界的发展,他们会越来越多地将自己作为思考的对象,客体会不断地扩展,逐渐建立起自我概念,即关于我是谁,我有什么样的性情、

[①] 蔡希美.残疾儿童个体社会化不容忽视[J].心理与健康,2000,1:45.
[②] 方建移,等.学校教育与儿童社会性发展[M].杭州:浙江教育出版社,2005:46.
[③] 同上书,47.

态度以及价值观的认识。① 调查显示,大多数视觉障碍儿童能够对自己有正确的认识,认为通过自己努力,还是能够做出成绩的。但也有部分视觉障碍儿童认为自己不如别人,表现为在家中不愿意见客人,怕自己做不好而不愿意参加游戏等,②对自我的认识和评价偏低。但是,随着年龄的增长和知识的不断丰富,视觉障碍儿童的自我意识和对自己的概念也在不断完善和发展。

4. 培养社会角色

社会角色是指一个人在特定的社会和团体中占有着适当的位置,并执行着该社会和团体规范了的行为模式。③ 个人社会化的最终目标,就是为了培养符合社会要求的社会成员,使其能够在社会生活中担当一定的社会角色。与普通儿童一样,视觉障碍儿童在不断社会化的过程中,体验不同社会角色该有的认知、行为方式和情绪体验。

二、视觉障碍儿童的社会适应

社会适应能力是指个体独立处理日常生活与承担社会责任达到他的年龄和社会文化条件所要求的程度,也就是适应自然环境和社会环境的有效性。④ 其包括的范围比较广泛,如生活自理能力、认知能力、交往能力、社会技能、社会情感、社会责任等。视觉障碍儿童在社会性发展的过程中能否形成积极稳定的社会适应能力,是他们能否有效融入社会,实现人生价值的关键。而目前有关视觉障碍儿童社会适应能力的研究结果并没有一个统一的表述,有的研究者发现视觉障碍学生与正常学生之间,其社会适应并没有显著的差异;而有的研究者发现视觉障碍儿童的视力残疾程度越重,其社会适应越差;还有研究者发现重度视觉障碍儿童的社会适应较好,轻度视觉障碍学生稍差,而中度视觉障碍学生最差。⑤ 而从视觉障碍儿童本身来讲,在视力受限的影响下,他们常常无法得知他人的肢体语言,包括一些表情的变化,也无法通过表情、手势或语气给予对方适当的回应,因而造成人际互动和同伴接纳上的困难。这种困难是视觉障碍儿童所特有的,因此,视觉障碍儿童的社会适应较之于普通儿童势必要更困难一些,而社会适应能力的发展也更不均衡。

(一) 视觉障碍儿童社会适应能力发展

视觉障碍儿童社会适应能力的发展存在着以下几个方面的薄弱环节。

1. 社会认知不足

社会认知是指人对社会性客体,如人(他人和自我)、人际关系、社会群体、社会角色、社会规范和社会生活事件及其之间的关系的认知,以及对这种认知与人的社会行为之间关系的理解和推断。⑥ 社会认知发展是儿童社会情感、社会行为发展的基础,也是儿童社会性发展的一个重要方面。儿童必须掌握一定的社会规则,如道德规则、习俗乃至游戏规则等,否则在其社会生活中将面临许多困难和阻力。但由于视觉障碍儿童缺乏充分的社会交往和社会活动,容

---

① 桑标.当代儿童发展心理学[M].上海:上海教育出版社,2003:391.
② 沈家英,等.视觉障碍儿童的心理与教育[M].北京:华夏出版社,1992:90.
③ 方建移,等.学校教育与儿童社会性发展[M].杭州:浙江教育出版社,2005:47.
④ 江琴娣.视觉障碍儿童适应行为特点的研究[J].心理科学,2003,2:260.
⑤ 杨奎之,等.视残儿童社会适应能力的发展与培养[J].中国特殊教育,2003,1:20.
⑥ 方建移,等.学校教育与儿童社会性发展[M].杭州:浙江教育出版社,2005:202.

易致使视觉障碍儿童对一些社会规则知之甚少,从而在适应社会的过程中出现一些问题,导致障碍的出现。社会认知还包括对自我的认知。视觉障碍儿童由于视觉缺陷,难以认识自己同外部环境、他人的关系,容易处处以自我为中心,不能对自己做出正确的认知和评价。特别是在失明早期,不能正视自己的残疾,会衍生出自卑甚至是自负的不良性格,很难与他人形成良好的互动。

2. 独立生活能力较差

独立生活能力是社会适应能力发展的关键一环,如果儿童不能很好地发展独立生活能力,即使各方面都很优秀,也难以顺利地为社会所接受。普通儿童是通过日常生活中有意无意地观察模仿而学得生活知识和技能的,而视觉障碍儿童失去了这样的先天优势,在生活上更多地依赖父母和家人。并且,由于家人的溺爱,更容易造就视觉障碍儿童饭来张口、衣来伸手的坏习惯,影响视觉障碍儿童独立生活能力的发展。有些视觉障碍儿童在长期的骄纵下,表现出胆小怕事、不敢独自外出,甚至出现行走姿势异常,诸如鸭步、侧行、手脚不协调等,表现出独立生活能力的严重低下。

3. 体态语言发展缓慢

人与人之间的互动有时候是借助有声的语言,有时候则是借助一种无声的体态语言,包括目光接触、身体姿势、脸部表情等。视觉障碍儿童却无法借助表情、动作来表达自己的情感,也无法根据他人的表情和动作来给予合适的回馈。[①] 据某盲校观察和测试发现,有56%的视觉障碍儿童不能正确、清楚地回答怎样用面部表情来表达内心的喜、怒、哀、乐。[②] 视觉障碍儿童无法合理使用体态语言,造成了他们在与普通儿童交往时的紧张情绪,也影响了他们社会交往的积极性和主动性。

4. 社会交往能力偏低

在视觉障碍儿童的社会交往过程中,我们可以发现以下特点:视觉障碍儿童多数时间生活在学校和家庭中,不愿单独外出与人交往;视觉障碍儿童交往的对象多只限于同学、家人和其他社会盲人;视觉障碍儿童与外界交往多采用电话和书信的来往;视觉障碍儿童与人交往多带目的性,且交往的内容、信息较为贫乏;视觉障碍儿童的交往手段主要是语言,而在使用语言进行交往时,表达能力和交谈的艺术性又较差;视觉障碍儿童参与社会性活动的热情不高等。[③] 由此可见,视觉障碍儿童的社会交往非常贫乏,从而缺乏有效锻炼社会适应能力的肥沃土壤,导致视觉障碍儿童社会适应能力水平不高。

5. 交往态度存在偏差

人际关系是个体之间在直接交往中表现出的心理关系,如彼此亲密、融洽或协调的程度如何等。发展良好的人际关系是个体适应社会或个体社会性发展的必要条件,而人际关系是通过人际交往或人际沟通实现的,只有在良好交往态度的引导下才有可能形成良好的人际关系。视觉障碍儿童由于个性的一些负面特征,往往在交往态度上存在偏差,表现在人际关系上就是显得孤僻,在交往的对象上只愿意与盲生交朋友而不愿与健全人交往,人际交往

[①] 杨奎之,等.视残儿童社会适应能力的发展与培养[J].中国特殊教育,2003,1:20.
[②] 教育部师范教育司.盲童心理学[M].北京:人民教育出版社,2000:109.
[③] 布文锋.论盲生社会交往障碍及其解决对策[J].中国特殊教育,2001,1:43.

表现出局限性。另外,视觉障碍儿童往往以自我为中心,在人际交往的过程中只懂得索取而不愿意付出,忽视别人的情感需要。并且,对于普通儿童,视觉障碍儿童常怀有芥蒂之心,认为他人并不是真心对待自己。这种负面的思想态度严重影响了视觉障碍儿童正常的人际交往,造成了其人际关系淡漠的局面。

(二)影响视觉障碍儿童社会适应能力发展的因素

影响视觉障碍儿童社会适应能力发展的因素是多方面的,既有视觉障碍儿童本身的主观因素,也有外界存在的一些客观因素,具体表现在以下几个方面。

1. 视觉障碍儿童自身因素的影响

首先是视觉缺陷。受视觉缺陷的影响,视觉障碍儿童在人际交往中往往处于被动,并且无法获得人际互动的信息,如面部表情、肢体语言等,进而影响了视觉障碍儿童正常的人际沟通,容易造成孤立,久之则影响个体的社会适应能力的发展。众所周知,在与人沟通的过程中,运用视觉来接收对方所要传达的信息是非常重要的;视觉障碍儿童由于视觉缺陷,无法正确掌握对方的意思,造成双方在互动时因对信息的不正确解读而使沟通结果有所差异,从而导致视觉障碍儿童在社会交往中遇到挫折、丧失信心,逐渐表现出社会适应方面的困难。例如,视觉障碍儿童与人交谈时,如未能将脸部朝向对话者,可能会被认为不礼貌或不够尊重对方而无法被对方接受,影响了正常的同伴交往。这些都是视觉障碍儿童在进行正常的人际互动时,因视觉缺陷而导致的问题或障碍。

其次为视觉障碍儿童的人格特质。积极的人格特质在社会适应上往往表现良好,而消极的人格特质则难以形成良好的人际关系和自我接纳。由于较低的自我概念和家长的过度保护或忽视,视觉障碍儿童表现出独立性不够、依赖性强、以自我为中心等一系列负面的人格特质,这些特质对于其人际关系和社会交往均会产生负面的影响。

再次就是视觉障碍儿童的不良习惯。视觉障碍儿童因为缺乏视觉刺激,往往会在其身体所能到达的范围来寻求刺激,因而会表现出某些特定的动作和行为习惯,一般称为盲人动作或盲人特殊动作,也就是我们常说的盲态或盲相。例如,经常性地按揉眼睛或眼球、玩弄手指、点头摇头、摆手、耸肩、表情呆板或虚笑等。这些不当的举止会给同伴特别是普通儿童留下不良印象,从而影响同伴的接纳和正常的人际互动关系。另外,有些视觉障碍儿童因为不良的卫生习惯,常常衣着不整,以及缺乏必要的餐桌礼仪等,这些不良习惯在无形中也影响了视觉障碍儿童与其他儿童或成人的人际互动,造成了视觉障碍儿童在适应社会上的困难。

2. 家庭因素

家庭是视觉障碍儿童接触的第一个微观社会关系,也是塑造视觉障碍儿童个性、形成品质、养成习惯、发展能力的重要场所。[①] 因此家庭教养方式、亲子关系、父母态度是影响视觉障碍儿童社会适应能力形成和发展的重要因素。[②] 有调查表明,视觉障碍儿童父母在教育方式上"过分干涉与保护"和"惩罚严厉"两个维度要高于正常儿童的父母。[③] 视觉障碍儿童家

[①] 布文锋.论盲生社会交往障碍及其解决对策[J].中国特殊教育,2001,1:44.
[②] 杨奎之,等.视残儿童社会适应能力的发展与培养[J].中国特殊教育,2003,1:22.
[③] 李娟,等.父母教育方式、社会支持对盲童孤独感的影响[J].心理科学,2002,4:404.

长出于担心其子女受人欺负的考虑而不敢让他们像普通儿童那样到处活动,将视觉障碍儿童更多地局限在家里,不让其与同龄人或其他人有过多交往,也让视觉障碍儿童失去在交往过程中锻炼社会适应能力的机会。另外,部分家长在养育视觉障碍儿童的过程中,由于心疼视觉障碍儿童而对其溺爱和纵容,造成了他们不断膨胀的自我优越感、极度的以自我为中心等不良的个性特征,导致了视觉障碍儿童在社会交往中处于劣势的地位,难以形成正向的人际关系。

3. 学校因素

在儿童的社会化过程中,学校教育是影响儿童社会性发展的关键因素。学校通过教材、教师、教育方式、学生社团活动以及同伴关系等,对学生产生影响,促进其社会适应能力的不断发展。现在的很多视觉障碍学校几乎都实行封闭或半封闭的管理,虽然能够为视觉障碍儿童创设较好的学习、生活和与视觉障碍同学交往的环境,但是在一定程度上将其与外界世界隔离,使其丧失了与普通人群交往的机会。并且,视觉障碍学校出于安全和经费上的考虑,很少让视觉障碍儿童走出校园、接触社会,更使得视觉障碍儿童的生活空间仅限于学校范围,只能够与视觉障碍人群交流沟通,而无法获得与普通人群交往的经验。例如,有视觉障碍儿童在视觉障碍学校表现很好,但是面对社会时仍很自卑,不敢独自外出购物,总有"我不敢想象一个盲人在健全人的眼里是个什么模样"的想法。[①] 从这里可以看出,视觉障碍儿童由于学校的保护而缺少与普通人群交流的机会,进而在适应社会上表现出退缩以及困惑不安的心态。

4. 社会因素

视觉障碍者周围的环境对他们的态度不但影响他们自身的生活适应能力,也决定了他们本身对自己的态度。视觉障碍儿童由于与普通儿童存在着明显的差异,因此他们在与普通儿童或普通人群的交往过程中容易遭到拒绝,而这种由于拒绝引发的适应困难,更加大了视觉障碍儿童的社会适应难度。因此,社会方面的不利因素也影响视觉障碍儿童社会适应能力的发展。虽然较之于以往,人们的观念有了很大的改变,逐渐能够平等对待残障人士,但是也不乏一些人在遇到残障人士的时候会嘲笑、排斥甚至挖苦他们,给残障人士的心灵造成极大的创伤,使他们关闭与普通人群交往的大门,拒绝与普通人群交流。另外,在无障碍设施建设上,虽然各地区都在采取措施方便残障人士出行,但是由于缺乏规范管理和执法力度,造成"无障碍上有障碍"的现象难以得到根除。这不仅影响了残障人士的出行安全,也打击了残障人士融入社会的信心,从而降低了他们主动与普通人群交流的可能性,社会适应能力也难以得到发展。

(三)加强视觉障碍儿童社会适应能力的培养

社会适应能力的发展虽然受以上诸多因素的影响,但是这些因素中除视觉上的缺陷不易改变外,大部分的因素是可以由外在的改变来逐渐消除负面影响的。要提高视觉障碍儿童社会适应能力,可以从以下几个方面着手。

1. 重视视觉障碍儿童的早期教育

研究表明,虽然早期教育不能消除儿童的残疾,但却可以使他们的残疾状况得到改善,

---

① 教育部师范教育司.盲童心理学[M].北京:人民教育出版社,2000:109.

残疾程度得到减轻,使他们的潜能得到发展,帮助他们更好地适应社会。[①] 婴幼儿时期是对残疾儿童进行缺陷补偿的有利时机。系统科学的早期教育,可以使视觉障碍儿童缺陷得到很好的补偿,更能够促进其认知能力、语言能力以及社会适应能力的健康发展。视觉障碍儿童的早期教育分为两个阶段:0—3岁的教育为以家庭为中心的干预模式,而3—6岁的教育是以特殊幼儿园或特殊班为主的学校教育。在前一个阶段,通过早期教育,家长能够获得正确的教育视觉障碍幼儿的信息,这不仅能够帮助家长形成正确的对待视觉障碍儿童的态度,还可以有针对性地对儿童进行认知、语言以及社会交往等各个方面的训练,有利于其社会性的良好发展。在第二个阶段,早期接受教育可以使视觉障碍儿童避免或长于单一的生活环境,幼儿园里与视觉障碍小朋友或普通幼儿的接触,更利于其形成正确的人际交往观念和人际交往技巧。

2. 开设社交技巧课程、提高儿童社会交往能力

视觉障碍儿童在社会适应上的问题大多是由缺乏社交技巧而引起的,如不顾场合大声说话或无故打断别人发言等,这些都是可以通过适当的社交技巧教学而得以改善的。西方国家在将视觉障碍儿童融入普通班级后发现了视觉障碍儿童的社会能力发展存在问题,于是开始在盲校开设社会能力发展的课程,取得了理想的效果。例如帕金斯盲校、德克萨斯盲校等美国知名盲校和澳大利亚、西欧、南非等地区的盲校都将社会能力发展列为学校的重点特殊课程进行教学,以补偿视觉障碍儿童的缺陷。[②] 与此同时,我国的盲校也开始探讨设置社会能力发展课程的必要性,将社会能力发展课程分为八个主题课程,内容包括:自我认识、常规礼俗、人际关系、语言交往、视觉语言、服装打扮、权利与义务、自我保护。除此以外,课程中还包括与异性正当的接触与相处、参与外界生活、行路乘车、邮信购物、文化娱乐、价值取向、时事体育、理想人生观、沉着冷静、忍耐寂寞与嘲笑、正视人生等内容。[③] 教师在教授这些内容的过程中,采取集中和分散两种方法的有效结合,不仅通过社会课和生活课进行集中的强化训练,也将这些内容融入其他课程的教学或课余的生活之中进行有意识的提醒和培训,从而帮助视觉障碍儿童切实掌握社会交往的技巧,发展良好的社会能力。

3. 创设条件、扩大儿童社交范围

视觉障碍儿童在掌握了社交技巧之后,最重要的是要将其实践化,社会适应能力才能得到实质性的提高。因此需要家长、学校以及社会创设良好的条件,帮助视觉障碍儿童扩大社会交往的范围,在具体的实践活动中提高社会适应的能力。对于家长来说,应该多带领视觉障碍儿童走出家门,鼓励儿童多与社区里的同龄人乃至成人进行互动,参与社区里的活动,帮助他们认识周围的街道、超市、菜场等,以消除视觉障碍儿童外出时的恐惧感,使他们愿意融入社会,主动结交朋友。学校应在传授知识的同时,尽量安排一些有益的社会活动,使视觉障碍儿童走出课堂,走出学校,丰富视觉障碍儿童社会交往的"面"和"量"。学校还可以通过与普通学校联谊的形式,加强视觉障碍儿童与普通儿童之间的交流,这有利于双方的正确认识,扩大视觉障碍儿童的社交范围。在社会层面,首先是规范无障碍设施建设,切实方便

[①] 彭霞光.早期教育:视障儿童人生发展的重要起点[J].现代特殊教育,2006,1:5.
[②] 钱志亮,等.谈盲校增设社会能力发展之课程[EB/OL].http://www.edu.cn/20010926/3003082.shtml,2001-09-26.
[③] 同上注.

残障人士的出行,使其在社会生活中减少挫折与困难,以良好的心态融入社会;另一方面就是创设平等和谐的氛围,关心爱护残障人士特别是残疾儿童。例如保障残疾人就业、关心残疾人生活质量,这些举措都能够调动残疾儿童学习和生活的积极性,形成他们努力奋斗的精神支柱,也是他们主动与人交往、主动融入社会的有效动力。

本章小结

情绪是心理生活中的一个重要方面,是个体对客观事物的一种反映。视觉障碍儿童的情绪总体特征倾向于消极型,缺乏积极、热情乐观的情绪,并且在不同的年龄阶段表现出不同的情绪发展特点。意志是个体通过克服困难以实现一定目的的心理过程。视觉障碍儿童的意志特征表现为在独立性、果断性、坚定性以及自制力方面发展上的不足。视觉障碍儿童的气质类型偏向于黏液质和抑郁质,更多地表现为内向的人格特征。视觉障碍儿童在听觉分辨能力和触觉能力的发展上要优于普通儿童,但是在生活适应能力、操作以及运动能力上不及普通儿童,但是这种差距会随年龄和知识经验的增长而逐渐减小。视觉障碍儿童对听觉和触觉信息更感兴趣。与普通儿童相比,视觉障碍儿童的兴趣维持更稳定但是兴趣范围比较狭窄。

视觉障碍儿童由于视力缺陷导致活动受限,对其人格特征带来一定影响。视觉障碍儿童在社会适应能力方面也存在诸多问题,表现为:社会认知不足、独立生活能力较差、体态语言发展缓慢、社会交往能力偏低以及交往态度存在偏差。通过适当的有针对性的教育和训练,视觉障碍儿童的社会适应能力能够得到提高。

思考与练习

1. 分析视觉障碍儿童的情绪特点,以及如何培养视觉障碍儿童的情绪能力。
2. 分析视觉障碍儿童的意志特点,以及如何提高视觉障碍儿童的意志品质。
3. 视觉障碍儿童的人格发展与普通儿童有何异同?
4. 如何对视觉障碍儿童进行社会适应能力的训练?

第6章 视觉障碍儿童教育概述

学习目标

1. 了解视觉障碍儿童教育的目的以及具体培养目标。
2. 熟悉视觉障碍儿童的教育原则及其对视觉障碍儿童发展的重要意义。
3. 了解视觉障碍儿童教育安置的影响因素,掌握其具体的教育安置模式。
4. 熟悉视觉障碍儿童的学校教育体系,并能分析各个教育阶段存在的问题以及改进办法,能积极思考专业教育、尤其是高等教育的未来发展趋势。

前两章主要探讨了视觉障碍儿童的认知发展、情绪与情感发展、个性与社会性发展等问题,最终目的是要帮助我们在了解和认识视觉障碍儿童的各种发展情况的基础上,更好地对视觉障碍儿童的教育制定教育目标、选择教育安置模式,以及在不同的教育阶段灵活、多样地实施各种教育活动,以促进视觉障碍儿童的健康成长,使其成为合格的社会公民。

第1节 视觉障碍儿童培养目标

不同的教育形式、教育对象、教育阶段,其培养目标都不尽相同。视觉障碍儿童的培养目标也是如此,教育对象的认知发展水平、视觉障碍的严重程度以及不同的教育阶段等不同,目标的制定和实施也有所差异。如何制定视觉障碍儿童的培养目标?在制定培养目标之前,我们首先应该明确视觉障碍儿童的教育目的,在教育目的的指导之下,围绕其教育方针、政策,结合现阶段视觉障碍儿童的实际情况和具体特点,制定详细、具体的教育目标。

一、视觉障碍儿童教育目的

视觉障碍儿童的身心发展基本规律与正常儿童具有一致性,在接受良好的教育之后,他们与正常儿童一样,能够成为我国社会主义事业发展的建设者和接班人。[①] 因此,视觉障碍儿童的教育目的与普通儿童一样,都是为了造就有理想、有道德、有文化、有纪律的德、智、体、美、劳等全面发展的社会主义事业建设者和接班人。该教育目的已通过一系列的政策、法规的形式予以确定,例如我国1987年制定的《全日制盲校小学教学计划》(初稿)、1993年制定的《全日制盲校课程计划》,以及2007年制定的《盲校义务教育课程设置实验方案》等。但由于视觉障碍儿童的视觉缺陷导致其在教育方式、方法、途径、内容等方面又与普通儿童存在差别,教育目的因而具有补偿缺陷、发展潜能的特殊性。教育人类学认为,人是一种可

---

① 朴永馨.特殊教育学[M].福建:福建教育出版社,1995:182.

以教育并必须教育的生物。[①]"必须教育"是基于人生来就是一种"有缺陷的生物",而视觉障碍虽然不一定属于天生的范畴之内,但它同样也归属于人的一种"缺陷"。但仅有缺陷的存在,是不足以说明教育的功能性作用的,它还要基于人是一种"可以接受教育的生物"。其与康德的"人是唯一必须接受教育的造物"的论断具有同一论点。除此,教育人类学家兰格维尔特也提出:"人是教育的、受教育的和需要教育的生物,这一点本身就是人的形象的最基本标志之一。"而视觉障碍儿童的智力、身心、接受教育的意愿以及接受教育的能力等都处于可以教育的范畴之内,因此,在制定视觉障碍儿童的教育目的时,应该结合补偿缺陷、发展潜能的宗旨来制定具体的培养目标。

二、视觉障碍儿童具体培养目标

(一) 培养良好的思想道德品质

视觉障碍儿童由于其器官的缺陷和损伤而存在不同程度上的功能性障碍,在学习、生活、工作中遭遇到了普通儿童以及其他障碍类型的儿童所不会遭遇到的困难、困惑。如何解决这些困难、困惑?除了培养解决困难、困惑的各种具体技巧、方法之外,更重要的是培养视觉障碍儿童坚强的品格、顽强的意志、克服困难的精神、抗压心理能力和积极乐观的态度,而这些又都要归结于思想道德品质的培养。

1. 人生理想的教育

理想是与奋斗目标相联系的有实现可能的信念。人生理想是人们在规划自己的生命活动中,建立在现实基础上的、符合客观规律的、经过奋斗能够实现的关于人生奋斗目标的想象。按照其内容可以分为社会理想、道德理想、职业理想和生活理想。[②] 视觉障碍儿童的教育,应该遵循其现有的认知发展水平等进行阶段性人生理想的教育。其中,首先应该确立社会理想,它是人生理想中的最高层次、起支配作用的理想。视觉障碍儿童相较于普通儿童而言,会遇到更多的困难和挫折,这些困难和挫折将表现于社会、生活以及自身成长的各个方面。要想正确对待困难和挫折,仅凭他人的帮助是远远不够的。在困难和挫折面前,最重要的是需要树立自身的社会理想。这种社会理想在不同的受教育阶段,其实质内涵是不完全相同的。总的来说,社会理想强调人的奋斗和努力,且这种奋斗和努力能够达到预期的社会目的。对于视觉障碍儿童来说,最基本的社会理想应该是自立、自强,服务于他人、贡献于社会。只有如此,才能真正实现内心的强大和自身的生长。其次,应该确立道德理想。人没有道德理想,就会对自身的基本行为、言论等缺乏自律。这种自律的缺失,是由于对社会价值和自身价值标准的不完全认知所导致的。从人与社会的角度讲,视觉障碍儿童的道德理想包含三个方面:第一,正确认知自身的特点,在自我认知的基础上,能够清晰判断自己的意愿和行为以及行为后果,这是道德理想实现的前提。第二,正确认知社会价值判断标准,这为自身的行为提供合理的前提性。第三,正确认知自己与社会的关系问题。虽然边沁的功利主义强调每个人都应该追求自己所认为的幸福,[③]但道德更加强调自己的幸福应该处于合

---

① O.F.博尔诺夫.教育人类学[M].李其龙,等译.上海:华东师范大学出版社,1999:35.
② 教育部社会科学研究与思想政治工作司.思想政治教育学原理[M].北京:高等教育出版社,1999:196
③ [英]罗素.西方哲学史(下)[M].马元德,译.北京:商务印书馆,1976:329.

理的范围之内,这种边界的界定有利于实现自己更大限度和范围的幸福以及社会其他公民的幸福。职业理想和生活理想,是视觉障碍儿童终身所应具备的人生理想。对它们的追求和实现,有利于视觉障碍儿童更好地实现自己的价值,追求自己的幸福。

2. 人生价值的教育

人生价值是指人的生命活动对社会的延续和发展所具有的意义和作用。它包括两个方面:一方面是个人对社会的责任和贡献;另一方面是社会对个人的尊重和满足。如何追求和实现人生价值,是人生观的重要问题。人生价值关系中的两重性表现为贡献和索取的有机统一,是个人对社会的贡献与创造和社会对个人的尊重和满足的有机统一。认识人生的价值,价值主体要超越对他人和社会的索取,追求对他人和社会的贡献。人生价值首先在于劳动和创造,一个人为他人、为社会创造的价值越多,他的人生价值就越高。这种价值创造的多寡不能简单地以个体实现价值的总量来予以评估,而是应该考虑人的差异性和特定性,综合人所创造价值的最大可能性来予以评估。对于视觉障碍儿童而言,我们在评估其创造价值的多寡时,就不能简单地以个体对个体、残疾对正常的模式进行比较,而是应该根据其残疾的严重程度、受教育的难易程度、与社会的接触和了解程度等来综合评价价值创造的大小、多寡。正确进行人生价值的教育,对于视觉障碍儿童而言,实质是引导和帮助他们正确地认识和处理个人与社会、贡献与索取的关系问题。

3. 人生态度的教育

人生态度是人生观的重要组成部分。它主要是指人们在一定环境的影响和作用下,经过自我生活的体验,所形成的关于人生问题的较稳定的心理倾向及其表现。① 对于视觉障碍儿童而言,人生态度的教育主要是进行乐观主义教育、艰苦奋斗教育、挫折和生存教育等。这些教育可以引导和帮助他们以积极进取的人生态度去对待人生道路上的苦与乐、荣与辱、生存与发展等问题。可以说,什么样的人生态度决定了什么样的人生,因此,人生态度的教育尤为重要,它是人的生存与发展的精神支撑和灵魂支柱。

4. 人生道路的教育

人生道路是人们所处的一定历史条件和社会关系的产物,是社会的物质生活条件的深刻反映。不同时期,对人生道路的价值引导也是不尽相同的。在信息时代的社会大背景下,人们所从事的职业类别愈来愈多,所实现的社会价值也愈来愈大,因此,视觉障碍儿童完全有可能走出一条改变其经济基础、社会地位的人生道路。教育工作者在教授文化知识和手工技能的同时,更应该启发和引导视觉障碍儿童选择正确的人生道路。良好的人生道路的选择,对视觉障碍儿童而言,可以使他们获得社会的尊重、赢得人格尊严,从而实现自我价值和幸福。

(二)促进学业进步,发展潜能

基本的文化知识教育,是所有的儿童都必须接受的义务教育。视觉障碍儿童,由于其视觉障碍存在的客观性,更加需要加强基础文化知识的教育,这对于他们以后的成长和生存过程将起到很大的作用。以学习普通话为例,如果视觉障碍儿童没有正确地学习普通话,将对求职、交流、寻求帮助等造成诸多不便。可以说,基本的文化知识,是视觉障碍儿童在这个由

---

① 教育部社会科学研究与思想政治工作司.思想政治教育学原理[M].北京:高等教育出版社,1999:197.

文化构建成的社会中生存的必要手段；缺乏基本的文化知识，也就意味着与现实社会的脱离，所谓的实现个人价值和社会价值的目标只能是空想——因为它丧失了实现的前提性基础。

在培养视觉障碍儿童的基本文化知识的过程中，要针对不同年龄阶段、不同文化水平以及视觉障碍儿童的不同视觉损伤程度实施差异性的教育。这种差异性表现在：教育目标的差异性、教育方法的差异性、教育内容的差异性、教育评估的差异性等。实现差异性，是为了更好地实现总的教育目标，完成合格的教育质量要求。

我们在视觉障碍儿童学习基本文化知识、促进学业进步的同时，应该利用各种可能性因素，调动他们学习的积极性，以发展潜能。

什么是潜能？马克思在《资本论》第一卷中把人类"自身的自然中沉睡着的潜力"概括为人的潜能，这种潜能就是人的体能与智能的总和。通俗地说，即蕴含在内，通过一定形式的诱导、激发又可以表现于外的人的基本素质。亚里士多德认为，潜能（potentiality）是先在的"形式"（form），是"成物"的先在本质，具有"成物"的可能性。到了"成为物"的时候，即是潜能的"实现"（actuality）。[①] 对于视觉障碍儿童而言，提高身体素质是首要任务。无论是智力的发展还是劳动技能的进步，都与身体素质的高低有紧密的联系。没有良好的身体素质，即使提高了智力发展水平，也不能将之充分、完全地予以实践。对于大部分视觉障碍儿童而言，其现有的身体素质并非是最良好的身体素质，他们可以通过各种途径来提高现有的身体素质，而教育工作者的任务则是提供各种可能性，帮助视觉障碍儿童利用各种途径来提高自身的身体素质。另外，智力水平的发展是潜能开发的重中之重。虽然有各种量表进行智力水平的测验，但这些并非智力水平发展的最科学的衡量标准。人的智力潜能究竟包含哪些？现有的科学发展并未也不可能将其穷尽。因此，我们在发展视觉障碍儿童的智力潜能时，应尽可能地提供各种激发、诱导潜能变为显能的方法、途径，在经验和探索之下，帮助视觉障碍儿童尽可能地发展潜能。其中，以学生为中心的教育思想十分有利于潜能发展。

（三）弥补不足，补偿缺陷

视觉障碍儿童的视觉功能障碍，在某种程度上限制了学习的进步、潜能的开发、信息交流的范围等，如何使得视觉障碍儿童与正常儿童一样自如地学习、生活？从功能角度出发，我们应该创造各种可能性，弥补视觉障碍儿童的不足，补偿缺陷。它主要是针对视觉障碍儿童本身所具有的内在的潜能而言。倘若没有内在的可以代偿的可能性，则补偿缺陷就没有实现的现实基础。另外，在弥补不足、补偿缺陷的同时，我们应该创造外在的良好环境。这种环境包括社会环境、医疗技术发展水平、良好的教育环境等，只有如此，才能让视觉障碍儿童获得生理和心理方面的双重补偿。

（四）培养生活自理能力，发展职业技能

视觉障碍儿童的生活自理能力，不是天生就有的，而是需要依靠后天不断训练和培养才能最终形成。这种培养包括辨音训练、辨物训练、定向行走训练以及日常生活自理能力的训练等。

在辨音训练中，应教会儿童听和理解周围所听到的各种声音，并将之形象化和具体化。

[①] 贾馥茗.教育的本质——什么是真正的教育[M].北京：世界图书出版公司,2006：77.

例如,可以让儿童辨别小猫的声音,再用触摸法来将小猫具体化、形象化,从而使其更加深入和细致地认识小猫。

在辨物训练中,主要是通过触摸、嗅觉,并结合听觉等途径来了解物体的形状、性质、大小、用途等。例如,让视觉障碍儿童触摸毛巾和丝绸,从二者的柔软程度、粗糙和细致程度,以及各自的手感温度等情况来对其加以分辨。

除此,还要对视觉障碍儿童进行定向行走能力的培养和训练。视觉障碍儿童的外在的、客观的视觉障碍状况,决定了定向行走能力在视觉障碍儿童的生活、学习、工作中将占有重要地位。没有定向行走能力的视觉障碍儿童,活动范围将会受到极大限制,不能与同龄小伙伴一起活动、同享欢乐。被禁锢在斗室之内、长期缺乏运动,也会使得儿童的身体发育不良。单调乏味的生活容易造成儿童退缩、孤僻、沉于幻想等不良心理倾向,并影响视觉障碍儿童的认知能力等。[①] 因此,为了使视觉障碍儿童更好地发展自我、适应社会,必须对他们进行定向行走能力的培养。在定向行走能力的培养过程中,还要重视提高视觉障碍儿童的身体素质。另外,我们还需要培养视觉障碍儿童其他方面的自理能力,例如穿衣叠被、分辨方向等。

只有具备了一定的生活自理能力,才能够培养和发展职业技能。《盲校义务教育课程设置实验方案》中,不仅设置了语文、数学等文化知识课程,还设置了技术、综合实践活动等课程。对于高年级学生,学校教育实行分流教学,对于不准备升学的学生,侧重于社会生活和劳动技术教育,将为他们日后进入社会做好准备。而对于要进入更高层次的学校接受教育的学生,与普通学生相比,更加侧重于职业技能教育;所学习的文化知识,更有利于他们对技能知识和技能技巧的掌握。从而实现在职业技能的学习和掌握之中增加视觉障碍儿童的生活能力的目标。

(五) 提供平等参与教育活动的机会,促进全面发展

对视觉障碍儿童而言,如何促进他们全面发展?除了制定具体的规章制度和精细的方式方法,更需要为他们创造平等参与各种教育活动的机会,从过程的平等角度出发,诠释一个具有可行性、实效性的平等含义。这种平等,不是指参与活动多寡的数量上的均等,而是根据视觉障碍儿童内在的需求,为他们提供需求范围之内的活动机会。通过参加活动,使得他们的需求得以满足和实现,其最终目的是促进他们某个方面的积极进步和良好发展。如有的视觉障碍儿童喜欢音乐,有的则喜欢心算术,那么就可以根据他们的爱好提供不同的活动,例如音乐会、心算术比赛等,来满足他们各自不同的需求。是否提供这些活动以及提供得是否充分,是判断参与活动是否平等的一个重要指数。

(六) 满足特殊教育需要,培养个性公民

1994年,联合国教科文组织在西班牙萨拉曼卡组织召开了世界特殊教育会议,与会各国达成的《萨拉曼卡宣言——关于特殊需要教育的原则、方针和实践》以及《特殊教育行动纲领》,确立了一系列特殊儿童特殊教育需要的基本理念、原则和指导方针。例如:每个儿童都有受教育的基本权利,必须获得可达到的并保证可接受的学习水平之机会;每个儿童又都有其独特的特性、兴趣、能力和学习需要,学校应以一种能满足其特殊需要的儿童中心教育

---

① 钟经华.视力残疾儿童的心理与教育[M].天津:天津教育出版社,2007:179.

学的思想接纳他们等。① 对视觉障碍儿童,专业化学习的组织机构——学校,应满足其特殊教育需要。每个视觉障碍儿童都有不同的教育需要——有的儿童希望得到更多的音乐技能训练,有的儿童希望得到更多的体育技能训练。正是这种需要的不同和差异性,使得教师以及学校应尽可能地为他们提供特殊教育需要,培养个性公民。

第2节 视觉障碍儿童的教育原则

一、早期教育原则

早期教育原则,即应该尽早地抓住时机,对特殊儿童进行早期诊断、早期教育和早期干预与训练。② 视觉障碍儿童的早期教育,应从婴幼儿时期就进行,并适用于义务教育以及职业教育等各个阶段,同时,该原则也适用于其他类型的障碍儿童。贯彻早期教育原则,首先要做到早期诊断,是属于先天性盲还是后天性盲,是属于盲还是低视力,以及处于哪个级别的盲或低视力等。这些诊断有助于教育干预、康复方法的制定和教育教学目标的调整,以及不同程度和范围的功能性训练,实现视觉障碍儿童的缺陷补偿和潜能开发。

二、直观性教育原则

视觉障碍直接影响儿童对事物的认知、理解程度,仅仅通过语言的描述和指导是无法使其形象、具体地认知事物的,因此,我们需要对之进行直观性教育。

针对不同类别的儿童,直观性教育的含义也有所不同。对于普通儿童,直观方式主要是以视觉为主、听觉为辅,或者听视觉结合的多媒体直观教学;对于视觉障碍儿童,则需要大力发挥听触觉的作用来进行直观教学。又由于视觉障碍的程度千差万别,这就决定了直观教学方式的多元化。在直观教学过程中,除了选择的教具要具有直观性,例如为视觉障碍儿童专门录制的有声读物等,教学方式、方法也应该具有直观性。教师在讲授过程中,应尽量使用最简洁、最通俗的语言来进行课堂教学,避免使用晦涩、难懂的语言,应力求把抽象、概括的知识通过通俗易懂的语言使之具体化、形象化。总之,直观性原则应该多方位地贯彻于视觉障碍儿童的学习、生活当中。

三、感知觉缺陷补偿与潜能开发原则

缺陷补偿是指通过各种途径在不同程度和范围内调动机体潜能弥补、代偿损伤组织和器官的功能。它建立在机体自身的代偿基本条件之上,功能训练、心理治疗以及现代科学技术、康复器材的应用是重要的因素。③ 在缺陷补偿中,人的各种感知觉的感受性水平可以通过训练而提高。④ 在朴永馨的"补偿三因素论"中,补偿的每一个因素都不是孤立存在的,它

---

① 赵中建.教育的使命——面向二十一世纪的教育宣言和行动纲领1945—46/1995—96[M].北京:教育科学出版社,1996:130—153.
② 方俊明.特殊教育学[M].北京:人民教育出版社,2005:19—20.
③ 朴永馨.特殊教育辞典[M].北京:华夏出版社,2006:8.
④ 蒋云尔.特殊教育管理学[M].南京:南京大学出版社,2007:60—61.

们相互发生关系和作用,同时,补偿不是静止的瞬间状态,而是一种动态的变化和发展过程。视觉障碍儿童为了适应周围环境和自己受损的视觉器官,要用未被损害的听觉、触觉、嗅觉、味觉、运动觉以及平衡觉等感知觉部分或全部代替、弥补已损伤的视觉器官的功能,使视觉障碍得到最大补偿。[①]

缺陷补偿的实现,除了受制于儿童机体的影响,还受制于外在环境、科学技术的发展水平、教育的有效性等因素的影响。在随班就读中,整个班级形成关心、爱护、尊重、帮助视觉障碍儿童的良好氛围,国家为视觉障碍儿童创造适宜的生活、学习、医疗、康复的条件等,都有助于视觉障碍儿童正常学习、生活,对于视觉障碍引发的各种困难也会起到一定的克服作用,从某种程度上讲,是起到了缺陷补偿的作用。现代科学技术的进步和发展,也有利于视觉障碍儿童的缺陷补偿。例如白内障复明手术,就是直接使视觉障碍儿童恢复视力。另外,良好的教育是缺陷补偿的有效手段。视觉障碍儿童通过接受教育,掌握知识技能,培养健康的情感品德,才能够将缺陷补偿的可能性转化为现实。[②]

新的特殊教育课程改革提出"在缺陷补偿的同时,加强潜能开发"的新理念,对视觉障碍儿童的教育进行了重新定位。缺陷补偿固然重要,但特殊教育所发展的重点应是加强潜能开发。潜能开发,即教师需要寻找儿童的兴趣、爱好、特长,并积极地引导、教育,使得儿童具备一技之长。比如视觉障碍儿童有的喜欢音乐,有的喜欢心算,这就为视觉障碍儿童的潜能开发提供了可能性,教师也应该抓住儿童的这些兴趣点,有意识地进行教育和培养。

四、实践性原则

视觉障碍儿童需要学习大量的生活技能,并应该将课堂所学知识运用于实践之中。1987年颁布的《全日制盲校小学教学计划》中开设了《认识初步》、《生活指导》两门盲校的特色课程,将视觉障碍儿童的生活技能教学纳入国家正式课程当中。生活技能学习主要侧重于基本的生活常识和卫生常识,培养衣、食、住等方面的生活自理能力。根据调查研究,越是基础好、教学质量高的学校,越重视生活技能课程的教学,而越是基础薄弱、教学质量低的学校,越认为这门课没有学问。[③] 2007年颁布的《盲校义务教育课程设置实验方案》中,信息技术应用、综合实践活动等课程占据所有课程的15.1%,仅次于语文和数学课程所占的百分比。由此,可以看出,实践性原则是视觉障碍儿童教育的一个十分重要的原则。实践性原则,不仅针对视觉障碍儿童发生作用,同时,它也要求教师提供尽可能多的实践机会,利用各种场合和机会自如地进行教学工作。

五、个别化教育原则

个别化教育原则,是根据儿童身心发展的具体情况,制订个别化的教育与训练方案,进行有针对性的教育,以满足视觉障碍儿童的特殊需要。个别化教育原则主要包含两层涵义:一是在评估、鉴定的基础上,确定视觉障碍儿童的教育训练目标和方法;二是充分地考虑到

---

① 彭霞光.视力残疾儿童的教育理论与实践[M].北京:华夏出版社,1997:90.
② 蒋云尔.特殊教育管理学[M].南京:南京大学出版社,2007:61.
③ 钟经华.视力残疾儿童的心理与教育[M].天津:天津教育出版社,2007:179.

儿童之间的各种差异性,根据他们不同的视力水平、接受能力、知识水平、心理发展水平等各项因素来因材施教。要注意的是,在制订具体计划过程当中,不能以视觉正常的儿童作为参照性坐标来要求和衡量视觉障碍儿童的教育。①

六、系统化教育原则

对视觉障碍儿童的教育而言,贯彻系统化教育原则,首先,要树立大教育的观念,即从全方位和长远性的视角出发,结合总体教育目的和各个阶段的教学目标,对视觉障碍儿童的教育有一个总体性把握。其次,要抓住每个教育阶段、教育环节中的重点和难点问题,解决主要矛盾。再次,要巩固各个阶段的教育成果,使其得到不断的强化和提高,为下一阶段的教学目标打下坚实基础。② 比如视觉障碍儿童如果在小学阶段,没有很好地掌握盲文,则直接影响到下一阶段的学习;如果没有学会正确的定向行走,不仅无法保障自身安全,还易出现人们常说的"盲态",这将成为他们融入社会的很大障碍。接受系统化的教育,对视觉障碍儿童以后的谋生、就业将起到十分重要的作用。因此,在教育的各个阶段,我们要全方位地、系统地教授各项知识、技能。

第3节 视觉障碍儿童的教育安置

什么是教育安置?狭义的理解,即根据特殊儿童本身的各种特征、状况而将其安排到最有利于该儿童生存、发展和接受教育的教育场所。教育安置不是封闭的和固定不变的,它具有开放性和变动性。特殊儿童可以根据教育需要的不同以及自身发展的情况,选择最适合自己的教育安置模式。这种教育安置模式可以是特殊学校,也可以是普通学校的特殊班,还可以是资源教室,甚至是普通班等。

一、影响教育安置的因素

(一)全纳教育思潮的兴起

20世纪60年代以来,特殊教育领域出现了一系列重要的思想或概念,如"正常化"教育原则、回归主流或一体化教育,以及全纳教育(Inclusive Education)等。全纳教育直接起源于美国20世纪50年代的民权运动(Civil Rights),更远则可以追溯到文艺复兴、法国启蒙时期西方对平等、自由追求的一系列社会运动。③ 二战以后,美国民权运动者提出了"分开就是不平等"的口号,要求不同种族、群体平等地参与社会生活。回归主流的思想就是在民权运动及一系列相关的司法诉讼的基础上,以北欧的正常化教育原则为蓝本,在于1975年颁布的94—142公法中得到确认。该法确定了非歧视性的鉴定、个别化教育计划、最少受限制环境即根据儿童障碍程度确定不同的教育安置形态的等级特殊教育服务体系(包括普通班、巡回教师、资源教师、自足式特殊班、特殊学校、医疗机构等)等原则。④ 全纳教育思想是在回归主流的

---

① 方俊明.特殊教育学[M].北京:人民教育出版社,2005:20—21.
② 同上书,21.
③ 邓猛,等.关于全纳教育思想的几点理论回顾及其对我们的启示[J].中国特殊教育,2003,4:2.
④ 同上注.

基础上发展而来的,并且是在对回归主流教学实践失败的反思基础上发展而来。

全纳教育思潮经过倡导,发端于世,又经过争论,逐渐地成熟并在《萨拉曼卡宣言》中被正式确定下来:"创建以全纳性为导向的普通学校是反对歧视态度,创造受人欢迎的社区,建立全纳性社会以及实现全面教育的最有效方法。"①在西方全纳教育思潮的影响下,我国特殊教育界也展开了对全纳教育的吸收、借鉴和争论。有学者认为所有试图把特殊儿童的部分或全部学习时间安置于普通教室的努力都可以看做全纳教育,而我国本土产生的随班就读即是在西方全纳教育思潮的影响下,由我国特殊教育工作者探索出的一种全纳教育形式。② 从世界各国的全纳教育实践经验来看,相关的立法与政策、地方人员的管理与政策执行、特殊学校与普通学校的合作,以及足够的资源与师资水平是全纳教育能够获得成功的关键。③ 在这种全纳教育思潮的背景之下,人们的观念发生重大改变,视觉障碍儿童的教育安置也随之发生了巨大的转变。安置的形式由传统的特殊学校转向普通学校、由特殊班转向普通班,从这些转变可以看出,追求自由、平等价值观念的全纳教育思潮对视觉障碍儿童的教育安置模式有着重大影响。

(二)区域经济发展水平的差异

教育发展水平,是与经济发展水平紧密联系在一起的。先进的教育理念、优秀的师资配置等,倘若没有强有力的经济支撑与支持,最终只是版图上的美妙设想。而经济发展水平,又有着区域性的差异,这种差异性决定了教育发展水平的分布不均匀性。欧洲的教育发展水平高于亚非洲的教育发展水平;发达国家的教育发展水平高于发展中国家的教育发展水平。在我国,东部沿海地区的教育发展水平高于西部地区的教育发展水平;大城市的教育发展水平高于小城镇、乡村的教育发展水平。区域经济发展水平,直接影响着师资配置、教学设备、学校生源等,从而影响着教育的发展水平。在经济发展水平比较高的地区,视觉障碍儿童的教育安置会有更好的特殊教师、教学仪器和设备,随班就读的教学模式也能更好地实现。

(三)教育立法与教育制度

一个国家的教育法律与制度,在很大程度上影响其特殊教育安置模式。例如:美国94—142公法的通过,以制度化的方式确立了"回归主流"和"瀑布式特殊教育服务体系"。而我国在1986年颁布的《义务教育法》中第九条规定:地方各级人民政府为盲、聋哑和弱智的儿童、少年举办特殊教育学校(班)。这就从基本法律和教育制度的层面把特殊教育纳入国家的义务教育体系之中。同时,《义务教育法》还首次规定"特殊教育班"的安置模式,丰富了原来单一的特殊学校安置模式。1990年颁布、2008年修订的《残疾人保障法》,确立了"以随班就读为主体、以特殊学校和特殊班级为骨干"的教育安置格局。④ 因此,法律法规以及教育政策直接决定了教育安置的模式。

(四)儿童自身发展水平的高低

在儿童自身发展水平方面,除视觉障碍的程度是必须考虑的因素外,还需要考虑以下因素:

---

① 赵中建.教育的使命——面向二十一世纪的教育宣言和行动纲领 1945—46/1995—96 [M].北京:教育科学出版社,1996:131.
② 邓猛.特殊教育管理者眼中的全纳教育:中国随班就读政策的执行研究[J].教育研究与实验,2004,4:41.
③ 邓猛.全纳教育的基本要素与分析框架的探索[J].教育研究与实验,2007,2:44.
④ 葛新斌.关于特殊儿童教育安置模式的理论分析[J].教育导刊,2006,3:51.

儿童的年龄、视觉障碍出现的年龄、智力水平、学业水平等。①

1. 儿童的年龄

儿童的年龄不同,从某种程度上讲,其区分、辨别事物的能力和实际生活经验以及心理发展状况也相应不同。一般而言,年龄越大,相应的能力越强,反之越弱。无论是对于普通儿童,还是具有视觉障碍的儿童,入学标准的分界线都以年龄为尺度,因为年龄的区分是最容易的手段和方法。考察视觉障碍儿童,不仅要考察其实际年龄大小,还要考察儿童的入学年龄的差异性。盛永进在2005年对南京市盲人学校的个案调查,显示出盲校学生入学的年龄具有很大的差异性,一般可相差五六岁,甚至更高,差距最大的竟然高达9岁。② 因此,儿童年龄与教育安置模式的选择有着很大的关联。

2. 视觉障碍出现的年龄

视觉障碍出现时间的早晚对学生的身心发展和教育具有直接的影响。先天盲和后天盲,或者学龄前盲和学龄后盲,会导致他们对于外界事物感知、理解的范围和程度远不一样;同属于后天盲的学生,学龄前盲和学龄后盲因时间的差异,其习得概念和理解知识的速度也远不一样。③ 有教师曾举例:"在几何教学中,提出三角形的高或中线、角平分线,后天失明学生能立即有感性认识,形成有关的图形概念,而先天失明学生要通过仔细全面地摸清凸图后,再通过教师逐点逐线解释,才能有一个模糊的概念,至于复杂的一些图形,理解起来就更困难。"④ 因此,教育安置模式与视觉障碍出现的年龄有着很大的关联。

3. 智力发展水平

智力发展水平高低与教育安置模式的选择有着重要的关系。视觉障碍儿童智力水平较高,则在教育安置模式上会有更多的选择,例如是否选择走读或寄读等。而智力水平发展低下的障碍儿童,则需要更多的特殊教育帮助以及生活照料。

4. 学业成就水平

学业成就水平较高的视觉障碍的学生,可以被安置在普通班级中随班就读,反之,则需要更多的资源教室的帮助。所以,学业成就水平的高低,也是影响教育安置模式的因素之一。

5. 对视觉障碍的心理适应能力

心理适应能力,是关系到视觉障碍儿童的健康、发展的非常重要的因素。如果儿童无法接受视觉障碍的现实,无法适应利用盲文来认识世界,则需要专门的心理辅导教师予以帮助。在教育安置模式的选择上,可能需要多种安置模式的综合运用,例如普通教室与资源教室的结合等。

6. 定向行走的能力

我们在确定教育目标的时候,把定向行走能力的培养从"自我生活能力训练"⑤中抽离出来,单独确立了一个教育目标,这是因为定向行走能力的培养对视觉障碍儿童的生存、发展

---

① 方俊明.特殊教育学[M].北京:人民教育出版社,2005:136.
② 盛永进.盲校学生视觉障碍差异调查研究[J].中国特殊教育,2005,1:53.
③ 同上注.
④ 章文亮,等.转变评价方式,重新认识盲生[J].现代特殊教育,2003,7/8:35.
⑤ 方俊明.特殊教育学[M].北京:人民教育出版社,2005:138.

具有重大的意义。缺乏定向行走能力,从某种意义上说,使视觉障碍儿童在生理上还有一种未完成性;①而他要学会生存,首先应该学会如何定向行走,在生理上与普通人一样可以自如地触摸世界、认识世界、发展自我。定向行走能力的高低直接影响着教育安置模式的选择。倘若视觉障碍儿童完全不能定向行走,却被安置到普通学校,则他遭遇的困难将会很大;反之,将其安置到有着无障碍设计和措施的学校,更加有利于视觉障碍儿童方便地生活、学习。因此,定向行走的能力也是影响视觉障碍儿童教育安置模式选择的一个重要因素。

7. 有无其他障碍

障碍的类型多种多样,而每一种障碍可能都会影响教育安置模式的选择。例如对于视觉障碍儿童而言,如果出现其他类型的多重障碍,则其教育安置的模式选择随班就读的可能性就很小;而若没有其他类型的障碍,则教育安置的模式选择也就有所不同。

视觉障碍儿童的教育安置不是一成不变的,而是随着视觉障碍儿童的教育需要而不断变化的。正如泰勒所指出的:教育安置的选择需要保持弹性。在某种需要出现时,能够满足这一需要的教育安置即应加以选用;而其运用时间的长短应以该需要能够满足为度。② 从某一教育安置模式转换至另一教育安置模式,不能认为前一教育安置模式是失败的,而应认为该安置模式已经解决了前一阶段需要解决的问题,而现在新出现的问题则需要其他的教育安置模式来予以解决。

因此,视觉障碍儿童的教育安置模式应该考虑众多的因素,在不同的时期、针对不同的对象、结合不同的教育需要,实施适当的教育安置模式,并随着时代的变迁、教育观念的转变、教育内容的变化和教育对象的变化等而发生相适应的变化。

二、教育安置的模式

从世界范围来看,特殊儿童教育安置存在两种最为典型的模式:一种是以苏联为代表的分门别类、以特殊学校为主体的封闭型模式;另一种是以美国为代表的强调尽可能地把特殊儿童安置到"最少受限制环境"中去的开放型模式。③ 针对哪种模式更加适合特殊教育以及视觉障碍儿童发展的情况这一问题,苏联模式认为,把一个特殊儿童安置到什么机构中去并不重要,真正重要的是这一机构能否为特殊儿童带来有效的训练与教育。这一教育思想对我国特殊教育模式的选择有很大的启发作用。有学者指出,我国特殊教育的发展格局应该是:以一定数量的特殊教育学校为资源中心,大量的随班就读结合资源教室或巡回辅导教师制为主体的基本格局。④ 而对于处于特殊儿童范围之内的视觉障碍儿童,我们又该如何选择其教育安置模式?对此,学者们的观点不一。有的学者认为,教育安置模式主要有三种:盲校或盲、聋哑校,普通学校,在家接受辅导;⑤有的学者认为,教育安置模式主要有五

---

① 联合国教科文组织,国际教育发展委员会.学会生存——教育世界的今天和明天 1945—1946/1995—1996 [M].北京:教育科学出版社,1996:196.
② 何华国.特殊教育心理与教育[M].台湾:台湾五南图书出版公司,1995:175.
③ 葛新斌.关于特殊儿童教育安置模式的理论分析[J].教育导刊,2006,3:53.
④ 邓猛.双流向多层次教育安置模式、全纳教育以及我国特殊教育发展格局的探讨[J].中国特殊教育,2004,6:5.
⑤ 沈家英,等.视觉障碍儿童的心理与教育[M].北京:华夏出版社,1993:17.

种：特殊学校,特殊班,资源教室,巡回教师制,辅导教师制;① 有的学者认为可沿用美国的教育安置模式：普通班级,资源教室,分离班级,分离学校,看护机构,居家/医院。② 笔者认为,视觉障碍儿童的教育安置应以最适合该儿童的发展为中心,立足于我国视觉障碍儿童的实际特点并结合国际潮流的趋势,来选择最恰当的教育安置模式。

(一) 一定数量的特殊教育学校和特殊班

特殊教育学校是一种最早出现同时也是最受限制的教育安置模式。目前我国视觉障碍儿童的特殊教育学校主要包括：盲童学校、盲聋哑学校和低视力学校。大多数盲校和部分盲聋哑校是寄宿制学校。目前我国大陆存在的盲校有一百多所,多数为盲聋合校,专门性的盲校只有20多所。20世纪50年代初,盲校纳入国民教育体系,管理归属从民政部门转到教育部门,确立了盲校的教育事业性质,盲校正式成为我国教育体系的组成部分。③

特殊教育学校的优点是：学校是针对视觉障碍儿童专门设立的,其教育设施、教学辅助设备比较齐全;这里的教师由于长期从事特殊儿童的教育工作,积累了丰富的实践经验,教学水平也比较高。一般而言,属于特殊教育学校的盲校都会设置无障碍校园环境建筑设施,例如：在校园中有许多常被普通人忽视的标志,却可以作为辅助视觉障碍儿童进行定向行走的重要信息,并且还会专门在他们经常路过、要去的地方设置必要的、特殊的地面标志或路标等。如在大楼入口处、楼梯的起始处、过道的转弯处、教室、办公室、礼堂、食堂、厕所等门口地面或墙壁上做出能被认知的标志。④ 除了标志的设置外,在座位的排序、门窗的选择等其他方面也会做出方便视觉障碍儿童清晰准确地认知和安全活动的措施。在这方面,普通学校很少能够做到如此全面、详细地设置无障碍环境校园设施。这种专门性的特殊学校,可以集中所有有利资源,为有特殊需要的障碍儿童提供更好的教育服务。

特殊教育学校的局限性是：视觉障碍学生群体被归类于该特殊教育学校,不能与外界进行积极有效的沟通,且在信息资源的来源上比较单一。视觉障碍学生所接触到的大都是具有同样特征的视觉障碍学生,观念、意识等都比较同一化,这很不利于视觉障碍学生发展个性、进行创造性思维。除此以外,他们对外面社会知之甚少,这十分不利于他们社会适应能力的发展。尤其是在近代以来,人权主义思想盛行,特殊教育学校中具有特殊需要的学生很容易被"隔离即歧视"、"隔离即不平等"的思想打上标签,因此,特殊教育学校的地位受到前所未有的挑战。

不可否认的是,特殊教育学校在我国特殊教育事业中起到了重要的、积极的作用。在西方特殊教育学校的数量急剧减少的今天,我国的特殊教育学校的数目仍会在很长一段时间内有所增加(这是因为我国特殊教育基础薄弱、传统特殊教育发展不够充分)。⑤ 我们的理想模式是,借鉴法国、比利时、丹麦等国的经验,把特殊教育学校转变为我国本土的随班就读的资源中心。⑥

---

① 方俊明.特殊教育学[M].北京：人民教育出版社,2005：137.
② 余强.美国中小学阶段特殊教育安置的趋势分析[J].中国特殊教育,2007,4：45.
③ 钟经华.视力残疾儿童的心理与教育[M].天津：天津教育出版社,2007：74—75.
④ 钱志亮.特殊需要儿童咨询与教育[M].北京：北京师范大学出版社,2006：144.
⑤ 邓猛.双流向多层次教育安置模式、全纳教育以及我国特殊教育发展格局的探讨[J].中国特殊教育,2004,6：4.
⑥ 同上注.

特殊班在视觉障碍儿童的教育过程中,起到过积极的作用。它是指在一般学校中专门为视觉障碍儿童开设的特殊班级。[①] 特殊班的设立,从某种意义上说,是对特殊学校局限性的一种补救性措施。它可以让视觉障碍学生在全部或大部分时间在特殊班接受教育的同时,同普通班的学生进行交流、交往。较之于专门就读于特殊学校的学生而言,其受隔离的程度大幅度降低了。但不可否认的是,特殊班的存在仍然把视觉障碍儿童置身于与普通儿童相隔离的一种状态,从而无法真正有效地实现将视觉障碍儿童与普通儿童全纳的思想。我们可以借鉴西方诸国的经验,把特殊班和特殊学校一起作为随班就读的资源中心。

(二)大量的随班就读结合资源中心、资源教室或巡回辅导教师制

我国随班就读的正式提出最早见于1987年国家教委《关于印发"全日制弱智学校(班)教学计划"的通知》:"大多数轻度弱智儿童已经进入当地小学随班就读。"[②]此后1988年公布的《中国残疾人事业五年工作纲要》(1988—1992)第42条规定:"坚持多种形式办学。办好现有的盲、聋和弱智学校,新建一批特教学校。同时,采取有力措施,积极推动普通学校和幼儿园附设特教班,及普通班中吸收肢残、轻度弱智、弱视和重听等残疾儿童随班就读。"[③]随班就读的形式因各地的教育理念、教学资源、教育管理、儿童特殊需要的差异性程度而有所不同。

随班就读的基本做法是:在有视觉障碍儿童的市、区,培训视觉障碍儿童所在地方的教师,然后将视觉障碍儿童安置在普通班中,同普通儿童一起接受教育。[④] 从杨锦龙对福建省特殊儿童教育安置状况的调查研究中可以看出,随班就读成为主要安置模式。以泉州为例,随班就读占据全市特殊儿童教育安置总数的89%;[⑤]视觉障碍儿童的随班就读同样也占据很大的比例,这些都让我们看到随班就读在我国良好的发展状况。同时,我们也应该看到的是,虽然随班就读的出发点是为视觉障碍儿童提供与普通儿童一样的教育服务,减少视觉障碍儿童被歧视、忽视和教育质量的差异性等情况,但这种良好的理念如何应用到实践?在应用的过程中,如何避免随班就读的混乱性和效率的低下性等情况?这不仅是理论工作者的担忧,更是工作在一线的特殊教师、学校所关心和忧虑的。同时,如何在随班就读的过程中,保障师资力量的优良、教学设备的完备等,会不会出现学校为缩减开支而从形式上把视觉障碍儿童纳入普通班级中,却没有配备相应的教师或教师没有受到专门的培训,以至教学、教法、仪器、设备等都与普通学校一样,没有侧重点和个别化教育计划等问题?因此,我们在看到随班就读的积极性的同时,也要从各个层面监督、保障随班就读真正落到实处。

在大量的随班就读教育安置模式之下,我们要结合资源中心、资源教室或巡回辅导教师制。

资源中心是以地市为单位设立的对随班就读进行支持、指导的部门,负责对各随班就读

---

① 方俊明.特殊教育学[M].北京:人民教育出版社,2005:137.
② 邓猛,等.随班就读与融合教育——中西方特殊教育模式的比较[J].华中师范大学学报(人文社会科学版),2007,7:126.
③ 汤盛钦.特殊教育概论[M].上海:上海教育出版社,1998:25.
④ 方俊明,编.特殊教育学[M].北京:人民教育出版社,2005:138.
⑤ 杨锦龙.福建省特教儿童教育安置现状的调查研究[J].泉州师范学院学报(社会科学),2003,9:142.

教学点的技术、资料方面(盲文课本、助视器等)的支持,对随班就读的教学评估,对各县巡回辅导教师的再培训等。① 资源中心的设立,不只限于政府部门;对于"一体化"思潮的推进中,部分特殊学校和特殊班也可以作为资源中心,对随班就读进行支持和服务。

资源教室是设在随班就读教学点并专门对特殊儿童和教师提供技术、资料、设备支持的地方。资源教室内设置若干名专职或兼职的资源教师。特殊儿童根据需要可以自行选择去资源教室接受资源教师的特殊支持,也可以与普通教师一起到资源教室,由普通班教师提供特殊支持,而只是利用资源教室的物质资源。② 据有关学者的调查表明,北京、上海、武汉等大城市已经着手进行资源教室的建立。在美国印第安纳,资源教室的设备很普通,没有电脑,但有两名教师(一名特教教师、一名助教),全校学生不分年级、年龄,都可以自由来去,以至于旁人无法知道谁是真正有特殊需要的学生。③ 这种资源教室的教育安置模式,既解决了随班就读安置模式无法为有特殊需要的儿童提供专业化教育服务的问题,又不同于特殊学校和特殊班给儿童贴上"残疾"的标签而使他们受到歧视,它是一种综合性的折中式教育安置模式。

在发展资源教室的过程中,我们需要注意的是:应该尽可能提供廉价、有效的服务,并面向所有学生开放。

偏远郊区、农村地区以及经济不发达的地区尚没有财力建立资源教室,为了对大量的随班就读学生的教育情况进行评估和指导以及提供帮助,就需要大量的巡回辅导教师。巡回辅导教师的职责有以下几方面:

第一,指导、协作教学。

巡回辅导教师,首要的职责便是指导、协作教学。在大量的随班就读教育安置模式下,当普通班的教师对于视觉障碍儿童的教育方式、方法、仪器的使用、盲文的教授以及视觉障碍儿童心理测试、咨询等问题无法采取正确的行为时,就需要巡回辅导教师来予以指导和协作。尤其是大量没有设立和无法承担资源教室的地区,更加需要巡回辅导教师的帮助。在指导和协作的过程中,要积极拓展和研究随班就读的融合性和提高整体教育质量的方法。在教育目的"全面发展的同时,发展个性"的指导方针下,巡回辅导教师应该与正常班级的教师一道,对课程和培训内容共同修改、协作发展。④

第二,评估、监督教学。

在指导、协作教学过程中,要及时评估教学内容、教学质量,结合具体教育目标以及视觉障碍儿童受教育情况,监督教学的总体进行状况。对于不符合教育目标和随班就读教育思想的教学行为,应该及时做出报告、予以上报,并纠正该行为。在评估方式上,理想的模式是:由巡回辅导教师、任课教师、校方代表以及家长共同参与评估,这样下来,评估的效果更具有说服力。在评估方法上,应以视觉障碍儿童为中心,对比儿童各项功能的指标额,例如各项学业成绩、心理评估数据、定向行走的能力等,综合判断评估的效果。同时,巡回辅导教师如何在支持、服务的过程中保证监督的效力?这个问题,值得我们进行深入思考。

---

① 钟经华.视力残疾儿童的心理与教育[M].天津:天津教育出版社,2007:81.
② 同上注.
③ 邓猛.双流向多层次教育安置模式、全纳教育以及我国特殊教育发展格局的探讨[J].中国特殊教育,2004,6:5.
④ (美)威廉.L.休厄德.特殊儿童——特殊教育导论(第七版)[M].江苏教育出版社,2007:448.

第三，资源的支持。

资源，包括各种物质性的资源，例如教学设备、盲文读物等，也包括各种文化类的资源，例如教学方式、方法，先进的教学理念以及各种信息资源。巡回辅导教师在对随班就读进行支持的时候，也应该起到同资源中心或资源教室类似的功能。而且，由于巡回辅导教师的巡回流动，他们对各个学校的随班就读状况了解比较深入，也更加清楚随班就读的实际问题，因而能更好地提供相对应的解决方案。巡回辅导教师在提供各项支持的同时，要避免普通教师、学校对自己的依赖，而是应该教会他们如何独立地、更好地帮助视觉障碍儿童在普通班级中的学习、生活。这将有利于降低教育成本，更有利于形成一套成熟的随班就读经验和方法，保证教育教学活动的独立性。

第四，特殊案例的研究和解决。

在随班就读过程中出现的一些常见和容易解决的问题，可以由普通教师来予以解决。巡回辅导教师的数量有限且不固定驻扎在某一学校进行长期教学，因此，在随班就读的教育安置模式下，我们就要询问，什么问题才有必要由巡回辅导教师来解决？毋庸置疑的是，一些不常见、出现率比较低以及解决难度较大的特殊案例是有必要由巡回辅导教师来予以解决的。巡回辅导教师在各个学校进行巡回辅导的过程中，也应该观察、收集、研究一些特殊案例，这对于特殊教育事业的发展有着重要的作用。

在大量的随班就读教育安置模式下，我们要结合资源中心、资源教室以及巡回辅导教师来共同完成对视觉障碍儿童的教育。

（三）家庭及社区康复等其他机构

对于多重障碍儿童和其他原因引起的无法接受学校教育的儿童而言，接受家庭及社区康复机构的教育是有必要的。例如：视觉障碍儿童伴随极度智力低下或严重的精神疾病或严重的肢体残疾等，就无法去学校或资源中心、资源教室接受教育，那么，在家或康复机构接受教育就成为该儿童接受教育的有效途径。因此，我们在大量推行随班就读教育安置模式的同时，不能完全忽视家庭、社会康复机构等教育安置模式。同时，我们也不能鼓励这种模式的盛行，尤其是对于能够去学校接受教育的儿童，不能以节约开支或方便等为由而放弃动员他们去学校或资源教室、资源中心等地接受正规教育。

第4节 视觉障碍儿童的学校教育体系

1995年《教育法》第十七条规定：国家实行学前教育、初等教育、中等教育、高等教育的学校教育制度，由此确定了我国普通学校教育体系。

2008年《残疾人保障法》（修订）第二十二条规定：残疾人教育，实行普及与提高相结合、以普及为重点的方针，保障义务教育，着重发展职业教育，积极开展学前教育，逐步发展高级中等以上教育，由此确定了我国残疾人学校教育制度。其中，义务教育占据首要地位，其次为职业教育、学前教育，最后为高中及高等教育。这种排序，并不是否定和削减除义务教育之外的其他教育阶段，而是根据我国目前的经济发展水平、教育发展现状以及残疾人的特征等情况，提出的适合目前我国国情的残疾人教育方针。视觉障碍儿童的学校教育制度，在遵循残疾人学校教育制度的基本原则的情况下，应对具有"视觉障碍"特征儿童的学校教育制度进行适当的变革和发展。

一、学前教育

（一）教育目标

马卡连柯指出："教育的基础主要是在5岁以前奠定的，它占整个教育过程的90%。"[①] 大量事实表明，学前接受了正常教育的视觉障碍儿童，其身心发展速度和质量都要优于没有接受过学前正常教育的视觉障碍儿童。某盲校中的11岁全盲女童，因其学前教育几乎是空白，导致她在11岁入学时连走路都不会，只能把手举在胸前一点一点地蹭，且全无定向能力。[②] 因此，视觉障碍儿童的学前教育是非常重要的。

全国教育科学规划领导小组在教育部"十五"规划课题——"学前教育体系创新与诺贝尔摇篮教育实践研究"中指出：学前教育的目标应着眼于为孩子的长远发展和终身发展奠定良好基础，为培养"志存高远、身心健康、思源感恩、守时诚信、百折不挠"的幼儿，培养具有"二统一"（纪律性和创造性完美统一、全面发展与特长突出完美统一）、"五爱"（爱家人、爱老师、爱同学、爱家乡、爱祖国）、"六通"（古今贯通、中西贯通、文理贯通、科艺贯通、艺体贯通、科体贯通）、"七好"（好身体、好兴趣、好性格、好习惯、好的思维方法、好的学习方法、好成绩）、"八大"（大仁、大德、大爱、大义、大气、大勇、大智、大美）的人才奠定基础。[③] 在此教育目标的指导之下，视觉障碍儿童的学前教育目标应有以下几点。

1. 适应校园环境

无论是普通儿童，还是视觉障碍儿童，进入学前教育机构的首要目标便是适应校园环境。视觉障碍儿童，由于其本身特有的缺陷，在适应校园环境方面会比普通儿童有更多的困难。他们需要在老师、同学、家长的帮助和指导下，熟悉校园环境的方位、建筑标志、道路的铺设等具体事物，也要逐渐习惯和熟悉校园文化环境，遵守学校基本规章制度。在适应校园环境的过程中，视觉障碍儿童能够有意识地形成一套正确的学习、生活的方法、准则，并从对陌生环境的恐惧中脱离，产生对学校的喜爱和归属感。

2. 语言学习及盲文点字训练

无论是普通儿童，还是视觉障碍儿童，6岁之前的年龄段正是其语言形成和发展的关键时期，因此，应该着重培养儿童的语言能力。对于视觉障碍儿童，尤其是对于全盲儿童而言，在培养语言（尤其是口语）的同时，还应指导他们学习盲文点字，这对于他们今后的学习、生活具有奠基性作用。

3. 智力的启蒙、开发教育

语言的学习，有助于智力的启蒙、开发，视觉障碍儿童在智力的启蒙、开发过程中，需要更多地依赖于语言。由于缺少直观的视觉效果，视觉障碍儿童对事物的理解程度低于普通儿童，因此，更加需要通过学习一定的语言对事物进行准确的描述、定位，以此激发对事物的好奇心和兴趣。

[①] 李可.加强视觉障碍儿童的学前家庭教育至关重要[J].辽宁商务职业学院学报（社会科学版），2004，2：60.
[②] 同上注.
[③] 全国教育科学规划领导小组办公室.教育部"十五"规划课题："学前教育体系创新与诺贝尔摇篮教育实践研究"研究成果公报[J].当代教育论坛，2007，10：10.

4. 定向行走能力的培养

视觉障碍儿童,尤其是全盲儿童,在学前教育阶段就应该教授其如何进行定向行走以及如何正确地看待定向行走。要力求使视觉障碍儿童把定向行走看成正常生活的组成部分,不要把定向行走看成异常事物而产生自卑心理。

(二) 教育原则

学前教育阶段,与义务教育、职业教育等阶段最大的不同点在于,儿童的心智发展、身体发展等诸多方面都处于不完全性和不确定性中,因此,学前教育阶段的教育原则应立足于视觉障碍儿童的生理性特点以及全面发展的教育理念,在全纳教育思潮的背景下确定视觉障碍儿童的教育原则,具体有以下几方面。

1. 所有儿童均能适应

无论是国外的幼儿教育,还是我国本土的幼儿教育,长期以来都坚持所有儿童均能适应的原则,通过设置各种课程方案和课外活动方案,满足儿童的不同需求,使每个儿童的身心健康均能得到一定程度的发展。视觉障碍儿童由于其本身具有的视觉缺陷,在幼儿阶段,需要得到更多关注。在全纳教育的理念下,视觉障碍儿童与普通儿童一起接受幼儿教育,这对于幼儿教育工作者来说无疑是巨大的挑战。它要求幼儿教育工作者能够通过各种途径学习特殊教育的相关内容,及早掌握视觉障碍儿童的生理发展特点和心理特点,采取有针对性的教育教学手段,并结合家庭教育,使视觉障碍儿童积极地接受治疗,尽可能地恢复视力,并同普通儿童一样健康地成长。

无论是视觉障碍儿童,还是普通儿童,都应该接受同等质量的教育内容并享有平等的教育机会,得到适合其自身特点的教育。其中,幼儿教育工作者对于视觉障碍儿童的态度尤其重要,它直接关系到视觉障碍儿童是否能同普通儿童一样正常地成长。

2. 在活动中教育

为了激发儿童的好奇心、促进身体的健康发育等,我们应该着重强调利用游戏活动来对儿童进行教育。通过各种游戏活动,视觉障碍儿童的各种感官可以得到训练,并且其积累表象,分辨事物,与其他儿童合作、交流的能力可以得到显著增强,这对于开发智力、发展健全身心都有着极其重要的作用。在游戏活动的运用过程中,语言、认知、交往、生活自理能力等诸多方面,都会得到积极的发展。游戏活动不是指纯粹的玩耍,而是针对具体情况进行适当的干预,使得游戏活动达到预期理想效果。游戏活动是一种实现教学效果的方法,尤其对于学前教育阶段的婴幼儿而言,在他们对基本的语言、词汇都不熟悉的情况下,无法对其进行课堂教学和理性教育,游戏活动就成为这个阶段儿童普遍的和主要的教育方法。儿童可以在游戏活动中认知事物、培养语言能力、锻炼身体、健全身心,并在游戏活动中训练定向行走能力。可见,游戏活动教育在视觉障碍儿童学前教育阶段中有着重要作用。

3. 保教结合

《幼儿园工作规程》中指出,幼儿园教育应当贯彻国家的教育方针,坚持保育与教育相结合的原则,对幼儿实施体、智、德、美诸方面全面发展的教育,促进其身心和谐发展。

保教结合是一个整体概念,"保"和"教"是幼儿教育整体的两个方面。简单地讲,"保"是指保护幼儿的健康。这里不仅指身体健康,还指心理健康,并能适应社会的发展。"教"是指幼儿园的教育教学。一直以来,保教结合是幼儿教育工作者积极探索和努力的方向,以做到保中有教、教中有保。那么究竟如何做到保教结合？首先，教育工作者要转变思想观念，重新进行角色定位。教育工作者不仅要对幼儿实施教育活动，也应该关注幼儿的生活、健康等保育工作，将教育全方位地贯穿于幼儿成长的每一个方面。对于视觉障碍儿童，教育工作者更应该积极地探索适当的教育方法，在康复和发展的双重目标下进行教育活动。其次，保育员的工作范围应该进一步扩大。保育员不仅要负责幼儿的生活起居、环境卫生等事宜，也要适当地利用一切机会对幼儿进行教育。由此可见，保育员的工作范围，不能仅限于"保"，也要渗透"教"的内容和思想。只有保教结合，才能充分实现幼儿、尤其是特殊儿童（包括视觉障碍儿童）的教育发展。

（三）发展趋势：托幼一体化

对于视觉障碍儿童而言，幼儿教育越来越显示出重要性。一系列的实践经验以及国外教育经验证明，幼儿教育应该及早进行，这也将成为幼儿教育的发展趋势。对于视觉障碍儿童而言，托幼一体化教育将具有更加重要的意义。在此，主要探讨托幼一体化的必要性和教育模式。

1. 托幼一体化存在的必要性

在我国，托儿所—幼儿园联合体被称为"托幼一体化机构"，广东、上海等地已经开展了托幼一体化的实验和研究。在托幼一体化推行过程中，不少幼教工作者和家长担心所谓的托幼一体化仅仅是把托儿所和幼儿园进行简单"叠加"，而难以实现统一管理，幼儿教师无法胜任工作，不能提供适宜婴幼儿身心发展的教育。[1] 国家也没有出台托儿教育的纲领性文件，使得托儿教育的课程设置、管理、评价等均缺乏可供参考的依据。[2] 但这些都不能成为托幼一体化的困难和障碍。俄罗斯心理学家列别捷夫指出，0—7岁（注：俄罗斯的学前教育临界点是7岁）是处于学前期的一个完整年龄阶段，有着共同的教育任务。欲提升学前教育的质量，保证幼小顺利衔接，必须拆除托儿所和幼儿园的"围墙"，建立托儿所—幼儿园的联合体。[3]

托幼一体化应该包含两个方面：第一，从管理层面来看，托儿所和幼儿园应实现管理体制的一体化；第二，从教育层面来看，托幼一体化的关键是要实现教育的一体化。[4] 在传统教育理念中，托儿所的主要工作是保育，真正的教育是从幼儿园开始的。但是，脑科学的发展、婴儿心理学的研究以及终身教育理念的提出，为0—3岁的婴儿教育提供了依据。

视觉障碍儿童的教育，更应该从婴儿时期开始进行，越早进行教育，视觉障碍儿童越能更好地适应社会、学会生存。在托幼一体化教育的背景下，教育的延续性和有效衔接使得视觉障碍儿童不会因为突然接受学校教育而显得无所适从，反而能够保持一贯的生活习惯、行为方式，心理上也不会有重大的转折落差感。

2. 托幼一体化的教育模式

第一，确立整体性和连贯性的教育原则。

托幼一体化，重在融合。要想实现托幼一体化的融合，首先应确立托儿所和幼儿园两个

---

[1] 冯永刚.托儿所—幼儿园联合体：深受家长欢迎的学前教育机构[J].教育导刊,2007,7(下):60.
[2] 薛生.托幼一体化背后的隐忧[J].早期教育,2005,1:5.
[3] 冯永刚.托儿所—幼儿园联合体：深受家长欢迎的学前教育机构[J].教育导刊,2007,7(下):61.
[4] 马玉彩.托幼一体化：从认识到行动[J].幼教园地,2004,11(下):6.

阶段的整体性和连贯性。具体到实践层面,主要是指在教育目标、课程设置、教育方法、教学形式和教育资源共享上,都体现出整体性和综合性,以达到各因素协调发展和优势互补,促进儿童身心健康成长。① 在实现托幼一体化时,我们要遵循儿童的身心发展规律,在不同时期确定适合该阶段的教育目标、教育方法等,而各个阶段的教育目标、教学形式等具体内容又相互衔接、层层递进,体现出整体性和连贯性。这对于视觉障碍儿童的成长、发育等都将会大有裨益。

第二,建立综合性的管理体制。

托幼一体化,在机构设置的管理层面,应该实现托幼综合管理体制。在俄罗斯,托幼管理体制由苏联时期的中央高度集中统一领导和管理改为分级管理,实现联邦、共和国和地区的三级管理,并对各自的管理权限和职责作了规定。无论在行政体制的管理上,还是在办学体制的管理上,兼取托幼之长,将宏观管理、具体管理和微观管理紧密结合起来,形成综合性的管理体制。② 综合性的管理体制,在分级管理的基础上,实现多元化的管理。对于视觉障碍儿童而言,不仅需要卫生部门、民政部门、教育部门的通力合作,还要着重加强社区、康复机构等的协力合作,真正实现综合性的管理。需要注意的是,综合性管理不是简单地将各个层面的管理部门叠加,而是指视觉障碍儿童不同的需求应该由不同的管理部门负责,以实现部门负责制,将责任落到实处,从而避免部门与部门之间的责任推诿行为。

第三,提高托幼师资水平并建立考核评估制度。

反对托幼一体化的最重要的因素之一是目前托幼师资水平的低下,在这种状况下无法实现真正的托幼一体化。尤其是对于0~3岁婴儿的教育研究缺乏足够的认识,没有成熟的教育方法和高水平的师资力量来衔接托幼一体化教育。对视觉障碍儿童的婴儿教育研究更是处于空白之中,鉴于此,我们应该着重提高托幼师资水平,并建立考核评估制度。一方面,建立教师培训制度,尤其应该敦促教师掌握视觉障碍儿童的相关知识,这是提高托幼师资水平的重要途径。另一方面,建立考核评估制度,不定期地评估托幼教师的教学质量,对于不合格的教师,有计划、有目的地进行师资培训,对于屡次接受培训却无法达到合格的教学质量的教师,应实现教师分流、转岗或解聘,以期真正实现视觉障碍儿童的托幼一体化教育。

二、义务教育

(一) 教育目标

2007年教育部制定的《盲校义务教育课程设置实验方案》,确定了我国现阶段视觉障碍儿童义务教育培养目标:

全面贯彻党的教育方针,促进视力残疾学生全面发展,尊重个性发展,开发各种潜能,补偿视觉缺陷,克服残疾带来的种种困难,适应现代生活需要。使学生具有爱国主义、集体主义精神和民族精神,热爱社会主义,继承和发扬中华民族的优秀传统和革命传统;具有社会主义民主法制意识,遵循国家法律和社会公德,依法维权;逐步形成正确的世界观、人生观、价值观;正确地认识和对待残疾,具有乐观进取、自尊、自信、自强、自立、立志成才的精神,顽

---

① 冯永刚.托儿所—幼儿园联合体:深受家长欢迎的学前教育机构[J].教育导刊,2007,7(下):61.
② 同上注.

强的意志以及平等参与的公民意识;具有社会责任感,努力为人民服务;具有初步的创新精神、实践能力、科学和人文素养以及环境意识;具有适应终身学习的基础知识、基本技能和方法;身体健康、具有良好的心理素质,养成健康的审美情趣和生活方式,学会交流与合作,初步具有独立生活能力、社会适应能力和人生规划意识,成为有理想、有道德、有文化、有纪律的一代新人。

(二) 教育原则

1. 强制性

在《义务教育法》中,强制性原则主要是针对实施义务教育的各级机构、学校以及家长而言的。地方各级政府必须创造相应的条件,做出合理的建设发展规划,保障义务教育的有效实施。儿童的监护人必须让适龄儿童接受义务教育。对于未按照规定送子女或其他被监护人入学接受义务教育的,应由当地政府或其他指定机构对监护人进行批评教育,情节严重的,可处以行政罚款。视觉障碍儿童同普通儿童一样,也必须接受义务教育,这也是强制性原则的表现形式之一。同时,在义务教育实施过程当中也针对视觉障碍儿童存在的生理缺陷而做出了弹性规定。《义务教育法实施细则》第二条第三款规定:"盲、聋哑、弱智儿童和少年接受义务教育的入学年龄和在校年龄可适当放宽。"《盲校义务教育课程设置实验方案》也做出了规定:"入学年龄一般与当地普通小学相同,在特殊情况下可适当放宽。"此规定,不是对义务教育强制性原则的削弱,相反,它是为了义务教育能够顺利、有效地实施,使义务教育强制性原则不是停留于纸面,而是体现于实践之中。

2. 普及性

普及性原则主要是指只要是符合接受义务教育入学条件的儿童,都必须接受教育。这种普及性是针对接受义务教育的对象群而言的,它具有广泛性和全民性。普及性义务教育存在于世界各国宪法内。日本宪法第 26 条规定:"所有国民,根据法律规定,按照其能力,有平等享受教育的权利。"巴西联邦宪法第 166 条规定:"教育是所有人的权利,由家庭和学校实施。"我国宪法也明确规定要普及义务教育。可见,普及性原则是义务教育的重要原则。这种普及性对于视觉障碍儿童而言具有同等的法律效力,不能因为视觉障碍儿童的盲或低视力而不普及或只在一定区域、范围内普及。

3. 免费

从义务教育的发展历史来看,义务教育和免费最初并不是统一的,但随着社会的发展,免费便成为义务教育的一项重要原则和一根重要支柱,免费的范围也在不断扩大。[①] 法国现已实行十年制免费义务教育,英国在 1944 年的《教育法》(又称《巴特勒法案》)中确定了中小学免费教育制度并朝鲜从 1959 年实行免费教育制度并保障了 11 年制义务教育的实施。我国《义务教育法》第十条规定:"国家对接受义务教育的学生免收学费。"可见,免费义务教育已成为国际教育发展的必然趋势,但免费的含义有所不同。它的不同主要在于免费所涵盖的范围具有差异性。德国各州的免费教育制度主要是免收学费制度,但一部分州还免收学习用品费;法国的义务教育不仅免收学费,还由学校供给书籍,家离学校远的免收交通费,在

---

① 吴文侃,等.比较教育学(修订本)[M].北京:人民教育出版社,1999:399.

学校医务所看病免收医疗费等。① 我国现阶段的免费义务教育主要是指免收学费。这种免收学费的义务教育制度对于视觉障碍儿童而言是远远不够的,因为视觉障碍儿童的教育设施、仪器设备的费用较高,一般的家庭承担不起。因此,国家应该扩大视觉障碍儿童义务教育的免费范围。

4. 连贯性

国务院《关于基础教育改革与发展的决定》中指出:"国家将整体设置九年义务教育课程……有条件的地方,可以实行九年一贯制。"由此,九年一贯制作为一种新兴的办学模式,在各地迅速崛起。《盲校义务教育课程设置实验方案》也明确提出:"在义务教育课程设置方面,实行九年一贯制。"那么什么是九年一贯制?九年一贯制是一种学制,即集初中、小学为一体的九年一贯制的学校制度,它的本质特点是连续性和一贯性。

对于视觉障碍儿童,实行九年一贯制的优越性在于:

第一,视觉障碍儿童没有小学到初中的考试升学压力,便于把更多的时间用于知识的学习之上,并且,心理上没有很大的转换差异性;这便于视觉障碍儿童更好地进行下一步学习,而不会因为不适应等心理因素给生活、学习带来困难和障碍,也便于教育工作者更好地实现教育目的和教学目标。

第二,实行九年一贯制,有利于学校教育指导思想的确立。视觉障碍儿童的个体差异性决定了教育进程的难度和教学方法的多样性。在确定教育指导思想时,应该从学生现有的发展水平和发展规律出发,制定符合视觉障碍儿童教育的指导思想。在教育指导思想的确立之下实行九年一贯制,有利于视觉障碍儿童教育效果的追踪调查,也有利于调整教学方法、更合理地进行师资配置等。

第三,实行九年一贯制,有利于教学内容有效衔接、教学评价的一体化以及教学效果的更好实现。对于视觉障碍儿童,教学内容需要很强的连贯性和衔接性,要持之以恒地培养视觉障碍儿童良好的学习习惯、学习思维,加强定向行走能力等。对于教学效果的评价,可以分为整体性评价和个体性评价,即可以对每个班级分阶段性进行评价,也可以对某个学生在某个时间跨度中的表现进行评价。只有实行九年一贯制,这种评价的跨度才可能更长,也更能有效地反映出学生的进步情况。

第四,在实行九年一贯制的过程中,教师和学生之间十分熟悉,教师可以通过长期观察来细致地了解学生的特长,这对于学生进一步的学习或职业选择都能够起到有效的指导作用。

当然,九年一贯制的良好设计模式能不能满足现实的需要,能不能杜绝、防止教师惰性、学校管理机制的混乱和无序、学生成长环境的单一和封闭等问题,还有待于教育工作者的进一步思考和研究。

(三) 发展趋势

1. 学制范围上下延伸

第一,义务教育将扩展到幼儿教育领域。

早期教育思想在当代的影响很大,很多国家十分重视学前教育,并把学前教育纳入义务

---

① 吴文侃,等.比较教育学(修订本)[M].北京:人民教育出版社,1999:399.

教育体制范围内。英国的学前教育虽然发展比较缓慢,但从5岁开始即为义务教育。法国把学前教育作为初等教育的组成部分,虽然还没有实行强制性的义务教育,但实行免费教育,这为义务教育的发展提供了经济支柱。朝鲜于1972年的宪法中规定:"国家对全体儿童实行一年学前义务教育。"根据宪法的规定,朝鲜于1973年4月又通过《关于实施普及的十年高中义务教育和一年学前义务教育的法令》,规定对5岁儿童实行学前义务教育。这些情况说明,义务教育有逐渐向学前教育方向扩展的趋势。[1] 我国在教育的发展趋势上,也可能会把学前教育纳入义务教育的体制。在这种教育趋势的大背景下,视觉障碍儿童的义务教育同样也可能会将学前教育纳入其体制范围之内。

第二,义务教育范围向高中教育延伸。

日本义务教育年限为九年,高中虽然不是义务教育,但已达到普及程度。我国珠海市从2007年秋季起率先提出高中免费教育,唐山市也于2008年秋季启动了高中免费教育,进而在全国掀起12年制免费义务教育的浪潮。然而,免费教育不等于义务教育,要从制度层面实行义务教育,并不能仅仅停留在免费教育阶段,免费教育仅仅是推动义务教育的有力手段。但我们可以从这种浪潮中看出,义务教育延伸到高中教育是必然趋势,视觉障碍儿童的义务教育同样也会有此趋势。

2. 免费教育范围进一步扩大

要实现义务教育的普及化,首要的问题即财政的支持。我国现阶段实行的是免学费制,在教育进一步的发展过程中,我们还可能会实行免杂费制以及免去其他各种与教育相关的费用。视觉障碍儿童的教学设备、仪器、治疗与康复器材等,都应该得到财政的进一步支持,这样,视觉障碍儿童才有可能接受更好的教育。

3. 义务教育质量的进一步优化

义务教育是普及教育,但不等于低质量教育。我们实行义务教育,要使教育质量得到进一步优化,不能因为视觉障碍儿童的缺陷特征而降低教育教学要求和质量。优化教育可以为视觉障碍儿童更好地适应社会、接受职业教育等提供坚实的基础。

三、高中教育

高中教育在培养人的过程中具有其他类型教育所无法替代和比拟的作用。它担负着提高国民素质、为高等学校输送优秀后备人才以及培养新生劳动力的多重任务。由于高中教育这种承上启下的特殊地位,其发展状况就成为衡量一个国家综合经济实力和智力资源的重要标志。[2] 受视觉缺陷的制约,大部分视觉障碍儿童自初中毕业后就直接进入职业技术学校学习专门的职业技能,为将来进入社会获取谋生技能和手段。然而,特殊儿童也具有与普通儿童一样接受平等教育的权利,他们也应该与普通儿童一样进入高级中学学习更加深入的学科知识,提高整体知识水平。

(一)教育目标

我国的高中教育发展经历了一个从精英到大众再到普及的发展过程,其教育目标随着

---

[1] 吴文侃,等.比较教育学(修订本)[M].北京:人民教育出版社,1999:411.
[2] 国家教育发展研究中心.2003年中国教育绿皮书——中国教育政策年度分析报告[R].北京:教育科学出版社,2003:170.

时代的变迁而有所不同。结合视觉障碍儿童的自身特点和多元社会发展的时代性,高中教育的目标应该有以下几方面:

第一,视觉障碍学生通过进一步接受教育掌握更加丰富的科学知识,并形成一定的批判性思维,培养独立思考的能力。无论是普通儿童还是视觉障碍儿童,仅仅掌握科学知识是不够的,还要帮助他们寻找知识背后的理论基础并培养他们从不同视角多方位分析事物的能力。

第二,充分关注视觉障碍学生的身心发展状况,使其顺利度过青春期。高中阶段,正值青少年从未成年人向成年人过渡的关键时期,他们的身体结构和心理结构均发生实质的变化,尤其容易出现青春期的叛逆现象。因此,教育工作者不仅要对之传授科学知识,更应该密切关注他们的心理变化,帮助他们认识青春期的变化特征,使其身心得到健康发展。

第三,满足视觉障碍学生的个性发展需要,使其成为个性公民。高中阶段是塑造性格的关键阶段,不同的视觉障碍学生的个性发展是不一样的。我们的教育宗旨并非是制造统一规格的器械零件,而是要激发学生的创造力,培养个性特长和兴趣。

第四,进一步实现视觉障碍学生的随班就读以及全纳教育。全纳教育思想贯穿于教育的各个阶段。高中阶段,视觉障碍学生在普通班级与普通学生一起接受教育,将更加有利于视觉障碍学生的人格健全发展和早日融入社会。

(二) 教育原则

1. 应试性与灵活性相结合

高中教育,主要目的是为了向高等教育机构输送人才。长期以来,我国实行的高考制度决定了应试性的必然性。然而,在素质教育的框架下,高中教育要转变"唯应试论"的单一角色,实现应试教育与素质教育的结合和统一。因此,高中教育要采取多样化的教育手段提高普通学生和特殊学生的综合素质。

2. 普及性

虽然高中教育还未正式纳入义务教育体制范畴,但从各个地区的实际情况来看,高中教育已经成为我国的普及性教育。它不仅针对普通儿童,也适用于特殊儿童,视觉障碍儿童也不例外。实现高中教育的普及性,才能为全民教育理念的实现奠定现实基础,更为终身教育理念的实现储备知识。

3. 衔接性

高中教育的衔接性有两层含义:一是初中教育和高等教育的枢纽;二是学校和社会的连接点。因此,高中教育工作者如何实现衔接性,是衡量高中教育质量的一个关键指标。视觉障碍儿童在高中教育阶段,除了要学习同普通儿童一样的科学知识,还应该掌握一定的生存技能。只有如此,才能够做到双重衔接有效实现。

(三) 发展趋势

从目前的教育发展状况看,高中教育在以后的发展之中会进一步普及化,并将被纳入义务教育体制范畴之内。无论是普通儿童还是特殊儿童,都将接受高中教育。除此以外,经过一系列的改革,高中教育将逐步打破"一考定终身"的局面。这有利于进一步推进素质教育的实施,开发儿童的想象力和创造力,全面提高儿童的综合素质。在素质教育的过程中,高中教育在人的终身教育体系中的权重越来越大,并将摆脱高校附属的角色,成为真正的独立发展的教育体系。

四、职业教育

职业教育是一种专业定向教育。[①] 在职业教育中,有初等、中等和高等三个层次,其中以初级中等职业教育为主。[②] 2005年10月国务院颁布了《关于大力发展职业教育的决定》,为特殊职业教育带来了千载难逢的发展机遇;新修订的《残疾人保障法》对职业教育的定位是"着重发展"。由此我们可以看出,职业教育对于有特殊需要的学生具有非常重要的意义。

(一) 教育目标

"十五"期间,残疾人职业教育目标是:初步建立职前、职后教育与培训相互结合,初等、中等和高等职业教育与培训相互衔接,并与普通教育、成人教育相互沟通、协调发展,以能力培养为本的残疾人职业教育与培训体系;为城乡有就业要求的残疾人提供各种形式和层次的职业教育与培训;积极发展残疾人中、高等职业教育。

在这种教育目标的指导下,我国的职业教育具有两种教育模式:准备式职业教育模式和支持式职业教育模式。准备式职业教育模式是指在学校教育阶段为视觉障碍学生就业提供知识、技能,培养职业个性;毕业后,根据学校所学知识,在社会帮助或照顾下,寻求和维持就业机会。这种模式是以前我国视觉障碍教育主要采取的一种方式。支持式职业教育是指根据市场的需求,首先开拓就业机会,再根据工作条件和视觉障碍学生自身特点的匹配程度,为视觉障碍学生提供密集性训练、现场辅导和跟踪支持,其核心观念是在竞争的条件下,通过各种支持帮助视觉障碍学生就业。[③] 在我国市场经济的发展中,这种模式已替代前一种教育模式而成为主流。

在这种教育模式的框架下,视觉障碍学生的专业设置主要有:针灸推拿、编织工艺品、钢琴调律、声乐、乐器、计算机打字等。其中,针灸推拿是传统型专业,发展也比较成熟。由于视觉障碍学生触觉功能发达,能准确地把握人体穴位、施行手法,而且他们大多精力集中,比普通人更适合学习针灸推拿。编织工艺品也是传统型专业。据《第二次中国教育年鉴》记载:"近年各盲校多重职业训练,如广州盲校之制革制皮鞋,福建盲校之制席,上海盲校之制藤器,台北盲哑学校之电疗、针灸、按摩……"[④]钢琴调律等音乐类专业同样是针对视觉障碍学生的感触觉灵敏、对声音识别的能力较强而设置的。事实证明,视觉障碍学生可以在音乐领域取得骄人的成绩。计算机打字专业是随现代计算机的兴起而出现的一门新兴专业,该专业同样是根据视觉障碍学生的感触觉灵敏的特点而设置。全盲大学生在普通高校就读,其考试就是运用计算机来完成的。[⑤] 因此,视觉障碍学生完全可以学习计算机打字等内容,这也是一个很好的就业途径。

(二) 教育原则

视觉障碍学生的职业教育,除了进一步学习文化知识,更应该强调技能的培训。因此,

---

① 刘全礼.试论我国残疾儿童的职业教育[J].现代特殊教育,1999,7:42.
② 甘昭良.三类残疾人从学校到工作过渡的问题和对策[J].泉州师范学院学报(社会科学),2003,5:119.
③ 同上注.
④ 沈家英,等.视觉障碍儿童的心理与教育[M].北京:华夏出版社,1993:193.
⑤ 徐胤,等.视觉障碍大学生就业适应情况调查[J].中国临床康复,2006,11:48.

职业教育阶段的教育原则主要为"知识与技能并重"。

视觉障碍学生的职业教育是以市场为导向的就业制度,因此,对职业学校、教师以及学生本人都提出了更为严格的要求。他们不仅要学习书本上的理论知识,更应该同实践相结合,培养适应实践需求的专业技能。专业技能的方向选择决定着视觉障碍学生的生活方式。因此,如何引导和培养视觉障碍学生的职业兴趣并进行合理的职业规划,使其适应社会需求、学以致用,这是职业教育过程中不容忽视的问题。视觉障碍学生的能力测评和职业规划正是在这种背景下应运而生的。

1. 前期个性测评[①]

前期个性测评主要解决视觉障碍学生就读专业选择及是否适应的问题。很多视觉障碍学生由于本身的缺陷导致活动范围狭小、信息来源单一且容易受到周围环境的影响,没有足够的经验和判断能力来选择专业。因此,很多视觉障碍学生选择了并不擅长或不感兴趣的专业。这就需要我们对视觉障碍学生做一个前期个性测评,根据他们的性格、兴趣、能力特长的测评鉴定来决定其专业选择,并制订个人培养计划,这有利于视觉障碍学生更好地接受职业教育。

2. 中期能力发展测评

中期能力发展测评主要了解视觉障碍学生在经过一段时期的学习后其能力提高的程度以及对培养计划的适应情况,进而保持或改进原有培养计划,以保证他们学习的有效性。[②] 中期能力发展测评是一次非常关键的测评,对于视觉障碍学生后期的学习计划的调整具有重大的意义。这种战略性的调整关系到视觉障碍学生的职业生涯,因此,在中期能力测评方面,应该多视角地根据前期学习经验、能力发展情况来综合进行。

3. 后期能岗匹配测评

后期能岗匹配测评主要是在视觉障碍学生临近毕业、踏入工作岗位之时所进行的一次测评,通过这次测评,基本上可以确定视觉障碍学生的职业发展方向。尤其是它可以针对就业恐慌、不适应等心理特征进行测评并提供专门的心理辅导,帮助视觉障碍学生选择符合自己能力发展特征的岗位。

实行视觉障碍学生的能力测评和职业规划,有助于职业学校进一步合理设置专业,提高办学质量,为社会输送合格人才。因此,视觉障碍学生的能力测评和职业规划应该是职业学校制度建设的重要内容。

实现知识与技能并重是职业教育的一个重要目标,这对于特殊学生的发展具有重要的意义。因此,职业教育学校要竭尽所能、根据视觉障碍学生的发展兴趣和个性特点,积极地开办技能培训课程,为他们走出学校、走入社会做好积极的准备工作,使其真正成为一个独立的个体和社会的人。

(三) 发展趋势

职业教育在发展的过程中取得了显著的成绩,但也存在很多问题,这些问题将是我们改进的方向和发展的趋势。

---

① 张燕娣,等.视障大学生的职业性向和能力测评及其职业规划指导[J].中国特殊教育,2008,7:33.
② 同上书,33—34.

1. 一些学校受专业、师资、校舍尤其是经费的制约,不得不采取消极应付的态度。特别突出的问题是师资力量的薄弱,教学实习缺乏。[①] 在师资薄弱的情况下,视觉障碍学生的教学效果可想而知。因此,建立专业化师资队伍的问题迫在眉睫。这种专业化的具体体现,应根据市场需求和专业技能来进行双向结合。

2. 职业学校在专业设置上大多还拘泥于传统专业,并未开设钢琴调律、计算机打字等新兴专业。这反映了职业教育的发展与社会需求的脱节,因此,我们要勇于探索、多加尝试,在传统专业的基础上,增加适合视觉障碍学生特点的专业,为视觉障碍学生的就业开辟多元化道路。

3. 职业教育是绝大多数视觉障碍学生的就业依靠和生存保障,然而,受社会偏见、学生家庭支持不足等多种因素的制约,很多可以接受职业教育的视觉障碍学生并没有接受教育,客观上导致了他们日后生活的拮据。接受职业教育可以改变他们的生活方式,提高经济收入水平并受到社会的尊重。因此,我们要继续加强各种资源的投入,使大多数视觉障碍学生都能接受职业教育。

4. 职业学校应该设立专门的就业保障机制,为视觉障碍学生和社会用人单位搭建起良好的沟通平台,并且及时有效地反映市场需求,为社会的特殊岗位输送合格人才。建立就业保障机制可以给接受职业教育的视觉障碍学生和家长树立起良好的信心,使更多的家长让视觉障碍学生接受职业教育。

视觉障碍学生除了选择在职业学校接受教育之外,也可选择普通高校。从 2002 年开始,上海某高校连续招收两届共 9 名视觉障碍学生,采取随班就读的安置形式。[②] 在调查过程中,虽然这些视觉障碍学生在学习和生活中遇到了很多困难,但这毕竟是普通高等教育安置形式的一种尝试,为视觉障碍学生接受普通高等教育从理想变为现实开辟了先河。有关视觉障碍学生接受普通高等教育的可行性、困难等问题,有待学者们进一步研究。

本章小结

视觉障碍儿童的教育目的与普通儿童一样,都是为了造就有理想、有道德、有文化、有纪律的德、智、体、美、劳等全面发展的社会主义事业建设者和接班人。视觉障碍儿童的具体培养目标包括:培养良好的思想道德品质;促进学业进步,发展潜能;缺陷补偿;培养生活自理能力,发展职业技能;为视觉障碍儿童创造平等参与教育活动的机会,促进他们全面发展;使视觉障碍儿童的特殊教育需要得到满足,培养个性公民。视觉障碍儿童的教育原则有:早期教育原则,直观性教育原则,感知觉缺陷补偿与潜能开发原则,实践性原则,个别化教育原则,系统化教育原则。视觉障碍儿童的教育安置需根据个体的不同情况,选择最适合他们的教育安置模式,可以是特殊学校,也可以是普通学校的特殊班,还可以是在资源教室,或者是在普通学校的普通班级。视觉障碍儿童的学前教育目标应包括:适应校园环境、语言学习及盲文点字训练、智力的启蒙以及定向行走能力的培养。视觉障碍儿童的义务教育应具有

---

① 李玉向.河南省特殊学校职业教育的调查与思考[J].中国特殊教育,2004,10:57.
② 徐胤,等.视觉障碍大学生就业适应情况调查[J].中国临床康复,2006,11:49.

强制性、普及性、免费和连贯性的教育原则。视觉障碍学生在高中教育阶段应进一步学习文化知识。视觉障碍学生的职业教育是以市场为导向的教育,我们要遵循知识与技能并重的教育原则,满足视觉障碍学生的特殊需要,使其成为一名合格的社会公民。

思考与练习

1. 视觉障碍儿童的教育目的、目标是什么?
2. 视觉障碍儿童的教育原则是什么?这些原则是如何体现于具体的教育活动之中的?
3. 影响视觉障碍儿童教育安置的因素有哪些?它的安置模式又有哪些?比较分析这些安置模式的优缺点,选择最适合我国目前视觉障碍儿童教育发展的安置模式,并提出你的理由。
4. 简析视觉障碍儿童学前教育、义务教育、高中教育、职业教育的各自教育目标、教育原则及未来发展趋势,并提出你的观点和看法。

第 7 章 视觉障碍儿童的早期干预

学习目标

1. 了解视觉障碍儿童早期干预的重要性以及早期干预的服务模式。
2. 掌握如何对视觉障碍儿童进行早期干预训练(包括感官训练、运动技能训练、语言能力训练、生活自理能力及社会交往能力训练)。
3. 了解家长在视觉障碍儿童早期干预中的作用。
4. 掌握个别化家庭服务计划包含的内容以及个别化家庭服务计划的制订过程。

婴幼儿期是人生发展的关键时期,它决定着人的一生能否健康地成长。除遗传因素之外,教育对人的心理发展起着重要作用。视觉障碍儿童由于视觉上的缺陷,在生理、心理的发展上跟正常儿童相比有不同的地方,通过早期干预能有效缩小这种差距,使视觉障碍儿童更好地融入社会生活。

第 1 节 视觉障碍儿童早期干预概述

一、早期干预的发展与内涵

早期干预是一种为从出生到三岁的儿童及其家庭服务的系统。早期干预系统有时亦称 Part H 方案,即《美国障碍者教育法案》(*Individuals with disabilities Education Act*,简称 IDEA)的第 H 部分,它是联邦政府用以鼓励各州为有发展障碍或有发展迟缓危机的婴儿与儿童提供特殊教育服务的一项法律,如果儿童符合居住所在地之州政府所规定的资格,联邦的州政府将可协助家庭得到儿童所需的早期干预服务。[①] 在我国的特殊教育领域,早期干预主要是指为学龄前缺陷儿童所提供的治疗和教育服务,通过帮助儿童在社会、情绪、身体和认知方面得到充分发展,使其能进入正常的教育系统或尽可能少地接受特殊教育。[②]

真正推动早期干预社会化的是 20 世纪 60 年代在美国发起的《启蒙教育方案》(*The Project of Head Start*),发起该方案的理论基础是不良的社会经济环境同时也可产生不良的生物学危险因素(如不良的营养和健康状况等),以及不良的社会化进程(如没有受必要的教育、缺乏进取的动机等),而早期的这种经验对孩子日后的生长发育具有很大的影响。因

---

① 林宝贵.特殊教育理论与务实[M].台北:心理出版社,2000:653.
② 杨希洁.我国大陆特殊儿童早期干预研究综述[J].中国特殊教育,2003,4:63.

此,《启蒙教育方案》的目的是铲除影响孩子健康成长的不良根基与温床。① 该方案通过学校的策划与指导,结合社区与家庭,由教师进行家庭访问,带领孩子从游戏中学习,指导家长有关教养子女的方法,以改善低收入家庭中幼儿的文化环境,使儿童在入学之前身心得到充分的发展,不至于因为缺乏文化刺激而落后于正常儿童,减少其入学后遇到的种种学习困难。

此概念一提出便得到广泛的关注,在此基础上,美国产生了一系列的早期干预计划、方法以及具体的实施步骤,使早期干预在世界得到广泛的推广。在美国的94—142"全体残疾儿童教育法"中特别规定了3~21岁特殊儿童青年接受免费的公立学校教育,特殊儿童义务教育由学龄期提前到了学前期。1986年,该法的修正案规定要为残疾婴幼儿提供个别化家庭服务计划。日本等其他国家以在普通幼儿园设立特殊班等形式开展特殊儿童的早期干预。②

《启蒙教育方案》由发起至今已有40余年,在此期间,早期干预的理论和实践都得到了不断的发展与进步,如今,早期干预的内涵也发生了一些改变。林宝贵认为早期干预的内涵有以下几点:① 在性质上,早期干预属于一种整合性的服务;② 在服务对象方面:多以儿童(包括发展迟缓、身心障碍或有发展危机的儿童)及家庭为主;③ 在服务提供的时间方面:强调越早提供越好,多半指0到3岁婴幼儿,有些服务亦包括6岁前的幼儿;④ 在服务的内容方面:包括早期发育诊断、医疗及社会福利服务;⑤ 在服务的提供方式上:多采用专业整合的方式进行,至于整合方式则视情况及需要而有不同;⑥ 服务的目的:通过早期干预计划的实施,提高儿童的适应能力和学习准备度、激发潜能,以便有效减少长期的社会成本。③

二、视觉障碍儿童早期干预的重要性

视觉是我们人类获取信息的主要渠道,视觉出现缺陷或完全丧失很可能会改变一个人对世界的理解,同时也影响其他各方面的发展。而学前阶段是儿童心理发展的关键期,在语音学习方面,2~4岁是关键期;在掌握数的概念方面,5~5岁半是关键期;4岁前智力发展最为迅速;4~5岁坚持性行为发展最为迅速等。④ 如果忽视对视觉障碍儿童的早期干预,那么视觉的障碍就会对其早期的心理发展和智力发展造成不可磨灭的影响。相反,如果在视觉障碍儿童的早期生活阶段就能够给予其适当的刺激或是干预训练,不仅仅能改善他们的生理缺陷,减轻因视觉障碍带来的不利影响,更能有效抑制派生性障碍的产生,促进视觉障碍儿童的健康成长。另外,对视觉障碍儿童进行早期干预,也是对儿童权利的保护和伸张。视觉障碍儿童存在着视觉的缺陷,他们有权利接受早期干预服务。同时,为视觉障碍儿童制订早期干预方案也是为了帮助视觉障碍儿童家庭获得物质和精神上的支持,使他们能够在相关的支持下调整心态,积极为视觉障碍儿童提供良好的教育环境。

(一)促进视觉障碍儿童潜能的开发

早期干预被肯定的主要原因之一就是可以开发特殊幼儿潜能。梅塞尔斯(Meisels)在1989年指出发展迟缓儿童需要早期干预的理由是基于儿童的智能和发展能力是动态的,并

---

① 陈建华.美国儿童早期干预的研究与实践[M].国外医学社会医学分册,1993,13(1):4.
② 王雁.早期干预的理论依据探析[J].中国特殊教育,2000,4:1.
③ 林宝贵.特殊教育理论与务实[M].台北:心理出版社,2000:655.
④ 王雁.早期干预的理论依据探析[J].中国特殊教育,2002,4:3.

且受环境影响，因此可经由一连串持续性及系统性的努力来协助出生至三岁有残障发展或发展危机的儿童及其家庭发挥最大的潜能。[①] 人们一般认为，不论是正常儿童还是有障碍的特殊教育需要儿童，他的学习能力和行为能力都是可以通过训练和教育来改变的。例如对视觉障碍儿童早期的听觉训练、触觉训练以及视觉训练，可以帮助他们尽早地形成较强的听觉和触觉辨别能力，使他们能够较好地利用自己残存的视力进行日常的学习和生活。有些视觉障碍儿童经过训练甚至可以欣赏图画、绘制和设计图形，成为雕塑家。早期的海伦·凯勒就是这样一个生动的例子，她之所以能够掌握多国语言、出版多部著作，最根本的原因在于她在幼儿阶段就接受了丰富的刺激和训练，进行了早期的干预，因此才能够成为生活的强者，发挥自己的潜能。

（二）次级障碍的预防

人的机体是一个完整的统一体，各种器官和组织的功能互相联系，并协调发挥作用。如果机体的某一部分发生损伤，其个体无法接纳或适应其生理上某部分的障碍，那么他的心理或生理的其他部分也可能受到影响，形成新的障碍。例如视觉障碍儿童如果在早期没有获得丰富的感觉刺激，久而久之会在自己的身体范围内寻求刺激，于是便出现了新的问题，如盲相，表现为摇头晃脑、挤眼睛或用手按压眼睛、摆动身体、在一个地方绕圈子等特殊的行为。要预防这种情况的出现，就必须在儿童早期给予干预，为其创造一个有丰富刺激的环境，多带领视觉障碍儿童去探索周围的环境，认识事物。另外，对视觉障碍儿童及早地进行早期干预，在一定程度上能够减轻或消除原有的障碍或减轻原有障碍对个体的影响，进一步预防视觉障碍儿童因为视觉障碍而导致的一系列心理问题，例如自卑、孤独以及无助感等。

（三）儿童权益的维护

儿童是未来的主人翁，但是由于其发育尚未成熟且不能自我照顾，是非常容易受伤害的一个弱势群体。1959年联合国一致通过的《儿童权利公约》(UN Declaration on the Rights of the Child)在第5款具体规定了残疾儿童有权受到适合其残疾条件的特别的待遇、教育与照顾。因此，当儿童有接受早期干预的服务需要时，应给予适当的相关服务。视觉障碍儿童是儿童中更为弱势的一个群体，他们由于视觉的障碍不能够正常地认识世界和了解周围事物，需要得到更多的帮助和服务。因此基于儿童权利平等原则之上的早期干预更应该关注和关心视觉障碍儿童，为他们提供积极有效的支持。

（四）为家庭提供支持与协助

通常情况下，每个家庭在迎接新生命的到来时都会承受颇大的压力，也面临着生活形态的调整；倘若家中的新成员是特殊幼儿，家长所承受的压力更是会大大增加。通常家长在初次得知自己的小孩为特殊幼儿时会极为震惊和无奈。日本爱知县心理障碍者聚会处发育障碍者研究所植村心美制作了《父母烦恼检查尺度》(25个问题，具体项目合计115项)，对障碍儿父母进行了调查，发现父母的烦恼有以下五个方面：① 因家庭外的人际关系所产生的烦恼；② 因障碍儿行为问题所产生的烦恼；③ 因对障碍儿发育现状以及将来的不安产生的烦恼；④ 围绕障碍儿父（母）子关系的烦恼；⑤ 因日常生活中父母自身价值实现受到阻碍产生

---

① 林宝贵.特殊教育理论与务实[M].台北：心理出版社，2000：657.

的烦恼。① 视觉障碍儿童家庭尤其如此。当获悉自己的孩子患有视觉障碍时,起初家长会表现出震惊、恐慌、着急的心理状态,继而到处求医问药,在希望与失望中徘徊。更糟的情况是,家长得不到任何的外界支持,担心自己孩子因为视觉障碍而前途未卜,整日以泪洗面,甚至表现出一些极端的行为,危害自己和孩子的身心健康,这样的案例不在少数。倘若能及时帮助视觉障碍儿童家庭制订早期干预计划,给予父母适当的家庭支持,帮助他们正确面对儿童的障碍,寻求适当的服务以及重新调整对生活的期待等,不但可以帮助视觉障碍儿童发挥潜能补偿缺陷,同时也可以避免很多视觉障碍儿童家庭悲剧的产生,而且也可以使视觉障碍儿童家长有更多的时间投入工作中,创造一定的社会价值。

三、视觉障碍儿童早期干预的服务模式

依据早期干预的服务场所和服务方式,可以把视觉障碍儿童早期干预分为以下五种形式。

(一) 中心模式

所谓中心模式(Center-based)是以专业机构为基础来进行训练,视觉障碍儿童和家长定期到中心接受训练,中心根据视觉障碍幼儿的特殊需要和发展阶段设计训练课程,安排训练内容的模式。这种模式以视觉障碍幼儿为主,家长或照顾者参与训练,中心为家长提供一些系统性的训练指导。这种模式的优点主要有以下几点:① 家长或照顾者获得了各类专业人员与教师的当面指导,具备了一定的技能,在生活中可以随时对视觉障碍幼儿进行训练,更能促进视觉障碍幼儿的发展;② 中心设备良好且服务比较集中,能够提供多项治疗和教育服务;③ 在中心的集体气氛下,视觉障碍幼儿之间有彼此互动的机会,可以增加其社会性的发展;④ 在中心,父母有相互交流的机会,一方面有利于解决视觉障碍幼儿在生活中的各种问题,另一方面也利于家长的心理健康。但是,这种模式也存在一定的弊端,主要表现在以下几个方面:① 父母要花较多交通往返的时间和金钱送幼儿到中心,给他们造成一定的负担。② 机构或中心的设备昂贵,人事经费浩大,如果收送的对象比较少,容易造成中心的设备闲置、资源浪费;③ 这种模式花费较大,可能会给家庭困难的家长造成较大的经济压力,不利于在贫困地区开展。特别是很多视觉障碍幼儿处于偏远贫困的农村地区,把他们送到中心进行早期干预,对其家庭来说不太现实。

(二) 家庭模式

家庭模式(Home-based)是对视觉障碍幼儿进行早期干预的最主要的一种模式。它是由经过训练的专业人员定期到家庭中访问,协助家长了解视觉障碍幼儿的成长与需要,利用家庭现有的条件,有针对性地对视觉障碍幼儿实施早期教育。此种模式主要是以视觉障碍幼儿为主,以尊重家庭需要为出发点,专业人员每星期1至3次亲自到其家庭中指导父母学习一些早期干预的技能,以便父母有足够的技能和策略教养视觉障碍子女。比较著名的家庭早期干预模式有两种:一是波特奇计划,它主要是为0—6岁的特殊幼儿或一般幼儿提供刺激、社会交往、语言发展、生活自理、认知能力和运动技能等6个领域的训练,父母作为训练儿童的教师,以家庭作为干预基地;另外一个则是个别化家庭服务计划,目的是利用各种

---

① 周平,等.学习障碍儿的教育指导[M].北京:人民军医出版社,2003:105.

资源来帮助家庭促进幼儿的发展。[1] 有关个别化家庭服务计划的内容,笔者在本章第 3 节会作详细介绍。

家庭模式有以下优点:① 服务到家,家长不必为接送视觉障碍子女而耗时耗神;② 整个计划不会用到昂贵的设施,可节约经费;③ 服务就在家庭中进行,减少将经过训练的能力类化到其他环境的困难;④ 专业人员能与父母建立良好的关系,有助于视觉障碍幼儿的发展。此模式的缺点在于:① 由于父母必须参与早期干预的过程,那么父母参与的多少往往是干预成败的关键,如果父母动机不强,则干预计划难免遭到失败的命运;② 父母必须学习早期干预的技能,工作十分繁重。虽然有专业人员的协助,但并不是所有的父母均有能力学会各项早期干预的技能;③ 服务是在家庭环境中进行的,不易排除其他的干扰与监督实际的训练进度;④ 视觉障碍幼儿只在家庭中接受疗育,未到幼儿园上学,失去社会互动的机会,连带影响其他社会技能的发展;⑤ 当需要特殊仪器协助训练儿童的时候,家庭式的服务模式就比较不易进行。[2]

(三) 家庭与中心结合的模式

这种服务模式即中心和家庭模式混合使用的模式,在一定程度上能够避免二者单独存在的一些弊端,弹性比较大,接受这种模式的视觉障碍儿童家庭可以依自己的需要安排时间,分别在不同的场地接受服务;这种模式可以避免家庭模式中儿童社会互动过少的缺点,以及中心模式中家长参与不够等缺点。但这种模式也兼有两种模式的弊端,不过相对来说要轻一些。

(四) 咨询模式

这是一种特殊的早期干预服务模式,主要用于年龄较小,疑似有视觉障碍或者视觉障碍程度较轻的幼儿。疑似视觉障碍的幼儿由机构中的专业人员亲自诊断后,专业人员会依据诊断的结果,提供给家长早期干预的计划与需要训练的课程。整个过程是家长自己负责,在家对视觉障碍幼儿进行教育,专业人员只是在必要的时候提供建议和接受咨询,并不参与干预的过程。这种模式的优点在于专业人员可以不用花时间到家庭提供干预服务,也不用花时间提供实际的干预活动,可以减轻花费。由家长进行直接干预,有利于家长学习如何帮助孩子成长和发展。缺点在于家长的压力过重,可能会造成一定的心理负担;有的家长缺少足够的专业知识,可能会影响干预的效果,反而延误了干预的最佳时机,这也是咨询模式的一个弊端。

(五) 媒体模式

这是一种运用传播媒体如电视、广播、录音带或印刷材料等传媒工具来进行视觉障碍儿童早期干预服务的一种模式。这种模式主要用于视觉障碍儿童早期干预的宣传或预防教育。另外,对于一些由于工作或其他原因无法进行家庭模式或中心模式早期干预的服务者,也可以通过这种模式来提供服务。这种模式的优点在于不需要以面对面的方式进行服务,可以在短时间内接触到许多可能需要服务的视觉障碍家庭,效率高并且覆盖面广。缺点是对于一些操作性较强的问题难以回答,也无法监督实施的效果。

---

[1] 孙玉梅.浅析对特殊幼儿的早期干预[J].科教文汇,2007,10:53.
[2] 林宝贵.特殊教育理论与务实[M].台北:心理出版社,2000:679.

视觉障碍儿童早期干预的服务模式可能不仅这五种,并且在干预的过程中,不是仅一种干预模式就可以满足视觉障碍幼儿的所有特殊需要。通常是在不同的年龄阶段,根据视觉障碍幼儿需要的不断变化采用不同的模式进行干预,以达到干预的最佳效果。

四、视觉障碍儿童早期干预的内容

从宏观上看,视觉障碍早期干预的内容包括视觉障碍的预防,视觉障碍的早期筛查、鉴别和诊断,视觉障碍的早期治疗和康复,以及视觉障碍的早期教育和训练。[①]

(一)视觉障碍的预防

预防具体包括个体出生前的预防和个体出生后的预防。个体出生前的预防除去一系列先天因素的控制外,还应包括孕期的一些干预措施。个体出生后的预防,主要是指采取的一系列防止残障发生的措施。医学上把预防分为三级。

1. 一级预防

一级预防又称做初级预防,主要预防致残性伤害和疾病的发生,目的是减少各种病损。它的措施有很多,例如宣传近亲结婚的危害性、加强孕妇卫生宣传教育、为婚前妇女注射防风疹病毒疫苗等,以防止先天白内障和先天视觉障碍的发生。又如,对儿童进行安全防护照顾、安全习惯教育以及安全规则养成教育等,以避免引发眼部伤病的危险,避免视觉障碍的发生。

2. 二级预防

二级预防主要是指在眼伤病发生后,防止出现视力残疾。它的主要措施是对眼病的早期发现、早期诊断和早期治疗(包括药物治疗、手术治疗和精心护理以及早期的康复治疗,如功能训练、心理辅导等)。例如,我国由青光眼导致视觉障碍的比例仍然很高,但实际上青光眼在早期发现后若能得到及时的治疗,施以眼科手术,多数病人都是可以免于失明的。

3. 三级预防

三级预防是指在视力残疾出现后,防止早期视力残疾发展为严重视力残疾,同时,尽可能地防止视力残疾发展成视觉障碍。它包括一系列的康复功能训练(如运动治疗、作业治疗、语言治疗和心理治疗等)、功能代偿、补偿训练(如佩戴助视器、使用导盲杖以及定向行走训练)、自理能力训练和手术治疗等。

残疾障碍的预防是一个综合工程,既是医学界的任务,也是教育、社会等各方面的任务。

(二)视觉障碍的早期筛查、鉴别和诊断

这是指通过测量把需要接受早期干预的视觉障碍对象从大量的背景对象中挑选出来,其中有的可能已经出现了一些症状,有的可能只是疑似。早期筛查、鉴别和诊断是对特殊儿童进行早期干预的基础。

(三)视觉障碍儿童的早期治疗和康复

早期治疗和康复十分重要,它能有效地控制残疾发展成为障碍,甚至能够使可能发展为障碍的儿童成为正常儿童。例如有些婴幼儿白内障患者的水晶体内含物不像老年白内障患者的那样硬化、浑浊,因此经过几次手术治疗后,患者视力大多数能够改善;有些幼儿经过手

[①] 刘全礼.特殊教育导论[M].北京:科学教育出版社,2003:241—243.

术后,借助矫正眼镜能够在普通班级里进行正常的学习和活动;还有些视觉障碍儿童虽然存在视觉缺陷,但是还保留部分残余视力,通过对其残余视力的训练以及辅助器具的使用,他们也能够就读于普通班级,融入正常的社会生活。

(四)视觉障碍儿童的早期教育和训练

早期教育和训练是指在障碍的症状确定后,或者当医学对障碍儿童失去作用时所采用的一种最主要的干预措施。视觉障碍儿童早期教育和训练的内容包括以下几方面:

1. 缺陷补偿训练

缺陷补偿是指机体在失去某种器官或是某种技能受到损害时的一种适应,是一种与正常发展过程不完全相同的有特殊性的发展过程。视觉障碍儿童缺陷补偿主要包括以下内容:视力障碍儿童的方向辨别和定向行走训练,助视器材的使用训练等。

2. 早期智力的开发和训练

视觉障碍幼儿受视觉缺陷限制,不能有效地获取外界的丰富信息,因而难以形成自己对周围事物的理解,导致发展迟缓或各种能力发展的不平衡。因此,在对视觉障碍儿童进行早期干预时也需要注重对视觉障碍幼儿智力的开发和训练,包括通过有关文化知识的学习来开发视觉障碍儿童的智力,通过有关艺术活动以及其他的户外活动来丰富视觉障碍儿童的感知觉经验,提升理解水平等。

3. 早期行为训练

早期行为训练主要是指培养视觉障碍儿童养成良好的行为习惯,增进视觉障碍儿童的社会交往技能,矫正或消退问题行为。它包括:生活自理能力训练、社会交往能力训练、感知技能训练等。早期行为训练是大多数特殊儿童都需要接受的早期干预项目之一。

第2节 视觉障碍儿童的早期干预训练

人生下来就有视、听定向能力,并有触觉、味觉和嗅觉。在丰富的环境刺激中,这些感觉得到反复的锻炼和巩固,从而使脑神经细胞建立起联系通路,这种联系将永久存在,而未得到早期体验的联系则很快消失。[①] 在人类获得的外界信息中,80%以上来自视觉。[②] 婴幼儿主要凭借视觉不断地与周围环境相互作用,获取大量信息与经验,促进其神经回路的不断形成和大脑的不断发展,从而促进其认知发展。视觉障碍儿童由于视觉的减弱或丧失,他们的活动范围和种类均受到一定的限制,感觉及运动能力得不到有效锻炼,这势必会影响到儿童的各项发展,甚至会造成智力低下。所以在儿童发育的早期,尤其是0—3岁这一阶段,给予其适当的早期干预训练非常必要。具体而言,家长和教师可以从以下几个方面对视觉障碍儿童进行早期干预训练。

一、感官训练

感官训练是指对视觉障碍儿童的听觉、触觉、嗅觉、味觉及残余视觉等感官功能进行有

[①] 袁芩,等.婴幼儿智能发育的早期干预[J].实用临床医学,2005,6(8):92—93.
[②] 彭聃玲.普通心理学[M].北京:北京师范大学出版社,2005:88.

计划的干预训练,以使其他感官更好地代偿视觉的损失,使得视觉障碍儿童能客观地认识世界、学习各种技能、适应社会生活。

(一) 残余视觉训练

视觉技能包括固定、注视、追踪、调节等。正常儿童在日常生活中获得了大量的视觉技能,但视觉障碍儿童的视觉技能发育不同程度地受到各种阻碍,因此,对视觉障碍儿童进行视觉技能的训练是十分必要的。

最初的视觉技能训练是让视觉障碍儿童对光亮产生注意。可以利用手电筒的亮光向上、下、左、右及近、远移动,训练他们的视觉追踪能力以及辨别远近的能力。随后可以把各种色彩鲜艳、反光良好的玩具拿到背景对比明显的环境中进行上述训练。在儿童1岁左右开始能够爬、站立及行走时,应该在他的周围放一些玩具,让他去寻找。在这个时候要逐步让儿童注意周围的事物,如家具、人物等。

在儿童两三岁左右时,就要开始让他学习辨别目标物体的形状。这时他们的语言理解能力已经得到一些发展,可以呈现给他们不同形状和大小的物体,用语言来说明物体的名称及特点,在讲述时应该着重讲明直线、曲线、点、角等。接下来便是画图及其他的视觉训练,开始时要给儿童看一些简单的单色图或颜色对比较强烈、颜色鲜明的图画,开始练习时图要大一些、简单一些,以后慢慢变小、变复杂,直到儿童刚刚能看到为止。当儿童能看清并说出图的名称后,就应让他们练习描画形状各异的图形,要从不同的角度来表现图的整体或全貌,这样视觉障碍儿童在看到实物时,无论从前面或侧面,都能把它辨认出来。另外,视力严重受损儿童的手眼协调能力比较差,通过描图也能提高这项能力。

3岁以后,视觉障碍儿童便可以开始进行视觉分类、视觉记忆、辨别方位、认识符号等训练。这些训练可以利用画线条、走迷宫、点连画、剪纸、搭积木等游戏活动进行。

在训练视觉障碍儿童时应该多使用语言,告诉他所看到的是什么,或让视觉障碍儿童运用他的触觉,用手去触摸看到的目标;这样大脑可以将视觉和其他感官传来的信息进行综合,促进视觉识别能力的发展,提高视觉效率。

(二) 听觉训练

听觉是人们接收外界信息、认识客观世界的重要工具之一。由于视觉障碍儿童丧失了部分或全部的视觉,所以听觉成为他们认识世界、获取外界信息的主要手段,也是他们学习、交流、活动的主要途径。

在婴幼儿出生后的几个月,就可以开始对其进行听觉训练了。在他们0—6个月的时候,家人进入房间时,要随时跟幼儿交流,或者播放电视或收音机,或者把小铃或其他产生柔和声音的玩具放在他的周围,让他了解声音的存在;6—12个月的时候,家人可以通过玩有声玩具并改变玩具的位置,让幼儿转头追寻声源;1—2.5岁时可以让儿童通过触摸了解声源,例如触摸水龙头、抽屉、闹钟等声源,家长这个时候还可以带儿童外出去听声音,并指出声音的来源,如超市的嘈杂声、马路上的车鸣声等;在婴幼儿2.5—4岁时,家长可以指导儿童听更多的声音,可以到郊外听听大自然的声音,辨别声音的远近,也可以把发声体藏起来,让儿童去寻找。接下来就是训练儿童的听觉记忆,可以通过执行家长的指令、玩耳语传话游戏、打电话等活动来进行。

对于视觉障碍儿童而言还有一项特别重要的听觉训练,就是在嘈杂的环境中进行有选择的听,接收有用的信息,对没有意义的声音不予关注。这个可以通过在嘈杂环境中听拍球的次数、在音乐中听指令等方式来进行训练。

(三) 触觉训练

人们对事物空间特性的认识和触觉分不开。触觉不仅可以帮助人们认识物体的软、硬、粗、细、轻、重等特性,而且通过同其他感觉联合起来,还能够帮助人们认识物体的大小和形状。触觉是视觉障碍儿童获得经验与知识的重要感觉。

触觉训练首先是要教会视觉障碍儿童认识物体,包括认识日常实物和模型。在6—12个月时,家长可以给幼儿提供一些既方便抓握又能避免吞食的触觉玩具,鼓励儿童玩耍,在玩耍的过程中认识物体。在婴幼儿1—2.5岁的时候,家长可以帮助儿童认识事物的一些特性,如冷、暖、干、湿、软、硬等。当视觉障碍儿童在辨认物体的时候,家长和教师应给予生动的语言描述,如柔软的枕头、硬的地板、冷的水、热的馒头等。在他们2.5—3.5岁的时候,就要给视觉障碍儿童介绍尺寸的概念,如提供家人的鞋子让儿童去配对,或使用其他物品,依据尺寸、长度、形状去分类,如积木、纽扣、小塑料瓶等。在他们4—5岁的时候可以指导儿童串珠子,走路时让儿童感受不同的路面,如人行道、泥土、草皮、柏油路面等。

在训练的过程中家长要教给视觉障碍儿童正确的触摸方法,要按照一定的顺序来进行触摸:先整体、再局部、再整体;从头到尾、从上到下;触摸较大的物体要借助基准点、线、面,避免观察遗漏和重复。另外,还要进行视觉障碍儿童的触摸分配训练,可以让视觉障碍儿童的两手同时触摸两种不同的物体,观察其异同。这对提高触摸效率、拓展观察范围非常有效。

(四) 嗅觉与味觉训练

美妙的气味会引导视觉障碍儿童去主动探索外界的事物,嗅觉可以帮助视觉障碍儿童辨认物体、辨别方位以及为定向行走提供线索。家长首要要帮助孩子认识和分辨不同的气味,然后区别各种物品特有的气味特征,以此来区分不同的物体。等孩子稍大一些,可以让他们根据气味来认识环境,如小吃店的气味、书店的气味等。在味觉训练中,视觉障碍儿童一方面必须能够区分不同的味道,如酸、甜、苦、辣、腐化等,另一方面还要能通过品尝来辨认食物。

在味觉训练中必须注意以下事项:① 要使孩子知道不是所有的东西都能放到嘴里去品尝,有毒的物品是不能随便吃的。② 结合嗅觉训练,让孩子能区分出鲜奶与馊奶、鲜肉与腐肉、鲜水果和坏水果等的不同;一旦尝到了腐烂和有毒的味道,要立刻吐出来,并用清水冲洗嘴部,以防食物中毒。

二、运动技能的早期干预训练

通常,运动技能的训练包括粗大动作和精细动作两类。粗大动作是指身体的大肌肉运动,精细动作是指身体的小肌肉运动。视觉障碍儿童由于自身的缺陷,自发的运动会相应减少,与正常儿童相比,他们更倾向于呆在某个地方不动,以保证自己的安全,这就会造成视觉障碍儿童的运动技能发展明显地落后于正常儿童,还有可能出现"盲态",所以要加强对视觉障碍儿童的动作技能的训练。

(一) 粗大动作技能的训练

视觉障碍儿童坐、爬、站、蹲、走等基本动作的发展顺序与正常儿童是一致的,由于视觉障碍儿童缺少运动动机,所以其发育相对于正常儿童来说要晚一些。有人对低视力儿童进行追踪调查后发现,低视力儿童的动作发展明显晚于正常儿童。在爬行动作发展中,低视力儿童平均比正常儿童晚两个月。有趣的是,在追踪的30名儿童中,所有的父母都报告说,孩子在婴儿期不喜欢处于俯卧状态,并且有15名儿童没有经历爬行动作的发展阶段而直接进入了行走动作的发展。[①] 这就要求家长不断地给予大量有效的刺激,促进其运动的发展。

粗大动作的训练从婴儿期的变换体位开始,这个时候视觉障碍儿童需要家长的帮助,不然他们会长期地保持一个体位不动。不同的体位不但能使不同部位的肌肉得到训练,更重要的是能激发视觉障碍儿童的运动兴趣。这个阶段可以做以下几个动作的训练:① 让孩子仰卧着,抬起他的双腿再放下,同时播放一些有节奏的音乐并按照音乐的节奏进行训练。② 鼓励孩子做抬头的动作。当孩子俯卧时,用一件发声玩具去碰他,然后将玩具上下左右缓缓移动,帮助孩子抬头去寻找声音。③ 孩子俯卧时,帮他把双臂伸向前方,然后双腿伸直,缓缓地抬起头,这个动作可以训练孩子的背部肌肉。④ 训练孩子坐的动作。起初,孩子可能坐不稳,可以拿枕头垫靠在孩子的背后,给孩子以独坐的经验。

等孩子发育到一定程度,家长就要开始训练其爬的动作。爬行是婴儿全身参与的活动,对于锻炼全身的肌肉有很好的效果,并且还有利于婴儿空间意识的建立。爬行的训练可以从以下几个方面来进行:① 爬地面。让孩子俯卧,摇动一个发声玩具以吸引他的注意,让他摸摸玩具,然后将其拿开并放在他刚好能够得着的地方。必要的时候,家长可以挪动孩子的双腿来帮助他爬行。② 练习爬台阶。家长要手把手地来教,等爬到顶上,家长再帮他爬下来。

到一定的时间,家长就要开始教孩子站立和行走。开始时可以让孩子站在大人的双膝上,让孩子感受自己腿部的力量,这个时候家长托住孩子的腋窝,让他上下跳动,就像做游戏一样;接下来家长要教会孩子扶着东西慢慢地站起来。在孩子学习走路的时候,家长可以托着他的腋窝让他开始学步或者放在学步车里让孩子学会走路。在这些学习的过程中,家长要注意引导孩子,避免在学习的过程中发生碰撞等不必要的伤害。

当儿童走得比较稳的时候,家长就要开始教他跑步和跳跃了。一般人通常会认为所有的孩子都是自动地学会跑步、跳跃和蹦跳的,其实不然。虽然家长和老师并没有正式地教孩子跑步,但是视力正常的儿童通过观察,可以跟在大人后面跑步、跳跃,并在这个过程中慢慢地学会跑步。但是,视力障碍儿童是没有办法通过观察来学习的,所以家长和老师必须对孩子进行训练。家长可以通过教孩子不同动物走路的姿势(例如螃蟹横行、鸭子蹒跚而行、青蛙跳跃、金鸡独立等)让他们明白,身体也是可以以其他不同的方式来运动的。

这些技能都需要家长或教师耐心的指导和帮助,在训练中一方面要及时纠正儿童的不良姿势,防止盲态的产生,另一方面不能过分保护这些有视觉障碍的儿童。跟所有儿童的发展一样,他们必须先学会探索环境。在训练的过程中他们可能会碰墙、会摔倒、爬起、再摔倒再爬起,这是一个成长的过程,家长和教师既要给他们锻炼的机会,又要保证他们不会受到无谓的伤害,让他们学会行走的技巧、提高适应环境的能力。

---

① 钱志亮.特殊需要儿童咨询与教育[M].北京:北京师范大学出版社,2005:135.

（二）精细动作技能的训练

当儿童能控制自己身体的时候，就要开始训练其精细动作的发展。精细动作训练包括手和手指的动作以及手眼协调的能力，如手指对捏、捡拾、捻压、揉搓等。精细动作可以通过以下内容来训练：

首先是取物练习。在幼儿还没有懂得伸手触摸物体的时候，家长可以协助幼儿伸手触摸发声玩具，让幼儿发现声源并主动抓取玩具；在幼儿仰卧时，家长可以在两旁放一些不同声音的安全玩具，鼓励幼儿伸手探索和抓取。

其次是要训练幼儿的手指对捏动作。家长可以手把手地教孩子通过食指和手指的对捏来拾取物品，串珠训练是一个很好的训练手指对捏的游戏。

精细动作的训练遵循以下的年龄顺序：在0～1岁时，学会利用尾三指及掌心抓握物体、能够将玩具在桌上敲击、将2块积木相向碰撞敲击、将物件从一只手交到另一只手中、利用前三指抓握物件、用拇指及食指拾起小物件、将玩具放入容器内或将玩具从容器中拿出、将小物件放入取出瓶中等。等到了1～2岁，要学会将4个大圆圈套在柱上、圆木棒插在圆形柱板上以及用蜡笔随意涂写、用玻璃丝或小电线穿扣子洞、扭开物件等。在2—3岁时，能够将6—7块积木叠高、用锤子敲打小柱子、用前三指握蜡笔、模拟折纸、用剪刀剪纸等。训练要求尽可能全面并注意安全，玩具最好有味道、由不同质料制成或能发出不同的声音，这样有利于儿童的运动感觉统合能力的发展。

三、语言领域的早期干预训练

人类的发音器官的运动是一系列非常精细复杂的运动，口型的变化、舌的伸缩、面部肌肉的运动以及发音时的呼吸，任何一项发生障碍都有可能会影响语言的表达。视觉障碍儿童由于视觉上的缺陷，看不到人们发音时的动作，也看不到人们使用目光、手势、表情等辅助手段进行交流，因此他们学习说话时会遇到很多正常儿童想不到的困难和障碍。0—3岁是语言发展的关键期，这就要求父母在儿童学习语言时注意他们的特殊需要，帮助他们学习语言。

对视觉障碍儿童的语言训练可包括发音、语言理解和语言表达三个方面。

发音训练在视觉障碍儿童学说话时就要开始进行。家长首先应该让他们触摸说话者的脸和嘴，让他们感受唇、颊和下颌的运动，让他们感受说话时气流的运动，然后让视觉障碍儿童把手放在自己的嘴上，重复家长的话，活动嘴唇等器官，这样就能减少一些发音不准的现象。另外在生活环境中要直接告诉儿童每一个物品的名称，如杯子、饭碗、脸盆等，并不断地重复，直到视觉障碍儿童理解和掌握为止。

在教视觉障碍儿童说话的时候，要尽量让他理解词语所表达的意义，除了详细的描述和触摸外，还要结合各种情境让儿童理解语言，例如反复地告诉儿童他正在做什么，如"你正在刷牙"、"你正在吃饭"等，以结合不同的生活情境来理解语言。

当儿童掌握了大部分的名词和动词后，就要鼓励儿童跟家长进行交流。如果他想要某种东西，可以问他："你想要牛奶还是果汁？"直到他回答问题了再给他。当其他人同视觉障碍儿童交流的时候，家长要让儿童自己来回答问题，而不要代替他们回答。

要用具体的、清晰的声音跟儿童交流，不要使用儿语，要注意避免使用含糊的非特指性的短语如"这里"、"那里"、"它"等,因为视觉障碍儿童根本不知道你说的"这里"、"那里"指的是哪里,也不知道"它"代表什么。另外视觉障碍儿童的语言指导应该兼顾表情教育,在生活中鼓励孩子多利用面部表情来表达内心的喜怒哀乐,这可以让他们避免因表情呆板而显得冷漠。

四、生活自理及社交技能的培养

随着视觉障碍儿童年龄的增长及活动能力的增强,家长和教师要逐步训练他们的基本生活技能,教给他们社交常识。

视觉障碍儿童生活自理能力训练的主要内容通常包括:独立吃饭、穿脱衣服、洗澡、独立上厕所等。在0～1岁阶段,训练视觉障碍儿童自己抱奶瓶吃奶,可以在奶瓶外裹上不同质料的布,从而提高触觉刺激;学习从勺中进食、手握固体食物放入口中、知道家长"把"大小便等。1～2岁阶段,能触摸各种固体食物,学会自己用勺进食,配合家长穿脱衣或自己脱外衣、裤子,会自己坐盆大小便,能独自安静入睡等。2～3岁时,能熟练用勺进食,用杯喝水,学习使用筷子,会脱袜,穿外衣、长裤,依靠触觉辨别衣物的正反、上下等、会擦鼻涕等。

训练的时候家长应该把这些过程分成几个小部分,手把手地教或者进行解释。需要注意的是,当教会他们独立做这些事情以后要注意保持他们生活的规律,使其养成良好的生活习惯。视觉障碍儿童生活自理能力训练是一个漫长的过程,家长要有耐心,不能因为孩子做得慢或做得不好就放弃努力、自己来代办,这样不利于孩子以后的学习和生活。

视觉障碍儿童要在社会上生活,就必须与各种各样的人进行交往,良好的社交技能能帮助他们更好融入社会、被人们所接受。由于视觉障碍儿童不能经常参加一些有益于培养他们社交能力的活动,所以跟正常儿童相比,他们在社交场合显得比较安静和消极。这就需要家长在视觉障碍儿童小的时候就注意培养他们的社会交往能力。在0～1岁阶段,逗引视觉障碍儿童时,应使其能微笑、将头扭向声音的方向,在家长的牵引下能挥手说再见、模仿声音等。到了1～2岁,会和其他小朋友一起玩耍,学习一些简单的社交技巧,家长向儿童示范,使他们学会适当地表达自己的情绪、在吃饭或玩耍时懂得等待食物或玩具;学习独处至少3分钟等。到2～3岁时,学习与他人相处的技巧,如不擅自触摸他人、适当表达自己的要求、懂得批评与表扬、玩角色扮演游戏、学习不同角色的社交技巧等。要从小培养视觉障碍儿童良好的独立性,儿童能做到的事情就让他自己去做,即便是儿童不能独立完成的事情家长也只给予适量的帮助,而不是全权代替。要鼓励儿童多交朋友,与他人玩合作性游戏,体会和同伴交往过程中的各种感受,加强社交技巧的训练,教给儿童合适的表达友谊的方法,家长应以身作则给予良好的示范。

尼克松(Nixon)认为对孩子的家长和教师来讲,为有障碍的儿童及时地提供周围环境的信息,向他们解释周围发生的事是非常重要的。[①] 例如告诉孩子:"宝宝,小明正坐在你旁边,他也在玩穿珠游戏。"另外表情和语言在社会交往中是很重要的,家长和教师教孩子学习语言的时候,可以通过语言描述和面部示范,并结合让儿童触摸的方式,让视觉障碍儿童认识到面部与情绪的联系,让他们懂得在交往中如何正确地运用面部表情。另外,父母可以通

---

① K.E.艾伦,J.S.施瓦兹.特殊儿童的早期融合教育[M].周念丽,等译.上海:华东师范大学出版社,2005:158.

过潜移默化的影响帮助孩子建立伙伴关系。生活中,父母可以经常与孩子讨论与伙伴相处的态度和彼此之间的关系,比如问他们交往中开心的事情等。在与孩子相处的过程中,父母要与孩子保持一种好朋友的关系,跟孩子分享生活中的事情,这样亲子关系会更加的亲密。

总体来说,对视觉障碍儿童进行早期干预是一个复杂和艰辛的过程,它涉及社会、学校、家庭等方面,需要各方面一起配合才能收到实效。

第3节 视觉障碍儿童家庭与早期干预

一、视觉障碍儿童家庭

家长是孩子的第一任教师,也是孩子最亲近的教育者,他们拥有最丰富的有关子女的第一手资料,家长的素质、修养、家庭文化生活水平都会对特殊儿童的早期教育产生很大的影响,特别是家长对特殊儿童的态度是否恰当会直接影响到特殊教育的成败。许多国家特别重视让父母参与到儿童的早期干预中,不仅机构想办法吸引特殊儿童的父母参与早期干预工作,而且国家还颁布法律来确定特殊儿童父母的权利和义务。究其原因,不外乎以下几点[1]:① 家长是孩子的第一任教师,最了解孩子的优缺点,孩子最细微的变化也只有家长能体察;② 视力障碍儿童在小学以前同父母在一起的时间较长,父母最了解自己孩子的需要,家长的参与能积极协助教师了解孩子的特殊需要;③ 儿童在家庭的自然环境中学习,比较轻松;④ 密切的亲子关系及对孩子的适当期望能使他们有效地训练孩子学习。许多研究也表明,视力障碍儿童的早期干预工作,只有在家长的积极支持和参与下才能取得成功。

(一)视觉障碍儿童家长的心理变化

当家庭中出现视觉障碍幼儿时,家长的心理有一个从震惊、拒绝到逐渐接受的过程。具体来说,西方社会中的特殊儿童父母大都经历了下面五个不同的时期。[2]

第一,震惊期。当视觉障碍儿童家长第一次得知他们的孩子存在视觉障碍的时候,往往会由于缺乏心理准备而十分震惊,他们一般会害怕接受这一客观事实。有的家长得知自己的孩子是先天性失明时如闻晴天霹雳,几乎要晕过去。处于这一时期的家长还不能很冷静地考虑如何安排孩子今后的教育和生活问题。

第二,拒绝期。经过短暂的震惊之后,大多数家长转入拒绝期,顽固地拒绝接受自己的孩子有视觉障碍这一客观事实。他们不相信医生的诊断,到处求医,希望能有新的诊断来推翻原有的诊断,这种侥幸的心理有时会导致"病急乱投医"的情况。此时家长还是难以接受孩子有视觉障碍这一事实,同样也很难冷静下来考虑孩子以后的教育与生活问题。

第三,绝望期。当家长经过多方求医仍然没有摆脱他们所不愿意承认和面对的事实时,他们感到身心疲惫,陷入极度的绝望之中。他们想到孩子失明了,今后将面对的挫折、家庭的困难都太多太多,感到不寒而栗,甚至会产生与视觉障碍儿童同归于尽的绝望念头。

赛珍珠曾在1938年获诺贝尔文学奖,她的女儿是一个弱智的孩子。赛珍珠根据培育自

---

[1] 彭霞光.视力残疾儿童的教育理论与实践[M].北京:华夏出版社,1997:161.
[2] 方俊明.特殊教育学[M].北京:人民教育出版社,2005:476—478.

己亲生女儿的体验,写了《母亲不要悲叹》(原书名为"THE CHILD WHO NEVER GREW",1950年著)。在这本书里,她生动地记录了作为父母的心境变化。她这样写道:

"我怎么也回忆不起当时我说了什么,现在能够记忆的仅仅是我和我的女儿两人再次走进宽广的医院的大厅里,当时的心情我是无法用语言来表达的,在同一瞬间通过的若是相同境遇的人们,不用说是会理解我们的。而没有这种体验的人,无论使用怎样的语言,也不会理解我们。此时,如果有机会让我来进行表达的话,那我只能说在我的身体中绝望的血似乎要流淌出来。同样,我也遍历了所有的医院和医生,希望虽然是逐渐淡漠,但由于没有一个医生对我说,女儿是绝不能治好的,所以我不能抛弃所有的希望。那时,我对一切失去了兴趣,不想和任何人交往,所有的一切都变得无意义。美丽的风景、迷人的绘画、以前我所喜欢的一切,现在都毫无兴趣。从那以后到我再次有兴趣听音乐时,不知过去了多少年的时间,那时光过去相当快,我的心几乎接近了妥协的境地,我是无法对音乐再有兴趣的。"①

第四,内疚期。经过绝望期之后,大多数视觉障碍儿童家长陷入某种内疚、自责的痛苦之中,尤其是那些由于照看不周、误用药物使孩子后天失明的家长更是感到内疚与不安。伴随这种不安一起产生的,还有某种羞耻感。有的家长把孩子的失明作为一种耻辱,将孩子深藏于屋内,不让他们外出见人,当然更谈不上根据孩子的需要来安排他们的生活与教育。

第五,接受期。进入这一时期的家长,已经能够接受孩子是视觉障碍儿童这一不容否认的事实,这个时候他们一般心情比较平静,能听取和采纳教师或特殊教育工作者的一些合理的建议,开始认真地考虑孩子的教育问题。特殊教育工作人员也只有在这个时候才能有针对性地提出一些建议,让家长积极地参与孩子的视觉障碍的评估和鉴定工作,与教师一起制订孩子的个别教育和训练计划。上文所提的赛珍珠在经历了这样的岁月之后,慢慢接受了自己弱智的女儿,同时也接受了自己的命运和人生。她在手记最后写道:

"我从我女儿身上得到了很多东西,其中我女儿教给了我耐心,让我在无法摆脱地充满了悲伤的人生旅途中,心里完全明白了相互尊重的价值,世上所有的人应该是平等的,应该具有相同的权利,清楚地教给了我这一点的不是别人,正是我的女儿。无论什么样的人,都不能认为她比别人劣等。所有的人,在这个世界上应有居住的权利,得到安全的保护,这是我的观点。如果我没有机会理解这一问题的话(如果没有障碍女儿),我一定不能忍受比我能力低的人,一定会保持一种傲慢的态度。是女儿使我懂得了什么是人。另外,女儿也告诉了我,智力不是人类的全部。"②

(二)视觉障碍儿童家长的需求与权利

如上所述,视觉障碍儿童家长的心理、心境等对视觉障碍儿童的早期干预会有深刻的影响,因此我们不能忽视对视觉障碍儿童家长提供支持和帮助;特别是在目前我国全国范围内

---

① 周平,李君荣.学习障碍儿的教育指导[M].北京:人民军医出版社,2003:103—105.
② 同上注.

还没有一所视觉障碍儿童的学前教育机构的情况下[①],家长对视觉障碍儿童的早期干预就起着更加重要的作用。

在特殊儿童早期干预阶段,家长的需求主要集中在专业人员的指导方面,但是我国在对特殊儿童特别是视觉障碍儿童家长的指导方面还非常欠缺。张毅、陈亚秋等在对北京市特殊儿童学前家庭教育状况进行调查时发现:排除精力、经济等因素,仍有82.22%的家长,即使已经对孩子进行了耐心持久的训练,仍然对学前家庭教育的效果忧心忡忡,原因是他们得不到系统的、专业的咨询和指导,这既是他们面临的最大的困难,同时也是他们最迫切的需求。[②] 另外,中国目前学前特殊教育机构很少,大部分特殊儿童的学前教育是在家中由家长进行,由于其分布比较分散,这样庞大的一个团体就得不到社会的关注,在人力、财力方面就得不到社会的帮助。需要社会为他们提供一个进行交流的平台,增加社会对他们的关注,促进家庭之间的交流。

关于特殊儿童家长的权利我国目前没有非常明确的规定,在英美法律中对特殊儿童家长权利的规定,大致可分为以下几个方面。[③]

1. 家长有获得相关资料和信息的权利

英美法律中明文规定应该向家长提供如下的信息,以使家长能及时、全面了解孩子的教育情况以及自身权利:① 学区地方教育当局应告知家长法定的权利及相关的法律条文。② 在对儿童采取任何举措之前,有关机构应预先向家长发出书面通知并征求家长的意见。如对学生进行评估,个别化教育计划的制订、修订、复查,以及当学生的教育安置和服务有变动时应向家长发出通知。通知必须详细解释采取该举措的理由、目的、内容、时间地点、参加人员和将会使用的工具等。③ 家长有权查看子女的教育记录。家长有权查看子女在评估、安置、教育计划等有关方面的所有记录。④ 家长可要求用便利的方式进行沟通。

2. 参与评估的权利

评估的目的是为了详细了解儿童的特殊教育需要,并为随后开展教育安置的决定和教育计划的制订等一系列工作做好铺垫。因此,英美两国的立法都赋予家长保障其子女接受公正、合理、全面评估的权利。家长参与评估的权利包括:① 申请评估。如果儿童从没接受过评估或在最近某个时期内(如英国是6个月)没有接受评估,而家长认为有评估的必要,可向相关机构提出书面申请。② 有权同意或拒绝评估。③ 有权要求对儿童的教育需求进行全面和个别的评估。家长若认为相关机构的评估有失公允,则可以要求由局外人员来重新主持评估。④ 若有必要,家长可要求多次评估,以保证子女的安置方式是经过慎重考虑的。

3. 参与个别化教育计划的制订、实施和复查的权利

在英美两国,为了保证每个被鉴定的儿童得到合适的教育,法律中明确规定不能作出不包含教育计划的鉴定结果。个别化教育计划在美国具有一定的强制性,在个别化教育计划的制订和实施中家长拥有以下权利:① 家长参加个别化教育的制订小组,与多学科专业人员以及教师等人一起商讨,决定学生的教育目标、教育内容、服务提供和教育安置等,个别化

---

① 张毅、陈亚秋,等.北京市特殊儿童学前家庭教育状况进行调查报告[J].中国特殊教育,2004,11:73—77.
② 同上注.
③ 刘颂,王辉.特殊儿童家长参与的权利——英美两国有关特殊教育立法的述评[J].中国特殊教育,2000,4:33—36.

教育计划的制订会议必须邀请家长或其他法定监护人参加。家长作为会议的重要参与成员,有权发表意见,对此,专业人员应认真考虑。② 家长有权决定是否让其子女出席个别化教育计划会议。③ 家长有权参加个别化教育计划的修订和定期复查。④ 家长有权对个别化教育计划的内容表示同意或拒绝。

(三) 视觉障碍儿童家长在早期干预中的作用

视觉障碍儿童家长在对孩子的早期评估与鉴定、个别教育计划的制订以及家庭训练和指导中有着不可或缺的作用。

1. 参加评估与鉴定

评估与鉴定是开展特殊教育的基础工作。有些国家通过立法来规定家长必须参加学校对子女的评估与鉴定工作,例如美国的《障碍者教育法案》对特殊儿童家长如何参加评估与鉴定以及他们的权利和义务作了明确的规定:① 学校对儿童进行有关特殊教育方面的评估测量之前,必须书面通知家长,而家长也不能无故拒绝参加自己子女的教育评估与鉴定。② 家长必须允许孩子参加有关测试,以鉴定是否需要给予特殊教育服务。③ 如果家长对学校的评估意见表示怀疑,也有权要求进行不依靠学校来组织的独立性评估。④ 家长有权调回有关孩子平时的学习档案和评估过程的所有材料。⑤ 家长如不接受评估组的结论,可向有关政府机构投诉,有关机构须在一个半月之内对家长的投诉给予答复。⑥ 家长必须提供有关儿童在家庭生活、学习情况等方面的真实信息,以供评估鉴定小组对儿童各方面情况作出客观的综合评估。①

2. 参与个别化教育计划的制订与修改

由于视觉障碍儿童自身的差异性,在教育中要实施个别化教育,因此,首先需要制订个别化教育计划,视觉障碍儿童的家长要积极参与个别化教育计划的制订。家长首先要了解教育干预的内容,其次要按照内容对孩子进行干预,最后提供信息和检查个别化教育计划的执行效果,进而制订下一阶段的教育计划。

3. 进行家庭训练和指导

家长参与视觉障碍儿童的早期干预,主要表现在在家里对视觉障碍儿童进行训练,训练内容主要包括我们上一节介绍的感官训练、运动技能的早期干预训练、语言领域的早期干预训练、生活自理及社交技能的培养等方面。视觉障碍儿童家长在对儿童进行训练的过程中不能孤军奋战,还需要各方面的支持和指导,而早期干预项目就要为其提供所需的支持和服务,以便更好地对视觉障碍儿童进行全面综合的干预。

二、视觉障碍儿童家庭干预的方法

(一) 个别化家庭服务计划

个别化教育计划是依据每个特殊儿童的身心特征和实际需要所制订的教育实施方案。② 个别化家庭服务计划(Individualized Family Service Plan,简称 IFSP)旨在为 0—3 岁符合条件的婴幼儿提供早期干预服务。根据美国《障碍者教育法案》(*Individuals with Disabilities*

---

① 方俊明.特殊教育学[M].北京:人民教育出版社,2005:483.
② 陈云英.智力落后心理、教育、康复[M].北京:高等教育出版社,2007:168.

Education Act，简称 IDEA），视觉障碍儿童的个别化家庭服务计划中应该包含以下内容：① 儿童目前的生理、认知、沟通、社会或情绪以及适应行为的发展水平。② 家庭有关促进身心障碍儿童发展的资源，优先与关切的事项。③ 儿童及家庭所希望实现的主要成果；用以决定进步状况的标准、程序与时间；以及是否按照成果或服务做出改变或修正。④ 为满足儿童及家庭的独特需求而明确的早期干预服务，包括服务的次数、程度与提供的方法。⑤ 将提供服务的自然环境，包括若有任何情形无法在自然环境中提供的服务，需要证明其合理性。⑥ 预计开始服务的日期，并预算出服务的时间。⑦ 将负责执行计划以及和其他单位与人员联系协调的服务提供者的姓名。⑧ 支持儿童转介至学前或其他适当的服务机构的步骤。[1]

IFSP 的目的旨在确定和组织资源，以便为发展障碍儿童家庭提供支持。IFSP 的要求有以下内容：① 以适合每个儿童和家庭特殊需要的方式提供帮助。② IFSP 是一个支持的过程，并非取代家长天然具有的养育者的角色。③ IFSP 的一个主要的功能是维护婴幼儿最好在自然环境中成长的原则。④ 通过多学科协作小组的方式提供以家庭及儿童为中心的服务。⑤ 家庭成员是小组的基本参与者。⑥ 指派服务协调人管理服务并维持计划的顺利实施。⑦ 说明保证平稳过渡到下一步干预计划的特殊步骤。[2]

（二）个别化家庭服务计划的过程

视觉障碍儿童除了在机构进行疗育外，大多数时间都是在家里，为了让家长在家中可持续地为视觉障碍儿童提供疗育计划，专业人员可以按以下过程拟订 IFSP 的过程。[3]

1. 讨论家庭日常生活的行程

为了制订一个最适合儿童的计划，专业人员必须进入家庭与家长讨论该家庭日常生活的行程，并从中了解父母对孩子的优先期待以及该儿童的兴趣。依据这些资料，专业人员与家庭成员才能讨论出早期干预的训练重点。

2. 找出最适合的活动

确定了家庭日常生活的行程之后，专业人员开始与家长讨论如何能在一天的例行活动中找出儿童有兴趣且有意义、家长执行起来也很方便的活动。选择例行性活动作为训练的原因，除了家长更容易执行、不易遗忘外，更重要的是可以让儿童有经常练习的机会。特别值得一提的是，很多人都认为吃饭时间相当例行，会是很好的训练时间，却忘了一般家庭在吃饭时通常是混乱且匆忙的，因此并不特别建议在吃饭时间作训练。

3. 告诉家长如何将活动融入日常生活中

专业人员在这个阶段中的工作重点，是告诉家庭成员如何变化执行 IFSP 的技巧，让家庭成员在训练一个目标时可在不同的活动中进行。这就需要专业人员在日常生活中设计一些活动来促使孩子达到优先期待的那些目标。

4. 召开早期干预会议，拟订 IFSP

会议是由各专业人员与家长一起参与的。IFSP 以家长的考虑为优先，由家长提出对孩子及家庭的需求后，再与专业人员讨论而拟订。相较于个别化教育计划（IEP）的"个案为中

---

[1] 何华国.特殊幼儿早期疗育[M].台北：五南图书出版有限公司,2006：207—208.
[2] K.E.艾伦,J.S.施瓦兹.特殊儿童的早期融合教育[M].周念丽,等译.上海：华东师范大学出版社,2005：277.
[3] 浅谈个别化家庭服务计划(IFSP)[EB/OL].http://www.cautism.com/2006/2-7/15534142546.html,2006-02-07.

心"的模式 IFSP 更多地以家庭为中心。因此,在设计 IFSP 时,必须特别注重整个计划的拟订是否能够符合家庭成员的需求,是否多元化地囊括孩子各方面的能力需要,是否具备弹性,可以依据孩子或家庭需要的变化作适时的调整,而更重要的,是家庭成员必须真正了解并认同这项计划,方能真正落实 IFSP 的内容。

5. 开始实行 IFSP

计划拟订之后,就要实行了。实行时专业人员所要做的是与家长共同设计适合孩子学习的环境,并鼓励孩子作主动探索;专业人员也要为家长示范技巧,并且经由讨论与引导,培养家长举一反三的能力。在这个阶段中,专业人员必须做定期的追踪及访视,以了解家长对此计划的实行是否有困难,同时观察孩子与家长间的互动情况,并将观察后的意见回馈给家长参考。值得注意的是,计划的执行应以孩子主动参与、大人指引的方式来提供孩子探索的机会。因此在实行计划的过程中,应尽可能提供给孩子感兴趣的活动;若孩子对活动没有兴趣,家长也不必强迫孩子完成。

IFSP 每隔半年应检视计划内容,依当时情况作适当修改。在孩子将满 3 岁或计划让孩子进入早疗或幼儿单位就读时,应作转衔工作的准备。

(三) 案例

以下是康涅狄格州 0—3 岁个别化家庭服务计划系统所包含的内容。[①]

第一部分,1/5

康涅狄格州 0—3 岁个别化家庭服务计划系统
一、基本信息

□推介日期_____ □IFSP 起始/日期_____ □年度 IFSP 日期_____
□6 个月复查日期_____ □转介会议/日期_____ □IFSP 过渡/日期_____
儿童姓名_____ 性别_____ 出生日期_____
父母/监护人/家庭成员 父母/监护人/家庭成员
姓名_____ 姓名_____
地址_____ 地址_____
城市_____地区_____邮编_____ 城市_____地区_____邮编_____
联系电话(白天)_____(晚上)_____ 联系电话(白天)_____(晚上)_____
第一语言_____ 第一语言_____
医疗卫生保健提供者_____地址_____ 电话( )_____
保险/医疗补助_____ 政策_____
推介关注和/或诊断_____

服务协调员/项目_____
地址_____ 电话_____
代理家长姓名电话_____ 地址_____

---

① Wood, J. W. & Lazzari, A. M. Exceeding the Boundaries: Understanding Exceptional lives[M]. Texas: Hartcourt Brace college pub, 1999: 557—559.

电话＿＿＿＿＿＿＿＿＿＿＿＿＿＿＿＿＿＿＿

学区＿＿＿＿＿＿＿＿＿＿＿＿＿＿＿＿＿＿＿　　　　联系人＿＿＿＿＿＿＿＿＿＿＿＿＿＿＿＿＿＿＿

儿童姓名＿＿＿＿＿＿　　姓别＿＿＿＿＿　　出生日期＿＿＿＿＿＿　　第二部分，2/5

二、同提升孩子的发展相关联的家长关注的、优先期待的和家庭资源状况

（家长可以选择个别家庭服务计划中是否包含这些信息）

1. 在儿童的发展中，如果有的话，哪一项是你最关注的？＿＿＿＿＿＿＿＿＿＿＿＿＿＿＿＿

＿＿＿

2. 你想让服务小组知道哪些关于你的孩子的信息？选项：

＊怀孕及出生史　　　＊孩子成长史　　　＊医疗药物信息

＊在孩子生活中有重要影响力的人　　　＊孩子最喜欢和最不喜欢的活动

＊跟同龄人互动的机会

＿＿＿

＿＿＿

＿＿＿

＿＿＿

3. 你想让服务小组知道哪些关于家庭的信息？选项：

＊家庭成员　　　　　　　　　　　　　＊对孩子有帮助的人和机构

＊已发生的其他对孩子影响较大的事件　＊家庭活动

＊在家庭中对孩子有重要影响的因素

＿＿＿

＿＿＿

＿＿＿

视需要添加纸张

儿童姓名＿＿＿＿＿＿　　姓别＿＿＿＿＿　　出生日期＿＿＿＿＿＿　　第三部分，3/5

三、儿童目前的能力、特长和需要概况

＊家长和其他小组成员总结出目前该儿童在每天的日常生活中有以下能力、特长以及需要，包括了在正式评估中表现出来的以及该儿童的兴趣、动力和受挫的信息。包括了发展领域。

- 洗澡、吃饭、穿衣、如厕——适应行为/生活自理能力
- 思考、推理和学习——认知技能
- 活动身体、听、看、健康——身体发展情况
- 情绪、处理问题以及与他人相处情况——社会情绪发展技能
- 理解他人的谈话，以及在交往中自我表达的能力——沟通技能

总　结

_____
_____
_____
_____
_____
_____
_____
_____
_____
_____

视需要添加纸张

儿童姓名_____　　姓别_____　　出生日期_____　　　　　第四部分，4/5

四、结果 #_____

我们想为我们的孩子或家庭做的是：
_____
_____

现在的情况（包括孩子或家庭的资源和他们所关注的）是：
_____

要达到我们的结果或目标下一步该做些什么？　　　什么时间？　　　是否完成？
_____
_____
_____

方法 （我们将如何实现这些目标）	人员 （谁将参与这个过程）	场所 （干预过程可能发生的地点）

进展情况	预计审查日期_____　　审查日期_____
_____ 完成 _____ 进行中 _____ 复习	评论：

进展情况	预计审查日期_____ 审查日期_____
_____完成 _____进行中 _____复习	评论：

儿童姓名_____　　姓别_____　　出生日期_____　　第五部分，5/5

五、早期干预服务

检查1_____过渡期_____起始期_____巩固期_____年审日期

方式(家庭访问,游戏小组,辅助技术)	干预人员(纪律、责任)	干预地点	个别化＝I 小组＝G	多久一次	每次多长时间	起始日期	停止日期	目标

支付安排(如果有的话)：

为儿童在有安置的情况下而不是自然的环境中所提供的服务进行评估：
_____

　　我已经回顾了这份个别化家庭服务计划,确信以上所陈述的诊断以及计划中所推荐的治疗服务对该儿童来说是合适的。

医生签名：_____　　行医执照♯_____　　日期_____

打印名称_____

六、其他服务

这些服务没有包括在康涅狄格0—3岁个别化家庭服务计划系统内

其他的资源和支持	付款额

本章小结

　　视觉障碍儿童的早期干预主要指对学龄前视觉障碍儿童所提供的治疗和教育服务。通过帮助视觉障碍儿童在社会、情绪、身体和认知方面的充分发展,使其能进入正常的教育系统或尽可能少地接受特殊教育。早期干预在促进儿童潜能的开发、预防次障碍的发生、维护儿童的权益、提供家庭支持与协助等方面有着重要的作用。目前我国视觉障碍儿童早期干预的模式主要有中心模式、家庭模式、家庭与中心结合的模式、咨询模式、媒体模式等。对视觉障碍儿童进行早期干预的内容主要包括感官训练、运动技能的早期干预训练、语言领域的早期干预训练、生活自理及社交技能的培养和训练等方面。

家长在早期干预中起着重要的作用,当家庭中有视觉障碍儿童出现的时候,家长的心理会经历五个不同的时期。目前我国视觉障碍儿童家长欠缺专业人员的指导,获得的专业支持不够,家长参与早期干预的权利没有得到很好的保障。在国外,特殊儿童包括视觉障碍儿童家长均有获得相关资料和信息,参与评估,参与个别化教育计划的制订、实施和复查等方面的权利。个别化家庭服务计划是旨在为0—3岁符合条件的婴幼儿提供早期干预服务,在视觉障碍儿童家庭早期干预中扮演着重要角色。

思考与练习

1. 简述视觉障碍儿童早期干预的重要性。
2. 视觉障碍儿童早期干预包括哪些内容?
3. 在视觉障碍儿童早期干预的过程中应注意哪些问题?
4. 简述个别化家庭服务计划的内容及操作过程。

第8章 视觉障碍儿童的课程设置

学习目标

1. 了解我国视觉障碍儿童课程设置的历史发展和理论走向。
2. 掌握我国盲校课程设置的依据和原则。
3. 认识我国新课改盲校课程设置的变化。

课程,简单地说是指学校学生所应学习的学科总和及其进程和安排。① 课程同教学的关系相当密切,二者常常会相提并论,甚至混为一谈。关于课程与教学的关系,目前主要存在两种截然不同的理论主张:一种看法认为课程所涵盖的范围要宽于教学,教学是课程的一个组成部分而已。另外一种看法则认为课程是教学的一个组成部分。在苏联的教育学著作中,这种看法比较典型。受苏联的影响,我国也曾持有同样的观点,在1993年《全日制盲校课程计划(试行)》颁布之前,国家关于盲校课程的指导性文件都被称为"教学计划",其他类型义务教育体制下的学校也是如此。在这里,我们更加倾向于明确地区分课程和教学,认为两者是目的与手段、内容与形式的关系。目前,课程具体包含教材、课程标准、课程计划等三个部分。

第1节 视觉障碍儿童课程概述

教材是依据课程标准和学生的接受能力编写的,系统反映学科内容的教学用书。它是课程标准的具体化,是教与学的共同依据。

课程标准是根据课程计划,以纲要形式编写的有关学科教学内容的指导性文献。它从整体上规定某门课程的性质及其在课程体系中的地位,规范性地确定学科教学目标、内容、范围、顺序,是教师教学工作的指南以及编写教材和测评教学质量的标准。②

课程计划是课程设置的总体规划和课程安排的具体形式。课程计划是根据教育目的和不同层次及类型学校的培养目标,由教育主管部门制定的有关教育教学工作的指导性文件。课程计划规定一定类型、一定层次学校应教应学的全部内容。课程计划既是学校组织教育教学活动、确定工作步调的主要依据,它确定学校的学科门类和教学时数,指导编排学年及学期顺序,它对学校的教学、生产劳动、课外活动等方面做出全面的安排,又是指导教师进行教学和其他活动的主要依据,同时也是督导、评估学校教学工作和教育活动的主要依据。课

---

① 王道俊,等. 教育学[M]. 北京:人民教育出版社,1999:154.
② 袁振国. 当代教育学[M]. 北京:教育科学出版社,2005:148.

程计划体现了国家对学校的统一要求,是办学的基本纲领和重要依据。

我国盲校的课程是基于普通的学校课程并结合盲童和低视力儿童的特殊需要而制定的,而我国大多数入学视觉障碍儿童都在盲校学习,所以了解适应于视觉障碍儿童的课程设置,应该从我国盲校课程开始。我国盲校的课程,在教育部历次颁布的课程计划中,都有详细的规定和说明。早在1962年,教育部就制定了《全日制盲童(聋童)学校教学计划(草案)》,到1993年《全日制盲校课程计划(试行)》颁布,我国视觉障碍儿童的课程已经自成体系。在新课改精神的推动下,在不断变化的社会环境和教育环境的要求下,教育部又在2007年颁布了《盲校义务教育课程设置实验方案》。这些课程计划都包含了三个重要的部分:培养目标、课程设置、实施和评价。下面两节将主要从这三个方面来介绍我国视觉障碍儿童的课程。

第2节 我国盲校培养目标的发展及其理论导向

一、我国盲校培养目标的历史发展和理论基础

培养目标是各级各类学校及各个阶段应具体达到的教育目标,它一旦确定,就要求某类学校的各门课程乃至各项教育活动都要服从这一目标的要求。培养目标适应某类学校所有教育教学人员,它不但在人才培养方面提出要求,而且对该类学校的办学方向、性质、途径等教育事业发展提出要求。

纵观我国盲校课程计划中的培养目标,培养爱国主义、集体主义和社会主义的劳动者、建设者的精神是一直继承的宗旨,而全面发展和缺陷补偿是贯穿始终的基本思想,也是整个培养目标的理论依据。

(一)我国盲校培养目标的历史发展

我国在1962年《全日制盲童(聋童)学校教学计划(草案)》中确定特殊学校任务是"必须在党的领导下,贯彻教育为无产阶级政治服务,教育与生产劳动相结合的方针,通过学校教育与训练,力求弥补盲(聋)童的视(听)觉缺陷,使他们在德育、智育、体育几方面都得到发展,成为有社会主义觉悟的有文化的劳动者"。1987年国家教委《全日制盲小学教学计划(初稿)》规定培养目标(任务)是:"针对盲童生理缺陷,通过教育教学活动,采取各种补偿措施,使学生德、智、体、美、劳诸方面全面发展,为把他们培养成为有理想、有道德、有文化、有纪律的社会主义公民打下初步基础。"到了1993年,《全日制盲校课程计划(试行)》为盲校规定培养目标为"盲校小学和初中要按照国家对义务教育的要求,对视力残疾儿童、少年实施全面的基础教育,补偿视觉缺陷,使他们在德、智、体诸方面生动、活泼、主动地得到发展,具有良好的思想道德品质,基本的文化知识,健康的体质和一定的生活能力,社会交往能力及初步的劳动技能,为学生适应社会生活、继续获取知识,成为社会主义的建设者和接班人奠定基础"。从这里可以看出我国盲校培养目标从最初的补偿缺陷到现今的实施全面的基础教育,帮助其全面发展,使视觉障碍儿童如普通儿童一样,享有平等的权利和尊严。

2007年颁布的《盲校义务教育课程设置实验方案》,根据"构建符合素质教育要求的新的特殊教育课程体系"的要求,参照普通学校《义务教育课程设置实验方案》,结合视力残疾儿童身心发展特点,设置盲校课程。其培养目标为:全面贯彻党的教育方针,促进视力残疾学生全面发展,尊重个性发展,开发各种潜能,补偿视觉缺陷,克服残疾带来的种种困难,适应现代生活需要。使学生具有爱国主义、集体主义精神和民族精神,热爱社会主义,继承和发扬中华民族的优秀传统和革命传统;具有社会主义民主法制意识,遵守国家法律和社会公德,依法维权;逐步形成正确的世界观、人生观、价值观;正确地认识和对待残疾,具有乐观进取、自尊、自信、自强、自立、立志成才的精神,顽强的意志以及平等参与的公民意识;具有社会责任感,努力为人民服务;具有初步的创新精神、实践能力、科学和人文素养以及环境意识;具有适应终身学习的基础知识、基本技能和方法;身体健康,具有良好的心理素质,养成健康的审美情趣和生活方式,学会交流与合作,初步具有独立生活能力、社会适应能力和人生规划意识,成为有理想、有道德、有文化、有纪律的一代新人。

这一规定较之于前面表现得更加具体更加全面。目标中包括了对学生爱国情怀的教育,对民主法制意识的培养,包括了学生对社会规范的遵守,对个体自身的认识,以及自身素质的提高,可以说包括了视觉障碍学生生活的方方面面,体现出与普通学生同等的要求。培养目标上的一致,说明了普通教育和特殊教育在培养人的方面的共性,特殊学生必须与普通学生一样达到同等的要求。这一方面倡导了平等参与的意识,另一方面也摆脱了视觉障碍学生处在劣势的思维定式,更注重视觉障碍学生潜能的开发。分析这些具体的培养目标,可以发现,这些要求是一个人生活在现代科技社会所必须具备的,以这样的一个社会人的标准来要求视觉障碍学生,更能够为视觉障碍学生将来更好地融入社会、独立生活打下良好的基础。

(二)理论基础

从盲校培养目标的历史发展过程来看,其与普通学校培养目标的制定是异曲同工的,遵循的理论基础也是大体相同,都是基于学生全面发展的基础之上,只是在发展的同时还要照顾到对学生缺陷的补偿。

1. 全面发展

全面发展属于一般性的教育目标,同其他义务教育过程中的普通学校教育目标一致。使视力残疾儿童与普通儿童一样实现全面发展,是盲校教育的依据和方向。[①] 我国传统上把个人的全面发展解释为"受教育者的全面发展,包括生理和心理两个方面的发展。生理方面的发展主要指受教育者身体的发育、机能的成熟和体质的增强;心理方面的发展主要指受教育者的智、德、美几个方面的发展"[②]。

2. 缺陷补偿

缺陷与补偿教育的原则认为,可以通过各种途径来弥补、代偿受损的组织和器官的功能。在特殊教育,尤其是残疾儿童的教育过程中,某种缺陷可能引起儿童整体发展水平的相对滞后,但也可以通过其他途径来使缺陷得到一定程度的补偿。[③]

缺陷补偿理论的立足点,在于它的可实现性。首先,人的机体是一个完整的统一体。各种器官和组织功能相互联系,并且协调地发生作用。机体的某一部分发生损伤,整个机体的功能将重新组合,健全的器官将在一定程度上代偿受损伤器官的功能。代偿是机体受损后产生的一种生理现象。补偿缺陷既需要依靠这种生理现象,又需要通过创造某些外部帮助

[①] 钱志亮. 谈盲校课程设置的理论基础——兼探索我国特殊教育学科的理论基础[J]. 中国特殊教育,1999,1:13.

[②] 王道俊,等. 教育学[M]. 北京:人民教育出版社,1999:154.

[③] 方俊明. 视障教育理论初探[J]. 中国特殊教育,2002,1:11.

代替、改善或者恢复受损器官的组织的功能。特别是特殊儿童的身体器官、骨骼、神经系统还处在发育之中,其身体的柔韧性很强,器官机能、大脑的神经系统的可塑性很大。他们的机体出现缺陷之后,只要尽早进行训练,会产生较好的补偿效果。其次,特殊教育的个体及其家庭有战胜伤残的思想,也为补偿缺陷提供了思想上的保证。第三,社会为特殊教育个体提供了一个良好的环境。我国《宪法》和《残疾人保障法》中,明确规定残疾儿童受国家保护,全社会要理解、尊重、关心、帮助残疾人,有支持残疾人事业的责任。这就给广大的残疾儿童提供了一个缺陷补偿、全面发展的良好社会环境。第四,现代科学技术的发展,给残疾儿童的全面康复提供了越来越多的可能性。当今国内外科技工作者凭借生物学、电子学、机械学等各门学科提供的技术,创造出多种类型的康复器械,改善和恢复残疾人受损器官的功能。[1]

缺陷补偿具有可实现性,而教育则是它实现的主要途径。在2007年的《盲校义务教育课程设置实验方案》中,除了综合康复、定向行走、社会适应等康复课程外,语文、外语学习中的盲文学习都属于缺陷补偿的范畴。

二、我国盲校课程理论的发展

在我国2007年新颁布的课程设置实验方案对培养目标的表述中,除全面发展和缺陷补偿外,还体现了代表时代潮流的多元智能课程观和生活质量导向的课程观。除此之外,特殊教育课程理论还有发展导向、环境生态导向等在本质上相通的课程观。

(一) 多元智能课程观

特殊儿童的潜能开发立足于加德纳的多元智能理论。加德纳于1983年在其著作《智能的结构》(Frames of Mind)中重新对智能进行了诠释。加德纳认为,所谓智能,就是"人类在解决难题与创造产品过程中所表现出来的,又为一种或数种文化环境所珍视的那种能力",或者是"解决问题或制造产品的能力,这些能力对于特定的文化和社会环境是很有价值的"。解决问题的能力,就是能够针对某一特定的目标,找到通向这一目标的正确路线。文化产品的创造,则需要有获取知识、传播知识、表达个人观点或感受的能力。加德纳正是根据这个"智能选择的规则系统"确定了每个人都拥有的、相对独立存在的、同等重要的最基本的7种智能。[2]

在多元智能理论的视野里,个体除了拥有语言智能和数理逻辑智能以外,还同时拥有同等重要的其他多种智能。这就要求我们摒弃学校教育课程只围绕语言智能和数理逻辑智能的惯常思路,公平地对待学生的多种智能,激励全体学生全面展示多方面的智能领域,设计和开发出适合学生智能分布特点的课程,进而开发其多元智能。学校教育不应该只看到儿童的弱势智能领域,更要发现并促进儿童优势智能领域的发展,并把优势智能领域的特点迁移到弱势智能领域,使其弱势智能领域得到尽可能的弥补,以形成强弱互补、协调发展。[3]

(二) 生活质量导向课程观

生活质量导向的课程观注重残疾儿童社会适应能力的培养。西方关于特殊教育课程的研究表明,社会适应能力与学业发展是特殊教育课程设计的两条主轴线,缺一不可。[4] 残疾

---

[1] 孙绵涛. 教育政策论——具有中国特色社会主义教育政策研究[M]. 武汉:华中师范大学出版社,2008:394—395.
[2] 田友谊. 多元智能理论视野中的特殊教育[J]. 中国特殊教育,2004,1:16—18.
[3] 同上注.
[4] 邓猛,等. 培智学校课程改革与社会适应目标探析[J]. 中国特殊教育,2006,8:18.

学生可能需要在学校里学习一些普通儿童在校外通过自我探索、模仿、非系统的口耳相传就能够获得的一些知识，如基本卫生习惯、生活自理能力、性别角色等；[①]到高年级以后，学校必须为其提供过渡性课程以帮助他们适应成人生活，发展职业能力、独立生活技能。[②]

在"以生活质量为导向"的设计理念下，课程、教学设计重视学生的平等参与，从残疾儿童生活、学习中遇到的实际问题情境中寻找解决问题的钥匙，从学生中来，到学生中去；鼓励教师通过活动与学生共同发现，在合作、体验、碰撞、质疑的过程中，交流情感、解决问题、掌握知识、生成智慧。生活质量是个体对于自己身体、物质、社会与情感状态等个人发展方面的主观感受与客观评价，[③]它是一个人对于一生遭遇的满意程度，内在的知足感，以及在社会中自我实现的机会。[④]

（三）发展导向课程观

发展观认为，个体的发展受到先天能力和后天环境的双重影响，儿童的发展依循一定的规律，每个发展阶段有其重要的发展任务，任何个体的发展规律是相同的，只是发展的速度不同而已，特殊教育同样能促进儿童充分地发展。因此发展性课程就是为启发儿童的潜能，促进儿童各个领域的全面发展。但是发展性课程发展了儿童应该发展的能力，相对于他要面临的生活，这也只是一种"间接"的学习，儿童难以把在学校发展出来的能力用在实际生活中，因此儿童的社会化进程必然导向功能性课程。[⑤]

（四）环境生态导向课程观

从社会学角度看，人类生活在许多错综复杂的人际关系网络中，这些关系的交互作用就是人类社会的生态现象，因此形成了"社会生态系统"的观念。当我们要研究一个人的行为、处境，就去分析他的"生活生态系统"的交互关系，看看他的生态系统是怎么运作的、如何影响他的，要如何调整他的社会关系系统来改善他的处境。这种方法运用到特殊教育中来，就是"针对特殊学生所生活、学习、工作、休闲的环境生态状况进行调查、分析，以发现学生所在环境对他的影响和要求"。[⑥] 具体地说，就是分析这个学生应该在他的环境中参与什么重要活动，如何参与，以形成对该学生最实用、最重要的课程。这种课程直接导向学生的生活环境，找出学生在环境中可参与的重要活动，并在真实的活动情境中分析其间的生态关系，然后在其中教导学生最适宜的行为技能，并在必要时利用各种支持资源系统形成网络。

环境生态导向的课程观不是以单独的课程或者学生作为一个中心，而是将一个生态圈作为课程设置的出发点，融入该生所在生态圈中的文化和价值体系，设计出适合他的课程以及能够适用于其所在社区的文化，让残疾学生从整个生态圈中受到启发和教育。

---

① Jenkins, J. R., Pious, C. G., Jewell, M.. Special education and the regular education initiative: basic assumptions [J]. Exceptional Children, 1990, 56 (6): 479—491.

② Ashman, A., Elkins, J.. Educating children with special needs (2nd ed.) [M]. Australia: Prentice Hall, 1994: 95.

③ O'Brien, P. et al. Perceptions of change, advantage and quality of life for people with intellectual disability who left a long stay institution to live in the community [J]. Journal of Intellectual & Developmental Disability, 2001, 26 (1): 67—82.

④ 许家成. 智力障碍定义的新演化[J]. 中国特殊教育, 2003, 4: 19—24.

⑤ 李秀. 特殊教育课程理论的发展趋势[J]. 现代特殊教育, 2007, 7—8: 32—33.

⑥ 同上注.

第 3 节　盲校的课程设置

一、盲校课程设置的依据

盲校课程设置的依据包括培养目标和视觉障碍儿童身心特性与发展的需求,其中后者是在详细内容上决定课程的设置的。具体来说,从补偿最根本的感知觉缺陷到应对由此导致的各种身心发展的障碍,盲校的课程需要满足视觉障碍儿童的以下特殊需要。

(一) 感知觉缺陷补偿

视觉是儿童获取外部世界信息的主要途径,失去视觉所造成的感知觉经验的缺失必须通过强化嗅觉、触觉、听觉来补偿,而这些感觉器官的感受性会在练习中提高。实践证明,对视觉障碍儿童进行感知觉训练对提高其各类感知的感受性,提高感知效率,以获得丰富的感知经验,促进认知心理水平的发展,更好地补偿视觉缺陷等都有重大的意义。[①]

(二) 矫正盲态的需要

因为视觉障碍儿童缺乏视觉刺激,只能在其身体所及的范围内寻求刺激,所以易表现出盲态。[②] 如揉眼睛,在眼前晃动手指,挖耳朵,抓弄头发,身体前后摇晃,点头摇头,行走手脚不协调等。针对这些特点,需要把活动矫正、动作代偿、器具矫正纳入体育健康和综合康复课程的内容。[③] 旋转练习、荡木、摇摆马、原地跑、广播操、拍手操、棒操、转向练习、拍球练习、跳绳、顶沙袋、做头部操、靠墙站、戴矫正器等可分别应用于矫正不同盲态。

(三) 日常生活技能训练的需要

因不能迅速、直接、有效地确定物体的准确位置和缺乏通过视觉的主动模仿,视觉障碍儿童日常生活技能需专门教学方能获得。[④] 在生活课程的教学中,通常有熟悉学校环境,了解学校布局、作息要求、行为规范,生活自理,内务整理,使用生活设施等内容。[⑤]

定向行走作为日常生活的重要内容,也是盲校的一门重要课程。定向行走对盲人的正常生活非常重要。国外许多研究都表明,对视觉障碍儿童开展早期的定向行走技能训练能有效地克服他们成人后的各种恐惧心理,使他们养成良好的心理卫生习惯,从而扩大就业广度和机会。[⑥] 在我国 2007 年新颁布的课程设置实验方案中,从小学一年级到五年级,定向行走仍作为一门单独的课程。

(四) 社会适应的特殊需要

视觉障碍儿童常常处在家庭的过分宠爱和迁就中,容易形成对这种溺爱的依赖。同时又因为视觉缺陷,生活范围受到限制,容易形成以自我为中心的倾向。正常儿童可以通过表

---

① 钱志亮. 谈视力残疾儿童的特殊需要与盲校相应特殊课程的设置[J]. 特殊教育研究,1995,1:51—53.
② 徐白仑. 视障儿童随班就读教学指导[M]. 北京:华夏出版社,1996:50.
③ 刘岩华. 视障儿童盲态个别矫正初探[J]. 中国特殊教育,2002,3:36.
④ 钱志亮. 谈视力残疾儿童的特殊需要与盲校相应特殊课程的设置[J]. 特殊教育研究,1995,1:51—53.
⑤ 沈家英,等. 视觉障碍儿童的心理与教育[M]. 北京:华夏出版社,1992:191.
⑥ 谢敬仁,彭霞光. 中国盲人定向行走训练的现状与发展对策[J]. 中国特殊教育,2008,12:54.

情、手势和动作来交流感情,扩大语意,增强感染力和说服力,也可根据别人的表情暗示调节自己的行为。盲生对这些无声的语言却浑然不知,无法借助表情、手势来表达内心的思想感情。[①] 社会适应的技能可以通过课程教学来改善上述情况,所以从三年级开始,盲校设置了社会适应的康复课程。

(五)认知与学业发展的需要

视觉障碍儿童在概念形成方面,往往存在较大困难。因为无论是具体概念还是抽象概念,普通儿童都是通过辨别事物正反例子的特征,逐步概括出事物的共同特征,从而形成概念。然而,失去视觉的儿童,他们没有具体事物的视觉经验,也就无法形成事物的视觉表象,更不能像普通儿童那样借助事物的表象、通过比较认识事物本质属性。虽然他们能依靠听觉和触觉感知一些事物的特征,但往往不完全、不连贯、甚至不正确。[②] 所以在各门学科的教学中,要求对一些视觉障碍儿童缺乏感知经验的概念进行直观教学。教师把大量的实物用到直观教学中,制作符合触觉特点的标本、模型,借用普通教育中的有声材料,改普通教具的发光为发声,才能使其他感觉有补偿视觉的用武之地。在实际教学中,很少单独使用某一种感觉进行直观教学,通常是多种感觉同时利用。对只属于视觉的属性是无法真正补偿的,只能用联想、类比等非直观方式进行。[③] 例如,利用回音理解光的反射,利用声音近强远弱理解透视,利用蓝色的天空、鲜红的血液来联想颜色圈。

此外在学业发展中,各类辅助设备的使用、盲文的摸读书写都是视觉障碍儿童特殊需要的课程内容。

二、盲校课程设置的原则

课程设置的原则,是人们根据对于课程设计过程的规律性认识而指定的、用以指导课程设置的基本要求。[④] 这个原则是否合理,将直接影响课程设置的合理性。我们在设置课程时都必须遵循"最优化"的原则,即根据本国、本地的实际情况,科学文化发展的趋势和教育对象身心发展的特点与现状,进行课程设置。在《盲校义务教育课程设置试验方案》中,对课程设置的原则作了详细的阐明。这些原则,从根本上说,都遵循了"最优化"的原则。[⑤]

2007年新课改实验方案中的课程设置原则有以下特色:

第一,分科课程与综合课程相结合。依据残疾学生身心发展的特点和学科知识的内在逻辑,整体设置义务教育阶段课程;重视学科知识、社会生活和学生经验的整合;课程门类由低年级到高年级逐渐增加,低年级以综合课程为主,高年级以分科课程为主,同时做好各年级课程之间的衔接与过渡。力求既遵循学生身心发展的基本规律和认识理解事物的普遍特点,较全面满足学生的一般性需求;又促进学生对知识的整体理解和运用知识解决实际问题的能力。鼓励学生学以致用,把所学知识运用到解决实际生活问题的实践中。

---

① 杨奋之,李枚. 视残儿童社会适应能力的发展与培养[J]. 中国特殊教育,2003,1:21.
② 贺荟中,方俊明. 视障儿童的认知特点与教育对策[J]. 中国特殊教育,2003,2:42.
③ 钟经华. 盲校直观教学理论的探讨[J]. 中国特殊教育,2005,4:85.
④ 廖哲勋. 课程学[M]. 武汉:华中师范大学出版社,1991:120.
⑤ 贺世民,朴永馨. 盲校新课程方案的制定原则[J]. 现代特殊教育,2007,5:7—8.

第二,继承、借鉴与发展相结合。在盲校和培智学校的新方案中都明确提到了这条原则。新课程的设置要结合国情,总结并继承我国各地障碍儿童教育的成功经验,借鉴与吸收国外障碍儿童教育的有益经验,通过探索、总结、发展和创造,不断调整、修改和完善课程,使课程更适合障碍学生的需要和发展。

第三,普遍性与特殊性相结合。聋校和盲校坚持障碍儿童教育与普通儿童教育共性的同时,从障碍儿童身心发展的特点出发,注重学生的潜能开发和缺陷补偿,调整教育内容、课时数,以达到与普通学校相应的目标,促进障碍儿童全面发展。

第四,统一性与选择性相结合。课程设置既要坚持面向全体学生,提出统一的发展要求,又要根据各地区、各特殊学校的实际需要和视觉障碍学生的个体差异,提供选择的空间。学校应创造条件,积极开设选修课程,开发校本课程,以适应社会和学生发展的需要。在课程设置方案中,要尊重障碍学生的教育需求,通过一般性课程来满足其生理、心理和社会发展的需求,同时,通过选择性课程来满足学生的个别化需求,促进他们多方面的发展。选择性课程增加了课程的丰富性、专业性和灵活性,各地在使用国家课程方案时,可根据当地的社会、文化、经济背景,社区生活环境以及学生在这些环境中的特殊需求,开发校本课程,使课程更加具有多样性。

三、我国盲校课程设置的变化

在课程设置上,我国2007年的新方案参照了普通学校的课程设置,又结合了视觉障碍儿童身心发展特点。盲校除了开设普通学校所有的课程,还增设了综合康复、定向行走、社会适应、信息技术应用等特殊课程。

与1993年课程计划相比,新方案将认识初步和生活指导、个别指导等课程合并,借鉴国际上教育康复的经验合成为综合康复课程,除涵盖上述的内容外,还包括感觉训练、行为矫正、言语。课时总数上,考虑既要达到普通目标又要完成特殊任务,课时总数与普通学校的课时相比增加了课时。历史与社会、科学、外语、艺术等课程所占课时比例与普通学校基本一致,思想品德教育、语文、体育与健康等课程所占课时比例略低。语文教学中盲生没有识字任务,体育活动时间可以根据盲校住宿的特点灵活安排,另若将定向行走的课时算作体育课程,课时数则也接近普校的,而数学略高则是为了照顾盲生学习数学的困难。若与过去盲校课程计划相比,科学、体育、艺术等课程课时数基本持平,语文等课程课时数略有降低,德育、历史与社会课时数降低较大,数学课时数略升,康复、外语课时数显著提升。[①]

此外,受基础教育课程改革的影响,倡导以综合课程替代学科课程也是新方案的重要特点。综合课程又叫广域课程,它采取合并相关学科的办法,减少教学科目,把积分学科的教学内容组织在一门综合学科之中。其根本目的是克服课程分科过细的缺点,加强教学内容与社会生活的联系。其倡导者认为科学是一个统一体,各种知识之间都存在联系。因此,应该把所有知识视为一个整体,采用综合课的形式来教授。综合课程的优点在于它有利于学生概要地掌握科技文化知识,开阔视野,对自然界和人类社会的过程形成一个全面、完整的

---

① 钱志亮. 努力构建有中国特色的视力残疾儿童义务教育课程体系[J]. 现代特殊教育,2007,5:4—5.

表象。另外,综合课程不仅是科学发展、学习方法改革的需要,而且是学生未来就业的需要。① 综合课程的实施需要一定的师资条件,所以在新方案中各地可以根据条件选择是否开设综合课程。如表 8-1,是盲校义务教育课程表。

表8-1 盲校义务教育课程表②

课程门类	周课时 年级 课程		一	二	三	四	五	六	七	八	九	%
课程门类	品德与生活		2	2								6.3
	品德与社会				2	2	2	2				6.3
	思想品德								2	2	2	
	历史与社会*	历史							2	2	2	3.5
		地理							2	2		
	科学*	科学			2	2	2	2				7.8
		生物							2	2		
		物理								3	3	
		化学									4	
	语 文		7	7	6	6	6	5	5	5	5	18.3
	数 学		5	5	5	5	5	5	6	6	6	16.9
	外 语				2	2	2	4	4	4	4	7.8
	体育与健康		2	2	2	2	2	2	2	2	3	6.3
	艺术*	美工	2	2	2	2	2	2	1	1	1	10.6
		音乐	2	2	2	2	2	2	1	1	1	
	康复	综合康复	3	2	1							7.4
		定向行走	1	1	1	2	2	2				
		社会适应				1	1	1	1	1	1	
	信息技术应用		1	1	1	1	1	1	1	1	1	
	综合实践活动		1	2	2	3	3	3	2	1	1	15.1
	学校课程		2	2	2	2	2	2	2	1	1	
	周总课数(节)		28	28	30	32	32	33	33	34	34	284
	学年总时(节)		980	980	1050	1120	1120	1155	1155	1190	1122	9872

四、新课程的实施和评价

在新的实验方案中,对课程门类、教学内容、教学要求、课时分配都作了详细的规定和说明。体现了国家对特殊学校义务教育的基本要求,作为各级教育部门和特殊学校组织、安排教学活动的依据,制定各科课程标准、编写教材的依据和督导、评估盲校教学工作的依据,保障了课程的实施。

在新方案的实施环节,有一个重大的变化是以各科的课程标准取代教学大纲的位置。

教学大纲是根据教学计划,以纲要形式编写的有关学科教学内容的指导性文件。它反映某一学科的教学目的、任务、教材内容的范围、深度和结构、教学进度以及教学法上的基本要求。有了教学大纲就能选择具体教材和编写教科书。③

---

① 全国十二所重点师范大学联合编写. 教育学基础[M]. 北京:教育科学出版社,2002:153.
② 盲校义务教育课程设置实验方案[J]. 南京特教学院学报,2007,3:4
③ 王道俊 王汉澜. 教育学[M]. 北京:人民教育出版社,1999:167.

教学大纲的结构一般由说明部分、本文部分和其他有关参考书目、直观教具的说明。各科教学大纲是国家对各门学科的教学提出的统一要求和具体规格,是国家对教学教学实行领导的一种重要工具,以统一各个学校各门学科的教学水平,加强教学的计划性,保证教学的质量。教学大纲是编写教科书和教师进行教学的主要依据。教学大纲规定了本学科的目的要求,内容的广度、深度,教材编写的顺序,教学的进度和方法。

课程标准主要包含两个部分,一是说明部分,主要规定本学科的意义、教学目标、内容、范围及依据,教学进度以及教学方法建议;二是本文部分,规定章、节、目的标题、内容要点、授课时数、评价标准和相应的实践环节和教学措施要求。

表8-2 新课程标准与原教学大纲内容与结构的比较 ①

	课程标准	教学大纲
前言	课程性质 课程基本理念 标准设计思路	
课程目标	知识与技能 过程与方法 情感态度与价值观	教学目的
内容标准	内容领域及行为目标	教学内容及要求
实施建议	教学建议 评价建议 教材编写建议 课程资源开发利用建议	教学建议 教学应注意问题 课时安排 考核与评价
附录	术语解释 案例	

课程标准与教学大纲相比,内容更加丰富。比如增加了前言部分,在其中对各门课程的性质、基本理念、设计思路都作了详细的说明。并且在对课程目标的阐释上更加明确,附录中的案例对于课程的实施和教学又有重要的参考价值。

除此之外,教学大纲重视对学科教学的内容进度控制来实现教学质量,而课程标准则是更加重视提供评价的标准和细化课程目标来保证教学质量。这体现了新课程对评价的重视。

除了应有的重视,在课程的评价上,新方案也有众多的创新之处,具体表现在:

第一,评价方式多元化,构建科学的综合评价体系。如在盲校的评价方案中的实行学生学业成绩与成长记录相结合的综合评价方式。学校根据目标多元、方式多样、注重过程的评价原则,综合运用观察、交流、测验、实际操作、作品展示、自评与互评等多种方式,为学生建立综合、动态的成长记录手册,全面反映学生的成长历程。

第二,形成性评价与总结性评价并重。形成性评价是指为了控制和调节教育活动的方向、速度和内容等在教育活动进行过程中所实施的评价,其特点是评价内容紧扣近期的教学内容,能够不断地提供反馈信息,及时地修改或调整教育活动计划,从而保证教育目标的实

---

① 刘兼.国家课程标准的框架和特点[J].人民教育,2001,11:22.

现。新方案要求,学校和教师要在教育教学全过程中采用多样的、开放式的评价方法,了解每个学生的优点、潜能、不足以及发展的需要。总结性评价则是在教育计划实施到了中期或者快要结束的时候,为了检验教育的效果而进行的评价,其特点是内容覆盖免广,概括化程度高,能够鉴定被评价者在某个领域知识技能的掌握情况。①

第三,以评促进。既要让评价的内容要有助于残疾学生综合素质的提高,引导学生的全面发展,又要促进课程建设与发展评价和课程的高质量实施。在培智学校方案中,学校课程计划及其可行性,课程安排的适切性,课程管理的合理性、有效性,个别化教育计划的科学性,以及学校特色课程开发的针对性等都作为为学校课程评价的重要内容。

本章小结

我们所说的课程包含教材、课程标准、课程计划等三个重要内容。课程计划都包含了三个重要的部分:培养目标、课程设置、实施和评价。我国视觉障碍儿童的培养目标的一直以来的理论基础包括两点,全面发展和缺陷补偿。而目前的课改之后的培养目标中又融入了生活质量导向、潜能开发等新的思想。盲校的课程设置本着"最优化"的原则,根据实际情况、科学文化发展的趋势和视觉障碍儿童身心发展的特点与现状,进行课程设置并不断改进。在课程的实施和评价上,新方案用课程标准替代教学大纲,注重评价方式多元化,构建科学的综合评价体系。

思考与练习

1. 我国盲校课程的理论基础有哪些?
2. 多元智能理论对视觉障碍儿童的潜能开发有哪些启示?
3. 课程标准和教学大纲有什么联系和区别?
4. 我国盲校新课程设置实验方案中课程设置的原则有哪些?

---

① 郭谨星,钱志亮,宋春秋.盲校新课程方案的评价要求[J].现代特殊教育,2007,5:10—11.

第9章 视觉障碍儿童的教学

学习目标

1. 了解视觉障碍儿童点字教学、语文教学、数学教学和其他课程教学(如美术、音乐、体育等)的教学目标和要求。
2. 掌握视觉障碍儿童点字教学、语文教学、数学教学和其他课程教学(如美术、音乐、体育等)的教学内容和方法。
3. 学会针对视觉障碍儿童各科教学的特点以及视觉障碍儿童自身的特点而选择有效的教学方法。

视觉障碍儿童的教学主要包括：点字教学、语文教学、数学教学和其他课程教学(如美术、音乐、体育等)。点字教学在视觉障碍儿童的教学中非常重要，因为它是语文教学中阅读和写作的基础，同时也是视觉障碍儿童学习其他各门学科的基础。本章中的语文教学主要包括词汇教学、阅读教学和作文教学三大部分；数学教学主要涉及计算教学、图形教学和应用题教学三大部分；其他课程教学则主要选取美工、音乐、体育三门课程为代表来进行简要介绍。

第1节 点字教学

世界各国盲人通用的点字是法国盲人路易·布莱尔创造的。他创造的这种盲文是由6个点为基础结构的。这6个点在纸面上有的凸起，有的不凸起，形成63种变化，即63个点符或称字符，每个符号有左右各三个点，从左边自上而下叫做1、2、3点，从右边自上而下叫做4、5、6点，这统称为点位。[1]

中华人民共和国成立后，盲人黄乃参照布莱尔盲文体系，于1952年设计了我国的盲文——以普通话为基础，以北京语音为标准，采用分词连写方法拼写普通话的《新盲文方案》。此方案于1953年在全国公布推行。它有18个声母，34个韵母，声韵双拼为一个音节，用另一个盲符作调号。从此中国有了统一的盲文，为中国盲文出版事业的创建提供了可能。经过20多年的研究，黄乃等人又设计出了《汉语双拼盲文方案》，1995年开始在全国试行。[2]

汉语双拼盲文的特点如下：第一，字母拉丁化，放弃字母国际化，用点位代替语言；第二，字字标调，实现了声、韵、调的统一；第三，突破了现行盲文一符一母的特点，将盲文分为

---

[1] 沈家英,等. 视觉障碍儿童的心理与教育[M]. 北京：华夏出版社,1992：179.
[2] 中国残疾人联合会教育就业部,中国特殊教育研究会. 盲校教学文萃[G]. 北京：中国盲文书社,1997：2.

声母、介母、韵母三部分,固定格式为声旁在左,韵旁在右,允许声、韵同型;第四,拼音顺序为声、介合一,韵调合一;第五,用点位变化反映语音内部结构;第六,按字母和声调使用频率的高低安排点数。利用率高的字母点位少,反之则多;第七,提出简写和极常用字、词的缩写;第八,采用了哑音定字法。汉语双拼盲文的优越性体现在:第一,在两方盲符内实行标调节省了纸张;第二,有利于方言地区的盲人学习普通话;第三,摸读准确率大大提高;第四,有利于阅读或抄写带有文言的文字;第五,有利于提高教学质量;第六,适应了信息化时代科技的需要,可通过计算机处理。① 汉语双拼盲文具体内容见附录一。

点字教学是语文教学的一部分,但因为点字在学习语文以及其他科目中具有基础性作用,所以,本章将点字教学单独讨论。

一、点字教学的要求

点字教学分为摸读和书写两大部分,主要对象是低年级学生,要求他们学会盲文字母,即能正确发音,按音节组词,懂得大部分学过的词的意思,并且能用正确的姿势摸读和书写盲文。中高年级学生的主要任务是巩固和提高。② 盲文摸读速度的分年级具体要求见表9-1。盲文书写的整体要求是:首先,盲童能用正确的姿势写字并养成良好的书写习惯;其次,抄写或听写能达到点字圆正,卷面整洁;最后,书写正确,不漏点、不多点,并有一定的速度。③ 盲文书写和听写速度的分年级具体要求见表9-2、9-3。

表9-1 盲文摸读速度的分年级要求

年级	摸读要求
一年级	学会字母55个,能正确发音和拼音,能拼读词和短句。学年结束前,摸读速度应达每分钟50~60音节。
二年级	逐步提高拼读词、句的能力,能较正确地按音节组词、造句。摸读速度每分钟达70~90个音节。
三年级	能独立阅读相关程度的课外读物,摸读速度每分钟达100~120个音节。
四年级	要求摸读速度每分钟达130~140个音节。
五年级	要求摸读速度每分钟达150~160个音节。
六年级	要求摸读速度每分钟达170~180个音节。

表9-2 盲文书写速度的分年级要求

年级	抄写要求
一年级	能正确使用写字工具,掌握正确执笔方法,书写姿势正确。上学期每节课写字速度达5字板,下学期达7字板;
二年级	巩固写字姿势,上学期每节课写字速度达8字板,下学期达9字板;
三年级	开始学习盲文分词基本方法,上学期每节课写字速度达10字板,下学期达11~12字板;

---

① 汉语双拼盲文的基本内容[EB/OL]. http://www.etabc.com/html/article-15865-2.html,2009-11-16.
② 徐白仑. 视障儿童随班就读教学指导[M]. 北京:华夏出版社,1996:112.
③ 同上书,114.

续表

年级	抄写要求
四年级	继续学习盲文分词基本方法,上学期每节课写字速度达13~14字板,下学期达14~15字板;
五年级	巩固分词基本方法,独立分词时不出现明显错误,上学期每节课写字速度达15~16字板,下学期达16~17字板;
六年级	上学期每节课写字速度达18~19字板,下学期达19~20字板。

表9-3 盲文听写速度的分年级要求

年级	听写要求
一年级	只求正确,不要求速度,下学期每分钟达16~18音节;
二年级	上学期达20~22个音节,下学期达24~26音节;
三年级	上学期达28~30个音节,下学期达32~34音节;
四年级	上学期达36~38个音节,下学期达40~44音节;
五年级	上学期达44~48个音节,下学期达50~54音节;
六年级	在原有基础上巩固提高。

资料来源:徐白仑.视障儿童随班就读教学指导[M].北京:华夏出版社,1996:92—95.

二、点字教学的内容与方法

点字教学的内容主要包括三大部分:摸认、拼读以及书写。

(一)盲文的摸认

教视觉障碍儿童学会摸认盲文大致分为三个步骤:首先,认识盲文点位结构,要知道6个点的位置和名称;其次,掌握摸认方法(竖摸和横摸),由此巩固点位认识;最后是进行点位综合练习。[①]

在教视觉障碍儿童认识6点子符形时,首先,让他们用右手食指前端触摸,了解所谓的"6点子"就是6个凸起的小圆点,并知道它们的排列形式是从左到右两竖行,从上到下三层,成长方形。然后,指导他们认识各个点位的名称和位置。建议的触摸顺序是先左后右。左边从上到下是1、2、3点,右边是4、5、6点。视觉障碍儿童认识了6个点的位置和名称后,家长或教师接下来要做的就是帮助他们认识盲字符号的单位——"方"。盲符号中6个点所占的位置叫"一方",缺点符形也叫"一方"。在熟悉一方的空间大小以后,要让盲童认识空方,碰到空方要读出"跳方",这是为以后的分词写法作准备的。

摸认点位的方法主要有竖摸和横摸两种。竖摸指的是把6点子分为左右两边,先摸左边1、2、3点,再摸4、5、6点。横摸是指把6点子分为上、中、下三层,从上到下先摸上层1、4点,再摸中层2、5点,然后是下层3、6点。

除了上述传统的盲文摸认方法以外,也有一些教师在教学实践中总结出了很好的教视障儿童摸认盲文的方法。下面就是教师教视障儿童摸认盲文的一个比较好的例子。

---

① 徐白仑.视障儿童随班就读教学指导[M].北京:华夏出版社,1996:92—95.

在教学中,某教师发现,现行盲文点的直径以及相邻的点与点之间的距离太小,对初学者来说,触摸难度非常大,因此提出运用恰当的教具来过好盲文的结构关。某教师提出的盲文教具如下所述:

"在一块长 18 cm、宽 10 cm、厚 1.3 cm 的木板上,凿两个'全点字'符号。两个全点字之间的距离为 2 cm,每个全点字里相邻点之间的距离为 1 cm,每个点的大小以正好能容纳一个小玻璃球(弹子跳棋用的小球)二分之一体积为限(点不宜凿得太深,要做到可以用手把玻璃球随便拿起来,放下去也不会轻易从板上滚掉)。最后,找 12 个弹子玻璃球放入两个全点字的'点'上。这样就制成了一个'活'的盲文模型板,其形状较之盲文十分逼真,是一个放大的、极容易触摸的盲文模型。"

通过这样一个容易触摸的盲文板,学生可以比较好地掌握各点的点位名称和点的排列结构。利用盲文板上的"活"的盲点特性(即可以把板上的玻璃球随意拿动),教师可以通过以下两种方法让学生反复练习摸认盲文:教师指出点的名称,让学生用小球摆出点位;教师摆出点位,让学生触摸并说出点的名称。

盲文板练习以后,首先要巧妙实现从摸读盲文板到盲文的过渡;其次要按照从"多点字符号"到"少点字符号"、从卡片到课本的顺序渐进;最后从"以点位确定符号"转化为"以字形确定符号"。[①]

(二)盲文的拼读

在掌握了盲文的点位以后,接下来的任务就是学会拼读盲文。在教学中,要帮助盲童掌握盲文字母的发音,然后在拼读中进一步加以巩固。

对于汉语双拼盲文的拼读教学,大多数都是以字母歌的形式进行的。几个比较流行的字母歌是:《声母口诀歌》、《韵母口诀歌》、《声母歌》、《半声母歌》、《介母歌》、《韵母歌》、《二零歌》。

(三)盲文的书写

教视障儿童书写盲文,大致分为以下两大部分:第一,教视障儿童学会使用书写工具;第二,指导视障儿童书写盲字点位。对书写工具的使用,首先,要认识写字工具;其次,学会装纸;最后,学会执笔方法。在指导盲童书写盲字点位时,首先,要让盲童弄清盲字正摸反写的道理,即盲字的摸读是从左到右,盲字的书写是从右到左。其次,要注重写字的姿势和方法。即书写盲字时,字板要放正,身体要坐端正。写字时,要按从右到左的顺序,从右边第一行的第一小长方孔写起,依次往下。写 6 点字的顺序也是如此,先写右上第一点,右中第二点,右下第三点,然后依次再写左边的 4、5、6 点。[②]

第 2 节 语文教学

语文教学是视觉障碍儿童其他课程教学的基础。视觉障碍儿童语文教学主要包括词汇教学、阅读教学和作文教学,这三者之间相互联系、相互促进。其中词汇教学是阅读教学和

[①] 马积德. 如何进行盲童的盲文入门教学. 盲校教学文萃[G]. 北京:中国盲文书社,1997:640—642.
[②] 徐白仑. 视障儿童随班就读教学指导[M]. 北京:华夏出版社,1996:108—111.

作文教学的基础,作文教学质量的好坏与视觉障碍儿童掌握词汇的多少以及阅读能力的高低有很大的关系,而阅读是视觉障碍儿童获取词汇的一个很好的途径。

一、语文教学的要求

1993年,国家颁布《全日制盲校课程计划》,提出小学语文教学的基本要求:"使学生掌握盲文点字的拼音规则或掌握汉语拼音规则,能熟练正确地阅读和书写盲文或汉文,会说普通话,掌握常用词汇。培养学生理解、运用语言文字的能力,以及观察和思维能力;进行生动形象的思想品德教育和审美教育。"提出初中语文教学的基本要求:"使学生掌握现代语文的基础知识,学一些文言文,扩大常用词汇,养成讲普通话的习惯,通过听、说、读、写的基本训练,提高理解和运用语言文字的能力、观察能力和思维能力,进行思想品德教育和审美教育。"

盲校语文教学主要包括点字教学(第一节已经有详细论述)、词汇教学、阅读教学和作文教学等。

二、语文教学的内容与方法

(一)词汇教学

词汇教学的目的表现为:第一,提高盲童的阅读能力;第二,提高盲童的口头和书面表达能力;第三,增加视觉障碍儿童的知识,发展他们的思维能力和认知能力。词汇教学包括词的读写、词的理解、词的巩固和运用以及词的积累四大方面。各年级的词汇教学应掌握循序渐进的原则,并且在词的教学中,要"词不离句"、"句不离文"。[1]

(二)阅读教学

阅读教学,主要任务是致力于培养视觉障碍儿童独立阅读的能力,使其养成良好阅读的习惯,并且通过阅读丰富自身的情感体验与精神世界,培养较好的文学理解力。[2]

在阅读教学中教师应该做到以下几点。

首先,重视激发视觉障碍学生的阅读兴趣。例如,在学习课文时,教师可以通过设置疑念来激发盲生的阅读兴趣。讲授散文《驿路梨花》一课时,先由陆游的诗导入,然后提问:"同学们,你们在日常生活中遇到过误会吗?"同学们有的说遇到过,有的说没有。那么课文中是怎样出现误会的呢?课文中的人物有哪些呢?……接着教师把提前设计好的卡片发给每一位视觉障碍学生,让视觉障碍学生阅读卡片上教师提出的问题。[3] 这样做的目的是激发视觉障碍学生的阅读兴趣,他们会迫不及待地将课文读下去,最后从课文里得到正确认识。

其次,充分运用课文提供的条件,进行必要的讲述训练。如《雷雨》一课,教师制作了"雷雨前"、"雷雨中"、"雷雨后"的幻灯片,录制了带有风声、雷声、雨声等音响的课文朗读磁带。教学时,教师一边放映幻灯片、一边播放录音、一边讲解,把视觉障碍学生带进雷雨的情境之

---

[1] 徐白仑. 视障儿童随班就读教学指导[M]. 北京:华夏出版社,1996:144—153.
[2] 翟海珍,要守文. 视觉障碍儿童教学法[M]. 天津:天津教育出版社,2007:53—54.
[3] 浅探盲语文教学[EB/OL]. http://www.spe-edu.net/Html/mangjiaoxue/6523.htm,2009-12-19.

中（全盲生根据教师形象生动的语言介绍进行理解，低视生根据低视力放大系统进行全面感知），使视觉障碍学生又看又听，兴趣盎然，情绪高涨。

最后，开展课外阅读，培养视觉障碍学生独立阅读的能力。课外阅读既可以通过盲人图书馆、盲人数据库来进行，又可以由教师组织各项课外活动来进行。如教师可以利用课余时间指导视觉障碍学生诵读古诗，也可以从每节语文课中抽出几分钟指导他们朗读和背诵；可以结合课文向视觉障碍学生推荐有益读物；也可以动员视觉障碍学生订阅盲人报刊，帮助他们和北京盲人书社建立协作关系，由他们无偿向视觉障碍学生提供各类图书，供视觉障碍学生借阅。此外，还可以通过各种各样的读书活动，如"古诗朗诵会"、"演讲比赛"、"课本剧表演会"等形式，激发视觉障碍学生的阅读兴趣，传授阅读方法，总结读书成果，交流读书心得和经验。

（三）作文教学

盲校作文教学的任务、要求、内容以及方法，基本和普通学校相同，但是由于视觉障碍儿童视力的缺陷，作文成为视力障碍儿童的一大难题。[①] 盲校作文教学的主要关注点体现在：首先，注重培养视觉障碍儿童的观察能力；其次，教会视觉障碍儿童通过各种渠道积累素材；最后，改善视觉障碍儿童单调的写作手法。

如何培养视觉障碍儿童的观察能力？首先，要发挥视觉障碍儿童的长处，即教会视觉障碍儿童借助除残余视力以外的听觉、嗅觉、触觉、运动觉等。视觉障碍儿童通常听觉敏锐，可以借助于听觉来观察周围的世界。如有的学生在作文中写道："砰砰砰，听到这有力的敲门声，我就知道是爸爸回来了。"通过敲门声，便准确地知道是爸爸回家了，这不仅突出了爸爸稳健的性格，还体现了父子俩亲密的关系。除通过耳朵听以外，视觉障碍儿童还可以通过鼻子嗅、舌头尝、用手摸等方式来观察周围的世界。其次，要注重弥补视觉障碍儿童的短处，即补其兴趣之短、目的之短、想象之短、顺序之短以及重点之短。以观察青蛙为例，老师可以从青蛙吃害虫、保护庄稼、是我们的好朋友谈起。这样可以让学生对青蛙产生好感，继而诱发观察兴趣，从中则可产生强烈的写作动机。除了兴趣以外，在指导视觉障碍儿童观察时，要拟出详细的大纲，要教会他们按照一定的顺序观察，如由上而下，或由左到右，或由外至内；在观察前确定观察重点，在观察过程中把握好观察重点；要引导学生经常留心和关心周围事物的存在、发展、变化，养成观察习惯和分析习惯，从而使得这些材料成为启发学生回忆观察情景的提示。[②]

如何教会视觉障碍儿童进行素材的积累？有以下几点需要注意：首先，要提高盲童从生活中捕捉作文材料的能力。教师要克服自身的偏见，鼓励盲童写身边的事，无论是学校里、社会上还是家庭里发生的，只要是自己感受比较深刻的或是认为有趣的都可以写，这样才可以拓展盲童写作材料的来源。如某视觉障碍儿童发现高年级的一位男同学打低年级的同学，就挺身而出把这个男生打得鼻青脸肿。在这件事中，他以为是在帮助小同学，没有意识到自己也犯错误了；后来，在老师的分析引导下，他认识到打人是不对的，于是追溯事情的经过，写出了作文《不该发生的事》。其次，要大力开展各类活动。如组织盲童参观游览，参加力所能及的公益劳动，启发盲童在校内做好事，召开讨论会、主题会，鼓励视觉障碍儿童课

---

① 徐白仑. 视障儿童随班就读教学指导[M]. 北京：华夏出版社，1996：156.
② 黄汝倩. 从培养观察力入手提高盲童的写作水平[C]. 载于盲校教学文萃. 北京：中国盲文书社，1997：298—304.

外听广播、读图书、下棋,指导他们观察各种实物、模型,参加丰富多彩的课外活动等,这些对活跃他们的思想和广开写作材源等大有好处。[①]

如何改善视觉障碍儿童单调的写作手法?视觉障碍儿童写作文时在表现手法上有明显的缺陷:常平铺直叙,而少详略变化;喜直奔主题,而不会间接烘托;多粗线勾画,而少细节描写;能常规表现,短修辞运用等。[②]针对视觉障碍儿童的这些写作缺陷,首先,要加强阅读积累。如在课文讲解时,教师要反复总结每篇课文的写作特点,告诉视觉障碍学生这篇文章运用了哪些表现手法,这些手法的运用在表达效果上带来了怎样的好处等。其次,在教会视觉障碍儿童一些表现手法以后,要引导学生设身处地地想想自己在写这么一篇文章时会怎么写,从而有所比较,加深印象。最后,要多加练习。教师可以根据每个学生的特点经常进行各个表现手法的片断训练,从而使得学生在使用表现手法的水平上有所提高。

第3节　数学教学

视觉缺陷在一定程度上阻碍了视觉障碍儿童抽象思维的发展,因此,视觉障碍儿童的数学教学存在很大的困难。视觉障碍儿童学习数学主要存在哪些困难?这些困难可以通过哪些途径来解决?本节将主要从计算的教学、图形的教学以及应用题的教学三大数学教学的重难点来阐述上述问题。

一、数学教学的要求

1993年,国家颁布了《全日制盲校课程计划》,提出小学数学的基本要求:"使学生掌握整数、小数和分数的基础知识和四则运算的技能,加强口算练习,学习珠算知识,认识简单的几何图形。培养学生初步的逻辑思维能力和空间观念,以及运用数学知识解决简单实际问题的能力。"

《全日制盲校课程计划》提出初中数学的基本要求:"使学生掌握代数、平面几何的基础知识和基本技能,了解统计的初步知识和直观空间图形的初步知识,加强学生运算能力(特别是口算能力)的训练,发展逻辑思维能力和空间观念,培养运用所学数学知识解决简单实际问题的能力。"

二、数学教学的内容与方法

从上述《全日制盲校课程计划》可以看出,盲校数学教学的主要内容为:计算的教学、图形的教学和应用题的教学。

(一)计算的教学

计算通常分为笔算、口算、珠算三种。视觉障碍儿童由于受到写字工具的限制,数学运算中不方便用数式计算,并且由于算盘携带不便,使用起来也比较困难。而口算可以简化运

[①] 新课标背景下的盲校作文教学[EB/OL]. http://www.spe-edu.net/Html/mangjiaoxue/20070813205542448.html,2007-08-13.

[②] 同上注。

算过程,加快计算速度,以弥补笔算的不足;口算是珠算的基础,口算的速度快可以提高珠算的速度;口算练习可以加强记忆力,提高反应速度;加强口算练习,可以帮助盲生牢固地掌握运算性质和定律。① 因此在视觉障碍儿童的教学中,口算受到很大的重视。

如何进行口算教学?首先,制订计划,明确要求。口算有基本的口算和较难的口算之分。百以内的加、减法,乘法表乘法和相应的除法是基本口算。教师在教学过程中,要明确不同年级的口算要求。其次,教师在教学过程中,要针对教学内容和视觉障碍儿童的接受能力,酌情补充介绍一些口算方法,同时要多增加一些口算练习题。例如向盲生介绍"乘数是11、25、125 的速算法"、"乘数是 99 的两位数乘以两位数的速算法"、"除数是 25、125 的速算法"、"除数是 16 的速算法"等。口算的练习可以有多种内容和形式,如在内容上可以是一步计算题,也可以是多步计算题;可以是一种方法的计算,也可以是四则混合运算;可以是式子题,也可以是应用题。在形式上有:老师报题,盲生口报得数;盲生摸题目,口报得数;盲生摸题目,笔录得数;还可以定期开展口算比赛或口答盲生容易摸读的数字图表等。再者,要让视觉障碍儿童弄懂运算定律,熟记一些数据。如在教学中要求盲生熟练掌握 20 以内数的组成与分解、十进制数的组成和分解以及四则运算的定律和性质等,这些都有助于口算速度的提高。此外,要求盲生熟记一些数据,以减少思考时间,提高计算速度。如可以要求盲生熟记 20 以内的加、减法,乘法和相应的除法等。最后,有意识地在教学过程中多贯彻口算教学。②

(二) 图形的教学

由于视力的缺陷,视觉障碍儿童在学习图形时,存在很大的困难。在图形教学中,关键是帮助视觉障碍儿童建立图形概念,具体可以通过以下几种途径:鼓励视觉障碍学生在画板上创作自己的图画;教师和视觉障碍学生一起摸读含有触觉材料的图画或书本,并和视觉障碍学生讨论图画中有关物体真实的样子和感觉、图画怎样代表真实物体、图画和真实物体相同和不同的特性,最后让视觉障碍学生自己制作含有触觉材料的图画;通过开展寻宝游戏,让他们去找出一个图画中的真实物体,从放在他们面前的一堆拿得到的真实物体开始,慢慢扩大范围到教室、餐厅中的物体;通过把不同比例大小的触觉图形并列比较来帮助视觉障碍儿童建立比例大小的概念;通过一些活动教会视觉障碍儿童远近法及抽象法,将立体物体转换成平面图形;教会视觉障碍学生摸读技巧,例如系统化扫描图形、追随线条、找出点、分辨区域等。③ 另外,图形教学要遵循一定的步骤,循序渐进。如在教视觉障碍儿童简单立体图形时,可以采取以下步骤:首先,触摸教具,使盲生形成立体图形触觉表象;其次,联想教具,抽象出立体图形的一般表象;最后,对照教具,看懂简单立体图形的直观图。④

(三) 应用题的教学

应用题教学是数学教学的重点和难点。通过应用题教学,学生可以掌握和巩固知识,并

---

① 吴长生. 谈谈盲生的口算教学. 盲校教学文萃[G]. 北京:中国盲文书社,1997:337.
② 同上书,337—341.
③ 陈慧芬. 教导视障学生摸读触觉图形需有的基本概念[EB/OL]. http://www.spe-edu.net/Html/mangjiaoxue/20071105113103918.html,2007-11-05.
④ 吴熹华. 对盲生进行简单立体图形认识的教学初探. 盲校教学文萃[G]. 北京:中国盲文书社,1997:346—348.

在学习解答应用题的过程中逐渐获得分析和解决问题的能力。与一般学生相比，应用题对于视觉障碍学生来说更为困难，视力的限制使得他们不能借助图示的方法来分析应用题中的数量关系，而主要靠记忆，凭抽象的思维逻辑进行推理。① 为了更好地对视觉障碍儿童进行应用题的教学，教师必须把握住以下几个方面：②

首先，要引导学生掌握应用题的基本结构，即把握题中的条件和问题以及它们之间的逻辑关系。对于应用题基本结构的把握，可以通过对学生进行应用题基本结构形式的定向训练来实现。教师在讲授例题或课堂练习时，可以引导学生在弄清楚题中数学事实的基础上，用分析法找出题中的基本数量关系结构式。复合应用题的解答可以在此基础上进行层层分析。可以让学生多做一些不完全应用题，让学生补充条件或补充问题。如："全校有学生A人……女生比男生少百分之几？"又如"全校有女生B人，男生比女生多……？"另外，对于应用题基本结构的把握，还可以通过指导学生自编应用题来实现。

其次，训练学生掌握常用的数学术语和常见的数学概念，因为应用题的逻辑关系通常是借助于常用的数学术语和数学概念来表现的，并且逻辑关系和数学术语以及数学概念之间存在着多对一的关系，即不同的叙述方法或不同的数学概念可以用来表示同一个的数学事实，也可以用来表示不同的逻辑关系。例如："每班有学生13人"，"一个班有学生13人"，"各班有学生13人"这三句限制班级人数的词虽然不同，但都是指一个班的意思。又如"今年比去年多100斤"与"去年比今年多100斤"，这两句用词相同，但叙述的顺序不一样，所表示的数量关系也就不相同。

最后，要教给学生方法，指导他们掌握解答应用题的规律。应用题的解答，大概分为两大步骤：第一，理解题意；第二，分析应用题。对于题意的理解，就是要让学生通过粗读和精读题目来全面正确地理解应用题的条件，以及条件与问题之间的关系。分析应用题可以通过分析法或综合法来进行。分析法是从问题出发，追溯条件，如遇问题，再做进一步追溯；综合法是从已知条件出发，逐步推出所求的问题。下面以一道应用题的解答来具体说明。

例：某农场有两块水田共30亩，第一块收稻谷40袋，第二块收稻谷25袋。每袋180斤，平均每亩收稻谷多少斤？

在解答此题时，可以引导学生按以下顺序进行摘录来记忆和分析数量关系：

已知：30亩（65袋）——每袋180斤

求：平均亩产量。

接下来是对此道应用题的分析，可以通过分析法或综合法来进行。

分析法的思维过程是：

（1）要求出亩产量，必须知道总产量和总亩数30亩。

（2）要求出总产量，必须知道每袋斤数（180斤）和总袋数。

（3）要求出总袋数，必须知道第一块收的袋数（40袋）和第二块收的袋数（25袋）。

综合法的思维过程是：

---

① 徐白仑. 视障儿童随班就读教学指导[M]. 北京：华夏出版社，1996：169.
② 浅谈盲校数学应用题的教学[EV/OL]. http://www.spe-edu.net/Html/mangjiaoxue/20061128085213156.html，2006-11-28.

(1) 已知第一块收的袋数和第二块收的袋数,可以求出两块地共收的总袋数。
(2) 已知每袋斤数和总袋数,可求出总产量。
(3) 已知总产量,又知道总袋数,可求出亩产量。

第4节 其他课程教学

除了点字教学、语文教学和数学教学,视觉障碍儿童还接受其他课程教学。本节主要从体育教学、音乐教学以及美工教学来简单介绍视觉障碍儿童其他课程的教学。

一、体育教学

1993年,国家颁布的《全日制盲校课程计划》提出小学体育教学的基本要求:"使学生掌握体育和体育卫生保健的基础知识,初步学会简单的体育运动技能,动作协调,姿势正确。培养学生的定向能力,良好的纪律观念,团结友爱、朝气蓬勃、勇敢顽强的精神,养成锻炼身体的习惯。"

《全日制盲校课程计划》提出初中体育的基本要求:"使学生掌握体育基础知识和体育卫生保健知识,掌握一两种简单的体育运动技能,进一步进行定向行走训练,矫正身体运动方面的缺陷。使学生养成自觉锻炼身体的习惯,初步掌握矫正自身运动方面缺陷的方法,促进身体的正常发展,增强体质,培养团结合作的精神、坦率开朗的性格和勇敢顽强的意志品质。"

目前,我国还没有针对视觉障碍儿童专门编写的体育课教材。[1] 视觉障碍儿童的体育课被建议为最好与明眼学生的课程接近。视觉障碍儿童体育课的开展,首先,需要对视觉障碍儿童的运动技能水平进行评估。美国已经建立了两种评估手段:一种是由温尼克和肖特创建的《感觉和矫正性障碍青少年的体质的独特测试方案》;一种是《俄亥俄州立大学内在大动作评估量表》(SIGMA)。其次,在评估的基础上,对教材、策略和方法进行必要的调整:修改活动规则;修改技能技巧;修改教课技巧;改进环境条件,包括空间、工具和设备;建议视觉障碍教师和体育课教师一起工作等。[2]

二、音乐教学

1993年,国家颁布的《全日制盲校课程计划》提出小学音乐教学的基本要求:"使学生掌握盲文或印刷体音乐符号、音乐基础知识和基本技能,初步接触我国民间的以及外国的优秀音乐作品,增强学生对音乐的兴趣,培养学生对音乐的初步感受能力、欣赏能力和表现能力;学习一种乐器的演奏方法。注意对有特殊爱好和才能的学生进行个别指导。"

《全日制盲校课程计划》提出初中音乐教学的基本要求:"使学生掌握音乐基础知识和基本技能,学习和欣赏我国民间的以及外国的优秀音乐作品,陶冶学生的情操,提高音乐欣

---

[1] 沈家英,陈云英,彭霞光. 视觉障碍儿童的心理与教育[M]. 北京:华夏出版社,1992:187.
[2] 戴安·克拉夫特. 视障学生的体育课[C]. 李志龙,译. 载于盲校教学文萃[G]. 北京:中国盲文书社,1997:368—371.

赏能力和表现能力。积极创造条件,使每个学生学习两种乐器的演奏方法。对在音乐方面有才能的学生要加强个别指导。"

视觉障碍儿童听觉功能相对发达,具备了学习音乐的先决条件,而且通过音乐教学,视觉障碍儿童的想象力可以得到很大的发展,从而在一定程度上补偿他们的视觉缺陷。因此,音乐教学对视觉障碍儿童具有重要的意义。① 从《全日制盲校课程计划》中可以看出,器乐教学是音乐教学的重要组成部分。下面就以器乐教学为例来探讨如何对视觉障碍儿童进行音乐教学。

如何进行视觉障碍儿童的乐器教学? 首先,要鼓励学生自强不息。视觉障碍儿童普遍存在自卑心理,因此通过器乐教学树立他们自强不息的精神就格外重要。如教师在教学中可以用阿炳这位饱尝人间辛酸和痛苦、有着悲惨经历和艺术成就的音乐家的事迹来激励他们。其次,要消除视觉障碍儿童的逆反心理,拉近师生的距离。器乐学习比较枯燥乏味,再加上视觉障碍儿童视觉的缺陷,导致学习难度大。因此,在教学过程中,教师要时时关心他们,尊重、爱护和理解他们,与他们建立良好的师生关系。再次,从演示入手,把视觉障碍儿童带入音乐的美妙世界。最后,反复练习,不断提高。在练习过程中,要明确练习的目的和要求,掌握正确的练习方法,同时要系统练习,采取多样化的形式。②

三、美工教学

1993年,国家颁布的《全日制盲校课程计划》提出小学美工教学的基本要求:"进行纸工、泥工、缝工、木工、金工、编织等手工教学,训练学生的触觉、运动觉、以及手的协调能力,培养学生的空间概念和想象力,掌握简单的手工工具和初步的制作技术;对低视力学生进行绘画教学,使学生掌握绘画的简单基础知识和基本技能;培养学生对美术作品的欣赏和想象能力。陶冶学生情操,为提高学生自我服务能力和进行劳动技术教育打下基础。"

《全日制盲校课程计划》提出初中美工教学的基本要求:"学习较复杂的折叠、剪贴、编织以及雕塑、绘图(低视力学生学习)等方面的知识和操作技能,进一步发展学生的触觉、运动觉等感受能力和手的协调能力,培养学生的空间知觉、观察能力、形象思维能力和审美能力。"

《全日制盲校课程计划》在编写说明中指出:"普通学校有美术课,盲校不开美术课,这长期以来是一个不容争议的问题。然而,近年来,对国外盲校教育的了解使得一些教育者不断呼吁在盲校开设美工课。美工课既包括美术,也包括手工。对于学生有美育和劳动教育的作用,训练学生的感觉、想象能力,并为今后学生接受劳动和劳动技术教育打下基础。"下面以手工教学为例来探讨如何对视觉障碍儿童进行美工教学。

如何对视觉障碍儿童进行手工教学? 首先,盲校手工教学内容的选择应该遵循以下几个原则:科学性(符合视觉障碍儿童客观现实的需要),实用性(对视觉障碍儿童有实际的应用价值),趣味性(符合视觉障碍儿童的年龄特征和兴趣爱好),灵活性(结合当地资源以及季

---

① 翟海珍,要守文. 视觉障碍儿童教学法[M]. 天津:天津教育出版社,2007:246.
② 丁小玲. 浅谈盲生器乐教学. 盲校教学文萃[G]. 北京:中国盲文书社,1997:388—390.

节时令情况)。① 其次,可以在手工教学中渗透美育。如可以在认识范品、制作过程、以及作品交流中渗透美育。②

 本章小结

视觉障碍儿童的教学主要包括:点字教学、语文教学、数学教学以及其他课程的教学。

点字教学是语文教学中阅读和写作的基础,同时也是视觉障碍儿童学习其他各门学科的基础。教授内容主要包括摸认、拼读以及书写。和在普通学校一样,语文学习也是视觉障碍儿童学习其他课程的基础。语文课程主要包括词汇教学、阅读教学和作文教学,三者相互联系、相互促进。盲校数学教学的三个主要内容为:计算的教学、图形的教学和应用题的教学。由于视觉缺陷在一定程度上阻碍了视觉障碍儿童抽象思维的发展,因此,其数学学习存在的困难较大。教师应通过精心设计的教学活动调动视觉障碍儿童的数学学习兴趣。盲校中其他课程的开设(例如开设体育课、音乐课以及美工课等)在增强视觉障碍儿童的体质,促进其各种感觉器官的充分运动和协调,培养其良好的生活习惯和审美情趣,以及丰富他们的业余生活等方面发挥着重要的作用。

 思考与练习

1. 除了本章所提到的,你认为还有什么途径可以促进视觉障碍儿童的作文教学?
2. 如何对视觉障碍儿童进行应用题的教学?
3. 比较视觉障碍儿童的体育教学和正常儿童的体育教学,两者之间有何不同?
4. 为什么美工课在盲校长期以来不受重视?

---

① 赵鹏,曹正礼. 盲校手工教学内容选择的几个原则[M]. 北京:中国盲文书社,1997:396—398.
② 李艺仙. 盲校手工教学怎样渗透美育[M]. 北京:中国盲文书社,1997:399—400.

第 10 章 低视力儿童的教育教学

学习目标

1. 了解视觉损伤对低视力儿童产生的影响。
2. 掌握低视力儿童的视功能训练的方法。
3. 了解低视力儿童的教育辅助设备的相关知识。

长久以来,低视力儿童的教育并没有与盲儿童的教育区分开来,这使得低视力儿童并没有获得适合其自身发展需要的教育。随着人们对低视力认识的不断深入以及视觉障碍分类的日益完善,低视力儿童可以在辅助技术的帮助下凭借视觉来获取大量的信息,低视力儿童的教育逐渐走出与盲儿童教育不分的误区,开始了分类教育的探索。

第 1 节 低视力儿童教育概述

一、低视力儿童教育的历史和现状

整个低视力儿童教育发展的历史,就是其与盲教育相生相伴却又逐步走向分化的历史。这种历史发展的轨迹,突出地表现在低视力儿童的教育安置上。

20 世纪以前,在利用还是保护低视力儿童的残余视力的问题上,人们多数选择了保护,认为低视力儿童用眼做细致工作会伤害眼睛,并把这种保护看做是一种人道主义的行为。[①]因此,纵然低视力儿童可以模糊地看到这个世界,也被安置到了盲校、学习盲文。

随着时间的推移,人们逐渐认识到了低视力儿童不是盲童,他们有着自己独特的认知及学习特点,不应在盲校学习,应该接受适合他们的教育。因此各地开始为低视力儿童提供专门的教育,满足其发展需要。1908 年,伦敦学校委员会第一位医学专家詹姆士·克尔创办了专门为低视力儿童开设的特殊教育班。1913 年,美国一所类似于今天的帕金斯盲校的机构创办了第一个低视力儿童班。但是在那个时期人们仍然用眼罩蒙住低视力儿童的眼睛以保护他们的残余视力,此后才慢慢开始赞同儿童在学习过程中使用残余视力。然而对于如何利用残余视力及应采取什么样的教学策略的探讨与实施却很匮乏,"视力保护班(sight-saving classes)"仍然存在。

20 世纪 60 年代初期,美国乔治·皮博底学院的博士生巴拉哥对盲校学生的调查研究发现,通过系统的教学指导,低视力儿童的"视功能"可以得到显著提高。这项研究成果把人们

---

① 沈家英,等.视觉障碍儿童的心理与教育[M].北京:华夏出版社,1993:203.

关注的焦点从低视力儿童"损失多少视力"转移到"有多少可用的视力"上来,学校允许低视力学生使用他们喜欢的大字体印刷品,从而克服了阻止低视力使用的最后一道障碍。[①]

另外在此之前的 1941 年到 1953 年间,晶体后纤维增生症(retrolental fibroplasia,简称 RLF)侵袭世界,全世界范围内超过 12000 名婴儿不仅因此而患上先天性疾病,而且还患上眼疾。[②] 尽管研究者们很快就找到了治疗方法,但是眼疾难以逆转,等这些婴儿成长到了学龄期,规模庞大的家长群体也形成了,他们决定联合起来推动政府制定残疾儿童就近入学的计划,并提供相应的教育资源。于是,到 20 世纪 60 年代中期,绝大多数的学龄期儿童有机会脱离盲校而实现就近入学,可以进入普通学校和正常儿童一起学习。[③]

我国低视力儿童教育的发展也有着类似的发展历程(如表 10-1)。

表 10-1　我国低视力儿童教育发展大事一览表

> 1978 年,上海盲校校长李子牧在《盲教育概论》中,提出了视觉障碍教育对象的四种视力情况(其中包括低视力),引起了特教界的关注。

> 1979 年,上海盲校率先实验对盲童和低视力儿童的分类教学,并逐步推及到其他省市。
> 1989 年 10 月,国家教育委员会主持召开特殊教育学术会议,对分类教学给予肯定。

> 1991 年,上海市正式成立低视力学校。

> 金钥匙视觉障碍教育研究中心提出低视力儿童随班就读项目,并于 1994 年 9 月开始对北京市东城、西城、崇文、宣武等城区 20 所学校的 20 名低视力学生开展了"随班就读"的试验。

二、视觉损伤对低视力儿童的影响

有了视力,儿童才能自由地玩耍并在观察与模仿中获得发展。低视力儿童由于看不清或者不会看而错过了这样的发展机会,这对他们的学习及社会技能和行为的发展产生了重要影响。

(一)感知觉经验的深度和广度

视觉几乎支配着儿童所有的早期学习阶段,并且也是他们发展更高的心智的基础。低视力儿童有视力但看不清,有的还不会看。视力的局限,加上低视力儿童好奇而又粗心、爱看而又不专心的特点,使许多儿童难以形成有效的视觉感知,头脑里缺乏清晰的视觉记忆,这就不利于认知经验的广度和深度的发展。[④] 另外,虽然触觉和听觉可以代偿低视力儿童视觉经验的不足,但是它们并不能完全替代视觉通道所能够知觉的关于物体的快速的、完整的

---

① 沈家英,等.视觉障碍儿童的心理与教育[M].北京:华夏出版社,1993:204.
② Steinberg,A.,Bain,L.,Yuelin,L.,Montoya,L.,&Ruperto,V.. A look at decisions Hispanic families make after the diaguosis of deafness[J/OL]. http://www.eric.ed.gov/ERICWebPortal/contentdelivery/servlet/ERICServlet? accno=ED472086,2002.
③ Hatlen,P. H.,&Curry,S. A.. In support of specialized programs for blind and visually impaired children: The impact of vision loss on learning[J]. Journal of visual Impairment and Blindness,1987,81:7—13.
④ 沈家英,等.视觉障碍儿童的心理与教育[M].北京:华夏出版社,1993:208.

信息(例如大小、颜色、空间关系等),并且很多物体对低视力儿童而言太大或太过危险,难以触摸。所以,总体来说,低视力儿童在经验的深度和广度上还是受到局限的。

(二) 互动的能力

1. 与物理环境互动的能力

借助于视觉,我们才得以在环境里自由移动,从复杂的场景中抽取出目标。尽管低视力儿童的残存视力可以为其提供所处环境的一些信息,但是这些信息很多都是模糊的、不完整的甚至是歪曲的。因此,对于低视力儿童而言,对其进行如何利用残余视力定向行走的训练仍然是必要的。然而关于如何发展低视力儿童的定向行走能力,却缺少相关的研究支持,有学者甚至认为低视力儿童似乎没有这方面的需求。相关的研究也表明,只有极少数的低视力儿童接受过定向行走训练。[①] 但是,为了低视力儿童更好地融入社会,过正常人的生活,提高与物理环境互动的能力,接受定向行走训练是很有必要的。

2. 人际互动的能力

我们在与人交谈的时候要看着对方,并适当地运用面部表情等非言语形式,这些社会技能是通过生活中自然而然的观察与模仿习得的。这些技能的习得与否直接关系着我们能否成功地融入社会、与我们所处的人文环境进行良好的互动。视觉障碍儿童由于感觉通道受损而被限制了这种人际互动的能力。[②] 我国学者也认为低视力儿童虽可以自由行走,但视觉缺陷加上家庭疏于培养,使他们在与社会沟通上产生了一些障碍,减少了人际交往与互动的机会,很多日常生活技能和社会技能不易获得。在一些大场合,一些低视力儿童不能迅速地对自己的行为进行自我调节,出现依赖、退缩或过度情绪反应的状况。[③]

因此,我们应在发展友情、适时决断、眼神交流以及得体地运用身体姿势与面部表情等方面给予低视力儿童直接、系统的指导,来帮助其发展社会技能,这对他们而言是至关重要的。[④]

(三) 读写能力

大量的研究结果表明低视力儿童的阅读发展水平要落后于同水平的明眼儿童。[⑤] 尽管低视力儿童与明眼儿童相比有着相似的智力水平及教育背景,但是他们的阅读速度、正确率及理解力仍然落后于明眼儿童。图10-1为国外学者在低视力儿童与同水平明眼组在默读速度上的差异的研究结果。

---

① Kalloniatis, M., Johnston, A. W.. Visual environmental adaptation problems of partially sighted children [J]. Journal of Visual Impairment and Blindness, 1994, 3: 234.

② Celeste, M. Play behaviours and social interactions of a child who is blind: In theory and practice [J]. Journal of Visual Impairment and Blindness, 2006, 100: 75—90.

③ 沈家英,陈云英,彭霞光,等. 视觉障碍儿童的心理与教育[M]. 北京:华夏出版社,1993:209.

④ Ophir-Cohen, M., Ashkenazy, E., Cohen, A., & Tirosh, E.. Emotional status and development in children who are visually impaired [J]. Journal of Visual Impairment and Blindness, 2005, 99: 478—485.

⑤ Daugherty, K. M.. Monterey learning systems: Improving academic achievement of visually impaired learners [J]. Journal of Visual Impairment and Blindness, 1977, 71: 298—302.

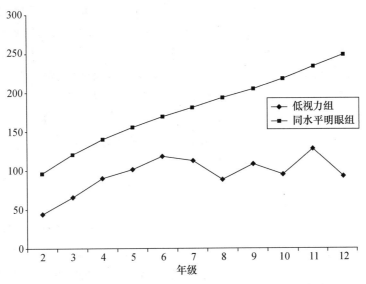

图 10-1[①]　低视力儿童与同水平明眼组在默读速度上的差异

对于这种阅读速度上的落后存在几种不同的解释,但是,主要原因还是在于低视力儿童在从书本或电脑屏幕里抽取视觉信息时遇到了困难。巴拉哥认为对于大约80%的视力残疾儿童而言,他们都有足够的残余视力并能以此作为学习的主要感官通道。

对于目前低视力学生多用大字课本的情况,已有专家进行了质疑和批评。因为不少的实证研究表明,与借助光学辅具进行比较来看,低视力学生的阅读速度、阅读理解力以及身体疲累程度,和大字课本使用的结果是不相上下的。[②] 同时,大字课本还存在着制作成本昂贵及携带不便等问题。因此,鉴于大字课本资源的相对有限性,低视力儿童能否具备阅读普通印刷品的能力就显得格外重要。而阅读普通印刷品的能力又受到以下因素的影响:照明、纸质、字体的大小、清晰程度等。

(四) 可能存在的心理问题

西方一些国家的研究表明,与同龄的明眼儿童相比,低视力儿童会更多地感觉到孤单;他们的朋友、社会化与发展交往技能的机会都比普通儿童要少得多。帕里什(Parrish)等认为盲及低视力对患者所造成的悲伤程度绝不亚于丧偶。[③] 影响低视力儿童心理健康的因素包括视觉障碍者自身及环境等两大因素[④],其中低视力儿童的身心特征及个人对低视力的看法会深深影响其日后的心理社会适应,这也是人们经常提及探讨的因素。不少研究者探讨

[①] Anne,L. Corn,Robert,S. Wall,Randall,T. Jose,Jennifer,K. Bell,Karen,Wilcox,Ana,Perez. An initial study of reading and comprehension rates for students who received optical devices[J]. Journal of Visual Impairment and Blindness,2002,5:323.

[②] 刘信雄,等. 视障学生辅导手册[J/OL]. http://163.20.3.111～assist 94/spelial/s8/book3.pdf,2009-10-19.

[③] Parrish R. K.,Gedde S. J.,Scott I. U.,et al. Visual function and quality of life among patients with Glaucoma[J]. Arch Opht halmol,1997,115(11):1447—1455.

[④] 刘信雄,等. 视障学生辅导手册[J/OL]. http://163.20.3.111～assist 94/spelial/s8/book3.pdf,2009-10-19.

的影响视觉障碍儿童的因素有：视觉障碍程度(轻度或重度)、视觉障碍发生的时间(先天或后天)、视觉障碍的未来预断(视力能否恢复或持续恶化)、视觉障碍的类别或性质(如，是否兼有其他类别的残疾)、视觉障碍的掩饰程度(visibility,可否轻易辨认其障碍)、视觉障碍者的性别、视觉障碍前及障碍后的人格特质、障碍的生命威胁程度(如癌症在短时间内会致人死亡)等。若仅就障碍程度分析，虽然低视力儿童的视觉障碍程度较轻微，但与重度的盲人相比，他们在适应方面却表现出更多的问题，对此的解释主要表现在以下几种：① 对自己视觉障碍主观的看法和认定。② 拒向盲人机构求助，怕被当做盲人看待。③ 常有许多冒险动作，或心中老是以为受到了不公平的对待。[①]

三、低视力儿童教育的目的与目标

低视力儿童与普通儿童相比，虽然存在着特殊性，但是他们基本的心理发展规律是相同的，因此低视力儿童的教育同样也有着普通教育所期望达到的教育目的，即：使低视力儿童在品德、智力、体质等方面全面发展。根据低视力儿童的特点，除了要达到上述目的外，低视力儿童的教育还应完成以下几个目标。

(一) 掌握视觉技巧，会看、多看

要达到这个目标，就必须对低视力儿童进行视功能训练。对视功能的合理使用能满足日常生活中的一些需要，帮助低视力儿童融入社会。我国眼科专家孙葆忱指出：视觉障碍儿童的视觉发育不能自然发生，训练可使视功能提高。国外的眼科专家也论证说：经过对残存的可用视力施行一种预定的训练方案，严重视力障碍儿童的视觉的确可以得到改善。[②] 因此，基于上述认识，对低视力儿童进行视功能训练就显得迫切而重要，具体来讲要着重以下两个方面的训练：一是提供各种看的机会，鼓励低视力儿童更好地使用视力；二是帮助低视力儿童掌握视觉技巧，学会视觉操作，提高利用自身残余视力的能力。[③]

(二) 培养社会技能，提高社会适应能力

大多数情况下，社会技能的学习都是通过观察和模仿得来的，低视力儿童由于感觉通道受损，很难通过观察和模仿去自然习得，因此，从低视力儿童自身的发展来看，在未受教育的情况下，其社会技能难以得到充分发展，缺乏与人沟通的能力和适应社会的能力。另外，按照目前低视力教育的发展趋势，绝大多数的低视力儿童被安置到了普通学校随班就读，在普通学校他们可能会因为社会交往技能的缺乏而无法融入集体。因此，教育者必须在日常活动中着力培养他们的社会技能(如表10-2)。

---

① 刘信雄,等.视障学生辅导手册[J/OL]. http://163.20.3.111~assist 94/spelial/s8/book3.pdf,2009-10-19.
② 沈家英,陈云英,彭霞光,等.视觉障碍儿童的心理与教育[M].北京：华夏出版社,1993：204.
③ 孙葆忱,郑远远,刘景海,低视力[M].北京：华夏出版社,2000：166.

表 10-2[①]　日常生活中的社会技能培养

目标	方法
与人谈话时，保持目光交流	√ 抓住孩子的手，鼓励他们在与成年人对话时要看着对方的脸。 √ 蹲下来与孩子交流。当你跟他讲话的时候，可以通过语言或是肢体来使他的身体朝向你。 √ 当孩子与人讲话时，要鼓励他将自己的身体和脸朝向讲话的人。并且当孩子成功做到时，要及时给予表扬。 √ 鼓励孩子在整个的交流过程中都要保持眼神交流。
在社会交往中可以给予别人积极、适当的评价	√ 情境练习，学会给予他人积极的评论（如："Marc，你坐得真端正！""Michelle，我喜欢你的新衣服。"） √ 情境练习，学会适时地说"请""不用，谢谢""不客气"或是"对不起"。尤其是当儿童在与同伴交流时可以自发地使用词语时，要及时予以强化。

第2节　低视力儿童的教育教学

一、低视力儿童教育的组织形式

对特殊儿童的教育安置，国内外都一致认为不强调统一安置形式。低视力儿童可能会在以下的一种或几种组织形式里接受教育：咨询模式、巡回教师模式、资源教室、特殊班或是特殊学校。

（一）国外低视力儿童教育的组织形式

1. 特殊学校

这是国外最早采用的教育安置形式。尽管在"回归主流"运动后，多数低视力儿童已在普通学校学习，[②]但是特殊学校的存在依然是必要而重要的，即使在融合教育发达的美国，绝大多数州仍然保留着特殊学校。原因除了特殊学校在满足学生所需要的人员、课程、设备等方面存在优势外，还有一个值得关注的，就是特殊学校的角色已悄然发生了变化。

今天的特殊学校早已走出了隔离，它们承担起了更多的责任，主要有师资培训、组织暑期学业及休闲课程，为当地普通小学提供资源以及评估学生需要等。因此特殊学校依然是有必要存在的，而不是随着融合教育的开展而不复存在。

2. 特殊班

低视力儿童大部分时间在普通学校特殊班接受特殊教育教师的教学与辅导，但在上不大需要视力的课程时，他们可以到正常班去上课。[③]

3. 咨询模式

对于那些在平时的学习中不需要直接的服务或是仅需要一些有限帮助的低视力儿童而

---

① Marilyn Friend. Special education: contemporary perspectives for school professionals [M]. Boston: Pearson, 2006: 356.
② 沈家英，陈云英，彭霞光，等. 视觉障碍儿童的心理与教育[M]. 北京：华夏出版社，1993：212—213.
③ 方俊明. 特殊教育学[M]. 北京：人民教育出版社，2005：137.

言,咨询模式可能是最适合的安置方式。① 对于他们来说,所有的活动都是在普通教室里完成的,普通教师对他们的学习给予直接的指导。视觉障碍专家与普通教师紧密合作,对已有的教学安排作出调试,提供适合的学习材料(如大字课本、触摸地图等)以更好地促进低视力儿童的发展。另外,此种模式还适用于那些有其他残疾的视力障碍学生,如有学习障碍或是智力残疾的学生(据统计,约有65%的视力障碍学生还患有其他类型的残疾)。

4. 巡回教师模式

巡回教师模式是目前应用最广泛的服务模式。在此模式中,学生就读于当地学校,绝大多数的教学指导都由普通教师来完成。视觉障碍教育专家"巡回"于不同的学校之间,提供特别的指导计划。巡回教师所教授的技能大多是视觉障碍儿童学习所必需的,比如书写技能,独立生活和职业教育的技能。② 同时,视觉障碍教育专家还承担着以下任务:特殊评估(specialized assessments),与教师或其他教育人员商讨,找出适合的教学材料。巡回教师模式和咨询模式最大的差异在于:在巡回教师模式中,巡回教师提供的是持续不断的、直接的指导;咨询模式则不然。然而,在现实中,我们时常看到的是视觉障碍专家同时扮演着咨询教师和巡回教师两种角色。

5. 融合模式

目前在美国和加拿大等融合教育发达的国家,大多数的视力障碍儿童(当然包括低视力儿童)会选择在社区学校里就读,而不是去专门的盲校。已有的研究表明,视觉障碍儿童就近到普通学校入学,有利于他们社会交往技能的发展与学业的进步,促进他们的教育融合及社会融合。同时,这也要求我们必须对进入普通学校的视觉障碍学生提供额外的帮助并在课程中作必要的调整。③

(二)我国低视力儿童教育的组织形式

目前,我国低视力儿童教育的组织形式主要表现为以下几种。

1. 单独编班

生源充足的学校会将盲生和低视生分别编班,按不同的教学计划进行教学。这种形式由于活动内容单一,较易节省教师精力、保证教学质量,是当前分类教学实验中最理想的组织形式。

2. 分班复式

生源不足的学校可按低、中、高三段或低、高两段把盲生和低视生分别编成一、二、三年级或一、二年级的复式教学班,分组进行教学。这种形式一般在边远山区使用,只要安排得当、发挥同学间的互助教学,也能取得好的成绩。

3. 课外辅导学习汉字

对残存视力低、阅读文字课本感到吃力但又能学习一些汉字的学生,平时可以在盲班上

---

① Lewis, S., & Allman, C. B.. Educational programming. In M. C. Holbrook & A. J. Koenig(eds), Foundation of education: History and theory of teaching children and youths with visual impairments(2nd ed) [G]. New york: American Foundation for the Blind Press, 2000: 218—259.

② 同上注.

③ Pauline Davis. Including children with visual impairment in mainstream schools [M]. London: David Fulton, 2003: 1.

课,使用点字课本学习;课外则由学校统一安排时间,使用汉字教学,以达到能读写简短文字的目的。

4. 随班就读

近几年我国开始了探索特殊教育一体化的道路,如"金钥匙盲童教育计划"在盲和低视力儿童的教育上取得不少成绩。这条道路也是与我国的具体国情密不可分的,我国视觉障碍儿童居住分散、家境贫困者居多,而且大部分分布在农村,只有一小部分视觉障碍儿童能够进入寄宿制的特殊学校学习,大部分人只能进入普通小学或中学,在普通班里"随班就读",在普通学校里实行分类教学。[1]

二、低视力儿童教育的设施

(一) 适当的照明

对于低视力儿童而言,适当的照明可减轻用眼疲劳和提高学习效率。[2] 美国国家邮政局(The United States Post Office)在1923—1965年期间做的一些研究表明,不同原因造成的低视力儿童对照明强度有不同的要求。一般来说,白内障中的中央浑浊、白化病、先天性无虹膜的患者,一般都不要强光。而有一些类型的低视力儿童则需要强照明,例如视网膜、脉络膜及神经缺损患者,各种眼病引起瞳孔明显缩小患者,青光眼、视网膜色素变性、视神经萎缩等患者。[3] 这部分低视力儿童需要的照明强度要大于普通人。如果在某一环境下,普通人需要50瓦特的照明强度,那么低视力儿童可能就需要150瓦特的照明强度。

图10-2 低视力照明台灯[4]

为了辅助低视力儿童更好地在照明条件下阅读,国外常使用一种专为低视力患者设计的写字与阅读联合书桌。这种书桌的桌面可以任意升降以满足不同低视力患者的需要。桌面可以立起80°,满足了低视生近距离阅读的需要。这种书桌的桌面颜色较浅,可借助磁铁将读物

---

[1] 孙葆忱,郑远远,刘景海.低视力[M].北京:华夏出版社,2000:26—27.
[2] 方俊明.特殊教育学[M].北京:人民教育出版社,2005:149.
[3] 同上注.
[4] 低视力照明台灯[EB/OL]. http://www.abledata.com/abledata.cfm?pageid=19327&top=14778&productid=158791&trail=2213134&discontinued=0.

固定在桌面上。桌面上有阅读装置,可任意地左右上下移动读物,满足患者需求。①

(二) 配备合适的助视器

克恩和她的同事对田纳西州 185 名五年级低视力儿童的阅读能力作了比较研究,比较低视力儿童在秋季末使用助视器前的阅读能力和第二年春季使用助视器之后的阅读能力。排除了理解能力的水平差异之后,低视力儿童秋季的默读平均速度为每分钟 45.5 个单词,而第二年秋季的默读平均速度上升为每分钟 107.4 个单词。由此得出的结论是,对于低视力儿童而言,助视器在他们的阅读发展中扮演着举足轻重的角色。

但是,正如巴拉哥所言:"尽管人们已经证实使用助视器来阅读普通印刷体要比单纯使用大字课本有更高的绩效比(cost-effect),教师还是很少参与到助视器的使用指导中。"②这就需要我们在为低视力儿童开发合适的助视器的同时,更要注重对教师的培训,使他们掌握基本的佩戴和使用技能。

知识小卡片

放大工程(Project Magnify)③:

美国田纳西州开展了一项名为"放大工程"的计划。它的理念是:低视力儿童使用放大器阅读普通印刷体的阅读效率并不低于阅读大字课本的阅读效率。放大工程旨在帮助低视力儿童发展使用阅读器来阅读普通印刷体的阅读技能。

对于在具体的低视力教育教学中选用什么样的助视器,我们将在本章第四节详细介绍,这里就不再赘述。

(三) 大字课本

大字课本对于那些贴近文字甚至戴上眼镜也无法看清一般印刷文字的学生来说具有很重要的作用。一般大字课本在印刷上要有一定的质量保证,保证字体印刷清晰,字间距合理;必要的时候可采用不同颜色的字体来增加对比度。

另外,在低视力儿童的教育中,使用的字体字号要视具体的教学科目和年级而定。

(四) 教室的墙壁、黑板等

教室的地板、墙壁要有一定的对比度,黑板可用浅色,也可用深色,但粉笔的颜色要与黑板的颜色对比明显。教师的板书尽量写大一号的字,以减轻低视力学生的识读困难。④

---

① 孙葆忱.临床低视力学[M].北京:华夏出版社,1999:83.
② Barraga N.C.. Infusion of research and practice into personnel preparation. In: Hill E. W. (ed.) Research and Practice in the Field of Visual Impairment: 70 Years of Vision at Peabody [G]. Nashville, T.N.: Vanderbilt University. Peabody J. Educ. 1990,67(2):10—21.
③ Jeanie Farmer,Stephen E. Morse. Project Magnify: Increasing Reading Skills in Students with Low Vision [J]. Journal of Visual Impairment and Blindness,2007,11:764.
④ 方俊明.特殊教育学[M].北京:人民教育出版社,2005:149.

三、低视力儿童的教学指导

(一) 教学遵循指导原则

视觉损伤对学生的影响是多方面的。不管是普通学校的教师还是特殊学校的教师都必须认识到视觉损伤在学生的学习上产生了怎样的影响,以及该如何针对性地改进教学。成功地做到这一点将使学生获得平等的受教育的机会以最终取得学业和社会交往上的成功。[①]

1. 听觉的学习与利用

听觉语言(Auditory Language)可以激发大脑中与语词相关的创造性图像的生成。图像的生成可以帮助学生理解口头语言;听觉提供的各种具体而可靠的信息,能帮助弥补视觉的不足。[②] 教师需要在与低视力学生的交往与观察中辨别学生是否理解了口头语言信息;在课堂讨论中检查学生的理解程度,并且及时地给予指导。如果发现学生在理解上存在问题,教师就需要补充学生的背景知识或是扩大其词汇量。同时,对于低视生而言,听觉技能的提高还可以促进读写技能的提高,因此教师还需尽可能地与视力障碍教育专家交流,为每个低视力学生提供适合其需要的听力材料。

2. 重视视功能训练及助视设备的使用

巴拉哥认为,大约80%的视力残疾儿童都有足够多的残余视力,并能以视觉来作为学习的主要感官通道。如果他们能够学会"如何看"以及有效地使用助视设备,那么就可以提高视觉学习的效率。教师需要在教学的过程中,以平时的观察结果为依据来判断学生是否具有足够的视觉技巧来定位和追踪视觉材料。

除此之外,在教学的过程中,教师还需考虑以下几个问题:学生座位的安排除了要考虑每个人的视觉状况外,还要确保没有视觉死角;粉笔字要尽可能写大一些,在条件允许的情况下可以用可擦写的白板来代替普通的黑板;所有的直观教具要尽可能清晰、明显。对于低视力学生而言,高对比度的视觉材料更容易阅读。[③]

(二) 读写技能的教学指导

1. 阅读媒介选择

阅读媒介的选择旨在帮助教师决定在低视力儿童的教育中采用何种阅读媒介。在这里,采用何种阅读媒介是基于系统的观察而得出的。在作出初步决定后,学生具体使用哪种阅读媒介还要经历一个不断评估的过程,以检验其有效性,判断是否需要作出一些必要的改变。

教师需要收集关于学生的三类信息以确定哪种阅读媒介是最有利于学生学习的:① 学生使用不同的感觉通道(视觉、触觉和听觉)获取信息的效率;② 学生在完成学习任务时通常使用的学习媒介(包括学习材料和教学方法);③ 学生的读写媒介。

表10-3列出了使用印刷课本和使用盲文的学生特征,从中可看出不同视力水平的学生

---

① Penny R. Cox, Mary K. Dykes. . Effective Classroom Adaptations for Students with Visual Impairments [J]. Teaching Exceptional Children, 2001, 7: 74.

② 沈家英,陈云英,彭霞光,等.视觉障碍儿童的心理与教育[M].北京:华夏出版社,1993:213—214.

③ Penny R. Cox, Mary K. Dykes. . Effective Classroom Adaptations for Students with Visual Impairments [J]. Teaching Exceptional Children, 2001, 7: 70—71.

在选择阅读媒介上是不同的。

表 10-3 使用不同阅读媒介的学生特征①

使用印刷课本的学生特征	使用盲文的学生特征
近距离阅读的情况下,可以有效地使用视觉。 对于图片感兴趣并且可以识别图片中的细节。 如果自己的名字以印刷体的形式出现,则可以认出并且理解它的含义。 使用印刷体文字来完成其他必备阅读技能的学习。 视力情况稳定。 中心视野完好。 视力是其获得较高阅读效率所必需的,并且在此基础上可以在学业上稳定提高。 在实施例行的印刷体阅读计划时,没有另外的残疾影响计划的进行。	倾向于用触觉来感知。 可以有效地用触觉来识别细小物体。 如果自己的名字以盲文的形式出现,则可以认出并且理解它的含义。 使用盲文来完成其他必备阅读技能的学习。 视力情况不稳定或者经过医学预测在未来的一段时间内难以保持现有视力水平。 中心视野有所减少或是视功能不足以使其有效地阅读印刷体。 触觉技能是其获得较高阅读效率所必需的,并且在此基础上可以在学业上稳步提高。 在实施例行的盲文阅读计划时,没有另外的残疾影响计划的进行。

2. 具体的读写技能的教学指导

尽管低视生可以通过佩戴合适的助视器来改善视力,但是他们在完成视觉任务时仍然存在困难,因此我们需要教授给他们一定的补偿视觉缺陷的技能。至于应在何时何地给予低视力儿童什么样的读写技能的指导,我国目前还没有学者在此方面作深入论述,因此我们在此着重介绍国外的研究成果,希望对找到适合我国国情的读写技能指导起到帮助作用。②

(1) 读写萌发技能(Emergent Literacy Skills)

优化低视力儿童早期生活的环境,如家庭、幼儿园或学前班,为他们的读写能力的发展提供帮助;以儿童为中心教授他们阅读技巧,在家庭或幼儿园中发展他们的读写能力,例如:给儿童朗读读物,形成书的概念(developing book concepts);促进早期读写技能的发展,如,进行阅读(reading)和草写(cribbling);与家长或其他人员一起扩大低视力儿童的经验基础和基本概念;帮助家长或其他人获取或制作书籍、卡片或是其他阅读材料;教授低视力儿童熟悉日常环境中的标语或是其他形式的印刷体;为低视力儿童树立优秀阅读者的榜样;在读写过程中萌发和初级印刷体之间衔接的技巧。

(2) 视觉技能的整合运用(Integrated Use of Visual Skills)

在功能性情境下(functional contexts),例如,在进行远距离视觉搜索和视觉定向(visually directed reach)时,教授并强化低视力儿童的视觉技能;教授如何在真实的环境背景下整合运用视觉技能(例如欣赏图片、系统地搜寻信息)、日常生活技能及旅游技能;教授如何适应环境、使用非光学助视器及相关策略(例如光控制装置、标签笔、滤镜及阅读材料放置的

---

① Koenig,Alan J.,Holbrook,M. Cay. Learning Media Assessment of students with Visual Impairments:A Resource Guide for Teachers [M]. Austin, Tx:Texas School for the blind and visually impaired,1995:56.

② Anne L. Corn, Alan J. Koenig. Literacy for Students with Low Vision:A Framework for Delivering Instruction [J]. Journal of Visual Impairment and Blindness,2002,5:310—312.

位置和角度）。

（3）初级印刷体阅读技能（Beginning Print Literacy Skills）

规范阅读印刷体；教授规范的书写技能（手写）；持续评估读写技能的发展情况及所需的阅读媒介；培养持续及流畅阅读的能力；建立阅读环境；建立让学生喜欢阅读的鼓励机制；鼓励快乐阅读；将阅读技能的教授渗透到日常生活的真实情境中；在初级印刷体阅读技巧与中高级印刷体阅读技巧之间建立衔接。

（4）中高级印刷体阅读技能（Intermediate and Advanced Print Literacy Skills）

培养学生在没有光学助视器的情况下持续及流畅阅读的能力；教授在日常环境中获取印刷体信息的策略；持续评估学生的阅读技能和阅读媒体信息的需要；培养学生获得视觉信息的能力；教授给学生相关的策略以决定什么时候该把获得的视觉信息与其他来源得来的信息相论证（如有录音的课文和布莱尔文）；培养他们阅读的兴趣和学会休闲阅读（leisure reading）；在真实的情境下让学生学会使用印刷体阅读技能来完成功能性任务；在学习创作型题材的内容（如，学习科学）时学会应用阅读技能；教给学生从学习环境过渡到工作环境的相关策略。

（5）两种媒介方式（印刷体和布莱尔文）下的初级阅读技能（Beginning literacy skills in dual media）

对一些学生来说，教育小组认为教授他们印刷体和布莱尔文都是合适的：同时教授给他们在印刷体和布莱尔文这两种媒介方式下正规的阅读技能，其中包括解码和词语分析技能、词汇的扩展技能、理解技能和特定的阅读技能；教授他们在这两种方式下学会写作和正规的写作技能；持续评估学生的阅读技能和阅读媒体信息的需要；持续发展他们阅读布莱尔文的机械性技能；学会在两种方式下都能流畅阅读；建立阅读的动机，并会享受阅读，鼓励休闲阅读；在日常和真实的情境中，让他们在阅读印刷体和布莱尔文时都能应用相关的技能；把初级阅读技能和中/高级阅读技能连接起来。

（6）对有良好的印刷体阅读技能的学生，培养他们阅读布莱尔文的相关技能（Braille literacy skills for students with print literacy skills）

对一些学生来说，教育小组认为作为印刷体阅读的一种补偿或替代，可以教授给他们布莱尔文；教授给他们在阅读布莱尔文时的触觉感知，手指移动和字母/符号识别技能；在有意义的情境中引导他们学会布莱尔文的缩写和使用规则；教授他们布莱尔文的书写技能，在实际活动中能综合使用布莱尔文；为满足学生现在和未来的个别发展需要，向他们解释说明缩写的和不缩写的布莱尔文；在日常和真实的情境中，让他们能应用相关的阅读技能。

（7）听觉阅读和现场阅读技能（reading，and live-reader skills）

培养学生的听觉技能（如听觉意识和注意、声音定位、听觉记忆和听觉终止）；在他们收集声音时，教授和促进他们利用听觉；教授他们使用录音课文的方法；教授他们从录音课文中收集信息的策略；教授他们从现场阅读者那里获得信息，并收集相关的信息的方法；让学生在真实的情境中学会综合运用听觉，掌握听觉阅读和现场阅读技能。

（8）文字录入和处理文本技能（Keyboarding and word-processing skills）

利用已有的印刷体材料和/或语言，教授学生在计算机上触摸式录入文字的技能；教授他们处理文本的策略,包括建立、编辑、保存和打印文本文件的能力;要求学生用键盘录入文字时要保证流畅和精确;帮助学生选择合适的字体、颜色对比度和字体大小。

(9) 科技技能(Technology skills)

教授给学生相应的科技技能以便于他们完成阅读任务和获得印刷体材料的信息,如使用闭路电视、附带有打印机的电脑、合成性语言、语音识别系统、放大的软件和扫描仪(用于将印刷体材料转换为可获得的媒介);指导他们从因特网上获得信息的方法;教会他们在日常和真实的情境中应用科技技能;教会他们维护仪器设备、建立新的设备。

同时,贡普勒等人对低视力儿童的阅读进行了研究,在此基础上,他们建议教师可以通过以下手段来协调大多数学生较慢的阅读速度:提供的时间应该是视力正常儿童阅读时间的 1.5～2 倍;保证充足的时间学习和使用听觉阅读辅助器,如电子图书,或在时间不方便时使用文本—言语转化计算机软件;测验中允许超时。[①]

第 3 节 低视力儿童的视功能训练

一、视功能的定义

视功能,即功能性视力。关于功能性视力,诸家说法不一。欧基夫对功能性视力的定义为:为了特殊的目的而去使用的视力。霍尔(Hall)等将功能性视力定义为:为了有目的的行为而去使用的视力,或指在日常生活的各种活动中,包括阅读、移动、自助工作、游戏、职业工作或教育活动中为了有目的的行为而使用视力的方式。巴拉哥的定义为:在日常生活的所有行为中,人们如何使用他们的视力而无论其视力值究竟是多少。许多变量,包括视觉、心理、物理和环境因素都会影响功能性视力。这些因素之间的关系复杂且因人而异,难以定量。[②]

二、低视力儿童的视功能评估

虽然到目前为止,我国还没有强制对每一个低视力儿童进行视功能评估,但是普遍看来,人们认为它是一个"最佳实践(best practice)"。然而对于低视力儿童的视功能评估常是困难的,传统的视力测验可能并不适合于低视力儿童。通常情况下,通过日常观察就可以判断一个儿童的视力发展是正常的还是落后的。可以对儿童进行以下七个方面的观察[③]:

(一) 对物体的视知觉

能够发现物体或目标并且可以停留足够长的时间,或是能辨认出物体。

评估目的:判断一个人能否看见眼前的物体,是通过手还是视觉来搜寻物体。是什么使得物体更容易被发现?

影响物体被发现或是识别的因素有:大小;距离;对比度;熟悉程度。

---

① Heward W. L.. 特殊需要儿童教育导论(第八版)[M]. 肖非,等译. 北京:中国轻工业出版社. 2007:343.
② 孙葆忱. 临床低视力学[M]. 北京:华夏出版社,1999:160.
③ 功能性视力的视觉技巧[EB/OL]. http://www.lowvisiononline.unimelb.edu.au/Assessment/usedSkills.htm.

(二)眼球追踪运动控制

眼睛或头能够随物体而移动。

评估目的:判断一个人能否"跟住"物体。

应对不同方向的运动进行测试:向上和向下;向左和向右;对角线;由近到远。

(三)眼球扫视运动控制

视觉准确地从一个物体移动到另一个物体。

评估目的:一些低视力患者需要花费很长一段时间去发现物体;另一些则可能很难将视觉从近距离的物体转移到较远物体。此项评估用以了解个体眼球扫视运动的过程。

(四)识别物体

根据轮廓或大致形状来识别物体。

评估目的:此项评估用以了解一个人能否区分相似物,找出物体之间的相同及不同点。

我们可以从物体的颜色、形状、对比度、方位、形状来分辨出此物而非彼物,至于其他的一些细节则可以不予考虑。

(五)辨认物体的细节以确定行动或匹配物体

根据物体的细节来识别物体的难度要远远大于仅仅看见物体的难度。

评估目的:绝大多数的学习来源于视觉注意和模仿。重要的是要明确什么是可以看出来的,以及环境(例如照明)是如何影响我们的观察结果的。距离、大小、颜色及对比度的影响都是非常重要的。

我们在与人交流时,在没有听觉线索(声音或噪音)时,视觉提供的重要信息可以帮助我们认出某人及其面部表情、身体语言等。

匹配物体:在一些情况下,我们需要以大小或是形状来对物体进行归类。例如,找出最大或是大小相同的物体。

(六)通过图片来识别细节

我们可以从图片中获取信息。图片既可以是简单的轮廓也可以是复杂的、包含细节的图片。我们需要通过对图片中的重要部分或特征进行识别以理解图片的含义。

图10-3 儿童通过图片来辨认细节①

---

① 功能性视力的视觉技巧[EB/OL]. http://www.lowvisiononline.unimelb.edu.au/Assessment/usedSkills.htm.

评估目的：无论是海报、广告还是书籍中的图片都可以为我们提供有用的信息；物体的图片可能很难被找到和认出。此项评估用以了解个体从图片中识别细节的能力。

识别图片：图片是用来提供信息、给予指导的，如健康教育宣传画。如果这些图片很逼真或是有清晰的轮廓则容易被辨认；如果物体图片包含很多细节信息或是在图片中还有其他物体时则较难辨认。

（七）识别图案、数字和单词

当我们对字母或数字以相同或不同为依据来进行匹配时，可能不需要我们去阅读，但却是一个需要掌握的阅读技巧。

评估目的：旨在了解一个人能否区分同类和不同的形状和字母。评估结果将有助于我们判断一个人需要的阅读媒介是普通印刷品、打字课本还是盲文，或者是否需要助视器。

许多图案、字母或是数字都可以用来评估，但需要注意的是，这些图案、字母或是数字需用黑笔书写在明亮颜色的纸上；另外，对于形状的识别应从易到难（越是相近的形状越是难以辨认）。

通过以上的观察，可以对儿童的视功能有个大致的了解，尽早地甄别出有视力问题的儿童。如果还需要进一步的量化，最好做客观的检查。[①]

三、低视力儿童的视功能训练

在对低视力儿童进行视功能训练之前，首先应该认识到以下三点：① 视觉的发展不能自然产生；② 视功能的高低不单纯取决于所测的结果；③ 通过训练可以提高视觉效率。儿童视觉的发展要靠"看"，看得越多（尤其近看），视网膜接收到的信息也越多。这些信息被传到大脑，再由大脑进行翻译、分析、组织，最后形成各种视觉记忆。正常儿童视觉的发展主要靠自己看，但视觉受到严重损害的儿童的训练，难以依靠自己，而需要依赖别人教他们如何使用自己的残余视力，并认识及理解所看到的一切。[②] 国际视觉障碍委员会前任主席比尔·布罗耶（Bill Brohier）曾说："我们的任务就是让儿童不停地看，帮助他们理解他们所看到的一切。"

（一）视功能训练的目标

开展视功能训练的主要目标是：① 鼓励并帮助每个低视力儿童去使用他们的残存视力；② 给每个低视力儿童尽可能多的机会去了解、熟悉他们周围的环境。

（二）视功能训练前的建议

在进行视功能训练前，教师必须考虑以下几方面[③]：

1. 让视功能训练成为日常活动的一部分。
2. 制订近期的训练计划。
3. 设计种类丰富的活动，避免低视生因重复做一项活动而感到厌烦；活动要有趣。
4. 当某项活动无法继续进行下去时，要及时停止。

---

① 沈家英，陈云英，彭霞光，等.视觉障碍儿童的心理与教育[M].北京：华夏出版社，1993：51.
② 孙葆忱.临床低视力学[M].北京：华夏出版社，1999：160.
③ 对有效视力运用的训练[EB/OL]. http://www.lowvisiononline.unimelb.edu.au/Training/intro.htm.

5. 在某项活动没有达到预期效果时,不要轻易开始下一个阶段的训练;某些技能的训练可能要持续几个星期甚至几个月。

6. 在视功能训练中也要注重其他感官的训练,如听觉和触觉。

7. 注重开展体育锻炼,以提高视觉与运动觉的协调。

8. 不是每一个人都可以通过视功能训练达到同样理想的效果。如果低视生没法获得某项技能时,看看有没有别的解决问题的方法。例如,不是每个人都可以通过视觉来辨认声音。

9. 教导学生如何通过声音、衣着来识别一个人。

10. 尽可能地在照明条件好的地方工作。

11. 使用的训练材料应很好地与其他物体或背景区别开来。

12. 使用学生感兴趣的训练材料。

13. 使用黑色签字笔来书写或绘画。

(三) 视功能训练的内容和方法

视觉的发展不能自然产生,视功能受到损害的儿童,必须通过训练才能获得视觉的使用技能。基本的视觉技能包括固视、追踪、扫视和辨认细节能力等,而交流、阅读和日常生活活动等是对这些基本视觉技能的综合运用。

1. 对物体的有意注意

首先将物体靠近低视力儿童,用鲜艳或可以发光的物体,如娃娃或是金属牌来吸引他们的注意。移动手中的物体或是制造出声响以引起他们的注意,观察他们是否注意到了该物体。如此反复几次,直到他们可以保持对物体的注视。成功之后,可以训练低视力儿童对物体的注视持续到3秒。当低视力儿童可以对近距离的物体保持注意的时候,可以适当把物体放远或是从不同的角度来吸引他们的注意。可以反复几次,看看在与低视力儿童没有交流或是物体没有发出声响的情况下是否也能引起他们的注意。鼓励他们伸出双手去触摸物体。当低视力儿童能够做出正确的动作时,告诉他将物体拿起。[①]

2. 控制眼动——追踪

视觉追踪即随物体而移动眼球,这是控制眼球运动的一种视觉技巧。近距离视觉追踪是阅读、书写中必不可少的,而远距离视觉追踪则是当物体滚动或飞行时能保持凝视并能追踪它。[②] 具体的训练方法如下:

(1) 练习追踪有规律移动的目标。教师可把一个物体或光源放在学生眼前,使其做从左到右、从上到下的运动或圆周运动,要求学生的眼睛随之移动。目光移动时可允许学生头部转动,但应防止头身一起动。接下来可逐渐缩小目标的体积,加快运动速度。然后让学生自己移动物体,练习目光转动。也可以玩"搬棋子"游戏,教师可先在黑板上画好格子,要求学生把左边的棋子一个个放到右边的格子中间,不能碰到线。为提高兴趣,游戏时可记录时间,放错一个扣一分,看谁做得又快又好。

(2) 练习追随无规律移动的目标,可让学生按所给的图形轮廓虚线或红线描图。图形

---

① 对物体的意识和注意力[EB/OL]. http://www.lowvisiononline.unimelb.edu.au/Training/awareness.htm.
② 孙葆忱. 临床低视力学[M]. 北京:华夏出版社,1999:170—171.

变化要多,内容可以从简单到复杂。①

3. 控制眼动——扫描

眼睛的移动需从一个物体平稳地过渡到另一个物体而没有偏离到其他物体。在开始扫描运动训练时,可以先从左右两边的移动开始,然后进行上下的移动和斜线的移动。物体与低视力儿童之间的距离可以从近到远,物体的数量也可以从两个逐渐递增。②

4. 视觉辨认训练

视觉辨认训练是集视觉认识与视觉技巧中的注视、追踪为一体的训练,对提高低视力儿童的识别能力有较大的作用。日常生活中低视力儿童对视力的需求因人而异,但对于掌握一定的辨认技巧的需求却是一致的。进行视觉辨认技巧训练,一是要看出物体之间的异同,二是要通过细节差异来辨别物体。③ 具体的训练方法是④：

对物体以下四种属性的辨认,可以帮助低视力患者有效地区分物体。

(1) 颜色

在了解了物体(例如食物或是衣服)的颜色之后,颜色就可以帮助我们有效地分辨物体。

(2) 形状

物体的大致轮廓也可以帮助我们更好地区分不同的物体。人们可以了解树、鸟或是动物的不同轮廓,或是凳子、长椅、桌子之间的区别。

(3) 对比度

即使我们无法看清物体的具体细节,从不同物体对比度的差异中也可以辨认出不同的物体。如,依靠窗外和门外进入光线的不同来辨认门窗;从小路与周围地面色彩的差异来寻找路面等。

(4) 方位

告诉低视力儿童物体通常放置的位置,这样就可以帮助他们记住物体的方位。需要说明的是,尽量不要在未告知低视生的情况下就改变物体的位置。

5. 视觉搜寻训练

视觉搜寻是指利用视觉作系统的搜寻以找到某一目标的训练,即练习跟踪、辨认为一体的扫描技巧。⑤

利用视觉作有系统有目的的搜索,比视觉追踪技能难度要高。这对提高视觉识别能力有重要作用。训练方法如下：

(1) 按数字顺序搜寻。如,可以用1—50的数字标出物体轮廓线,用笔按顺序把数字连起来,看看画的是什么东西。

(2) 也可以提供一幅图片的细节,让低视力儿童在几个图中找出具有这个细节的图。

(3) 让低视力儿童从两幅近似的图片中,找出不同的地方。

---

① 沈家英,陈云英,彭霞光,等.视觉障碍儿童的心理与教育[M].北京：华夏出版社,1993：235.
② 控制眼球运动—扫描[EB/OL]. http://www.lowvisiononline.unimelb.edu.au/Training/scanning.htm.
③ 孙葆忱.临床低视力学[M].北京：华夏出版社,1999：171.
④ 区分不同的物品[EB/OL]. http://www.lowvisiononline.unimelb.edu.au/Training/objects.htm#check.
⑤ 孙葆忱.临床低视力学[M].北京：华夏出版社,1999：172.

(4) 让低视力儿童从一幅图中找出隐藏着的另一幅图上的东西,这也是一种训练游戏。①

6. 视觉记忆训练

对视觉记忆能力可进行下列训练:
(1) 凭记忆说出曾经出现过、后来被拿走的东西。
(2) 说出快速看过的物品的颜色和形状。
(3) 按照原来看过的顺序排列图片。
(4) 认识部分与整体的关系,能根据记忆把各个部分组成整体或把缺损的部分补完整。②

第4节 低视力儿童的教育辅助设备

为低视力儿童提供适合的教育辅助设备,可以帮助他们扩大视力范围,从而接触到环境的各个方面,使原本看不到或看不清楚的东西,在辅助设备的帮助下能够看到或看清楚。低视力儿童常用的教育辅助设备主要包括光学辅助设备、非光学辅助设备、电子辅助设备以及其他辅助设备。不同的辅助设备具有不同的功能和特点,低视力个体需要根据个人的实际需求选择适合自己的辅助设备。

一、光学辅助设备

光学辅助设备是可以将图像放大、缩小或是改变图像从而将图像投射到视网膜上的各种助视器,操作简单、方便携带且价格实惠,但放大倍数较低,一般为2~8倍,阅读范围狭小,会受到环境光源的影响,适合低视力不严重的患者使用。常用看近的有手持式、立式、眼镜式助视器,看远的有望远镜等。

表10-4中列出了近用助视器和远用助视器的定义、原理、主要种类、优缺点以及教师指导的原则,能够帮助教师和低视力学生更好地根据个体的需要进行选择佩戴。

表10-4 近用助视器和远用助视器的比较

	近用助视器	远用助视器
定义	又称近视镜,是专门供低视生阅读、书写时用的	又称远视镜,是用来看距离较远的东西,一般可供上课时看黑板上的板书
原理	将目标外观予以放大,即放大目标在视网膜上的成像,从而提高辨别能力	望远镜能使远处的东西变近、变大
主要种类	眼镜助视器、近用(或中距)望远镜、手持放大镜、立式放大镜	双眼眼镜式望远镜、单筒手持式及夹式望远镜。

---

① 沈家英,陈云英,彭霞光,等.视觉障碍儿童的心理与教育[M].北京:华夏出版社,1993:233.
② 同上书,235—236.

续表

	近用助视器	远用助视器
主要优缺点	优点：固定或恒定的放大作用，视野较大 缺点：眼镜助视器使用时工作距离近，景深短，阅读速度变慢，书写操作较困难；手持放大镜使用时需占用一只手，不易双眼单视	优点：能使远处目标放大，是提高学生远视力唯一可用的助视器 缺点：望远镜的主要缺点是视野小，不宜在行走时佩戴
教师指导	教授学生如何利用助视器阅读书籍、报纸、杂志及其他阅读材料，培养学生在既定的时间内完成阅读任务；教授学生在真实的生活情境中使用近用助视器（例如，如何阅读菜单、时间表、价签等）	教授学生如何利用远用助视器来完成短时距离任务（short-term distance task）（例如，查看墙上的指示牌、杂货店过道中的招牌、教室里的标语等）；教授学生在真实的生活情境中使用远用助视器；教授学生远用助视器的日常保养[①]

尽管佩戴助视器可以提高低视生的阅读能力，但是科恩（Corn）和瑞斯（Ryser）在1989年的研究中指出，19.8%的低视生未使用光学助视器[②]。究其原因发现，13.6%的学生认为光学辅具对他们的学习并没有帮助，原因主要在于：

1. 学生不愿意因为配备助视器而成为注意的焦点或被标记；
2. 助视器看似奇怪突兀或与人不同；
3. 辛苦，拿着放大镜或望远镜近看或看远很累；
4. 使用助视器后自觉矮人一等或不具吸引力；
5. 没有人教导或介绍助视器的使用；
6. 认为助视器没有特别的帮助；
7. 学习使用助视器上有困难而容易产生挫折感；
8. 不了解光学助视器使用的性质。使用光学助视器工具正如戴一般的近视眼镜，开始会觉得头晕、不自在或不习惯。[③]

因此，教师在发现低视力学生不愿佩戴助视器时，应当采取适当的策略，营造出一种让学生乐于使用助视器的氛围。具体来讲，教师可以设计一些学生感兴趣的以光学器件为工具的游戏，如年幼的学生常常痴迷于玻璃球的放大作用；年龄稍长的学生则可能从摄影课程中找到兴趣所在。[④]

二、非光学辅助设备

非光学辅助设备是通过改变周围的环境来改善视力，而不借助于光学放大作用，其主要装置或设备有大字印刷品、照明装置、加强对比度装置、控制反光装置、阅读架、过滤器、太阳

---

① Anne L. Corn and Alan J. Koenig. Literacy for students with Low Vision: A Framework for Delivering Instruction[J]. Journal of Visual Impairment and Blindness, 2002, 5: 305—321.
② 同上注.
③ 同上注.
④ Scholl, G. T.. Foundations of Education for Blind and Visually Handicapped Children and Youth: Theory and Practice[M]. New York: American Foundation for the Blind, 1986: 115

镜等。① 例如,多数低视力患者在暗光下看不清报纸上的字,但通过加强照明后,便可以很容易地读报了。因此,台灯便是非光学辅助设备中的一种。②

三、电子辅助设备

简单地说,电子辅助设备是一种电子视讯装置,是助视器中的高科技产品,它是将阅读的文件、图片、观察的物品等透过摄影镜头,将影像传送到屏幕上供使用者阅览。使用者可依照个人的视力程度,调整屏幕上投射影像的大小、对比、明暗度,甚至显像的色彩。电子助视器是整合了视光学、眼科学、电子学及人体工学等专业技术的高科技产品。其中最常见的要数闭路电视(closed-circuit television,CCTV)助视器,又称电子助视器或电视、影像放大镜,1959年波茨(Potts)首先应用于低视力患者,20世纪70年代中期得到推广,成为低视力门诊或患者基本设备之一。有研究者在经过视觉障碍儿童实际使用与比较之后发现,利用 CCTV 可对视觉障碍儿童在以下几个方面产生影响:文字或文章的理解能力;提高其阅读兴趣及意愿;随着学习意愿的提升,其身体状况也稳定下来;由于须自己操作,可帮助低视生养成自主学习的习惯。

知识小卡片

√ 美国教育部在其近期的政策指导中指出,要重视低视力儿童使用光学助视器的使用指导。③

√ 自2004年至2005年,由中国残联组织实施了"中国残联专项彩票公益金残疾人康复项目"。该项目将为1.5万名贫困低视力患者免费配发助视器,为240个定点低视力康复机构配发助视器配镜箱。④

√ 2007年7月,广州首家市级公益性质的"低视力助视器验配中心"在中山大学附属第三医院成立。凡城市居民以及参加新型农村合作医疗的农民,因低视力必须验配助视器械者,三年内可享受免费验配,验配标准为每人1000元钱以内。⑤

四、其他教育辅助设备

除助视器之外,导盲犬、导盲杖等辅助设备也在低视力个体的生活中扮演着重要角色,极大程度地提高了低视力患者的生活能力。还有各种各样的帮助低视力儿童学习的其他教

---

① 陈光.助视器的发展[J].中国残疾人,2004,06:46

② 孙葆忱,郑远远,刘景海.低视力.北京:华夏出版社,2000,1:8

③ Heumann, J.. Educating blind and visually impaired students: Policy guidance[M]. Washington, DC: Office of Special Education and Rehabilitation Services, 2000.

④ 相关链接[J].中国残疾人,2004,06:46

⑤ 任珊珊.低视力者配助视器可免费[N].广州日报,2007-07-15(B14).

育辅助设备,如大号字体的算盘和计算器、地球仪(如图 10-4)[①]、地图、温度计等声控的教学装置。

当儿童用特制的笔触碰如图 10-4 的声控地球仪上的某一个地方时,便会有清晰的电脑合成语音播放该地方的名字、人口、首都、民族歌曲、时区等丰富内容,方便低视力儿童学习地理人文知识。

图 10-4　声控地球仪

 本章小结

低视力儿童教育发展的历史,就是其与盲教育相生相伴又逐步走向分化的历史。直到 20 世纪中叶,低视力儿童才有机会进入普通班级。视觉损伤使得低视力儿童在经验的深度与广度、与环境互动的能力、读写能力及心理健康上存在着一定的问题,这就要求我们为低视力儿童制定更有针对性的教育目标,最终让他们过更有质量的生活。在教育组织形式上,低视力教育在国内和国外还存在着一定的差异,但是总的趋势都是走向融合,即越来越多的低视力儿童有机会与普通儿童一起学习、共同享有优质的教育资源以及额外的教育设施与指导。家长及教师应鼓励并帮助每个低视力儿童去使用他们的残余视力,为每个低视力儿童尽可能地创造机会去了解、去熟悉他们周围的环境,使其过更高质量的生活。同时,配备合适的教育辅助设备是开展视功能训练所必需的,教师、家长以及社会有必要对他们进行使用上的训练和指导。

 思考与练习

1. 视觉损伤对低视力儿童产生了怎样的影响?
2. 低视力儿童教学指导的原则有哪些?
3. 为什么要对低视力儿童进行视功能训练,具体的训练内容和方法有哪些?
4. 思考教师应在低视力儿童的助视设备上提供哪些指导。

---

① 声控地球仪[EB/OL]. http://www.abledata.com/abledata.cfm?pageid=19327&top=15259&productid=76140&trail=22,13134&discontinued=0,2003-4-24.

第11章 定向行走

学习目标

1. 掌握定向行走的含义及目的。
2. 了解空间定向在盲人定向过程中所起的作用。
3. 掌握盲人定向需要掌握的技能技巧。
4. 了解辅助盲人行走的方法。

定向行走(orientation and mobility)训练指通过训练使学生形成正确的时间和空间概念,初步掌握定向行走的基础知识与基本技能。首先,能在室内、校内独立地行走。随着年级升高,逐步扩大行走范围,学会利用常用的公共交通设施,遵守交通规则,借助盲杖及其他导盲工具,做到在一定环境中安全、有效、自然、独立地行走。[①] 定向行走是视觉障碍儿童必须掌握的一种功能性生活技能,主要包括定向和行走两方面。定向行走训练不仅能促进视觉障碍儿童的身心健康发展,更有利于他们在社会、经济和生活等领域取得成功。随着定向行走理论与实践的逐步发展,旨在帮助视觉障碍人士的定向行走训练正不断地受到人们的重视并日益广泛地开展于我国的盲校与社区中。本章将主要从定向行走概述、定向和行走的理论研究、辅助行走的方法等方面进行讨论。

第1节 定向行走概述

一、定向行走的发展历程

早在13世纪,我国古代图画中就有盲人的画像,如宋代的《群盲图》、明代的《皇都积胜图》等都绘有盲人由明眼人引导、手持竹竿或由犬导法走路的图画。[②] 虽然定向行走在我国起源很早,但它并没有被作为一门专门的技术发展起来。在世界范围内,也是直到二战时期,盲人定向行走技能才得到了初步的发展。这主要是因为战争使许多战士双眼失明,而他们又需要像正常人一样生活、行走;另一方面,一战后虽然人们发现可以通过训练导盲犬来帮助盲人行走,但由于训练导盲犬难度较大,所耗费的时间、精力、金钱都比较多,所以在当时它并没有被广泛使用,最后还是需要发展盲人的定向行走技能。因此,二战结束后,美国等西方国家逐渐重视

---

① 朴永馨. 特殊教育辞典[M]. 北京:华夏出版社,1996:235.
② 傅克礼. 盲人定向行走的历史与现状[J]. 中国康复理论与实践,2003,9(2):125.

起定向行走的发展,将它作为盲人康复的课程之一在学校开设,并给予法律上的保障。

1975年,美国通过94—142公法,在各公立学校开展定向行走训练,用以训练视觉障碍儿童。虽然在原始法律条文中并没有具体阐述定向行走的相关内容,但一直以来定向行走都被看做是视觉障碍儿童教育中所必需的。根据联邦政府的一些指导方针,有特殊教育需要的儿童有权接受有利于其发展的、正确的、辅助性的和可评估的服务,以此提高其学业水平及在日常生活中运用所学知识的能力。1997年,美国在其修订的《残疾人教育法》(即I-DEA,Individuals with Disabilities Education Act)中,正式将定向行走训练作为视觉障碍人士必须接受的一项服务。

20世纪80年代,现代特殊教育思想传入之后,我国才开始了解视觉障碍人士的定向行走训练。20世纪80年代末,一些国外的专家来到我国讲授有关定向行走的知识和技能,并进行了师资培训工作,这使得我国的定向行走训练获得了进一步的发展。如1988年,德国克里斯托夫防盲协会(Christian Blind Mission International)特殊教育专家卜修(Bourgeault SE)在南京讲授盲人定向行走的知识并提供技能培训,参加培训的特教人员成为我国第一批教授定向行走的师资和业务骨干;1989年和1990年,澳大利亚特殊教育专家布莱尔(Blair)两次来到我国的北京、南京、石家庄等地讲授定向行走的知识,并训练学员各种定向行走的技能。此外还有联合国儿童基金会(United Nations Children's Fund)、美国卡特基金会(Carter Foundation)、爱德基金会(the Amity Foundation)等国际组织也先后在我国部分省市传播定向行走知识或训练技能,使盲人的定向行走逐步在我国特别是在特殊教育学校和盲校中得到推广。

在此基础上,我国也开始了本土化的定向行走的师资培训。1989年在北京第一次举办了盲人定向与行走学习班;1990年南京特殊教育师范学校第二次举办了盲定向与行走培训班;1992年夏,中国残疾人联合会在香港盲人辅导会(Hong Kong Society for the Blind)的帮助下,在北京举办了部分盲人和残疾人工作者参加的盲人定向行走培训班,为在成年盲人中推行定向行走技能做准备;此外,1993年10月,国家教委将定向行走课程作为全日制盲生规定的学科课程,至此,定向行走在盲校中正式开展起来。①

 知识小卡片

> AER(Association for Education and Rehabilitation of the Blind and Visually Impaired)是世界上唯一的致力于为视觉障碍人士在教育和康复领域提供支持和帮助的国际性组织,它实行定向行走资格证书制度,获此证书的人可以为视觉障碍人群提供定向行走方面的帮助,教授给他们相关的课程,进行相关技能技巧的训练和评估定向、行走能力的发展等。一个成功的定向行走课程能精确评估视觉障碍儿童现在的发展技能、目标和潜

---

① 傅克礼.盲人定向行走的历史与现状[J].中国康复理论与实践,2003,9(2):125—126.

能,而做出精确的评估需要定向行走专家熟练地使用各种评估工具,并且他们还要能规划视觉障碍儿童的未来,参照从评估中得到的信息来设计视觉障碍儿童未来的发展,以此激发他们的潜能。除此以外,定向行走专家还要考虑在训练过程中心理、社会经济和环境等因素对视觉障碍儿童的影响。所有的定向行走方面的指导只能由获得AER认证的定向行走资格证书的专家提供,这也体现了国际上对视觉障碍人群定向行走的重视。[1]

二、定向行走训练的目的

定向与行走是盲人独立行走中两个相互依赖且缺一不可的能力。定向是指盲人运用多种感官确定自己在一定环境中与环境及其他物体之间的相互位置关系的过程。行走是指从一地移动至另一地的两脚交替动作。[2] 定向是行走的前提,视觉障碍儿童也不例外。一方面,视觉障碍儿童只有在行走时充分认识周围的环境,确定自己的行进方向,才可以更自信、更有效、更有目的地行走;另一方面,他们在具备了良好的定向功能之后,只有掌握了正确的行走方法,才能够安全地到达目的地,否则就可能在街上无秩序地乱走。所以,定向与行走是相辅相成、紧密联系在一起的。定向是为了行走,而行走又依赖于定向。视觉障碍儿童只有把两者有机地结合起来,才能更好地生活、学习和融入社会。

视觉障碍儿童虽然不能依靠视觉来判断自己在空间中的位置和空间里物体间的关系,但是通过一定的练习和实践后,他们就可以利用其他的感知觉参与定向行走,反映现实生活中复杂的空间关系,从而具备良好的定向行走能力。因此,我们可以这样说,定向行走训练就是培养他们善于应用各种线索(如声音、气味、标志等)来帮助自己定向,并采用辅助工具学会独自行走的方法。定向行走过程中视觉障碍儿童需要达到以下目的:

(1) 行走中会自我保护,如在不熟悉的环境里用手沿墙或栏杆行走时,会用另一只手及前臂挡在面前保护自己。

(2) 检查环境里的门口、台阶、楼梯和障碍物等。

(3) 运用听觉信息定位物体,如空调、开着的门、交通噪音等。[3]

(4) 独自行走时能应付突发的意外事故,确保安全行走。

(5) 行走时姿态端正,动作协调规范,做到正确行走、没有盲态。

三、定向行走训练的意义

正确而有效地定向行走对视觉障碍儿童具有十分重要的意义,这主要体现在其生理、心理发展中和社会、经济和生活上。

生理上,定向行走能力的发展能够帮助视觉障碍儿童在环境中自由移动,扩大活动的范围,有利于他们身体体格的正常、健康发展。1986年北京医科大学北京儿童青少年卫生所

---

[1] Wiener et al. Orientation and Mobility Assistant[R/OL]. Re:View,1990,22(2),http://search.ebscohost.com/login.aspx?direct=true&db=s8h&AN=9607211396&lang=zh-cn&site=ehost-live.

[2] 朴永馨. 特殊教育辞典[M]. 北京:华夏出版社,1996:236.

[3] Peter Westwood. Commonsense Methods for Children with Special Needs:Strategies for the Regular Classroom[M]. London:RoutledgeFalmer,2003:43.

先后对天津、开封、郑州、太原4所盲校(盲聋校)的265名住校盲生进行身心发育等调查,结果发现盲生在身高、体重、坐高、大腿围、肩宽、骨盆宽等项上的发育等级普遍低于普通学生,身高和骨盆宽低得尤为明显[①],而定向行走训练则可以弥补盲生在这方面的不足。从生物学角度看,行走对人体肌肉、骨骼发育、动作灵活性和身体平衡性都有促进作用。但行走对盲生来说是一个较困难的过程,视觉刺激和有效反馈的缺乏,使他们无法获得可供模仿的对象,这样的困难要求其在行走时付出比常人大得多的努力,同时他们还要注意行走姿态的正确与否,保持身体平衡性,使身体生长发育趋于正常化。另外,为了更好地定向行走,他们还需要调动各种感知觉(如残余视觉、听觉、触觉、动觉等)来获得定向和行走的相关信息,以此训练和促进感知觉的发展。

心理上,正确有效地定向行走有利于视觉障碍儿童形成积极向上的健康心态,在克服行走困难的过程中,在父母、老师的帮助下,视觉障碍儿童可以逐渐形成不怕挫折、迎难而上的坚强性格;此外,良好的行走技能也可以加强视觉障碍儿童自我概念的形成和发展,使他们从客观的角度来看待、评价自己。从总体上来看,行走的过程中对语言、想象、思维、记忆等各项心理能力的充分运用不仅帮助了他们的定向和行走,更培养了其积极而自信的生活态度,实现了自信心和自我形象的提升,使其最终成功地融入社会。

社会上,良好的定向行走能力有利于视觉障碍儿童开阔社交圈子,进行更广泛的社会交往,积极主动地参与社会活动,认识更多的朋友和新事物。

经济上,定向行走的功能主要体现在两个方面:一方面它能帮助视觉障碍儿童获得更多的工作机会和较好的工作待遇,增强他们独立自主的能力;另一方面,视觉障碍儿童通过定向行走就能到达目的地,而不用依靠公共交通,既发展了定向行走的能力,又减少了不必要的开支。

生活上,视觉障碍儿童也需要像正常人一样过独立的生活,而定向行走是实现这一目标的基础,只有良好的定向行走能力才能够让他们真正自立、快乐地生活。

第2节 定向的理论研究

视觉障碍儿童在定向行走过程中的定向主要是空间定向,它是一个需要感知觉的参与、并对通过感知觉搜集来的信息进行认知加工的过程。空间定向能力主要包括感知能力和认知能力两种,其中感知能力需要视觉障碍儿童调动其他的感觉通道来进行缺陷补偿,认知能力则主要包括躯体概念、熟悉程度和障碍感觉等。在此基础上,视觉障碍儿童自身的空间组织能力也会对定向产生一定的影响。

一、空间定向

空间定向(spatial orientation)是一种了解周围空间环境的能力,它主要包括确定空间的大小和形式,空间中物体的大小、形状和位置,自己所处的位置以及自己与周围物体的距离等。在空间定向的过程中,自己—物体(self-to-object)的空间关系和物体—物体(object-to-

---

[①] 沈家英、陈云英、彭霞光. 视觉障碍儿童的心理与教育[M]. 北京:华夏出版社,1993:78.

object)的空间关系是视觉障碍儿童需要掌握的基础。自己—物体的空间关系是指个人在环境中所处的位置或与物体的相对位置。这些物体或地点可以是桌面、一个建筑物,或远处的几条街。物体—物体的空间关系是指两个、多个物体或地点间的相对关系,独立于空间里个体所处的位置之外。

在视觉障碍儿童空间定向的过程中,建立和维持自己—物体的空间关系和物体—物体的空间关系,要基于他们的感知能力和认识能力的相互作用。[①]

(一) 感知能力

由于视觉障碍儿童失去了最主要的感觉通道——视觉,他们需要充分利用和发展其他感知觉,如听觉、残余视觉、触觉、空间知觉等来帮助定向。

听觉对视觉障碍儿童的作用要比其对明眼儿童所起的作用大得多。视觉障碍儿童在视觉受损之后,听觉就成为他们认识事物的主要感觉通道,听觉的敏锐度也更高一些,很多行为研究均证实了这点。莱萨德(Lessard)等对早期盲人的听觉定位能力进行了测试,要求被试者分别用双耳和单耳对声音来源进行定位。结果表明,在双耳条件下,盲人和正常人相比具有同样或更好的声音定位能力;在单耳条件下,有一半的盲人被试者能够对堵塞耳侧的声音来源进行准确定位,但没有一个正常人具有这样的能力。[②] 这说明,盲人比正常人具有更好的听觉能力。

在空间定向里,听觉所起的作用更加不可忽视。例如,在大街上行走时,通过汽车的鸣笛声,他们就可以判断声源的方向以及汽车离自己的距离。这是因为声波到达耳朵的强度变化可以帮助人确定声源的位置。他们的这一技能也被称为声音定向。声音定向技能有助于视觉障碍儿童获得其在空间中的位置意象,而依靠声音来知觉距离远近的能力也使得他们对空间的认识更为准确。这里值得我们注意的是,定向不仅仅是一个听的过程,更是一个有选择性地、集中注意力来听的过程。我们需要在嘈杂的环境中找出对自己有用的声音,如果什么声音都听,反而会分散注意力,难以形成正确的空间定向。

视觉障碍儿童还要充分利用自己的残余视觉,通过提高残余视觉的使用效率来帮助他们定向。他们从受损的视觉处接受到特定的信息,再在其他感知觉的配合下,经过大脑的综合分析以后,就可以得到较为完整的形象,补偿视觉功能的不足,进一步认识环境的整体特性;并且眼睛用得越多,越会促进儿童视觉功能的发育,其视觉效率也会得到提高。

触觉在视觉障碍儿童的定向行走中也起了很重要的作用。视觉障碍儿童可以通过双手、双脚、脸部、颈部的触觉感受器官来接触物体,认识物体的大小、形状和位置,并且还可以借助触觉来定向,特别是手,它作为主要的触觉器官,在认识活动中起着主导作用。俄国生理学家谢切诺夫(Sechenov, Ivan Mikhaillovich)认为,手触摸物体和眼观看物体在原则上没有什么差别,两种情况下所完成的动作相似,手可以代替眼的一部分功能。用手触摸物体可以使盲人感知到除色彩、明暗以外眼睛所能获得的所有信息,而且还能获得眼睛难以看清的一些信息,如物体表面性质(密度、光滑度、粗糙度、软硬、弹性、热度等),物体的角、凸起和凹

[①] Bruce B. Blasch, William R. Wiener. Foundations of Orientation and Mobility [M]. New York: American Foundation for the Blind, 1997: 40—43.

[②] Lessard N., Pare M., Lepore F., et al. Early Blind Human Subjects Localize Sound Sources Better than Sighted Subjects [J]. Nature, 1998, 395(6699): 278—280.

进等,这就让他们可以借助触觉定向和了解所处的环境,帮助他们准确地行走。[1]

视觉障碍儿童的空间知觉是由听觉、触觉、动觉等一系列的感觉器官共同作用的结果,良好的空间知觉可以帮助他们正确认识事物间的空间关系,确定自己在空间中的位置等。他们主要依靠空间知觉进行空间定向,所以良好的空间知觉对他们的定向行走有非常重要的意义。

除此以外,视觉障碍儿童在定向时还利用到了运动觉、嗅觉、味觉等,它们也都有自己独特的功能,以帮助定向。以嗅觉为例,当视觉障碍儿童走到一家医院门口,嗅到医院里飘出的药水味时,他们可以马上作出正确的判断,认识到所处的环境是医院附近。嗅觉的这个特点是其他的感觉器官都替代不了的,在定向的过程中,它为视觉障碍儿童提供了重要的线索作为判断的依据。

(二) 认知能力

视觉障碍儿童的认知能力在空间定向的过程中发挥着重要作用。视觉障碍儿童对自身躯体概念的形成、对环境的熟悉程度以及对障碍物的感觉都对其正确的空间定向能力的形成产生影响。

1. 躯体概念

对基本概念的认识是空间定向的基础,其中就包括对躯体概念的认识。它要与躯体形象(body image)相区别开来。躯体形象是指与身体各部位相关的个体的主观感觉,而躯体概念(body concept)是指个体了解自己身体所处的位置。一般说来,对视觉障碍儿童躯体概念的评估有很多种方式,包括让他们指出身体某部位的名字,并说出身体这一部位的功能作用,或描述身体部位的形状等。一般说来,有残余视觉或有较高智商的视觉障碍儿童比同龄全盲儿童或低智商视觉障碍儿童在躯体概念上发展得好一些。

儿童如果可以指出自己身体的前面、侧面、后面、上面、下面等各方位的不同部位,那么我们就认为儿童对有关身体的方位已经了解得很清楚了,这对于他们的空间定向是非常重要的。如我们常常会用自己的身体来做标识(如"邮筒在我的侧面,街道在我的前面"),因此定向行走专家和视觉障碍儿童的老师经常会用身体概念来帮助学生建立和维持定向。[2]

2. 熟悉程度

一般情况下,视觉障碍儿童在熟悉的环境里独自行走时,他们可以走得很快,准确地拐弯、进门、到达目的地;但是如果在不熟悉的新鲜环境里,他们的行走就存在较大困难。视觉障碍儿童对环境的熟悉程度主要是通过他人引导和自我经验获得的,熟悉后就可以快速而准确地定向,帮助行走。

老师在帮助视觉障碍儿童熟悉环境中所起的作用无疑是巨大的,视觉障碍儿童要想独立行走于社会,就要先独立行走于学校。老师需向学生传授定向的相关技巧,如何辨认重要的标志、找到线索、了解所处的空间关系等,使其能够运用到社会定向行走中,特别是在危险复杂的环境中。如进入一个房间后,他们根据自己的脚步声就可以判断房间的大小、地面的性质、家具的摆设情况、室内是否有人、人较多还是较少等。一般说来,环境中各种各样的

---

[1] 汤盛钦.特殊教育概论——普通班级中有特殊教育需要的学生[M].上海:上海教育出版社,2006:275
[2] Bruce B. Blasch, William R. Wiener. Foundations of Orientation and Mobility [M]. New York: American Foundation for the Blind, 1997:44.

刺激物,对正常人来说可能是没有意义的,但对视觉障碍儿童来说却是定向的重要依据。

家长在视觉障碍儿童早期定向训练中起到了很重要的作用,他们可以帮助儿童将来更好地熟悉陌生的环境。因为随着视觉障碍儿童年龄的增大,他们的自我认识也在不断发展,往往会由于害怕或自卑的心理而不敢尝试接触新环境、新事物。因此家长要及早对他们进行相关的训练,帮助他们熟悉自己经常活动地方的环境,如超市、商场、居住的小区等,这样他们在经多次"训练"熟悉后,定向行走能力自然会得到提高,也方便他们独自出行。在此基础上,他们在社会交往、语言表达等方面的能力也会相应地得到提高。

当然,在熟悉环境的过程中,老师和家长的训练和帮助是建立在视觉障碍儿童充分地发挥自己的主观能动性的基础之上的。儿童需积极运用已有的相关知识和自己敏锐的感知觉来判断周围的环境。希尔(Hill)和庞德(Ponder,1976)认为,视觉障碍儿童在适应新环境时,心中应时刻牢记三个基本问题:① 为了在一定的环境中行走,我需要获得哪方面的信息?② 我应该如何获得这方面的信息?③ 我该如何利用这些信息?[①]

视觉障碍儿童不仅要掌握许多定向行走方面的技能,而且在遇到突发事件或意外时,他们要学会自我处理——做决定并解决困难。这样,待熟悉环境后他们就可以独自外出行走,去更多想去的地方,真正做到融入社会。

3. 障碍感觉

大多数盲人在独自行走时,即使周围没有任何的声音或气味,他们都能感觉到离自己尚有一定距离的物体,这样就可以安全地避开障碍物以保证行走的安全,他们的这种及时察觉障碍物的能力叫做"障碍感觉(obstacle perception)"。关于障碍感觉,有人把它等同于空间知觉中的距离知觉。其实这是不确切的,所谓的距离知觉是对物体距离人远近的感知,它强调的是物体的远近距离;而障碍感觉强调的是物体的存在与否,两者有着本质的区别。但是不可否认的是障碍感觉与空间知觉之间有密切的联系,它们都可以帮助盲人更好地认知周围的环境,保证安全行走。

我们在比较零乱的环境里进行空间定向时,主要通过感知物体存在的位置和表面来及时避开障碍物,便于行走。虽然视觉在感知障碍方面起了很大的作用,但无论是盲人还是蒙住双眼的普通人都能在不发生碰撞的情况下顺利通过设置有较大障碍物的空间。过去人们把这种能力称做"面部视觉(facial vision)",这种能力在盲人身上表现得尤为明显:他们"先知先觉"绕道而行的能力使我们由衷地认为其具有神奇的"第六感"。其实这种"第六感"即是回声定位(echolocation),即主要通过对声音的感知来获得信息。如,苏帕(Supa)等人在1944年发现无论是盲人还是蒙住双眼的普通人都可以感知到较大的障碍物,从而在它的1~2米处主动停下来。[②]

然而障碍感觉的作用也是有限度的,盲人在感知一些较小、较矮的物体时就会存在困难,所以经常会因为无法感知而发生碰撞;另外,在一些不利的条件下(如个人情绪情感不佳、身体不适、天气较阴暗等),盲人的障碍感觉也会降低或消失。总之,障碍感觉可以作为

[①] Scholl, G. T. Foundations of Education for Blind and Visually Handicapped Children and Youth: Theory and Practice [M]. New York: American Foundation for the Blind, 1986: 330.

[②] Daniel H. Ashmead, Everett W. Hill, Charles R. Talor. Obstacle Perception by Congenitally Blind Children [J]. Perception & Psychophysics, 1989, 46(5): 425.

视觉补偿的一种形式来帮助定向,但也不能完全依赖它。

二、空间组织能力

视觉障碍儿童由于与外部事物间缺乏足够的互动,他们的空间组织能力(spatial organization)发展较慢,主要包括临近空间(near-space)组织能力和远程空间(remote-space)组织能力。

(一)临近空间组织能力

视觉障碍儿童由于缺乏实物刺激,他们的临近空间组织能力发展非常有限,难以建立自己和外部世界的互动关系。一般认为,视觉障碍儿童很容易辨别在同一水平面的物体,但却难以辨别在不同水平面和纵向面的物体,因为他们没有视觉信息来帮助发展临近空间范围里的认知地图。为了发展视觉障碍儿童的临近空间组织能力,我们可以发展他们的躯体概念,让他们了解身体各部位的名称、位置和功能等,以此了解身体与周围物体间的关系,学习不同的方位概念帮助定向,如前、后、侧、上、下、大和小、两者之间(between)、多者之间(among)等。

普通儿童对环境的空间结构的认识往往要经历几个阶段。第一阶段为4至7岁,是以自我为中心的参照阶段。这一时期的空间组织只涉及儿童间的互动。第二阶段为7至11岁,儿童对空间里物体间的关系有了更清晰的认识,但在分类上还有些模糊。第三阶段是从11岁开始或者更大一些,这一时期的儿童就已经完全了解了空间关系。然而,大多数的视觉障碍儿童到了11或12岁时仍然处于第一阶段,他们只有在接受了持续的语言刺激之后,才会退出以自我为中心的参照阶段而继续向前发展。

(二)远程空间组织能力

随着年龄的增长,视觉障碍儿童比普通儿童更加渴望去了解环境。虽然视觉障碍婴儿在出生后的17个月才会开始走路,但他们一旦与周围环境中的物体相接触,便会努力在周围的空间范围内寻找这些物体,以此作为建立自己空间地图(spatial map)的尝试。

在视觉障碍儿童远程空间组织能力的发展中,我们必须充分认识到语言所起的重要作用。视觉障碍儿童在行走的过程中能否及时说出物体的名称将直接关系到他们能否获得对离自己较远的物体的认识与判断。除此之外,视觉障碍儿童还需要知道危险的地方在哪里、明白如何自我保护。语言可以帮助他们建立不同空间范围内的物体和个体间的空间关系。

三、定向的评估和教学

定向行走作为一种实践性很强的能力,需要用相关的正规量表来进行评估,然而综合国内外的实际情况来看,公开的具有很好信效度的量表均为国外版本,我国在此方面的研究略显不足。

皮巴迪行走量表(The Peabody Mobility Scales,简称PMS),便是主要针对视觉障碍人群中有多重残疾的人而设计的评估量表;视觉障碍儿童定向行走量表(The O&M Scale for Young Blind Children—The Short Form,1969)是一个对定向行走进行综合评估的量表,它主要对视觉障碍儿童的空间概念(如左、右)进行评估。从整体上看,这两个量表不仅可以对视觉障碍儿童的定向能力进行评估,而且也可以对他们的行走进行测量,并对其概念发展中的一些领域进行评估测量。①

除了用正规的量表对定向进行评估外,老师在教学中还可能会更多地用到一些非正式的方法对视觉障碍儿童的定向进行评估。表 11-1 是学生需要掌握的相关技能,教师可以据此来评估学生定向行走的发展情况。

表 11-1　视觉障碍学生在室内和室外需要掌握的定向行走技能表②

室外定向行走	是	不适用	更多信息
在公车站:学生应该知道 基本的交通规则 建筑物入口的位置 上下公车的程序			
在操场上:学生应该知道 操场的布局 操场的边界与教室、周围建筑物、街道等的相对位置 操场上各种设备的位置 使用操场上各种设备时要注意的安全规则 设备的使用			
在社区:学生应该知道 乘公车去学校和从学校出发的程序			
室内定向行走	是	不适用	更多信息
在建筑物中:学生应该知道以下地方所处的方位 总办公室 休息室 门诊部 入口和出口(每个时间段里儿童在哪里——包括紧急情况下) 教室 媒体中心 食堂 潜在的危险			
教室里:为便于学生定向,要求 保持道路通畅,没有堵塞 书、书包和其他个人物品都合理放置 学生经常活动的区域(如中心、教室门口)保持顺畅 帮助学生熟悉教室桌椅的布局;及时告知他们教室布局的变化 学生应该知道以下物体所处的方位 保管室 水塘和喷泉 中心或其他各类工作站			

---

①　Scholl, G. T. Foundations of Education for Blind and Visually Handicapped Children and Youth: Theory and Practice [M]. New York: American Foundation for the Blind, 1986: 323—324.

②　Penny R. Cox, Mary K. Dykes. Effective Classroom Adaptations for Students with Visual Impairments [J]. Teaching Exceptional Children, 2001, 6: 70.

续表

在媒体中心：学生应该知道以下地方所处的方位 流通台 书架 桌子或阅读区 适合他们使用的计算机和印刷读物 学生应该了解以下程序 获得帮助 归还读物			
在食堂：学生应该知道以下地方所处的方位 服务处 缴费处 桌子 回收处 学生了解以上程序主要是为了 获得食物 清理垃圾 离开食堂			

这些方法不但可以作为老师评估学生定向能力的重要依据，而且也可以作为训练方法被运用到教学中去。教师可以把定向所涉及的概念、技能等通过课程形式表现出来，以便其在教学过程和课后评估中都得到运用。

第3节 行走的理论研究

在影响盲人行走的各种因素中，自身行走能力的受限是阻碍他们正常出行、独立生活的最大障碍，而无法自由行走还会让他们在心理层面上没有安全感，形成可怕的依赖。因此，让盲人接受一定的行走训练是非常必要的，应帮助他们学会使用盲杖或其他技术，在各种感官的配合下从一个地方到达另一个地方。① 心理定向和身体的移动。

心理定向主要指个体了解自己周围环境与时空关系的能力，它对盲人的行走，尤其是培养他们独自行走的技能具有十分重要的意义。一般来说，盲人的心理定向都要依靠心理地图的指导，即将要行走的路线通过明眼人的帮助形成一幅地图并反映到大脑中，然后借助一些较熟悉的建筑，如超市、邮筒、电话亭、电线杆等来帮助识别方位；或者也可以由明眼人制作一幅供盲人触摸的地图，在他们所熟悉的建筑旁做特别的触摸标记，帮助盲人对环境的各个组成部分形成整体的认识，在单独行走时可随身携带触摸。当然，心理地图对盲人也有一定的要求，它不仅需要他们心中牢记这些熟悉的物体作为环境线索并运用各种感知觉参与判断，而且还要他们在行走过程中集中注意力，避免与障碍物发生碰撞。所以在一般情况下，盲人在使用心理地图时应事先做好充分的准备工作，确保出行安全。

---

① Couchell, Peter, Jr., William P. Keating, Ralph J. McCoig. The Value of Mobility Instruction as a Technique to Motivate Blind Individuals [DB/OL]. http://www.eric.ed.gov/ERICDocs/data/ericdocs2sql/content_storage_01/0000019b/80/33/dc/7e.pdf.

身体的移动能力对普通人来说是一件很容易的事情,他们可以方便地到达自己想去的任何地方。然而,对视觉障碍儿童来说,由于失去了最主要的感觉通道——视觉,他们接受的刺激有限又不完整,这就导致他们会出于"害怕"心理而不敢行走。来自家人的怜爱(他们过于保护自己的孩子,不愿训练年幼的孩子独自行走的能力)更使得视觉障碍儿童运动能力发展欠佳,影响了身体其他肌肉的发展,身体的移动比较僵硬。除此之外,还有来自社会的影响。虽然我们一直在提倡为盲人创设适合他们行走生活的无障碍环境,但实际上却难以做到,即使是专为他们建的盲道,有时也会被随意占据。因此,在这样的环境下,视觉障碍儿童独自行走受挫后,如果缺乏来自亲人的鼓励,往往会对行走产生消极的态度。他们的行走能力比正常儿童发展得要慢一些,发展水平也较低,普遍会出现灵活性差、速度慢、行走姿势欠佳、个别儿童呈病态步态等问题。为帮助视觉障碍儿童有效地行走,他们必须首先弄清楚下面的一些问题:

1. 什么是城市街区?
2. 什么是沿着街区走?
3. 一个街区里有多少个转角?
4. 什么是道路交叉口?
5. 什么是车道?
6. 什么是方位?
7. 在特定的学习情境中应如何正确利用方位?
8. 为更好地理解交叉口,应如何使用方位?
9. 一条街道有多少边?
10. 视觉障碍儿童站在每一个转角处的哪里?
11. 他站在街道的哪一边?
12. 房子在哪里?[①]

一、行走前训练

行走前训练主要是在行走训练前对视觉障碍儿童进行身体姿势和心理方面的训练,矫正他们一些不规范的动作和异常步态,克服心理障碍,为他们今后学习行走打下坚实基础。

(一) 身体姿势训练

1. 站立

站立是人们行走的前提,视觉障碍儿童也不例外。要学会行走先要学会站立,所以先要教给他们正确的站立姿势,即两腿伸直、夹紧,足跟并拢,脚尖自然分开,收腹挺胸,头颈上扬,下颚微收,两臂自然下伸,两手中指贴于外侧裤缝,身体正直。教师除了要耐心教给盲生正确站立的姿势以外,还应矫正他们不正确的站立姿势。由于视觉障碍儿童长期不用眼视物,他们站立时在身体正常形态上往往会出现偏离,即低头垂肩、弓腰弯背,有的还会出现晃手、摇头、摆身、转体等各种奇特的动作、行为等。[②] 这对他们的定向行走训练造成了消极影

---

① Anderson, George et al. Pre-Cane Mobility and Orientation Skills for the Blind [J]. Curriculum Guide, 1967, 2: 10.
② 刘岩华. 视障儿童盲态个别矫正初探[J]. 中国特殊教育, 2002, 3: 34.

响，不利于其定向行走技能的发展。为了帮助矫正盲生的姿态，教师可以让盲生按正确站立姿势背靠墙站立，使其足跟、臀部、肩部和后脑与墙壁接触。

2. 步伐

正确的行走步伐，是我们顺利到达目的地的重要保证，特别是对于视觉障碍儿童而言。他们先前在长期摸索或探试行进中形成了许多错误的步伐，这主要是由于他们在刚开始行走时，因没有视觉感知而缺乏自信，普遍存在"蹭步"、"碎步"、"八字步"等错误步伐。这不仅不利于他们正确行走，而且也影响行走时的形象，因此教师要讲清这些异常步伐的危害，加强他们的行走步伐的训练。正确的动作方法是：身体直立，左腿向前迈出的同时右臂自然前摆，左足跟轻着地，后身体重心随之前移至全脚掌着地，左腿支撑；右足跟离地，左臂自然前摆，同时右腿向前迈出，足跟着地，身体重心顺势前移至右腿支撑，以此两腿、两臂依次交替向前迈出、摆动，稳步行进。

(二) 心理训练

视觉障碍儿童由于长期生活在黑暗的世界里，他们在刚开始练习行走时，难免会表现出一些消极的心理，如恐惧和自卑。视觉障碍儿童在入学前独自行走时，也许有过不同程度的碰撞或摔倒经历，再加上有些家长的过度疼爱，怕孩子行走时会受到伤害，所以其入学后在陌生的校园环境里行走难免会感到恐惧。但如果不克服恐惧心理，怯怯懦懦不敢前行，就很难到达目的地。另外，视觉障碍儿童由于视觉残疾，不能像正常儿童那样行动，所以当他们处于正常环境中时，往往会遇到不同程度的各种困难，心情抑郁，缺乏自信，显得沉默寡言，过于依赖他人，独立意识较差。如果任由他们这种不健康心理长期发展下去，会更不利于其成长，所以，行走前对视觉障碍儿童进行一定的心理训练是很有必要的。

二、独自行走的方法

独自行走，即视觉障碍儿童在不借助任何外在的工具和他人帮助的情况下进行的行走，它不仅要求视觉障碍儿童对他们所行走的环境比较熟悉，而且还要求他们学会保障个人的安全，因此有一定难度。尽管如此，独自行走仍是视觉障碍儿童最应该掌握的一项技能，因为他们要想融入正常社会，很多事情都要靠自己去做，行走也不例外，而且学会独立行走也是他们今后学习使用其他辅助工具（如盲杖、导盲犬等）的基础。所以，为了保证他们有效地行走，应教会他们行走的方法，使他们掌握相关的技能。

(一) 沿边线行走

对初学走路的视觉障碍儿童或刚失明的儿童来说，他们在行走时主要是沿边线行走，体验和适应视觉损伤后应如何行走和行走时的感觉，所以他们在学习沿边线行走时，要更多地借助墙壁，沿墙而行。方法是用靠墙的手轻触墙面，注意大拇指向内，其余四指稍曲，指出方向向下，脚离墙根半步，慢慢前行。如果在室内也可以沿其他物体的边线行走。

(二) 取直线行走

直线行走是盲人行走时所必须掌握的一项基本技能，关系到他们能否顺利到达目的地。

1. 垂直行走。要求腰背及脚跟紧贴所靠近的物体（如墙面、路缘等）。站稳后，以垂直于所靠物体的方向，直线向前行走。

2. 平行行走。要求手臂或脚掌侧面靠近物体（如墙面、路缘等）。站稳后，稍离墙壁，以靠近物体的一手或一脚平行于所靠物体的方向,直线向前行走。①

三、行走技能技巧

(一)避险与防卫

视觉障碍儿童在行走过程中,无论是在室内还是室外,都会遇到不可预知的障碍物和危险,所以他们应先熟悉即将要行走的路线,通过别人提示或个人感知的方式了解道路上是否会有新的变化情况出现(如施工),然后再判断如何躲避障碍物或另选道路,尽量不要往靠近险情的地方走,要保障自己的安全。有时危险会来得很突然,视觉障碍儿童要保护好自己的头部,学会利用声源判断障碍物所在的位置以便远离危险,而最稳妥的方法就是视觉障碍儿童在行走前要提前做好防卫措施,掌握自我保护的方法。自我保护的方法主要分为上部保护法和下部保护法。

1. 上部保护法

视觉障碍儿童抬起自己左(右)臂与肩平行,前臂弯曲,掌心向前,五指伸开,并与大臂成钝角,在行走过程中要同时用手掌探索障碍物。上部保护法可使盲生避免与低矮的树枝、打开的窗户、柜门及其他类似的物品发生碰撞。他们还应注意,手臂要放松,不要过于紧张,这样可以保护双肩,而且手臂不能与面部靠得太近,以免在遇到障碍物后没有足够的时间和空间作出反应。盲人在室外行走时多用上部保护法。

2. 下部保护法

视觉障碍儿童将左(右)臂伸直放置于身体中部位置,手掌向内,手指斜向朝下稍微向内弯曲,以免碰到物体而被折伤。手臂与身体要保持一定的距离,以便有效探知前方障碍物,肩部要自然挺直,保持正确的身体姿势。一般盲人在室内行走时多采用下部保护法。

(二)寻找掉落物品的方法

视觉障碍儿童像普通儿童一样,在行走过程中稍不留神就会掉落物品,为了减少对他人的依赖,他们应该学会自己寻找掉落的物品。一般情况下,物品掉落在地上会发出声响,所以视觉障碍儿童在物品脱手后要马上集中注意力来倾听:先判断声源的方向,确定物品方位,再判断它离自己的远近。毛连愠在《盲童定向移动研究》中认为视觉障碍儿童在下蹲寻找物品时应注意的保护方法有:

1. 垂直下蹲。下蹲时头、上身与大腿要保持垂直。
2. 一手置于头前,手心向外,前弯和站起时可避免撞到头。
3. 切忌弯着身体去拾东西,也不要左、右倾斜身体,以防碰撞其他物体。②

视觉障碍儿童在搜索掉落的物品时,可将手指张开,先摸索桌边或脚边。摸索的方式主要有:

1. 螺旋形搜索法。视觉障碍儿童的左手或右手微曲轻放在桌面正中或地上,手指伸直分开,以单手螺旋形的轨迹,由小圆圈慢慢扩至大圆圈进行搜索。
2. 半弧形搜索法。双手微曲平排,放在桌面正中或地上,同时以半弧形的轨迹,由内至外、由小至大,左右两手同时进行搜索。

---

① 方天大、关育健. 定向行走训练教学手册[G]. 心光盲人院暨学校,2001:26.
② 沈家英,陈云英,彭霞光. 视觉障碍儿童的心理与教育[M]. 北京:华夏出版社,1993:279.

3. 正方形搜索法。双手微曲平排，放在桌面正中或地上，以正方形的轨迹，由内至外、由小正方形至大正方形，左右两手同时进行搜索。①

（三）在特殊环境中行走

1. 夜间行走

视觉障碍儿童在夜间行走时，应注意提高警惕，过马路时尽量听清楚；穿颜色较亮的衣服或在盲杖上贴反光纸，使驾驶者看得更清楚；可将盲杖敲得更响一些，这样既可以引起路人注意，又可以让自己听清回声，以作定向；选择较熟悉和照明良好的路线走；低视力儿童夜间行走时最好携带盲杖和手电筒备用。

2. 恶劣天气下行走

在恶劣天气条件下行走会妨碍视觉障碍儿童的感知觉，使他们失去方向感，而且还有很多不能预知的危险。所以一般情况下，视觉障碍儿童在遇上恶劣天气时最好不要出门，如果不得不外出，则最好以计程车代步。行走在风雨中以穿雨衣为宜，如果用到雨伞，则要高举，伞顶离耳朵愈远愈好，使雨点打在雨伞上的声音对听觉的干扰减至最低。如果雨势过大最好不要用雨具。低视力儿童在雨中行走时，可借着车子的灯光辨别方向及前面的路面情况（如路面反光即表示有积水）。②

四、行走能力的评估

目前，有关视觉障碍儿童行走能力测量的工具并不多，除了像皮巴迪行走量表和视觉障碍儿童定向行走量表等一些专门评估量表外，还有一些涉及行走能力的评估量表，如：威尼兰社会成熟度量表（Vineland Social Maturity Scale），它主要用于评估儿童一系列的能力，而这些能力都是定向行走所需要的；婴幼儿运动行为量表（Motor Behavior During Infancy），也为研究儿童早期的运动行为提供了重要的参考依据。③ 除了量表评估外，还有一些非正式的方法也可以用来评估视觉障碍儿童的行走能力。

"离开课程"（drop-off lesson）是由希尔和庞德在1976年提出来的一种评估程序。它通常在一个较大的室外空间进行，空间范围要比视觉障碍儿童先前接触过的都要大。评估开始前，视觉障碍儿童首先被老师带领到一个陌生的地点（一般是坐车去），然后让他们在指定地点中找出某一目标物。在这个过程里，学生通常只能靠自己去摸索而不准求助他人。此时老师的责任只是在不远处观察他们的行为和保障其安全。另一种评估是由卡帕恩（Kappan）在1971年提出来的标准化评估课程计划（Standard Evaluation Lesson Plans）。它主要是由定向行走的专家制定出一系列有序的定向行走评估课程，用以评估学生的定向行走技能。如当视觉障碍儿童在学习了人导法后，我们就可以通过他们的表现来评估其相关技巧的掌握情况。一般先对简单室内环境的定向行走技能进行评估，然后再逐步对复杂的外部环境里的定向行走进行评估。④

---

① 方天大,关育健. 定向行走训练教学手册[G]. 心光盲人院暨学校,2001:27.
② 同上书,60.
③ Lord, F. E. et al. Identification of Orientation and Mobility Skills Relating to Developmental Tasks for Young Blind Children [DB/OL]. http://www.eric.ed.gov/ERICWebPortal/contentdelivery/servlet/ERICServlet?accno=ED010388
④ Scholl, G. T. Foundations of Education for Blind and Visually Handicapped Children and Youth: Theory and Practice [M]. New York: American Foundation for the Blind, 1986: 333.

第4节 辅助行走的方法

辅助行走的方法也是视觉障碍儿童所必须掌握的。这是因为在较大的范围和陌生的环境里行走时，他们仍然需要依靠他人帮助或借助辅助工具。

一、人导法

人导法（Sighted Guide），即明眼人带领、帮助视觉障碍儿童行走的方法，它可以和其他辅助行走的方法共同使用，如导盲犬、盲杖等。这种方法多用于早期失明的视觉障碍儿童和在特殊、陌生的环境中行走的视觉障碍儿童。

（一）基本技能的掌握

1. 接触

由于视觉障碍儿童在视觉上受到了损伤，导盲人在引导视觉障碍儿童行走前要与他们进行必要的接触，给他们以提示，让他们知道有人将帮助他们行走。通常情况下，导盲人先要选择是站在儿童左边还是右边，然后用手轻轻地碰视觉障碍儿童的手，这样他们在得到提示后，才会主动跟着导盲人走。

2. 握法

在导盲人的手与视觉障碍儿童的手接触后，视觉障碍儿童的手应沿着导盲人的臂膀向肩部方向移动，只需移到肘关节上部即可，并轻握着导盲人的手臂。最便利的方法是拇指向外，四指合拢向内（靠近导盲人的上体一边），要求不要太紧，也不要太松；视觉障碍儿童站在导盲人的右边时，他们就用左手握住导盲人的右手肘部，反之则握左手肘部；视觉障碍儿童的前臂与后臂应成直角；导盲人被握的手可自然下垂，亦可成直角横放腰前（如图11-1）。行走过程中，视觉障碍儿童的双手一定不要同时搭在导盲人的肩上跟在导盲人的后面走，因为一旦他们不小心摔倒，就会带动前方的导盲人一起摔倒，如果是在比较拥挤的地方会更加危险。

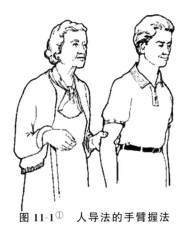

图 11-1[①]　人导法的手臂握法

---

① 图片来自英国盲人文声网站。http://www.blindvoice.co.uk/sightedguide.htm.

3. 手臂

视觉障碍儿童在行走时应注意导盲人的手臂动作,因为它可以提供给他们必要的信息,使他们知道应该往哪个方向行走;由于导盲人自己的手臂也需要活动,如拿东西、开门等,所以行走时视觉障碍儿童不要把导盲人的手臂握得太紧;导盲人的手臂需要保持一定的稳定性,不要前后随意摆动,以免给视觉障碍儿童带来错误的信息或是由于摆动幅度过大,使附着的手脱离手臂;当视觉障碍儿童感到不适或导盲人行进得太快而跟不上时,可紧握或拉扯导盲人的手臂,此时导盲人应停下来了解情况。

4. 距离

行走过程中,视觉障碍儿童与导盲人之间的距离不要靠得太近,也不要离得很远,最好是站在导盲人的后面,保持半步或一步的距离匀速前行。这样导盲人往上走或往下走时,视觉障碍儿童就可以感觉得到自己也应该跟随往上或往下行进。并且在遇到障碍物时,导盲人可以通过身体动作及时向视觉障碍儿童发出信号,那么视觉障碍儿童就有足够的时间作出判断,决定是停止前行还是准备跨越障碍物。

人导法在不同的情境中(如通过狭窄通道,换边,上、下楼梯,就坐等)有不同的技巧变换,但无论是在什么样的情境中,它都需要视觉障碍儿童和导盲人相互配合、动作协调,只有这样他们才能及时安全地到达目的地。

(二)评价

由于有明眼人的带领,所以相对而言人导法是一种很安全有效的方法,它可以向视觉障碍儿童提供充分的环境信息,并帮助发展训练他们的感知觉、自我意识、定向概念等。其缺点在于:一方面,视觉障碍儿童在行走过程中由于有明眼人的帮助,容易忽略自我主观能动性,易产生依赖心理,不利于独立性的培养;另一方面,很多导盲人都缺乏相关知识经验,不知道应该如何科学地、有效地带领视觉障碍儿童行走。

二、杖导法

杖导法(Cane),即视觉障碍儿童利用盲杖帮助行走的一种方法。盲杖是在帮助他们行走时应用最普遍、最经济、最简便的一种工具;通过它,视觉障碍儿童可以探测到自己周围的路面,获得有关定向与行走的信息。我们在大街上看见的许多盲人,即使是行走了很多年的盲人,他们也仍然借助于盲杖,由此可见盲杖对盲人的重要性。而视觉障碍儿童为了能够更好地定向与行走,也要学会使用盲杖。

(一)盲杖的发展历程

盲杖作为盲人的行走工具有着悠久的历史,自古以来,盲人就使用木棍、竹棍、藤条或竹竿来帮助行走。许多著作中都能找到盲人使用这些工具的描述,如《圣经》中曾记述:"伊萨克的视力薄弱,曾用类似牧羊人所用的手杖作为辅助行走的工具。"这是有关盲杖使用的最早的文字记载。虽然有资料证实20世纪20年代的英格兰已经开始使用白色盲杖,但它的推广使用却始于二战中的美国,主要用于为战争中失明的士兵康复服务。当时有一位学者介绍了一些行走的方法,包括解释环境中表面的地标、布局、回音及变化。起初独立行走是通过使用一种全副武装的保护技术来实现的,1945年6月,里查德·胡弗(Dr. Richard Hoover)发明了盲杖作为辅助盲人行走的工具。[①] 现在盲人所使用的盲杖,已经发展为更具

---

① 努瑞特·纽斯塔德. 盲杖培训——全球使用的一种方法[J]. 南京特教学院学报,2007,2:22.

有科学性的各式各样的盲杖,以满足不同盲人的需要。

(二) 认识盲杖

1. 构造

一般盲杖都是由杖柄(杖握)、杖杆(杖身)和杖头(杖尖、嘴)三部分构成。杖柄是盲人握住盲杖的地方,位于盲杖上端,它可以用硬塑胶或橡胶制作,也可以用皮革包其表面;杖杆是盲杖的主体部分,它比较灵活,可以按照盲人的需要而改变长度,方便他们探测周围环境,材料为白色轻金属或不锈钢,有些也可以采用更轻更耐用的碳或钛金属;杖尖位于盲杖的最底部,由于要时常与地面发生磨擦,所以杖尖多用较耐磨的材料制作,常用的材料是白尼龙,如果腐蚀太严重,材料可更新替换。

2. 长度

盲人在选择盲杖时主要以自己的身高、肩宽、步幅和应急反应的时间为依据,而盲杖的长度是可以灵活改变的,这主要取决于不同的情境。如果盲人行走在比较空旷的地方,盲杖的长度可以伸长一些,以探测到较大范围内的环境;如果在人很多、较拥挤的路上行走时,没有足够的空间让盲杖伸得更远,这时盲杖可以缩短一些。这样既可以保护盲杖以免被他人无意踩踏,又可以让盲杖作为保持平衡的支撑物。

3. 重量

既然盲杖是辅助盲人行走的工具,在保证质量的前提下,盲人一般都会选择较轻的盲杖。如果盲杖过重,不仅会增加盲人的负担,也会影响盲杖移动的灵活性。一般认为盲杖重量在175克左右最好。有的盲杖虽然比较重,但便于携带,如折叠式盲杖,盲人在不使用它时可以把它折叠起来放入包内。因此盲人在选择盲杖时要根据自己的需要来选择适合自己的盲杖。

4. 颜色

1864年美国通过的《国际白杖法》规定,盲杖的杖体应该是白色或银白色的并有统一规格的红色反光胶带缠裹杖体。红色反光胶带,对一般盲人使用的盲杖而言,是在距盲杖手柄底部9厘米处缠裹一根30厘米宽的带子;而对又聋又哑的盲人使用的盲杖而言,也是从盲杖底部9厘米处算起,但是要用三根红色反光胶带包裹杖身,每根宽11厘米,每两根之间的间距为9厘米。[①]

5. 种类

标志(象征)杖(Symbol Cane):俗称"弱视杖",专为低视能人士而设,它不像一般的杖一样用来打杖探路,而是只让别人知道使用者是视觉障碍人士,必要时需要他们给予一定的协助。

长/直杖(Long/Rigid Cane):较坚硬耐用,感应效果较好。

折杖(Folding Cane):可折叠收藏(一般需折三次),便于携带。[②]

(三) 选择盲杖的注意事项

视觉障碍儿童使用的盲杖直接关系着他们行走的安全,故盲杖的选择极为重要,它除了要具备信息传递和提供安全保障这两项最基本的功能外,还应注意以下几点:

1. 质料坚硬:由于杖头经常要接触地面及物体,如果选择的质料不坚硬,盲杖易损坏。
2. 传导性好:盲杖是视觉障碍儿童手的延伸,地面的情况要借盲杖的颤动传导给视觉

---

① 顾焕祥. 盲人定向与行走试用教材[G]. 南京特殊教育师范学校教育科学研究处,1991,4.
② 方天大,关育健. 定向行走训练教学手册[G]. 心光盲人院暨学校,2001:33.

障碍者,使视觉障碍者更好地判断地面的性质及障碍物的种类等。如果传导性不好就会影响行走。

3. 重量:盲杖是视觉障碍儿童行走的辅助工具,时刻都要拿在手中,所以重量一定要轻。

4. 杖柄:杖柄是手握部分,应易于握紧又可以感到舒适而不疲劳,所以最好不要用金属材料。

5. 耐用:盲杖在各种环境中都必须能承受一定冲击。

6. 长度:拿杖时,手向前伸,杖头约在身体前两步的距离为最好;或盲杖垂直立于身前地面,盲杖柄顶端到自己的胸骨剑突。[①]

(四)评价

杖导法作为视觉障碍儿童行走时最常用的一种方法,能为他们提供充足的信息,保障其安全有效地行走,而且盲杖几乎不需要保养,使用灵活,明确标明了使用者的身份,使他们在外行走时易得到来自社会的帮助。它的缺点在于使用盲杖不易探索到悬挂的物体和外伸的物体,不能保护身体上部;不易存放,一不小心会绊倒他人;天气不好时使用有诸多不便;标明使用者是盲人,容易形成社会歧视。尽管如此,盲杖仍然是辅助盲人行走的很好的工具,它不仅满足了盲人的个人需要,而且也发展了他们的独立能力。

三、犬导法

犬导法(Dog Guide),即利用受过专门训练的犬帮助视觉障碍者进行定向行走的一种方法,这些犬称为导盲犬(如图 11-2)。

图 11-2　2008 年 9 月残奥会开幕式上的导盲犬 Lucky[②]

(一)导盲犬的发展概况

利用导盲犬帮助盲人行走是一个巨大的成就。导盲犬的发展历史可追溯到 19 世纪初,1819 年海尔·约翰在维也纳创办了世界上第一个导盲犬训练机构。后来他还出版了一本

[①] 徐白仑. 视障儿童随班就读教学指导[M]. 北京:华夏出版社,1996:284—285.
[②] 残奥会上的导盲犬[EB/OL]. http://sci.ce.cn/society/policy/200809/11/t20080911_16778479.shtml,2008-09-11.

小册子详细描述了该机构的工作,但当时这个项目并没有被世人广泛知晓。直到第一次世界大战后,许多德国士兵在战争中失去了视力,医生赭哈德得到灵感,才在德国开办了世界上第一个导盲犬学校。

与盲杖的成功使用一样,导盲犬的使用也取得了很大的成功。这主要是因为许多有名望的导盲犬组织机构为导盲犬和他的主人提供全面的、持续的服务,确保导盲犬可以更好地为盲人工作。这些机构称,如果盲人很少使用到导盲犬,那么它将被收回,但事实上,这一条款几乎没有实施过——无论是在它熟悉的还是不熟悉的地方行走,导盲犬在帮助盲人行走方面都得到了充分的利用。导盲犬和主人会在已设定好的情境中进行足够的练习:如,导盲犬会在每一个路边都停下或坐下,直到它认为路边已经完全安全后,才会带领它的主人继续前行;并且它还会根据主人的身形判断前方的路是否适合主人走。

导盲犬和它主人间的关系是很微妙的,导盲犬需要明白它的主人是完全依赖于它的,只要它的主人牵着它,两者就是一个整体;而一旦主人脱手、没有牵着它时,它就是和其他普通狗一样的动物。因此提供导盲犬的机构认为,只有当盲人满足一定的条件时才能为其配备一只导盲犬,即年龄在 16 至 65 岁之间,身体健康,智力正常。最重要的是,他们能够适应导盲犬,与它好好相处下去。①

(二) 我国犬导法的发展

在我国,导盲犬对许多人来说还是一个比较陌生的概念,2004 年 10 月,大连医科大学实验动物中心开始着手导盲犬的研究,由留日动物行为学博士王靖宇教授倡导并主持。这项研究填补了我国在该领域的空白,2006 年 5 月 15 日,我国首家导盲犬培训基地正式落户大连市。根据 2006 第二次残疾人抽样调查结果显示,目前我国视力残疾人有 1233 万人,占残疾人总数的 14.86%。② 因此,导盲犬在我国有巨大的市场需求。一只训练良好的导盲犬可以保证盲人出行安全,做他们生活中的好伙伴,但是一只导盲犬不仅要经过艰辛的训练过程,而且其培训的综合费用高达 2.5 万~3 万美元。在我国经济发展水平还比较低的情况下,犬导法难以大面积推广。

知识小卡片

对于"准导盲犬"来说,在它们出生仅两个月时就要开始长达 18 个月的培训过程。按照国际上培训导盲犬的经验,培训主要分 3 个阶段:

第一阶段是家庭寄养阶段,时间是 1 年。这一阶段主要是要求小狗能够熟悉人类的居住环境,如房子、道路、小孩等,这样它们在以后的工作中就不会对其感到陌生;熟悉各种公共场合,如公园、餐馆、学校、火车站等;能听懂一些基本的服从命令,如等待、行走等。这一阶段进行的是初级训练,为将来更难的训练打下基础。

---

① J. A. Leonard. Mobility and the Blind—A Survey [J]. Medical and Biological Engineering and Computing,1963,12:470.

② 2006 年第二次全国残疾人抽样调查主要数据公报(第一号)[EB/OL]. http://www.cdpf.org.cn/sytj/content/2008-04/07/content_84239.htm,2008-04-07.

第二阶段是工作培训,时间为 4 个月。在培训学校,小狗们要遵循严格的作息时间表:早上 7 点到外面梳洗,如厕,然后等待早餐。狗要被训练到只有听到主人说可以吃了才去吃饭。晚上 8 点回到狗舍休息。星期六和星期日休息两天,给小狗们时间放松。这么做是为了让它们日后可以适应人的生活、学习习惯,更好地为主人服务。另外,这一阶段还要训练小狗一些基本的技能技巧,如直线行走;过马路时要先停住;听懂并服从主人的指示;行走时紧贴主人的左边并稍微领先一点;在所有的上下楼梯前停住;静静地待在主人的办公场所。

第三阶段是让导盲犬和它的主人共同生活、训练,两者相互协调、统一合作、熟悉对方。如果导盲犬的主人更换了,那么它们就要进行测试和再培训。①

四、电子辅助器法

电子辅助器的原理来自仿生学,它定向发射某种形式的能量波帮助盲人行走。一般常用的能量波有超声、激光、红外线和微波等,但目前比较成熟的导盲器都是利用超声或激光。虽然有很多种电子辅助设备帮助盲人行走,但几乎没有一种得到了广泛的应用,因为这些设备提供给盲人行走时的帮助非常小,但却需要他们进行长时间的、昂贵的训练。利用超声原理的设备(通常提供听觉信息)包括超声电筒(Sonic Torch)、超声引导(Sonic Guide)和超声探路者(Sonic Pathfinder,见图 11-3)等。澳大利亚昆士兰盲人协会(Blind Association of Queensland)的导盲犬为了更好地服务于它们的主人,配备有一种低成本的、便于携带的超声装置(the Miniguide,见图 11-4)。还有一种新型的利用超声原理制成的盲杖(the Ultra Cane),它像正常盲杖一样工作,同时可以为盲人提供环境中障碍物(及盲人头和胸的高度)的触觉信息。②

图 11-3 超声探路者③

图 11-4 迷你引导④

---

① 导盲犬训练[EB/OL]. http://www.goumin.com/dog_blog_show.php?blog_id=71538,2008-11-18.

② Dowling, J., A. Maeder, and W. Boles. Intelligent image processing constraints for blind mobility facilitated through artificial vision[C]. Proceedings of the 8th Australian and New Zealand Intelligent Information Systems Conference(ANZIIS),2003:109—114.

③ 超声探路者[DB/OL]. http://www.abledata.com/abledata.cfm?pageid=19327&top=32573&productid=74626&trail=22,13134,15820 & discontinued=0.

④ 迷你引导[DB/OL]. http://www.abledata.com/abledata.cfm?pageid=19327&top=32573&productid=74626&trail=22,13134,15820 & discontinued=0.

日本曾发明过导盲车来帮助盲人行走，这种车的后面有杆供盲人握住。它的行驶路线由地图提供，利用电脑指挥车子按图行驶，其车速通过用超声波测距仪测出使用者步速后反映给电脑来控制，使人、车同速。车能辨别路面上的障碍物，引导盲人到达目的地，但是它的缺点在于体积较大，盲人要通过一些较狭窄通道时则会不方便，且成本较高，一般的盲人难以拥有它。① 为了帮助盲人过马路，日本某些城市还使用了鸟叫绿灯：当绿灯亮时，鸟叫声响起，盲人就可以放心地过马路了。法国也设计了一种便于盲人安全通过的信号装置。

知识小卡片

可听红绿灯（图 11-5）是一种专为盲人或低视力人群设计的帮助其过马路的装置。可听红绿灯帮助他们确定交通灯的位置，使他们在 5 米的范围内就可以感受到灯亮起时发出的声波信号，提示视觉障碍人士过马路。这些可听的信号装置发出的声音可以保证让视觉障碍人群听见，而不会打扰到周围的正常人群。装置的声级（Sound Level）是自我调控的，从 35 到 90 分贝不等。②

图 11-5 可听红绿灯③

本章小结

虽然定向行走在我国起源较早，但它并没有得到充分的发展；一直到 20 世纪二战时期，它才得到初步发展。定向行走训练就是培养视觉障碍儿童应用各种线索（如声音、气味、标志等）来帮助自己定向，并采用辅助工具，学会独自行走的方法，它在身心、社会、经济、生活等方面都有利于视觉障碍儿童的发展。对视觉障碍儿童定向的理论研究主要有空间定向（包括感知能力和认知能力）、空间组织能力（包括临近空间组织和远程空间组织能力）、定向的评估和教学等。行走的理论研究主要包括行走前训练、独自行走的方法、行走技能技巧与行走能力的评估等。辅助视觉障碍儿童行走的方法有很多，他们在学会独自行走的基础上，在较大范围和陌生的环境里行走时，需要依靠他人帮助或学会借助辅助工具，主要方法包括人导法、杖导法、犬导法、电子辅助器法以及其他辅助装置等。

思考与练习

1. 对视觉障碍儿童进行定向行走训练有何意义？
2. 视觉障碍儿童定向行走过程中的空间定向包括哪些方面？
3. 视觉障碍儿童行走过程中主要有哪些技能技巧？
4. 简述盲杖的物理特征，并说明选择盲杖时的注意事项。

---

① 沈家英，等. 视觉障碍儿童的心理与教育[M]. 北京：华夏出版社，1993：287—288.
② 可听红绿灯[DB/OL]. http://www.abledata.com/abledata.cfm?pageid=19327&top=10251&productid=75755&trail=22,13134,15820&discontinued=0.
③ 同上注.

第 12 章 视觉障碍教育与随班就读

1. 了解视觉障碍儿童随班就读的产生与发展。
2. 认清视觉障碍儿童随班就读的优势与劣势。
3. 了解视觉障碍儿童随班就读的实施过程与特色。
4. 认识我国随班就读模式的特点。

第 1 节 视觉障碍儿童随班就读概述

一、视觉障碍儿童随班就读的产生与发展

20 世纪 50 年代以来,由美国黑人发起的反种族歧视、隔离的民权运动遍及全美。他们提出了"分开就是不平等"的口号,要求在政治、教育及社会生活上的平等权利。1964 年因民权运动而通过的《民权法案》(*Civil Rights Acts of 1964*)对美籍黑人以及其他少数族群的平等公民权提供了保护。在"正常化"(Normalization)教育运动、民权运动(Civil Movement)、民间团体倡议的影响下,一种全新的教育哲学——"回归主流"于 20 世纪 70 年代在美国茁壮成长,并对全球特殊教育的理论范式与实践模式的变迁产生了重要的影响,残疾儿童进入普通学校的全纳教育随之得到了传播与推广。[1]

80 年代以来,在党和政府的重视下,我国特殊教育发展迅速。受回归主流与全纳教育思想的直接影响,我国特殊教育改变了百余年来以建特殊学校为唯一发展途径的做法,大力推进随班就读模式。1987 年,在西方回归主流思想的影响下,徐白仑先生在江苏、河北、黑龙江、北京房山县三省一县进行了盲童在本村就近进入普通小学随班就读的"金钥匙"工程,开始了探索符合中国国情的特殊教育新模式的试验。[2]

1989 年,国家教委委托北京、河北、江苏、黑龙江、山西、山东、辽宁、浙江等省市,分别进行视力和智力残疾少年儿童的随班就读试验。当时实验的主要目的是探索农村地区推行随班就读的可行措施,解决广大偏远地区残疾儿童的受教育问题。实验内容包括三个方面:随班就读的对象、随班就读的师资和随班就读的教育教学安排。从此,随班就读成为我国普及残疾少年儿童义务教育的主要策略,尤其在经济落后、人口居住分散、交通不便且残疾儿

---

[1] 邓猛,等. 关于全纳教育思想的几点理论回顾及其对我们的启示[J]. 中国特殊教育,2003,4:1—7.
[2] 徐白仑. 金钥匙计划的回顾与展望[J]. 特殊教育研究,1992,2:1—8.

童数量较多的农村地区(80%以上的残疾儿童在农村),随班就读成为发展特殊教育、提高残疾少年儿童入学率的主要途径。[①][②] 正如徐白仑所指出:我国的特殊学校已有一百余年的发展历史,具有丰富的办学经验,近年来随着政府对特殊学校经费的大量投入,更是具有了雄厚的人力、物力和设备资源。而随着我国经济的迅速发展,现在的残疾儿童主要出现在贫困、边远地区,当地发展全纳教育的力量明显不足。如果以特殊学校为骨干,建立省、市、县三级特殊教育资源中心或指导中心,就可以充分利用我国并不充裕的宝贵师资力量,将特殊学校的潜能从狭窄的校园解脱出来,将全省、市、县的残障儿童都作为教育对象。这将会使全体特殊学校的教师开阔眼界、丰富经验,使所有的资源得到充分运用,使特殊学校与普通学校的全纳教育相辅相成、共同发展。[③]

随班就读试验的成功使让残疾儿童回归主流学校、社会的思想推广到了城乡各个地区,随班就读的试验也从盲童扩展到听力残疾、智力落后等不同残疾领域的儿童。尽管社会上对于残疾人的歧视与偏见仍然不同程度地存在着,师资与其他资源还相当缺乏,但是随班就读在很短的时间内极大地提高了残疾儿童的入学率,使大量的流失在校园外、没有上学机会的残疾儿童就学有门。另外,随班就读试验在普及特殊儿童义务教育、转变社会观念、促进特教与普教全纳等方面都取得了丰硕的成果。[④] 许多普通学校已经招收了特殊儿童,因而普通班内学生的学习能力与需要趋于多样化。[⑤]

二、视觉障碍儿童随班就读的优势

20世纪80年代以来关于随班就读的研究更多地集中于总结随班就读的优点与实施过程中的弊端,目的是总结经验与教训,进一步扩大随班就读的规模,提升随班就读工作的成效。国内外研究文献对随班就读的优势进行了总结:

首先,由于我国经济尚欠发达、教育经费有限、残疾少年儿童数量众多,现有的特殊学校远远不能满足需要。如果按照传统的方式建立特殊学校招收残疾少年儿童入学,校舍、食宿、医疗以及教师、生活管理人员的筹备非一朝一夕能够办到,也非社会、家庭能够承受。[⑥] 在许多偏僻的山区与广大的农村地区,人口居住分散,交通不便,而许多残疾少年儿童因为多种原因又不宜远足上学,所以,随班就读在某种意义上是一种无奈的选择。[⑦] 随班就读采取在邻近普通学校就近入学的方式,使大量残疾儿童踏进校门,不仅节约了财力、物力、人力,而且大大提高了残疾儿童的入学率,解决了残疾少年儿童入学呼声高与特殊教育学校数量不能满足要求的矛盾。[⑧]

---

① 邓猛.随班就读的利与弊探讨[J].特殊教育,1992,3:5—7.
② 朴永馨.聋童教育概论[M].合肥:安徽教育出版社,1992:8.
③ 徐白仑.中国普及视障教育的金钥匙模式:金钥匙工程概论[C],2005年10月15—19日"教师教育暨特殊教育需要和低年级儿童发展国际研讨会"主题发言,兰州,2005.
④ 邓猛.关于全纳教育学校课程调整的思考[J].中国特殊教育,2004,3:1—7.
⑤ Deng, M., & Manset, G.. Analysis of "Learning in Regular Classrooms" movement in China[J]. Mental Retardation, 2000, 38 (2): 124—130.
⑥ 徐白仑.金钥匙计划的回顾与展望[J].特殊教育研究,1992,2:1—8.
⑦ 邓猛.随班就读的利与弊探讨[J].特殊教育,1992,3:5—7.
⑧ 赵永平.进一步解放思想,把盲童随班就读引向深入[J].现代特殊教育,1992(3):4—6.

其次，随班就读的大力实施，不仅使越来越多的普通学校教师投入到教育残疾儿童少年的工作中来，而且使各级政府机关、社会团体与组织以及更多的家庭（包括普通儿童的家庭）参与到特殊教育体系中来；残疾人回归主流环境接受教育、回归正常社会生活环境的观念逐渐深入人心。①

第三，随班就读有助于残疾儿童的学业发展与身心健康发展，普通学生也会从中获益。回归普通学校的残疾儿童有着更多的与普通学生交往、互动的机会。这种双向的社会交往，不仅改变了普通人关于残疾的概念，更重要的是，它对残疾儿童的心理与行为产生了巨大的影响，这不仅有利于残疾儿童身心健康发展，有利于残疾儿童提高学业成就、尽早适应主流社会环境，也有利于社会对残疾人士的正确接纳与提供适当的服务。② 随班就读教室中的普通儿童也同样受益。普通儿童通过帮助辅导需要特殊教育的儿童，能巩固并深刻地理解所学知识，使自身学业获得进步。普通儿童与残疾儿童学生在生活上互相照应、学习上结对子，有助于普通儿童形成乐于助人的良好品质、学会帮助别人的实际技能；而许多残疾儿童身上那种克服困难、努力学习的坚韧毅力和自强不息的精神对普通儿童也有着良好的激励作用。③

三、视觉障碍儿童随班就读的弊端

国内外一些相关研究不仅指出了随班就读在提高残疾儿童入学率、改变社会观念、促进教育公平等多方面取得的巨大的进步，也分析了随班就读在师资培训、教学方法、资源支持、社会观念等方面存在的问题。④ 主要观点如下：

首先，特殊教育长期以来是我国教育体系中最为薄弱的环节，一直以来特殊学校不仅数量少，且办学方式落后，理论与实践积累不够丰富。改革开放后我国特殊教育，特别是随班就读工作迅猛发展，却不能充分发挥示范、指导实践与科研攻关的作用，不能产生强有力的以点带面的效果。这与我国特殊教育发展格局要求的以特殊学校为依托、辐射周围地区、推动特教班与随班就读的发展的目标不相适应。⑤

其次，由于师资水平、相关服务跟不上或教学经验不足等原因，许多残疾儿童在普通班里得不到适合他们学习特点的教学服务，成为无人过问的"自由生"。更有甚者，一些地方残疾儿童只被列在"随班就读"对象的名单上，以应付上级检查。至于他们是否到校、是否流失、教学质量如何，都无人过问，⑥这就是普通学校出现的"甩包袱"现象。就我国目前随班就读学校的课程设置与实施情况来看，仍是传统地面向升学考试的以"拔尖"、"培优"为目的，仍然过分强调竞争、考试、升学率；社会大众以及家长向学校、学生要求升学率

---

① 邓猛. 随班就读的利与弊探讨[J]. 特殊教育，1992，3：5—7.
② 徐白仑. 金钥匙计划的回顾与展望[J]. 特殊教育研究，1992，2：1—8.
③ Mu, K. L., Yang, H. L., & Armfield, A.. China's special education: A comparative analysis[R/OL]. Indiana University, Bloomington, (ERIC Document Reproduction Service No. ED 361947,) 1993：3.
④ 邓猛. 关于制定《特殊教育法》的倡议[J]. 中国特殊教育，2005，7：3—6.
⑤ 邓猛. 关于加强盲校在盲童随班就读工作中的中心指导作用的几点思考[J]. 特殊教育，1996，1：32—33.
⑥ Deng, M., & Manset, G.. Analysis of "Learning in Regular Classrooms" movement in China[J]. Mental Retardation，2000，38（2）：124—130.

的压力还相当大。① 在这种竞争氛围下,一些学校出现了把一些差生当做智力落后生"踢"向附设特教班或随班就读之列的行为,这是一种极为不负责任的态度。

第三,给普通学校带来多方面的巨大压力。首先,普通学校要接受残疾儿童,面临的第一个问题就是师资数量不足、水平差、缺乏专门的训练。各地因地制宜采取短期集中或分散培训的做法,能够满足随班就读工作的暂时需要,可是,随着随班就读由普及向深入提高发展,这种非系统化的方式有着越来越大的局限性(Deng & Manset,2000)。② 其次,我国随班就读的残疾儿童需要的医疗、康复等方面的设备与服务往往难以配套,普通学校教师既要花大量的时间对残疾儿童进行个别辅导,又要充当保育员,在课堂上还要应付不同的学习需要,以及处理某些不当行为对课堂秩序的干扰(如多动、情绪问题等),以致许多教师都抱怨"独角戏"难唱。考虑到我国经济相对落后、教育投入较少、城乡差别较大的现实,在可以预见的将来,我国在资源保证方面还很难有较大的改变。另外,还有教材、教学方法与教育目标的问题。这些是随班就读工作中普通教师经常遇到的但又难以解决的问题,国内对此的相关研究也比较少,不能提供有效的解决办法。目前提倡的个别化教学多数停留在文本上,实质的教学观念、体制与方法的改变还需要更多的研究与实践来探索。在我国,残疾儿童珍惜上学的机会,但是,他们在面对学习时,往往对成功的期望比较低,有的比较敏感、有的容易焦虑,甚至出现一些情绪的困扰。③ 由于社会上对于残疾人的歧视与偏见仍然不同程度地存在着,"正常儿童都没有上学呢,哪里管得上残疾儿童"的观点仍然在社会上、学校内流行。有许多从特殊学校转到普通学校上学的残疾儿童又重新回到特校就读;有的到普通学校随班就读的残疾儿童又因为被歧视、不能适应应试教育的竞争等多种原因辍学了。

因此,迄今为止,残疾人受教育程度低的现状仍然没有得到根本的改变,残疾少年儿童教育仍然是普及初等教育最薄弱的环节。已经进入普通学校就学的残疾儿童由于师资与教学资源的缺乏而出现"随班混读"的现象。现有的师资培训体系还没有系统地包含特殊教育部分,特殊教育知识不能得到普及。教师的职前职后培训都没有系统地包含特殊教育知识内容,资格证书的获得与考核都很少或根本就没有包含特殊教育成分。因此,普通中小学教师不能够很好地满足课堂内有特殊教育需要儿童的学习需求,科研院所中的教育研究者、教育学博士生与硕士生也缺乏对特殊教育的重视与基本的了解。这显然与教育研究者和实践者共同追求的"全民教育"(Education for all)、"教育平等"的目标相去甚远。④

此外,还有残疾儿童定义与分类混乱,鉴定环节出现滥用测量工具(如智力测量量表)、随意下结论的现象。尤其是对于智力落后、自闭症、学习障碍等较难鉴定的障碍类别的诊断程序还存在着较严重的问题;也不能够很好地区分"残疾"与"特殊教育需要"之间的关系。教学资源尤其是资金与教学材料、教具学具等不能得到保证,许多地方的特殊教育工作者靠"东借西讨"发展事业。由于没有法律的切实保障,特殊教育的发展时冷时热,过度依赖于领导的意志和行政管理方式的变迁。"八五"期间特殊教育发展较快、"九五"与"十五"期间发

---

① 邓猛. 关于全纳教育学校课程调整的思考[J]. 中国特殊教育,2004,3:1—7.
② Deng, M., & Manset, G.. Analysis of "Learning in Regular Classrooms" movement in China[J]. Mental Retardation,2000,38(2):124—130.
③ 刘全礼. 浅谈随班就读的几个问题[J]. 特殊教育研究,1992,2:31—36.
④ 邓猛. 关于制定《特殊教育法》的倡议[J]. 中国特殊教育,2005,7:3—6.

展相对缓慢就是因为这个原因。

学校与社会的衔接,特别是残疾儿童的职业教育以及毕业后就业与生活的适应方面也缺乏明确的保障。大多数残疾人都没有得到必要的康复医疗;社会上对于残疾人的歧视与偏见仍然不同程度地存在着;残疾人参与公共生活存在着环境上的障碍;残疾人事业仍然滞后于社会经济发展水平。残疾人仍然是社会中一个特殊困难的弱势群体,他们多数仍然生活在社会的最底层,离平等参与社会生活、共享人类文明成果的目标还相去甚远。

第2节 视觉障碍儿童随班就读的实施与特色

一、视觉障碍儿童随班就读的实施

葛斯顿(Gerston)指出项目的执行是将特定政策或规划付诸实践的过程,是政策制定后的必然步骤,项目执行的难点不在于能否制订出合理、完善的计划与方案,而在于如何将完善的方案有效地、忠实地转化到实践中去。[①] 视觉障碍儿童随班就读的提出确实能为大量无学可上的视障儿童带来希望,但是在实施的过程中还必须面临我国视觉障碍儿童分布广,普通学校资源少等各式各样的困难,其理想能否实现还急切地需要实践的效果来进行检验。致力于推动视觉障碍儿童随班就读开展的金钥匙视觉障碍儿童工程,在多年的实践经验的基础上积累了丰富的成果,形成了具有本土特色的视觉障碍儿童随班就读的实践发展模式,为视觉障碍儿童的随班就读开创了良好的局面。

(一)系统管理与社区发展相结合的模式

建立有效的管理机制、依照科学的步骤进行运作,是综合性工程实施的必要步骤。随班就读项目根据系统管理的原则,首先建立以省、自治区教育厅牵头的金钥匙工程领导小组,领导小组中包括教育、残联、民政、卫生等相关单位的代表成员。在实施中突出以各地省(自治区)、地(市)县教育行政部门为主组织实施,并协调残联、民政、卫生等相关部门、各方面社会力量积极参与。下设办公室,统管各省随班就读的行政管理工作,并设专职干部负责日常工作。各地(市)、县、乡成立相应的领导小组,由主管教育的行政领导做组长并确定干部分管此项工作。凡有视觉障碍儿童随班就读的学校的校长,即是该学校随班就读项目的负责人,形成自上而下的行政管理网络,负责规划与组织,对下级部门进行领导和评价。

秉承全纳教育理念的随班就读不仅是要使残疾儿童在正常的环境(即普通学校)中接受平等的、适当的教育[②],还要使残疾人平等、全面地参与社区生活,即社区全纳。而且随班就读的实施不仅仅要将某些被歧视的人群或个体吸收到现有的社会经济生活联系与框架中来,它远远超出残疾的范围。它本身并不是目的,而是达到目的的手段,即通过随班就读的推动进而建构一个全纳的社会。因此全纳教育不是某个人的事情,而是与社会上所有的公民相关的事情。正常的社区生活"是所有人——不论他的残疾程度有多重——不可剥夺的

[①] Gerston, L. N.. Public policy making: process and principles[M]. Armonk, N.Y.: M. E. Sharpe, 1997: 17.
[②] Salend, S. J.. Effective Mainstreaming: Creating Inclusive Classrooms (3rd ed.) [M]. New Jersey: Prentice—Hall, Inc, 1998: 23.

基本人权"[①];残疾人对社区生活在身体与心理上的全面参与是实现社会公正理想的有效途径[②]。它通过残疾人对社区生活在身体与心理上的全面参与实现社会全纳与公正的理想。因此,在随班就读工程管理体制建立之后,一个重要的任务就是开展社区合作,运用社区发展的方法,使视觉障碍儿童应平等接受义务教育的观点得到社区不同人群的理解与支持,这有利于社区对随班就读的理解与接受、有利于社区对特殊需要儿童家庭给予更多理解与支持,从而加速家庭与教师合作的步伐。

因此,随班就读项目不仅要在广大农村学校内部凝聚校长、教师、学生等的共识,将特殊教育纳入学校发展计划,还要广泛动员社区、政府部门、慈善机构等的力量,达成共识,共同努力,优化育人环境,创设良好的支持氛围,争取社会各界的支持以开展随班就读的各项工作。

(二) 因地制宜与科学鉴定相结合

客观的、科学的诊断与检测是残疾儿童教育安置与教学的基本前提。检测的目的不是给需要特殊教育的儿童贴标签,更不是通过鉴定把他们打入别册,而是要在对他们的听力、智力、视力、学习能力、日常行为等方面进行全面了解后开展行之有效的教育。对残疾儿童的鉴定应该由特殊教育、医学、心理学等方面的专家,教育行政部门代表,教师以及家长共同参加,采用标准化的医学、心理、教育等方面的检测方法,从多学科的角度、遵循法定的程序进行客观、科学、准确的鉴定。[③]

然而,在广大的中国农村困难地区既没有正规的医学专业人士,也没有能够进行视觉障碍评估的心理或者教育专家,更缺少与残疾相关的知识与技能储备以及诊断必需的环境与设备。在这种情况下,理想的正规化检测不可能实现。因此,残疾儿童的鉴定必须适合当地的条件与要求。例如,针对当前中国农村的条件,金钥匙工程开发了简明、有效的视力诊断与检测的工具,选拔当地学校的教师进行培训,掌握检测与评估的技巧。该工程按照规定的程序开展视觉障碍儿童进行的筛查与鉴定的工作,探索出一条简明有效的对中国农村视觉障碍儿童筛查鉴定的方法与程序。

1. 广泛动员、深入调查

视觉障碍儿童的发现与鉴别,是实施视觉障碍儿童教育的基础。做好这方面的工作,需要充分发动当地群众,充分考虑城市与农村地区的特点,因地制宜、科学检测。[④]

首先是全面宣传。利用报刊、电视台、电台甚至乡村舞台等,积极宣传实施随班就读的目的和意义,发布招生信息,以引起社会各方面的关注。

其次是广泛动员。召开各级会议,分派各区县、各学校具体的调查任务,并将视觉障碍儿童的外貌、动作特征印成宣传画,分发到普通学校和乡村,动员学生和当地群众提供线索。

第三是深入调查。以教育局、残联原有的资料为依据,参照学生当年的体检材料,根据

---

① Horton, C., & Conroy, J.. The power of partnerships[J]. TASH Connections, 2003, 29 (4):19—20.
② Duvdevany, I., Ben-Zur, H., & Ambar, A.. Self-determination and mental retardation: Is there an association with living arrangement and lifestyle satisfaction? [J] Mental Retardation, 2002, 40 (5):379—389.
③ Meyen, E. L., & Skrtic, T.. Exceptional Children and Youth (3rd ed.) [M]. Denver: Love Publishing Com, 1998: 89.
④ 梁全进,等.广西视障儿童随班就读的实践和探讨[M].北京:华夏出版社,1999:53.

当地群众和师生提供的线索,深入有关乡村进行筛查与核实。

除此之外,各地还应结合自己的特色,摸索出其他的方法。如柳州市在金钥匙工程实施期间,每到"六一"儿童节,市募委会和残联都会给每个残疾儿童发放慰问金,由父母所在单位、局委会负责上报、领取,每次教育部门都抄回去这些残疾儿童的名单,按照地址逐一进行核对,查找视觉障碍儿童。通过这样的方法,大量深藏在家中的视觉障碍儿童逐渐被发现,为下一步有计划、有步骤地安排他们入学打下了良好的基础。金钥匙工程实施期间,广西在实践中摸索出了"村小提供线索、学区入户筛查"以及"调查发现和解决问题相结合"的工作模式。另外,在广大农村地区,由于社会上封建残余思想的影响,存在着认为视力残疾是前世造孽以及家丑不可外扬等封建迷信思想,这就需要工作人员做细致的调查了解和思想动员工作,宣传残疾人的权利以及相关的法律精神,做好家长、村民和残疾孩子的思想工作。

2. 科学鉴定

对视觉障碍儿童进行筛查与鉴定,是确定教育对象、进行因材施教的基础。其目的不仅仅是确定儿童残疾的类别与程度,更重要的是了解他们有哪些方面的特殊需要,从而创造条件,对他们进行有的放矢的教育。在初步筛查后还必须要经过县级医院的眼科医生诊断。准确找出视觉障碍儿童是调查阶段的主要任务,是整个金钥匙工程开展的基础,参加者应当全力以赴、认真严格地按工作程序和筛查办法做好这项工作。

在金钥匙工程中,当疑似视觉障碍的儿童被筛查出来之后,就要由巡回教师组织这些儿童到县或县以上的医院进行详细的检查和诊断,大致包括裸眼远视力、裸眼近视力、视野夹角、验光结果、戴镜远视力、戴镜近视力、视残原因、视残分级等。

但是,"大部分县医院只有五官科,缺少专门的眼科医生,非但不能对病情做出准确诊断,有些地方甚至不会验光"[①],而有的"县里的眼科医生具有一定的医疗水平,但不懂得视残分类,更不懂得视觉障碍教育"[②]。所以,在对视觉障碍儿童的鉴定中存在许多诸如"误将低视生划为盲童,强令学盲文"、"将高度近视的儿童也划为盲童"[③]的现象。

针对这些现象,金钥匙工程在经过多年的实践和总结之后,提出对视觉障碍儿童的检测要由眼科医生和巡回教师共同来完成,并且在此之前对二者都要进行较全面的专业培训的主张,还结合将来制订个别化教育计划的需要,设计了一份"眼科档案卡"。培训的内容主要有视残的分类标准、影响视力的主要眼病与防治、视力的验光测查、助视器的配备等专业知识。有条件的地方,还可以组织医生进行现场指导教学。比如在内蒙古赤峰市,培训班组织低视生和各旗县的医生来到赤峰市松山区医院,对相关的测查、验光、配镜等进行现场指导教学,极大地提高了眼科医生对视觉障碍儿童视力检测的准确性,同时也提高了医生为低视力学生配备适宜助视器的能力。巡回指导教师可以协助眼科医生共同完成对视觉障碍儿童的检测,以弥补眼科医生视觉障碍教育知识的不足。

(三) 入学准备与师资培训

1. 入学准备

视觉障碍儿童在接受诊断和评估以后,相关人员会根据儿童的认知能力、障碍程度、健

---

① 徐白仑.论当前视障儿童随班就读中的几个问题[C].国际视障教育学会中国分会第二次学术研讨会论文,1995.
② 徐白仑.中国普及视障教育的金钥匙模式——金钥匙工程概论[G].金钥匙工程内部文件,2005.
③ 徐白仑.论当前视障儿童随班就读中的几个问题[C].国际视障教育学会中国分会第二次学术研讨会论文,1995.

康状况、家庭情况等方面的资料,综合其学习特质与特殊需求,就近将其安排在当地恰当的教育机构进行学习。一般而言是尽量将其安置在附近的普通小学,如果当地有盲校,则将不宜随班就读的视觉障碍学生送入盲校就读,盲校还将对其进行职业教育。虽然金钥匙工程对视觉障碍儿童进行的教育安置是以随班就读为主要指导思想的,但具体的方式又因各地的特点各有不同。比如,广西的隆林各族自治县就采取了多种安置方式:

(1) 动员有条件的盲童就近走读。
(2) 安排有住校生的学校接纳盲童寄读。
(3) 支持辅导教师接纳盲童在家中住读。
(4) 批准有特殊需求的盲生在家自学。
(5) 动员大龄盲生升入本县特殊学校的寄宿制盲班。

随班就读的视觉障碍儿童,其所在班级的班主任即为视觉障碍儿童的辅导教师,要全面负责视觉障碍学生的教育、康复、训练、评估等工作。巡回教师则定期或不定期地到学校进行指导,帮助解决具体问题。为了使学生一入学就能跟上班级学生的学习进度,教师要充分利用假期,送教上门,到视觉障碍儿童家中对其进行初步的盲文教育等。这些工作"既体现了特教工作者的创造性,也体现了感人的爱心"[1]。

在金钥匙工程中,视觉障碍儿童的入学准备工作主要从以下几个方面来进行。

(1) 宣传和动员

由于思想狭隘、观念落后,很多落后地区都不理解视觉障碍教育工作,甚至强烈抵制,造成"领导不想管、教师不愿教、家长不愿送、学生不愿学"的现象。视觉障碍教育工作在开展之初遭受到来自社会各界和家长的冷眼和疑问:"正常儿童教育都顾不过来,哪有时间管视觉障碍儿童"、"视觉障碍少年儿童到学校随班就读,会妨碍健全儿童的教学,影响教学任务的完成"、"瞎子读书是不可能的,读了也无用"、"家贫如洗,怎能送孩子上学现丑"。[2]

针对这些现象,金钥匙工程首先在县、乡、学校层层召开会议,学习有关的文件法规,提高领导干部和教师们的认识,尤其是做好一线辅导教师的思想工作;其次通过电视、广播、报纸、标语、板报、印发资料等媒体形式向广大群众进行宣传,增进群众对特殊教育工作尤其是对金钥匙工程的了解和支持。这些工作都极大地提高了人们对视觉障碍教育的认识,为金钥匙工程的开展提供了良好的舆论和思想基础。

在宣传和动员的过程中,视觉障碍儿童家长及其本身的思想转化工作又是最困难的。落后地区的家长对送视觉障碍儿童上学顾虑重重,既因为家庭贫困,也因为怕"丢人现眼";既有对视觉障碍子女的厌弃,又有对其出门上学的担心;既认为视觉障碍儿童"读书无用",又认为他们这棵"铁树"无法开花。金钥匙工程认为,做好家长的思想转化工作是开展金钥匙工程的首要工作。因此金钥匙工程的工作人员不顾山高路远,一次次登门,反复给家长讲道理、举事例,播放有关的录像,边介绍边予解释;并在动员的过程中,及时解决家长们的实际困难,比如,组织捐款、减免学杂费、赠送学习物品等,用道理说服家长、用行动感动家长,家长们也在这些细致、耐心的宣传和动员下逐渐打消顾虑,开始同意子女上学。而在这个过

---

[1] 梁全进,等.广西视障儿童随班就读的实践和探讨[M].北京:华夏出版社,1999:35.
[2] 同上书,5.

程中视觉障碍儿童本身的思想转化也是同步进行的。因为身体缺陷,很多视觉障碍儿童具有自卑、孤僻、惧生等特点,很少与外界交往,更不敢走出家门去学校上学。例如广西灵山县的一对双胞胎姐妹,老师刚到他们家,她们就闹着要走开,自卑自弃,认为自己生得丑,不敢让别人看见,怕别人取笑,死活不肯出来见老师。老师就反复登门,不厌其烦地与她们接触和谈话,经过多次的辅导和心灵的沟通,她们愉快地答应了上学的要求。

(2) 对视觉障碍儿童进行学前辅导

在进入小学就读之前,除了要创设良好的外部条件,视觉障碍儿童自身也要做好充分的准备。辅导教师会对视觉障碍儿童进行学前的辅导,帮助他们以良好的状态迎接新学期的到来。辅导的内容主要包括心理辅导和基本知识技能的传授。

在家访时,教师与视觉障碍儿童已经建立了信任关系,进行了初步的心理健康教育。但是,由于视觉障碍儿童在入学前长期生活在封闭、落后的环境中,他们自卑、畏缩、封闭的个性特征非常明显,有较强的不安全感、孤独感,或多或少存在一些心理问题。因此在视觉障碍儿童入学前,教师会把心理健康教育放在很重要的地位,经常跟他们做心灵的沟通和心理的疏导,并用楷模和榜样的事例对他们进行鼓励和教育,培养他们自信、自立、自强的精神,让他们能以良好的心理状态来迎接新的学习和生活。当然,视觉障碍儿童的心理健康教育并非一日之功,入学之后同样需要进行长期、细致的辅导。

除此之外,视觉障碍儿童学前辅导很重要的一个内容就是学习盲文和助视器的使用。教师要利用假期或课余的时间到视觉障碍儿童家中进行辅导,使盲童初步掌握盲文点字,使低视力儿童初步掌握助视器的使用。当然,基础比较差的学生,还要进行一些基本学科知识的辅导。这样,视觉障碍学生就能基本跟上普通学生的进度,既提高了学习效率,也不会影响正常的教学活动。[①]

(3) 改善校园环境

视觉障碍儿童随班就读,需要有一个良好的校园环境,一方面物质环境要进行改善,另一方面人文环境的建设也是非常重要的。为了迎接视觉障碍儿童入学,当地的学校会积极地、尽可能地为视觉障碍儿童创造一个"无障碍"的校园环境。在物质环境方面,学校会为视觉障碍儿童安排便于学习的位置,提供专用课桌,平整通往教室、走廊、办公室的道路,整理厕所,在校园道路拐弯处和有障碍的地方设置触摸标志等。有条件的地方,在教室里开辟视觉障碍学生学习角,准备盲文课外读物、学习用具、触摸学具、可摸的学校布局图、村街图、国旗、队旗模型。在人文建设方面,学校会对全体师生进行人道主义的教育,创设一个友爱、互助的校园环境。例如,在视觉障碍学生入学第一天,学校会专门为其召开一次大会,把视觉障碍学生介绍给全校的师生认识,提出以"理解、尊重、关心、帮助"的态度对待刚入学的视觉障碍学生。辅导教师还会利用班会、竞赛、游戏等集体活动,在校园和班级中创立一种爱残助残的风气,建立助残小组,选配助学伙伴,让视觉障碍学生在友爱、互助、尊重的氛围中生活和学习。通过这些硬件和软件的改善,视觉障碍学生才能在"无障碍"的校园环境中"无障碍"地学习和生活。

---

① 邓猛,等. 金钥匙视障教育理论与实践[M]. 北京:教育科学出版社,2009:198.

2. 师资培训

全纳教育的成功最终取决于普通学校教师是否愿意、是否有能力接受残疾学生,并针对他们的需要进行课程与教学方面的调整。[①][②] 教师是否支持全纳教育也与教师的教育程度、教学经验及相关培训有紧密的关系。如森特等人指出,工作7年以下的、接受了特殊教育资格培训的教师比有更长的教学年限而没有接受特殊教育资格培训的教师更加支持全纳教育。[③]因此,师资质量对于全纳教育的成功与否起着决定性的作用,教师培训是全纳教育质量得以保证的核心因素。我国在1989年颁布的《关于发展特殊教育的若干意见》中,提出了"特教要发展,师资须先行"的原则,明确了师资培训的重要性与实施的步骤。高素质的教师队伍是高质量教育的一个基本条件,"金钥匙"教育理念的实现,很大程度上取决于教师的素质。要实施视觉障碍儿童随班就读,教师的思想观念、知识素养、能力结构和行为方式都将面临新的挑战和要求。因此,做好教师培训,加强师资队伍建设,是顺利有效开展随班就读的重要保证。

随班就读成功与否,首先取决于师资培训的有效性。由于现有的特殊教育师范教育不能满足特殊教育迅猛发展的需求,现有的师资培训体系还没有系统地包含特殊教育部分,特殊教育知识不能得到普及;教师的职前与职后培训都没有系统地包含特殊教育知识内容,资格证书的获得与考核都很少或根本就没有包含特殊教育成分。因此,普通中小学教师不能够很好地适应课堂内有特殊需要儿童的学习需求,而科研院及高校中的教育研究者、教育学博士生与硕士生也缺乏对特殊教育的重视以及基本知识的了解与掌握,对如何深入基层有效地开展随班就读,就知之更少。[④] 在这种情况下,必须采用多层次、灵活多样的师资培训方法,有针对性地解决我国随班就读师资紧缺的问题。我国普及义务教育主要依靠的是公办教师、民办教师、代课教师在内的一支"工作热情、学历不高"的农村教师队伍,因此应该"以在本村小学就近入学,随班就读为主要安置形式,由本班班主任兼任视觉障碍儿童的辅导老师,承担主要教学责任,巡回教师负责业务指导、行政管理,与各界协调工作"。

总的来看,视觉障碍学生随班就读师资培训对象大体可分为两类:

(1) 辅导教师

辅导教师是指直接以随班视觉障碍学生为教学对象,担负主要教学责任的教师,一般由班主任兼任。他们负责全班学生的教育教学,既要面向全体学生,又要兼顾随读视觉障碍学生的特殊需要。辅导教师的主要职责是:

① 承担视觉障碍学生的主要教学、教育工作。
② 在本班级开展爱残助残活动,并在校领导支持下将此项活动向全校扩展。
③ 为其他任课教师提供视觉障碍教育知识的培训和日常的咨询服务。
④ 动员家长参与教育教学工作。

---

① Lang, G., & Berberich, C.. All children are special: Creating an inclusive classroom [M]. York, Me.: Stenhouse Publishers, 1995: 132.

② Villar, R. A., & Thousand, J. S.. Creating an inclusive school [M]. US: Association for Supervision and Curriculum Development, 2000: 201.

③ Center, Y., Ward, J., Parmenter, T., & Nash, R.. Principals' attitudes towards the integration of disabled children into regular schools [J]. The Exceptional Child, 1985, 32, 149—160.

④ 邓猛. 双流向多层次教育安置、全纳教育以及我国特殊教育发展格局的探讨[J]. 中国特殊教育, 2004, 6: 1—6.

(2) 巡回教师

巡回教师是指以辅导教师为主要工作对象的指导教师,一般由县里特殊教育学校的业务校长及骨干教师担任。无特殊教育校的县可由县教育局教研员、县教研员或县教委教育股从事特殊教育的干部担任。他们兼有业务指导、教学研究任务,所以与辅导教师在分工上有很大不同。巡回教师要在县教育局的领导下,对全县视觉障碍学生随班就读工作进行业务指导。不同层级的巡回教师的职责各有不同。

巡回教师的主要职责是:

① 对辅导教师的工作进行全面指导,健全全县业务指导网络。

② 定期进行巡回指导,发现问题,解决问题。

③ 组织各期县级教育教学评估及其他评奖工作,总结经验,交流经验。

④ 与乡政府保持联系,争取支持,督促学区领导做好本乡镇的视觉障碍教育工作。

⑤ 做好全县视觉障碍学生、辅导教师、指导教师的档案审查和管理工作。

⑥ 与市特教指导中心保持联系,接受业务指导。

值得注意的是,我国随班就读巡回教师与西方特殊教育的巡回教师有不同的含义。西方巡回教师主要任务是在辖区内为障碍儿童提供直接的教育与咨询服务[①],而我国随班就读工作中的巡回教师是在当地起特殊教育工作的组织、管理、业务指导作用的,并不直接面对障碍儿童。这是结合中国农村地区的特点而做的新的尝试。

在视觉障碍学生就读的本乡村小学中选拔辅导教师,要选拔那些热爱视觉障碍儿童、业务水平较高的老师,从县(市)教研室的教研员中选拔巡回教师,并对他们进行针对性的培训。培训方式采用"直达基层"与"分层传递"相结合的方式,使广大农村地区教师特殊教育基础知识的普及培训与辅导教师、巡回教师的系统培训相互结合,构建体系完整、层次结构搭配合理的特殊教育师资队伍。

许多地方针对农村师资力量欠缺的现实,采用"就地选拔、就近培训、边学边教、不断提高"的方法,利用寒暑假等时间进行集中或分散培训,以满足随班就读工作的需要。[②] 辅导教师一般由随班就读班级的班主任担任,他们承担着直接教育残疾儿童的主要责任,随班就读能否开展得好,关键在于辅导教师。对他们的培训一般为两周左右的集中培训,要求掌握初步的特教知识。巡回教师由教学经验较丰富、学历相对较高的教研或教学人员担任,肩负着定期与不定期的业务培训和指导、检测与评估、家长咨询等多方面的工作,对他们的培训一般为20天左右的短期培训,要求掌握基本的教育学、心理学理论基础和较扎实的特殊教育专业技能。[③] 这些不同的培训策略都立足于不同地区的经济、文化、教育特点,不拘一格,只求实效,不仅为满足当地对特殊教育教师的迫切需要,更着眼未来,结合短期与长期、系统与非系统的多种培训方式,为当地特殊教育的持续性发展奠定基础。

(四) 开展课堂教学

我国的学校教育,目前都采用班级授课制。这样的班集体教学,全体学生的教学目标、

---

① Meyen, E. L., & Skrtic, T.. Exceptional children and youth (3rd ed.) [M]. Denver: Love Publishing Com, 1988: 21.

② Deng, M., & Poon-Mcbrayer, K. F.. Inclusive Education in China: Conceptualization and Realization [J]. Asia-Pacific Journal of Education, 2004, 24 (2): 143—157.

③ 梁全进,等. 广西视障儿童随班就读的实践和探讨[M]. 北京:华夏出版社,1999:17.

采用的教材和教学进度是一致的。[①] 视觉障碍儿童入学后,和普通学生在同一个课堂上同班学习。如何在同一个课堂里,在同一个课时中既合理兼顾同班儿童共同的学习需要,又能同时满足视觉障碍儿童特殊的学习需要,成为直接关系到课堂教学质量、也直接影响到视觉障碍儿童随班就读的效果的重要问题。

1. 一体化教案

视觉障碍学生随班就读教学应采用一体化教案,采用同教材、同进度、异要求的形式。一体化教案是指在课堂教学中,视觉障碍学生和普通学生采用同一内容的教材,由同一位教师授课并掌握同一教学进度,但根据普通学生和视觉障碍学生的不同特点,采用照顾差异的教学策略,对教学内容作适当的调整和组织,确定符合视觉障碍学生和普通学生发展需要的教学要求,逐渐实现教学目标。一体化教案要体现明盲兼顾的原则:有能照顾差异的挑战性的教学目标;合理调整和组织教学内容;在各个教学环节中兼顾不同学生的需要,尤其是视觉障碍学生的特殊需要;教师要改变学生(尤其是视觉障碍学生)被动的学习状态,强调学生在学习中的主体地位,使学生喜欢学、愿意学、愉快地学、学会怎样学;争取在现有条件下,充分利用有效课时去获得最大可能的结果,提高教学效率。

随班就读的辅导教师和任课教师,通过认真研究,共同制定一体化教案。首先,研究单元教材的教学内容,确定教学目标;其次,根据班上随读视觉障碍学生的情况,为其设定出系列的不同层次的教学要求;第三,根据为视觉障碍学生所设定的教学要求,对教材内容和教学方法,做出有别于普通学生的调整。调整主要表现为:① 删。即删去非重点的和与其他单元知识联系不密切且对视觉障碍学生来说又特别困难的学习内容。② 补。即补充实用的或对视觉障碍学生来说比较直观的内容。③ 改。即根据视觉障碍学生的具体情况,对教学内容的多少、难度、顺序等方面和教学方式方法进行酌情调整。④ 供。考虑向视觉障碍学生提供直观教具。在完成上述步骤后,将调整后的针对视觉障碍学生的教学内容与普通学生的教学内容,按照本课时的教学过程,对应排列起来,形成完整的一体化教案。[②]

2. 个别教育计划

个别教育计划的内容应根据视觉障碍学生的特殊教育需要而确定,主要包括两部分内容:第一部分是视觉障碍学生的基本档案,是对学生基本情况、基本需求的描述。第二部分就是教育计划部分,分为心理康复、社会适应、学习能力和生活能力四个方面。制订个别教育计划,主要是为了满足视觉障碍学生的个别需要,考虑其特殊学习能力的培养,如盲生的盲文摸读和拼写能力的培养,低视生的近视能力和远视能力的培养等。

制订个别教育计划是实施特殊教育的重要环节,它是教师进行个别化教学的重要指南。一体化教案则是在个别教育计划确定的目标在课堂教学中的具体呈现,要求教师在课堂上根据普通学生与残疾学生特点的不同进行分类教学。二者相互联系,互为依托。从西方与我国很多地方的实践来看,个别教育计划往往由于要求太高、表格过多或要求填写的内容太复杂而流于形式。金钥匙工程的主要努力就在于将西方个别化教育计划的精神本土化,使之适应我国广大农村的特点,合理、有效地利用课堂教学的时间,满足不同特点、能力学生的学习需要。

[①] 王道俊,王汉澜.教育学[M].北京:人民教育出版社,1994:265.
[②] 邓猛,等.金钥匙视障教育理论与实践[M].北京:教育科学出版社,2009:49.

3. 选好"助学伙伴",进行协作学习

在课堂上仅靠教师一个人来照顾学生的差异,满足视觉障碍学生的特殊需要,是有困难的。许多教师在面对学生人数多、学生差异较大的教学环境时,无奈地叹息自己独木难支。除了教育管理部门和学校应该进一步为随班就读教师提供各种资源与支持外,教师有意识地采用协作学习的方式,挑选能够帮助视觉障碍学生的助学伙伴,鼓励同学间互相协作,对创建良好的班级氛围,取得良好的教学效果是非常有益的。[①] 助学伙伴可以从视觉障碍学生的同班同学中挑选,一般可挑选学习好、乐于助人并且有耐心的同学担任视觉障碍学生的助学伙伴。

这种伙伴助学的效果是很明显的。教师在课堂上组织小组伙伴学习,有助于正常儿童帮助视觉障碍儿童有效、灵活地学习,身心健全地发展。通过与视觉障碍儿童之间的合作,有利于正常儿童理解障碍儿童,消除对他们的歧视,形成平等的接纳的学校氛围,有助于视觉障碍儿童健康人格的形成与发展且有助于视觉障碍儿童解决一些实际生活中的常见困难。视觉障碍儿童也可以避免产生由于教师的不断照顾而觉得自己无能或异样的感受。伙伴之间年龄相仿,兴趣相近,交往更为积极。就像咸阳市一位随班就读的低视力学生在日记中写到的:我很喜欢我的助学伙伴,和他在一起,我觉得自己是一个有用的人。[②]

通过帮助辅导视觉障碍儿童,正常儿童可以巩固并深刻地理解所学知识,使自身学业获得进步;正常儿童帮助视觉障碍儿童会受到教师的表扬、同学的夸奖,让自己感受到帮助他人的荣誉感、满足感、成就感等,最终形成乐于助人的良好品质;也有助于正常儿童形成生活技能,懂得如何去帮助别人,学会如何关心和帮助别人,掌握不同的方法与技巧,来帮助不同的伙伴。

4. 小结

在现有的师资条件下,探索有效的课堂教学策略仍然是一个需要不断研究的课题。有视觉障碍学生的课堂是学生个体之间存在明显差异的课堂。视觉障碍学生的感知方式和心理特点,与普通学生的差异是显而易见的。教师在进行教学设计时,首先要对学生差异有明确的了解,并对这些差异有事先的考虑,对教学策略有预设。但是在教学过程中,如何根据学生的差异进行有效教学,仍需要在具体实践中加以研究。

低视力学生和普通学生的认知方式和学习方式差别不大,因此教学内容的调整和重组不多,教师的教学策略主要表现为对教学方法和手段的调整。盲学生的认知方式和学习方式与普通学生差异较大,特别是"以手代目"、"以耳助目"的感知形式,对盲学生影响较大。[③] 教师在课堂教学过程中,不仅需要运用特殊的教学方法和手段,还需要根据学生的认知特点和学习方式对教学目标进行调整,对教学内容进行调整、补充和重组。

一些新的教学方法,例如分层教学、个别化教学、合作教学等都在实际的教学中得到了试验与检验,使之更加符合各地教学实际。基于新课程改革的一些教学理念,如参与式教学、以学生为中心的小组、活动教学等也很好地与全纳教育的理念结合。在内蒙古的金钥匙工程教学实践中,教育工作者还提炼出了许多值得推广的教学原则:健残兼顾优势互补、重视差异全面发展、补偿缺陷挖掘潜能、适应社会平等参与、爱残助残真情互动等。这些教学

---

① 邓猛.随班就读的利与弊探讨[J].特殊教育,1992,3:5—7.
② 摘自陕西省咸阳市长武县巨家镇中心小学某低视力同学日记。
③ 朴永馨.特殊教育辞典[M].北京:华夏出版社,1996:222.

原则既符合国际全纳教育的发展趋势,又结合了金钥匙工程实践的经验,能够产生较好的教学效果,也易于为广大农村教师理解和接受,并付诸实践。

(五)以现有特殊学校为骨干,建立有效的支持体系

西方特殊教育经历了隔离式特殊学校或机构、特殊班、瀑布式多层次服务体系到全纳教育的变化。① 随着全纳教育的发展,传统的隔离式特殊教育学校体系基本上已经崩溃。研究证明,普通学校设置资源教室的折中式做法为更多专业人士所欢迎,隔离的特殊学校(班)事实上已经或正在消失,少数特殊教育学校转变为全纳教育资源中心。②

我国"以一定数量的特殊教育学校为骨干,以大量的在普通学校附设的特殊教育班和随班就读为主体"的特殊教育发展格局符合我国实际教育条件,在近20年的实践过程中,其对中国特殊教育的发展功不可没。尽管特殊学校在西方数目急剧减少,但在我国,相信很长一段时间内,特殊学校仍然会增加,这是因为我国特殊教育基础薄弱,传统特殊教育发展不够充分。

我国的特殊学校已有一百余年的发展历史,具有丰富的办学经验,近年来随着政府对特殊学校的不断重视,特殊教育更有了雄厚的人力、物力资源。绝大多数盲校都有一支热爱特殊教育、具有丰富实践经验、受过正规专业培训的师资队伍,有较丰富的教学资料。以盲校为中心,辐射周围地区,是搞好视障儿童随班就读工作的关键。事实上,我国盲校已由过去单一的教学机构逐步转变为承担多种功能、多重任务的中心指导机构,成为本地区随班就读发展的教学、职业教育、培训、科研、咨询的资源中心。

在我国发展全纳教育,必须以特殊学校为骨干,建立省、市、县三级特殊教育资源中心或指导中心。例如,金钥匙工程的做法是在省(自治区)一级设立若干个"视觉障碍教育中心",每个"视觉障碍教育中心"由盲校和资源中心组成,支持指导3~5个地区(地级市)的视觉障碍教育,包括业务指导、师资培训、教学研究、资源供应。在每个地区(地级市)设立指导中心,协助本地区的教学行政部门对随班就读工作进行巡回指导。在每个县设巡回指导教师,每个乡镇设指导教师,对各教学点的村级辅导教师提供支持与指导。③ 省级盲校要逐步建设成视觉障碍教育中心,进行科学研究,负责师资培训,对全省(自治区)视觉障碍教育工作进行业务指导。④ 充分发挥我国并不充裕的宝贵师资力量的作用,将特殊学校的潜能从狭窄的校园解脱出来,将全省、市、县的残障儿童作为教育对象,这样,将会使全体特殊学校的教师开阔眼界、丰富经验,使所有的资源得到充分运用,特殊学校的教育将会与普通学校的全纳教育相辅相成、共同发展。

随班就读要求在临近的几个地区(市)成立一个资源中心,该中心附设在所辖范围内的办学条件较好、师资力量较强的特殊学校内。资源中心是一个特殊教育机构,在这个机构内,有负责这个机构管理工作的专职或兼职领导(主任或校长),有不同知识结构的特殊教育教师;此外,在这个机构内还有特殊教育需要的各种设备、教材、教具及其他辅助材料,为所

---

① Bradley, D. F., & King-Sears, M. E., Tessier-Switlick, D. M. Teaching students in inclusive settings: From theory to practice [M]. Boston: Allyn and Bacon, 1997: 19.

② Mittler, P., Brouillette, R., & Harris, D.. World yearbook of education 1993: Special needs education [R]. London: Kogan Page, 1993: 209.

③ 徐白仑.中国西部视障儿童随班就读的教育支持体系[G].金钥匙中心内部文件,2000.

④ 徐白仑.金钥匙盲童教育试点工作简报一[G].金钥匙中心内部文件,1987.

辖地区进行特殊教育服务。

一般而言,资源中心应配备视觉障碍儿童教育的专用设备,如:盲文打字机,盲文刻印机,吸塑热成型复印机,盲用计算机、复印机、录音机、磁带复录机等。特殊教育资源中心承担该地区视觉障碍儿童教育的资源供应、业务指导、师资培训、教学研究等教育任务,全面支持视觉障碍儿童的九年义务教育工作。

在建立资源中心的基础上,每个地区又设一个指导中心。指导中心设专职巡回教师,由特殊教育学校选派,地区教育局批准。巡回教师的主要任务是当好教育局的助手,对本地区特殊教育进行巡回指导,组织特殊教育的管理与实施。

全纳教育的一个关键问题就是如何在普通学校(教室)内为残疾儿童提供专业支持与服务。[1] 近年来,我国随班就读发展逐步由重视普及转向重视质量的提高,如何在普通教室内为教师和残疾学生提供有效的支持成为专业人士关注的重要问题。目前我国特殊学校虽然已成为骨干或示范,但其咨询或指导作用没有明确化、制度化,不利于它们真正在本地随班就读的发展中发挥作用。因此,应在政策条文中明确规定特殊学校在本地特殊教育(尤其是随班就读)的工作中所起的作用,并对其中资源中心的职能与权限进行明确定位。[2]

二、视觉障碍儿童随班就读实施的特色

在多年的实践与探索过程中,视觉障碍儿童随班就读逐步形成了符合我国国情的特色。

1. 在筛查方面

(1) 广泛动员与学籍档案相结合的特色。各地区教育局均建立视觉障碍儿童学籍档案,各校每年都要进行体检,这样有利于寻找已在校的视觉障碍儿童,以便给他们提供所需要的特殊教育。容易被忽略的是学籍档案中被列为"不能接受教育"和"暂缓入学"的儿童,以及由于种种原因未被统计的儿童,许多视觉障碍儿童往往隐藏其中。这就需要动员社会力量来提供线索,特别是熟悉本乡本土的情况的乡村小学的教师和学生。学生由于活泼好动的天性几乎无处不去,只要向他们形象地介绍视觉障碍儿童的外貌、体态和行为特征,他们就会提供大量宝贵的线索。

(2) 基层干部筛查和眼科医生诊断相结合。掌握了大量视觉障碍儿童的线索以后,根据世界卫生组织的资料,设计了简易测查卡,并依靠乡镇教育管理干部和中心校教师的力量进行筛查,筛查准确率高达90%以上;然后,筛查确认的视觉障碍儿童将由县医院眼科医生进行全面检查和诊断,建立眼科档案。

(3) 法律和教学分类并重。我国政府规定的视觉障碍分类标准是以明亮光线下的一瞬间的远视力为依据,这是保障残疾人权益的法律基础。但是一瞬间的视力并不能判定低视力的儿童能适应低视教育,明亮光线下判断为盲的儿童未必必须学习盲文。在教育分类时应根据视觉障碍儿童目前的远、近视力和视野,对光线的适应情况,以及病因、病史、目前病情是否稳定等因素,最终确定是接受盲教育还是低视教育。

2. 在培训方面

(1) 就近入学,就地选拔。贫困地区人才外流,只有在视觉障碍儿童进入的普通学校就

---

[1] Zionts, P.. Inclusion strategies for students with learning and behavior problems: Perspectives, experiences, and best practices[M]. Austin, Tex.: Pro-Ed, 1997: 12.

[2] 邓猛. 关于加强盲校在盲童随班就读工作中的中心指导作用的几点思考[J]. 特殊教育,1996,1: 32—33.

地选拔教师,才符合当地实际情况。

(2) 分类教学,循序渐进。在学校设辅导教师,负责视觉障碍学生的主要教学;对他们的培训分为上岗培训、定期交流和后续培训。还设置县级巡回教师,负责对全县的辅导教师进行业务指导。每个地区设指导中心,地区以上设资源中心,并设相应的教师。他们都将接受上岗培训、后续培训和系统理论培训。

(3) 教师与管理干部并重。良好的教学效果来自合格的师资和科学的管理,因此不仅要培训各类教师,还应对地区、县两级的教学管理干部进行专业培训。

3. 在教学方面

(1) 健残兼顾,优势互补。制订各个科目的一体化教案,健残兼顾,合理利用有效课时,注意取长补短,相互促进。

(2) 重视差异,全面发展。根据视觉障碍学生个别差异,制订个别教育计划,从心理康复、社会适应、学习能力、生活能力等方面,每学期选择一两个主要问题,组织学校、家庭、社区参与实施。

(3) 补偿缺陷,挖掘潜能。视觉障碍学生虽有视力缺陷,但由于其他感官的补偿,有其特殊优势,教学中不仅要充分重视缺陷补偿,同时还要注意积极挖掘潜能。

(4) 适应社会,平等参与。对健全学生强调尊重视觉障碍学生的平等权利,对视觉障碍学生强调他们应尽的平等义务,不要给予过多的照顾和表扬,培养视觉障碍学生以健康的心态适应社会。

(5) 爱残助残,真情互动。在全班号召同学爱残助残,从制定制度到形成风气,进而向全校扩展。视觉障碍学生受真情所动,以爱回报,其刻苦学习精神将成为激励全校师生的动力,促进全校的素质教育。

4. 在随班就读规划方面

(1) 贯彻全纳精神,动员社会参与。从省到地区、县、乡建立各级领导小组,由教育行政部门牵头,卫生、民政、残联、妇联有关部门参加,协调各方力量,共同推动工程的实施。在视觉障碍学生所在村庄广泛进行人道主义、全纳精神的宣传,动员社区公众参与工程的实施。

(2) 以点带面滚动发展。将一个省分为几个部分,首先在部分地区建立资源中心作为发展的核心,同时选择一个市进行试点,取得典型经验。第二年在本部分普及视觉障碍教育,同时在第二部分建立资源中心和试点,逐步滚动发展,直至在全省普及。

(3) 分级指导形成网络。以资源中心为核心,各市设指导中心,各县设巡回教师,各校设辅导教师,市、县两级都有经过培训的教育管理干部,最终形成完整的承上启下的业务指导和行政管理网络。

总的来说,视觉障碍儿童就近进入本村的普通小学和健全儿童同班学习,不离开家庭,又和社区完全接触,能够为未来回归主流社会、平等参与社会生活打下基础。这种教学模式减轻了家庭和政府的经济负担,易于在贫困地区迅速普及,符合我国国情。[1] 由于视觉障碍儿童是就近入学,而越是在贫困地区,学校的规模越小,教师的水平偏低,这需要一方面向这些老师传授深入浅出、易于操作的特教知识,一方面建立以资源中心为核心的指导网络,使每一名乡村教师都能教好视觉障碍学生。

---

[1] 邓猛. 随班就读的利与弊探讨[J]. 特殊教育,1992,3:5—7.

第3节　视觉障碍随班就读模式的特点

一、关于随班就读模式的争论

我国自20世纪80年代中期以来实行的随班就读模式与西方的回归主流、一体化教育以及后来的一体化教育是否完全一致呢？关于随班就读的定义，国内学者一般都承认随班就读是在西方回归主流思想影响下，由我国特殊教育工作者根据我国国情探索出的对特殊学生实施特殊教育的一种形式，它以较经济、较快的速度使特殊儿童就近进入邻近的普通小学接受义务教育。从现有观点的倾向性来看，有研究者似乎将我国随班就读和西方回归主流或全纳教育等同对待，认为它们之间没有什么不同。这些学者在国际学术交流中直接使用"Mainstreaming"（回归主流）或"Inclusive education"或"Inclusion"（全纳教育）等术语来描述我国随班就读的情况，并认为我国随班就读模式受国际特殊教育理论如回归主流或一体化思想的影响而具有国际性。

另外一些研究者似乎更倾向于认为随班就读与西方的回归主流或者全纳教育之间有本质的区别。[1][2] 正如北京师范大学朴永馨教授指出，随班就读"与西方的一体化、回归主流在形式上有某些共同之处，但在出发点、指导思想、实施办法等方面有中国的特色"。[3] 朴永馨指出，没有任何一个其他国家可以为解决中国几百万残疾儿童教育准备好现成的药方，在特殊教育中过分强调"与国际接轨"是不妥当的。[4] 笔者曾与朴永馨教授及北京联合大学刘全礼教授进行过讨论，两位学者均认为随班就读在中国20世纪50年代末就已经出现，根本不存在从西方引进的问题。朴永馨指出，20世纪80年代初，东北的一些学校就有弱智儿童跟班学习的事例；黑龙江海伦县也出现了聋童、多残儿童在村小随读的实践。[5] 1987年国家教委在《关于印发"全日制弱智学校（班）教学计划"的通知》中明确提到：大多数轻度弱智儿童已经进入当地小学随班就读。这是目前可查的在教育部文件中首次出现"随班就读"一词的文件。中国的随班就读与美国的全纳教育有相同之处。但是，中美两国国情是不同的，随班就读考虑了我国的社会文化、经济、教育等实际的条件，具有我们自己的民族性，是中国人自己总结和探索出来的。[6] 朴永馨解释：安置形式是为各国教育目标服务的，有相同的地方，这说明了特殊教育发展有共同的规律；也有不同的地方，这表现出地方的特色，是特殊教育民族性的一面。[7] 中国的随班就读与美国的回归主流在教育安置形式等方面有相同之处，正是特殊教育共同规律在各国的体现，是人类文明发展到一定程度的共同诉求，但并不意味着

---

[1] 朴永馨主编.聋童教育概论[M].合肥：安徽教育出版社，1992：7.
[2] Xu, Y., Piao, Y. X., & Gargiulo, R. M.. Special Education in the People's Republic of China[C/OL]. Paper presented at the Annual International Convention of the Council for Exceptional Children (73rd, Indianapolis, IN), 1995 (ERIC Document Reproduction Service No. ED 384185).
[3] 朴永馨.特殊教育辞典[M].北京：华夏出版社，1996：43.
[4] 朴永馨.努力发展有中国特色的特殊教育学科[J].特殊教育研究，1998，1：1—3.
[5] 朴永馨.融合与随班就读[J].教育研究与试验，2004，4：47—40.
[6] 朴永馨.努力发展有中国特色的特殊教育学科[J].特殊教育研究，1998，1：1—3.
[7] 朴永馨.融合与随班就读[J].教育研究与试验，2004，4：47—40.

可以将二者等同起来。

二、我国随班就读模式的特点

总结近年来的相关研究与讨论,我们来比较下随班就读与全纳教育的异同点:

1. 随班就读参照了西方全纳教育的做法,例如,两者都是将特殊儿童置于普通教室,逐渐重视学生的潜能的鉴定与开发。另外,随班就读也保留了苏联的某些做法,例如重视对学生的缺陷进行补偿与矫正,这些缺陷学的理论与方法在中国特殊教育领域受到重视,其效果也为实践所证明。

2. 全纳教育以西方的自由、平等、多元的社会文化价值观念为基础,而中国特殊教育发展生长于传统儒家教育思想的历史文化背景之上,并体现社会主义的政治与教育理念。[①]

3. 随班就读处于起步阶段,还比较简单、粗糙,并不像全纳教育那样是一个理想的教育哲学或完备的教育目标、方法体系;随班就读只是解决我国残疾儿童教育问题的一个切实可行的具体实施办法。西方"瀑布式体系"较系统、供选择的层次较多,而我国以随班就读为主体的发展格局较简单、层次较少。

4. 全纳教育的根本目标是要在普通教室为包括残疾儿童在内的所有儿童提供高质量的教育,面向的是全体学生;随班就读的服务对象目前来说还只是以盲、聋、弱智三类残疾儿童为主,许多中重度残疾、综合残疾儿童以及其他残疾类型的儿童还没有进入普通学校,还没有上学接受教育的机会。

由此,我们可以认为随班就读既具有国际性又具有民族性,是具有中国特色的全纳教育之路。[②] 一方面,回归主流、全纳教育尽管存有一些细微的区别,但在实践上没有什么不同,在很多场合经常被混用。所有试图把特殊儿童部分或全部学习时间安置于普通教室的努力都可以看做是全纳教育,随班就读也应该属于全纳教育的范畴。另一方面,全纳教育不是单纯地指某种特教安置形式和策略,而是一种促进正常儿童和特殊儿童共同发展的教育思想。[③] 全纳教育没有固定的模式,各国需要根据本国的国情探索适合自己的全纳教育模式。我国的随班就读与其他国家的全纳教育并不完全一样,它是在我国特殊儿童数量庞大、入学率低、特殊教育基础薄弱、经济比较落后、农村交通不便的背景下产生的。随班就读的出发点是为普及义务教育,使没有上学机会的残疾儿童能够因陋就简、克服各种困难"有学上、有书读"。全纳教育以西方个人自由、社会平等等社会观念为基础,目的是保证残疾儿童与正常儿童一样接受免费的、适当的教育,尽可能回归主流社会。从这方面来说,随班就读又不同于全纳教育,是一种实用主义的全纳教育。[④] 因此,随班就读是在西方全纳教育理念的指导下,依据我国国情发展特殊教育的一种探索,是具有中国特色的残疾儿童全纳教育之路。

总而言之,作为国家实施特殊教育的法定途径,随班就读在未来中国特殊教育发展中

---

① Lin, B. & Fan, L.. Education in Mainland China: Review and Evaluation[M]. Taipei: Institute of International Relations, Chengchi University, 1990: 65.
② 邓猛.特殊教育管理者眼中的全纳教育:中国随班就读政策的执行研究[J].教育实验与研究,2004,4:41—48.
③ 方俊明.融合教育与教师教育[J].华东师范大学学报(教育科学版),2006,3:37—42.
④ 邓猛、潘剑芳.关于全纳教育思想的几点理论回顾及其对我们的启示[J].中国特殊教育,2003,4:1—7.

显然会扮演越来越重要的角色。中华民族自古以来就有"尊老、慈幼、扶弱、助残"的优良传统,虽然接纳、教育残疾的观念在封建社会里没有得到广泛接受,但在中华人民共和国成立以来,尤其是改革开放以来,随着社会观念的急剧变化、经济的日新月异,这种观念为越来越多的团体、家庭、族群所接受。然而,值得注意的是,尽管我国有助残、同情残疾人的优良传统,漫长的封建社会仍然催生了对残疾人的许多歧视与偏见,残疾人一直都生活在社会的最底层,社会公众对于残疾人接受教育与享受其他平等权利的观念还不能够完全接受。

由此可见,创设一个和谐的、接纳的社会氛围对于随班就读工作的开展非常重要,还需要在这方面做更多的、长期的艰苦工作,特别是在受封建思想影响较深的农村地区,需要更多地进行宣传以改变社会公众对残疾与特殊教育的基本看法。各地政府还要与各类社会团体、学校、专业组织与人员,以及残疾儿童少年家庭更加紧密地合作,采取适合当地的各种措施,持续地宣传社会公正、残疾人权利、教育公平等相关的观念,逐步改变社会主流价值观与氛围,这些都将会对特殊教育的发展与社会变革产生长远的、积极的影响。

本章小结

20世纪80年代以来,在西方回归主流思想的影响下,我国特殊教育改变了百余年来以建特殊学校为唯一发展途径的做法,大力推进随班就读模式。随班就读是一种见效快、较经济地实现残疾儿童上学读书的做法,它使残疾人回归主流环境接受教育、回归正常社会生活环境的观念逐渐深入人心,有助于残疾儿童的学业发展与身心健康发展,普通学生也可从中获益。但是随班就读给学校、教师也带来新的压力。

随班就读的实施是一个涉及学校、社区、社会多方面的系统工程。它是在西方全纳教育理念的指导下,依据我国国情发展残疾儿童教育的一种探索,是具有中国特色的残疾儿童全纳教育之路,是带有浓重实用主义色彩的全纳教育。

思考与练习

1. 随班就读有什么优势?
2. 随班就读有什么弊端?
3. 视觉障碍儿童随班就读是如何实施的?
4. 视觉障碍儿童随班就读有何特色?
5. 视觉障碍儿童随班就读模式与西方全纳教育有何不同?

附录 汉语双拼盲文的基本内容[①]

一、汉语双拼盲文的设计思想

1. 汉语双拼盲文由黄乃设计。字母拉丁化,放弃字母国际化,用点位代替语言。
2. 字字标调,实现了声、韵、调的统一。
3. 突破了现行盲文一符一母的特点。分为声母、介母、韵母三部分。

汉语双拼盲文的固定格式——声旁在左,韵旁在右。允许声、韵同型。

4. 拼音顺序:声、介合一,韵调合一。一个音节分成两方:声方和韵方。声母在一般声方的1、2、3、4点位上,介母(i、u)一般在声方的5、6点位上,实现了声方的声介合一;韵母一般在韵方的1、2、4、5点位上,调号一般在3、6点位上,实现了韵方的韵调合一。
5. 用点位变化反映语音内部结构。点位变化有规律可循,如:

g(1)、k(1、3) h(1、2)

zh(1、4) ch(1、3、4) sh(1、2、4)〈从第一组加4点变成〉

z(1、4、5) c(1、3、4、5) s(1、2、4、5)〈从第一组加4、5点变成〉。

6. 按字母和声调使用频率的高低安排点数。利用率高的字母点位少,反之多。
7. 提出简写和极常用字、词的缩写。
8. 采用了哑音定字法。

二、汉语双拼盲文的优越性

1. 在两方盲符内实行标调——省纸。
2. 有利于方言地区的盲人学习普通话。
3. 摸读准确率大大提高。
4. 有利于阅读或抄写带有文言的文字。
5. 有利于提高教学质量。
6. 适应了信息化时代科技的需要,可通过计算机处理。

三、字母表

1. 声母

b(1、4)p(2、3、6)m(2、4、6)f(2、3、5) d(3、4)t(2、3、4)n(1、2、3、4)l(1、2、3)g(1)k(1、3)h(1、2)zh(1、4)ch(1、3、4)sh(1、2、4)r(3、5)z(1、4、5)c(1、3、4、5)s(1、2、4、5)

[①] 汉语双拼盲文的基本内容[EB/OL]. http://www.etabc.com/html/article-15865-2.htm,2009-11-16.

2. 介母

i(5)u(6)ü(5、6)

3. 半声母

y(2、5)w(2、6)yu(2、5、6)

4. 零声符

韵母自成音节时,声方用零声符(2、3、4、5、6)表示(即 t 与 yu 相拼)

5. 韵母

a(2、4、5)e(2、5)ai(1、2、4、5)ao(1、2、5)ei(3、4)ou(1、3)an(1、2、4)ang(1、4、5)en(1)eng(1、5)

6. 零韵符

声方自成音节时,韵方用零韵母(1、2)表示。

7. 声调

阴平(3)阳平(6)上声(3、6)去声(不加点)轻声(字母原形下降一层点位)

四、使用汉语双拼盲文的注意事项

1. b、p、m、f 自成音节时读 bu、pu、mu、fu。

2. 声母一般在 1、2、3、4 点位上,如果声母占了 5、6 点位,就说明该声母不能与相应的介母相拼。

3. g、k、h 兼读 j、q、x,但 j、q、x 不能独占一方,只能和 i 占一方,再与 i 有关的韵母相拼。g、k、h 不能自成音节,其他声母均可加零韵符自成音节。

4. 介母介于声母、韵母之间,在声方的 5、6 点位上,只能与声母组合起来,组成声介母,与声母同在一方,不能单独使用。

5. 半声母是在介母的基础上加 2 点组成的,可独占一方,自成音节。

6. e 在 b、p、m、f 之后读 o,在其他声母之后仍读 e。

7. ei(3、4)是特殊的韵母,它的标调在 5、6 点上:阴平(5)、阳平(6)、上声(5、6)、去声(不加点,即字母原形)、轻声(3)。

8. 整体认读

er 阳平(3、5、2、4、5)上声(3、5、2、3、4、5、6)去声(3、5、2、4、5);用在词尾时(3、5)点表示,如鲜花儿;用在中间时(3、5、3、6)点表示,如花儿。

shi 单独使用(1、2、4)点表示;在词尾时用(3、5)点表示;在其他情况下(1、2、4、1、2)表示。

ei 的前半音或 ye 的后半音用(5、2、4)点表示。

读 yo,用(4、2、4)点表示。

哦,用(6、2、4)点表示。

9. 同音分化

(1) 他(2、3、4、2、3、4、5),她(4、2、3、4、2、3、5、6),它(5、2、3、4、2、3、5、6)。

(2) 在(1、4、5、1、2、4、5),再(4、1、4、5、1、2、4、5)。

(3) 是在单独和用于词尾时(1、2、4)事(1、2、4、1、2)。

(4) 的、地、得的用法：

的，连接定语的轻声"的"写作(3、4)点，前后空方；

地，连接状语的轻声"地"写作(3、4、2、5)点，前后空方。

得，连接补语的轻声"得"写作(3、4、2、5)点，必须与前面的词连接起来，前不空方，后空一方。

10. 其他

ien——in uen——un en——n

ieng——ing ueng——ong eng——ong

ong(6、1、5) iong(5、6、1、5)

另：

(一) 数字符号(3、4、5、6)

1(3、4、5、6、1)2(3、4、5、6、1、2)3(3、4、5、6、3、4)4(3、4、5、6、1、4、5)5(3、4、5、6、1、5)6(3、4、5、6、1、2、4)7(3、4、5、6、1、2、4、5)8(3、4、5、6、1、2、5)9(3、4、5、6、2、4)0(3、4、5、6、2、4、5)

(二) 重要标点符号

逗号(5)句号(5,2、3)问号(5、3)顿号(4)引号(4、5)冒号(3、6)分号(5、6)省略号(5,5,5)书名号(前5,36；后3、6,2)括号(前5、6,3；后6,2、3)感叹号(5、6,2)

参考文献

中文

[1] 北京师范大学等.人体解剖生理学[M].北京：高等教育出版社,1990.
[2] 布文锋.论盲生社会交往障碍及其解决对策[J].中国特殊教育,2001,1.
[3] 曹正礼.盲童感知特点刍议[J].青岛教育学院学报,1994,1.
[4] 陈彩琦,等.注意水平对视觉工作记忆客体表征的影响[J].心理学报,2003,5.
[5] 陈云英.残疾儿童的教育诊断[M].北京：科学出版社,1996.
[6] 陈云英.中国特殊教育学基础[M].北京：教育科学出版社,2004.
[7] 陈丽如.特殊儿童鉴定与评量[M].台北：心理出版社,2001.
[8] 邓猛.随班就读的利与弊探讨[J].特殊教育,1992,3.
[9] 邓猛.金钥匙视障教育理论与实践[M].北京：教育科学出版社,2008.
[10] 邓猛,等.关于制定《特殊教育法》的倡议[J].中国特殊教育,2005,7.
[11] 邓猛.从隔离到融合：对美国特殊教育发展模式变迁的思考[J].教育研究与实验,1999,4.
[12] 邓猛.关于融合教育学校课程调整的思考[J].中国特殊教育,2004,3.
[13] 邓猛.特殊教育管理者眼中的全纳教育：中国随班就读政策的执行研究[J].教育研究与实验,2004(4).
[14] 邓猛,等.关于全纳教育思想的几点理论回顾及其对我们的启示[J].中国特殊教育,2003,4.
[15] 邓猛,等.随班就读与融合教育——中西方特殊教育模式的比较[J].华中师范大学学报(人文社会科学版),2007,7.
[16] 邓猛.双流向多层次教育安置模式、全纳教育以及我国特殊教育发展格局的探讨[J].中国特殊教育,2004,6.
[17] 邓猛.全纳教育的基本要素与分析框架的探索[J].教育研究与实验,2007,2.
[18] 邓猛,等.培智学校课程改革与社会适应目标探析[J].中国特殊教育,2006,8.
[19] 中国残疾人联合会教育就业部,全国特殊教育研究会编.盲校教学文萃[G].北京：中国盲文书社,1997.
[20] 方俊明.特殊教育学[M].北京：人民教育出版社,2005.
[21] 方俊明.感官残疾人认知特点的系列实验研究报告[J].中国特殊教育,2001,1.
[22] 方俊明.视障教育理论初探[J].中国特殊教育,2002,1.
[23] 方俊明,汪海萍等.今日学校中的特殊教育[M].上海：华东师范大学出版社,2004.
[24] 方俊明.融合教育与教师教育[J].华东师范大学学报(教育科学版),2006,3：37—42.
[25] 方建移,等.学校教育与儿童社会性发展[M].杭州：浙江教育出版社,2005.
[26] 方天大,关育健.定向行走训练教学手册[M].心光盲人院暨学校,2001.
[27] 冯永刚.托儿所——幼儿园联合体：深受家长欢迎的学前教育机构[J].教育导刊,2007,7(下).

[28] 付佩茹.女盲童能用鼻子辨颜色[J].科学大观园,2005,20.

[29] 傅克礼.盲人定向行走的历史与现状[J].中国康复理论与实践,2003,9(2).

[30] 葛新斌.关于特殊儿童教育安置模式的理论分析[J].教育导刊,2006,3.

[31] 郭秉宽.眼科学[M].上海：上海医科大学出版社,1988.

[32] 郭卫东.论中国近代特殊教育的发端[J].教育学报,2007,3.

[33] 贺荟中,等.视障儿童的认知特点与教育对策[J].中国特殊教育,2003,2.

[34] 何华国.特殊儿童心理与教育[M].台北：五南图书出版公司,1987.

[35] 何华国.特殊幼儿早期疗育[M].台北：五南图书出版有限公司,2006.

[36] 贺世民,朴永馨.盲校新课程方案的制定原则[J].现代特殊教育.2007,5.

[37] 黄希庭.人格心理学[M].杭州：浙江教育出版社,2002.

[38] 杨奎之,等.视残儿童社会适应能力的发展与培养[J].中国特殊教育,2003,1.

[39] 贾馥茗.教育的本质——什么是真正的教育[M].北京：世界图书出版公司,2006.

[40] 教育部师范教育司.盲童心理学[M].北京：人民教育出版社,2000.

[41] 江琴娣.视觉障碍儿童适应行为特点的研究[J].心理科学,2003,2.

[42] 蒋云尔.特殊教育管理学[M].南京：南京大学出版社,2007.

[43] K.E.艾伦,J.S.施瓦兹.特殊儿童的早期融合教育[M].周念丽等译.上海：华东师范大学出版社,2005.

[44] 廖哲勋.课程学[M].武汉：华中师范大学出版社,1991.

[45] 雷江华主编.学前特殊儿童教育[M].武汉：华中师范大学出版社,2007.

[46] 李如齐.教育诊断：教育发展的必然趋势[J].江苏教育学院学报（社会科学版）,2004,20(2).

[47] 李美华,等.不同年级学生的工作记忆研究[J].韶关学院学报,2007,10.

[48] 李祚山.视觉障碍儿童的人格与心理健康的特征及其关系研究[J].中国特殊教育,2005,12.

[49] 李丽耘.全盲儿童人格特征初探[J].心理科学,1999,6.

[50] 联合国教科文组织,国际教育发展委员会.学会生存——教育世界的今天和明天 1945—46/1995—96[M].北京：教育科学出版社,1996.

[51] 林宝贵.特殊教育理论与实务[M].台北：心理出版社,2000.

[52] 柳树森.全纳教育导论[M].武汉：华中师范大学出版社,2007.

[53] 刘全礼.个别教育计划的理论与实践[M].北京：中国妇女出版社,1999.

[54] 刘全礼,等.智力落后儿童教育学心理学[M].青海人民出版社,1995.

[55] 刘春玲,等.低年级视觉障碍儿童词义理解的初步研究[J],中国特殊教育,2002,3.

[56] 刘金花.儿童发展心理学[M].上海：华东师范大学出版社,1997.

[57] 刘岩华.视障儿童盲态个别矫正初探[J].中国特殊教育,2002,3.

[58] [英]罗素.西方哲学史（下）[M].马元德 译,北京：商务印书馆,1976.

[59] 马艳云.视听觉障碍儿童的认知能力[J].中国特殊教育,2004,1.

[60] 努瑞特·纽斯塔德.盲杖培训——全球使用的一种方法[J].南京特教学院学报,2007.

[61] 博尔诺夫.教育人类学[M].李其龙,等译.上海：华东师范大学出版社,1999.

[62] 潘映福.临床诱发电位学[M].北京：人民卫生出版社,1988.

[63] 彭霞光.早期教育：视障儿童人生发展的重要起点[J].现代特殊教育,2006,1.

[64] 彭霞光.视力残疾儿童的教育理论与实践[M].北京：华夏出版社,1997.

[65] 彭聃玲.普通心理学[M].北京：北京师范大学出版社,2001.

[66] 朴永馨.特殊教育学[M].福州：福建教育出版社,1995.

[67] 朴永馨,等.特殊教育辞典[M].北京：华夏出版社,2006.

[68] 朴永馨,等.缺陷儿童心理[M].北京：科学出版社,1987.

[69] 朴永馨.融合与随班就读[J].教育研究与试验,2004,4：47—40.

[70] 朴永馨.努力发展有中国特色的特殊教育学科[J].特殊教育研究,1998,1：1—3.

[71] 钱志亮.盲童的人格特点及其教育对策[J].心理发展与教育,1998,2.

[72] 钱志亮.特殊需要儿童咨询与教育[M].北京：北京师范大学出版社,2006.

[73] 钱志亮.谈盲校课程设置的理论基础——兼探索我国特殊教育学科的理论基础[J].中国特殊教育,1999,1.

[74] 钱丽霞.农村地区听障儿童教育安置研究[J].教育科学研究,1999,5：32—34.

[75] 全国十二所重点师范大学联合编写.教育学基础[M].北京：教育科学出版社,2002.

[76] Robert J. Sternberg.认知心理学(第三版)[M].杨炳钧等,译.北京：中国轻工业出版社,2006.

[77] 桑标.儿童发展心理学[M].上海：上海教育出版社,2003.

[78] 沈家英,等.视觉障碍儿童的心理与教育[M].北京：华夏出版社,1993.

[79] 苏林.视力残疾儿童随班就读工作手册[M].北京：华夏出版社,1993.

[80] 孙葆忱.临床低视力学[M].北京：华夏出版社,1999.

[81] 孙葆忱,郑远远,刘景海.低视力[M].北京：华夏出版社,2000,1.

[82] 孙绵涛.教育政策论——具有中国特色社会主义教育政策研究[M].武汉：华中师范大学出版社,2008,8.

[83] 汤盛钦.特殊教育概论[M].上海：上海教育出版社,1998.

[84] 汪海萍.特殊教育与残疾人的精神追求[J].中国特殊教育,2002,1.

[85] 王道俊,等.教育学[M].北京：人民教育出版社,1999.

[86] 王芙蓉.盲童的感知觉与盲校无障碍系统的建立[J].四川建筑科学研究,2003,1.

[87] 王小慧等.特殊儿童评估的新进展[J].中国特殊教育,2001,31(3).

[88] 王小慧.动态评估在特殊儿童评估中的应用[J].中国特殊教育,2003,41(5).

[89] William L. Heward.特殊需要儿童教育导论(第八版)[M].肖非,等,译.北京：中国轻工业出版社,2007.

[90] 韦小满.当前我国特殊需要儿童心理评估存在的问题与对策[J].北京师范大学学报(社会科学版),2006,193(1).

[91] 韦小满.特殊儿童心理评估[M].北京：华夏出版社,2006.

[92] 吴文侃,等.比较教育学(修订本)[M].北京：人民教育出版社,1999.

[93] 肖非.中国的随班就读：历史·现状·展望[J].中国特殊教育,2005,3：3—7.

[94] 谢敬仁,彭霞光.中国盲人定向行走训练的现状与发展对策[J].中国特殊教育.2008,12.

[95] 许家成.以生活为核心,满足智障儿童发展的特殊需要[J].现代特殊教育.2007,6.

[96] 徐云,等.弱智儿童教育经验精选[M].浙江：浙江教育出版社,1990.

[97] 徐白仑.家长怎样对视障儿童进行早期干预[M].北京：中国盲文出版社,2005.

[98] 徐白仑.视障儿童随班就读教学指导[M].北京：华夏出版社,1992.

[99] 徐白仑.金钥匙计划的回顾与展望[J].特殊教育研究,1992,2.

[100] 徐白仑.我国视障儿童的教育现状与随班就读的开展[J].南京特师学报,2001(1).
[101] 杨向东.教育测量在教育评价中的角色[J].全球教育展望,2007,11.
[102] 俞自萍.颜色视觉与色盲[M].贵阳:贵州人民出版社,1988.
[103] 于素红,等.三种不同教育安置模式中的轻度智力落后儿童人格特征比较研究[J].中国特殊教育,2004,4.
[104] 于敏,吴淑英.简易视野计的研制[J].中国医学物理学杂志,2003,20(3).
[105] 袁振国.当代教育学[M].北京:教育科学出版社,2005.
[106] 张文京.促进课程评量,完善弱智儿童教育诊断[J].中国特殊教育,1999,22(2).
[107] 张福娟,等.特殊教育史[M].上海:华东师范大学出版社,2000.
[108] 张福娟,等.视觉障碍儿童人格特征的比较研究[J].心理科学,2001,2.
[109] 张欣,等.天津市盲童学校学生个性特征探讨[J].天津医科大学学报,1996,3.
[110] 赵中建.教育的使命——面向二十一世纪的教育宣言和行动纲领1945—46/1995—96[M].北京:教育科学出版社,1996.
[111] 赵永平.进一步解放思想,把盲童随班就读引向深入[J].现代特殊教育,1992,3.
[112] 中山医院附属眼科医院编写组.眼科护理[M].上海:科学技术出版社,1980.
[113] 钟经华.视力残疾儿童的心理与教育[M].天津:天津教育出版社,2007.
[114] 钟经华.盲文[M].天津:天津教育出版社,2007.
[115] 钟晓红.浅谈盲生想象力的培养[J].龙岩学院学报,2005,6.
[116] 周甲禄,等.中国残疾儿童教育纪实[M].武汉:湖北少年儿童出版社,1997.
[117] 周平,李君荣.学习障碍儿的教育指导[M].北京:人民军医出版社,2003.
[118] 朱宗顺.学前特殊教育:创建和谐社会不应忽视的领域[J].中国特殊教育,2005,5.
[119] 翟海珍,要守文.视觉障碍儿童教学法[M].天津:天津教育出版社,2007.

英文

[1] Ashman, A., Elkins, J. Educating children with special needs (2nd ed.)[M]. Australia: Prentice Hall,1994.
[2] Anne L. Corn and Alan J. Koenig.. Literacy for Students with Low Vision: A Framework for Delivering Instruction[J]. Journal of Visual Impairment and Blindness,2002,5: 310—312.
[3] Bradley, D. F., & King-Sears, M. E., Tessier-Switlick, D. M.. Teaching students in inclusive settings: From theory to practice[M]. Boston: Allyn and Bacon.,1997: 19.
[4] Bruce B. Blasch, William R. Wiener. Foundations of Orientation and Mobility[M]. New York: American Foundation for the Blind,1997.
[5] Celeste, M. Play behaviours and social interactions of a child who is blind: In theory and practice[J]. Journal of Visual Impairment and Blindness,2006,100: 75—90.
[6] Center, Y., Ward, J., Parmenter, T., & Nash, R.. Principals' attitudes towards the integration of disabled children into regular schools[J]. The Exceptional Child,1985,32: 149—160.
[7] Daugherty,K. M.. Monterey leraning systems:Improving academic achievet of visually impaired learners[J]. Journal of Visual Impairment and Blindness,1977,71: 298—302.
[8] Deng, M., & Manset, G.. Analysis of the "Learning in Regular Classrooms" movement in China[J]. Mental Retardation,2000,38(2): 124—130.
[9] Deng, M., &Poon-Mcbrayer, K. F.. Inclusive Education in China: Conceptualization and Realization[J]. Asia-Pacific Journal of Education,2004,24(2): 143—157.

[10] Duvdevany, I., Ben-Zur, H., & Ambar, A.. Self-determination and mental retardation: Is there an association with living arrangement and lifestyle satisfaction? [J] Mental Retardation, 2002, 40 (5): 379—389.

[11] Gerston, L. N.. Public policy making: process and principles[M]. Armonk, N.Y.: M.E. Sharpe, 1997: 17.

[12] Gougoux F, Lepore F, Lassonde M, et al. Neuropsychology: Pitch Discrimination in the Early Blind [J]. Nature, 2004, 430(6997): 309.

[13] Hatlen, P. H., & Curry, S. A.. In support of specialized programs for blind and visually impaired children: The impact of vision loss on learning[J]. Journal of visual Impairment and Blindness, 1987, 81, 7—13.

[14] Horton, C., & Conroy, J.. The power of partnerships[M]. TASH Connections, 2003, 29 (4): 19—20.

[15] Jeanie Farmer, Stephen E. Morse. Project Magnify: Increasing Reading Skills in Students with Low Vision[J]. Journal of Visual Impairment & Blindness, 2007, 11: 764.

[16] Jenkins, J. R., Pious, C. G., Jewell, M. Special education and the regular education initiative: basic assumptions[J]. Exceptional Children, 1990, 56 (6): 479—491.

[17] Koenig, Alan J. & Holbrook, M. Cay. Learning Media Assessment of students with Visual Impairments: A Resource Guide for Teachers[M]. Austin, Tx: Texas School for the blind and Visually Impaired, 1995: 56.

[18] Lang, G., & Berberich, C.. All children are special: Creating an inclusive classroom[M]. York, Me.: Stenhouse Publishers, 1995: 132.

[19] Lessard N, Pare M, Lepore F, et al. Early Blind Human Subjects Localize Sound Sources Better than Sighted Subjects[J]. Nature, 1998, 395(6699): 278—280.

[20] Lin, B., & Fan, L.. Education in Mainland China: Review and Evaluation[M]. Taipei: Institute of International Relations, National Chengchi University, 1990.

[21] Meyen, E. L., & Skrtic, T.. Exceptional Children and Youth (3rd ed.)[M]. Denver: Love Publishing Com, 1998: 89.

[22] Mittler, P., Brouillette, R., & Harris, D.. World yearbook of education 1993: Special needs education[M]. London: Kogan Page, 1993: 209.

[23] Mu, K. L., Yang, H. L., & Armfield, A.. China's special education: A comparative analysis [OL]. Indiana University, Bloomington, (ERIC Document Reproduction Service No. ED 361947), 1993: 3.

[24] O'Brien, P. et al. Perceptions of change, advantage and quality of life for people with intellectual disability who left a long stay institution to live in the community[J]. Journal of Intellectual & Developmental Disability, 2001, 26 (1): 67—82.

[25] Ophir-Cohen, M., Ashkenazy, E., Cohen, A., & Tirosh, E.. Emotional status and development in children who are visually impaired[J]. Journal of Visual Impairment and Blindness, 2005, 99: 478—485.

[26] Parrish RK, Gedde SJ, Scott IU. Visual function and quality of life among patients with glaucoma. Arch Ophthalmol[J], 1997, 115 (11): 1447—1455.

[27] Pauline Davis. Including children with visual impairment in mainstream schools(1) [M]. London: David Fulton, 2003: 1.

[28] Penny R. Cox, Mary K. Dykes. Effective Classroom Adaptations for Sstudents with Visual Impairments[J]. Teaching Exceptional Children. 2001, 7: 74.

[29] Peter Westwood. Commonsense Methods for Children with Special Needs: Strategies for the Regular Classroom[M]. London: RoutledgeFalmer, 2003.

[30] Poon-McBrayer, K. F. , & Lian, M. J. . Special needs education: Children with exceptionalities[M]. Hong Kong: The Chinese Univesity Press, 2002.

[31] Salend, S. J. . Effective Mainstreaming: Creating Inclusive Classrooms (3rd ed.)[M]. New Jersey: Prentice-Hall, Inc, 1998: 23.

[32] Scholl, G. T. . Foundations of education for blind and visually handicapped: Theory and practice[M]. New York: American Foundation for the Blind, Inc. , 1986.

[33] Villar, R. A. , & Thousand, J. S. . Creating an inclusive school[M]. US: Association for Supervision and Curriculum Development, 2000: 201.

[34] Winzer, M. A. . The history of special education: From isolation to integration[M]. Washington, D. C. : Gallaudet University Press, 1993.

[35] Xu, Y. , Piao, Y. X. , & Gargiulo, R. M. . Special Education in the People's Republic of China[C/OL]. Paper presented at the Annual International Convention of the Council for Exceptional Children (73rd, Indianapolis, IN), 1995 (ERIC Document Reproduction Service No. ED 384185).

[36] Yang, H. L. , & Wang, H. B. . Special Education in China[J]. The journal of special education, 1994, 1: 93—105.

[37] Zionts, P. . Inclusion strategies for students with learning and behavior problems: Perspectives, experiences, and best practices[M]. Austin, Tex. : Pro-Ed, 1997: 12.

北京大学出版社
教育出版中心 精品图书

21世纪高校广播电视专业系列教材
电视节目策划教程（第二版）	项仲平
电视导播教程（第二版）	程 晋
电视文艺创作教程	王建辉
广播剧创作教程	王国臣
电视导论	李 欣
电视纪录片教程	卢 炜
电视导演教程	袁立本
电视摄像教程	刘 荃
电视节目制作教程	张晓锋
视听语言	宋 杰
影视剪辑实务教程	李 琳
影视摄制导论	朱 怡
新媒体短视频创作教程	姜荣文
电影视听语言——视听元素与场面调度案例分析	李 骏
影视照明技术	张 兴
影视音乐	陈 斌
影视剪辑创作与技巧	张 拓
纪录片创作教程	潘志琪
影视拍摄实务	翟 臣

21世纪信息传播实验系列教材（徐福荫 黄慕雄 主编）
网络新闻实务	罗 昕
多媒体软件设计与开发	张新华
播音与主持艺术（第三版）	黄碧云 眭 凌
摄影基础（第二版）	张 红 钟日辉 王首农

21世纪数字媒体专业系列教材
视听语言	赵慧英
数字影视剪辑艺术	曾祥民
数字摄像与表现	王以宁
数字摄影基础	王朋娇
数字媒体设计与创意	陈卫东
数字视频创意设计与实现（第二版）	王 靖
大学摄影实用教程（第二版）	朱小阳
大学摄影实用教程	朱小阳

21世纪教育技术学精品教材（张景中 主编）
教育技术学导论（第二版）	李 芒 金 林
远程教育原理与技术	王继新 张 屹
教学系统设计理论与实践	杨九民 梁林梅
信息技术教学论	雷体南 叶良明
信息技术与课程整合（第二版）	赵呈领 杨 琳 刘清堂
教育技术学研究方法（第三版）	张 屹 黄 磊

21世纪高校网络与新媒体专业系列教材
文化产业概论	尹章池
网络文化教程	李文明
网络与新媒体评论	杨 娟
新媒体概论（第二版）	尹章池
新媒体视听节目制作（第二版）	周建青
融合新闻学导论（第二版）	石长顺
新媒体网页设计与制作（第二版）	惠悲荷
网络新媒体实务	张合斌
突发新闻教程	李 军
视听新媒体节目制作	邓秀军
视听评论	何志武
出镜记者案例分析	刘 静 邓秀军
视听新媒体导论	郭小平
网络与新媒体广告（第二版）	尚恒志 张合斌
网络与新媒体文学	唐东堰 雷 奕
全媒体新闻采访写作教程	李 军
网络直播基础	周建青
大数据新闻传媒概论	尹章池

21世纪特殊教育创新教材·理论与基础系列
特殊教育的哲学基础	方俊明
特殊教育的医学基础	张 婷
融合教育导论（第二版）	雷江华
特殊教育学（第二版）	雷江华 方俊明
特殊儿童心理学（第二版）	方俊明 雷江华
特殊教育史	朱宗顺
特殊教育研究方法（第二版）	杜晓新 宋永宁等
特殊教育发展模式	任颂羔

21世纪特殊教育创新教材·发展与教育系列
视觉障碍儿童的发展与教育	邓 猛
听觉障碍儿童的发展与教育（第二版）	贺荟中
智力障碍儿童的发展与教育（第二版）	刘春玲 马红英
学习困难儿童的发展与教育（第二版）	赵 微
自闭症谱系障碍儿童的发展与教育	周念丽
情绪与行为障碍儿童的发展与教育	李闻戈
超常儿童的发展与教育（第二版）	苏雪云 张 旭

21世纪特殊教育创新教材·康复与训练系列
特殊儿童应用行为分析（第二版）	李 芳 李 丹

特殊儿童的游戏治疗	周念丽
特殊儿童的美术治疗	孙 霞
特殊儿童的音乐治疗	胡世红
特殊儿童的心理治疗（第三版）	杨广学
特殊教育的辅具与康复	蒋建荣
特殊儿童的感觉统合训练（第二版）	王和平
孤独症儿童课程与教学设计	王 梅

21世纪特殊教育创新教材·融合教育系列

融合教育本土化实践与发展	邓 猛等
融合教育理论反思与本土化探索	邓 猛
融合教育实践指南	邓 猛
融合教育理论指南	邓 猛
融合教育导论（第二版）	雷江华
学前融合教育（第二版）	雷江华 刘慧丽
小学融合教育概论	雷江华 袁 维

21世纪特殊教育创新教材（第二辑）

特殊儿童心理与教育（第二版）	杨广学 张巧明 王 芳
教育康复学导论	杜晓新 黄昭明
特殊儿童病理学	王和平 杨长江
特殊学校教师教育技能	昝 飞 马红英

自闭谱系障碍儿童早期干预丛书

如何发展自闭谱系障碍儿童的沟通能力	朱晓晨 苏雪云
如何理解自闭谱系障碍和早期干预	苏雪云
如何发展自闭谱系障碍儿童的社会交往能力	吕 梦 杨广学
如何发展自闭谱系障碍儿童的自我照料能力	倪萍萍 周 波
如何在游戏中干预自闭谱系障碍儿童	朱 瑞 周念丽
如何发展自闭谱系障碍儿童的感知和运动能力	韩文娟 徐 芳 王和平
如何发展自闭谱系障碍儿童的认知能力	潘前前 杨福义
自闭症谱系障碍儿童的发展与教育	周念丽
如何通过音乐干预自闭谱系障碍儿童	张正琴
如何通过画画干预自闭谱系障碍儿童	张正琴
如何运用ACC促进自闭谱系障碍儿童的发展	苏雪云
孤独症儿童的关键性技能训练法	李 丹
自闭症儿童家长辅导手册	雷江华
孤独症儿童课程与教学设计	王 梅
融合教育理论反思与本土化探索	邓 猛
自闭症谱系障碍儿童家庭支持系统	孙玉梅
自闭症谱系障碍儿童团体社交游戏干预	李 芳
孤独症儿童的教育与发展	王 梅 梁松梅

特殊学校教育·康复·职业训练丛书（黄建行 雷江华 主编）

信息技术在特殊教育中的应用	
智障学生职业教育模式	
特殊教育学校学生康复与训练	
特殊教育学校校本课程开发	
特殊教育学校特奥运动项目建设	

21世纪学前教育专业规划教材

学前教育概论	李生兰
学前教育管理学（第二版）	王 雯
幼儿园课程新论	李生兰
幼儿园歌曲钢琴伴奏教程	果旭伟
幼儿园舞蹈教学活动设计与指导（第二版）	董 丽
实用乐理与视唱（第二版）	代 苗
学前儿童美术教育	冯婉贞
学前儿童科学教育	洪秀敏
学前儿童游戏	范明丽
学前教育研究方法	郑福明
学前教育史	郭法奇
外国学前教育史	郭法奇
学前教育政策与法规	魏 真
学前心理学	涂艳国 蔡 艳
学前教育理论与实践教程	王 维 王维娅 孙 岩
学前儿童数学教育与活动设计	赵振国
学前融合教育（第二版）	雷江华 刘慧丽
幼儿园教育质量评价导论	吴 钢
幼儿园绘本教学活动设计	赵 娟
幼儿学习与教育心理学	张 莉
学前教育管理	虞永平
国外学前教育学本文献讲读	姜 勇

大学之道丛书精装版

美国高等教育通史	［美］亚瑟·科恩
知识社会中的大学	［英］杰勒德·德兰迪
大学之用（第五版）	［美］克拉克·克尔
营利性大学的崛起	［美］理查德·鲁克
学术部落与学术领地：知识探索与学科文化	［英］托尼·比彻 保罗·特罗勒尔
美国现代大学的崛起	［美］劳伦斯·维赛
教育的终结——大学何以放弃了对人生意义的追求	［美］安东尼·T.克龙曼
世界一流大学的管理之道——大学管理研究导论	程 星
后现代大学来临？	［英］安东尼·史密斯 弗兰克·韦伯斯特

大学之道丛书

以学生为中心：当代本科教育改革之道	赵炬明
市场化的底限	［美］大卫·科伯
大学的理念	［英］亨利·纽曼
哈佛：谁说了算	［美］理查德·布瑞德利
麻省理工学院如何追求卓越	［美］查尔斯·维斯特

大学与市场的悖论	[美]罗杰·盖格
高等教育公司：营利性大学的崛起	[美]理查德·鲁克
公司文化中的大学：大学如何应对市场化压力	
	[美]埃里克·古尔德
美国高等教育质量认证与评估	
	[美]美国中部州高等教育委员会
现代大学及其图新	[美]谢尔顿·罗斯布莱特
美国文理学院的兴衰——凯尼恩学院纪实	[美]P.F.克鲁格
教育的终结：大学何以放弃了对人生意义的追求	
	[美]安东尼·T.克龙曼
大学的逻辑（第三版）	张维迎
我的科大十年（续集）	孔宪铎
高等教育理念	[英]罗纳德·巴尼特
美国现代大学的崛起	[美]劳伦斯·维赛
美国大学时代的学术自由	[美]沃特·梅兹格
美国高等教育通史	[美]亚瑟·科恩
美国高等教育史	[美]约翰·塞林
哈佛通识教育红皮书	哈佛委员会
高等教育何以为"高"——牛津导师制教学反思	
	[英]大卫·帕尔菲曼
印度理工学院的精英们	[印度]桑迪潘·德布
知识社会中的大学	[英]杰勒德·德兰迪
高等教育的未来：浮言、现实与市场风险	
	[美]弗兰克·纽曼等
后现代大学来临？	[英]安东尼·史密斯等
美国大学之魂	[美]乔治·M.马斯登
大学理念重审：与纽曼对话	[美]雅罗斯拉夫·帕利坎
学术部落及其领地——当代学术界生态揭秘（第二版）	
	[英]托尼·比彻 保罗·特罗勒尔
德国古典大学观及其对中国大学的影响（第二版）	陈洪捷
转变中的大学：传统、议题与前景	郭为藩
学术资本主义：政治、政策和创业型大学	
	[美]希拉·斯劳特 拉里·莱斯利
21世纪的大学	[美]詹姆斯·杜德斯达
美国公立大学的未来	
	[美]詹姆斯·杜德斯达 弗瑞斯·沃马克
东西象牙塔	孔宪铎
理性捍卫大学	眭依凡

学术规范与研究方法系列

如何为学术刊物撰稿（第三版）	[英]罗薇娜·莫瑞
如何查找文献（第二版）	[英]萨莉·拉姆齐
给研究生的学术建议（第二版）	[英]玛丽安·彼得 等
社会科学研究的基本规则（第四版）	[英]朱迪斯·贝尔
做好社会研究的10个关键	[英]马丁·丹斯考姆
如何写好科研项目申请书	[美]安德鲁·弗里德兰德等
教育研究方法（第六版）	[美]梅瑞迪斯·高尔等
高等教育研究：进展与方法	[英]马尔科姆·泰特
如何成为学术论文写作高手	[美]华乐丝
参加国际学术会议必须要做的那些事	[美]华乐丝
如何成为优秀的研究生	[美]布卢姆
结构方程模型及其应用	易丹辉 李静萍
学位论文写作与学术规范（第二版）	李 武 毛远逸 肖东发
生命科学论文写作指南	[加]白青云
法律实证研究方法（第二版）	白建军
传播学定性研究方法（第二版）	李琨

21世纪高校教师职业发展读本

如何成为卓越的大学教师	[美]肯·贝恩
给大学新教员的建议	[美]罗伯特·博伊斯
如何提高学生学习质量	[英]迈克尔·普洛瑟等
学术界的生存智慧	[美]约翰·达利等
给研究生导师的建议（第2版）	[英]萨拉·德拉蒙特等
高校课程理论——大学教师必修课	黄福涛

21世纪教师教育系列教材·物理教育系列

中学物理教学设计	王霞
中学物理微格教学教程（第三版）	张军朋 詹伟琴 王恬
中学物理科学探究学习评价与案例	张军朋 许桂清
物理教学论	邢红军
中学物理教学法	邢红军
中学物理教学评价与案例分析	王建中 孟红娟
中学物理课程与教学论	张军朋 许桂清
物理学习心理学	张军朋
中学物理课程与教学设计	王霞

21世纪教育科学系列教材·学科学习心理学系列

数学学习心理学（第三版）	孔凡哲
语文学习心理学	董蓓菲

21世纪教师教育系列教材

青少年心理发展与教育	林洪新 郑淑杰
教育心理学（第二版）	李晓东
教育学基础	庞守兴
教育学	余文森 王晞
教育研究方法	刘淑杰
教育心理学	王晓明
心理学导论	杨凤云
教育心理学概论	连榕 罗丽芳
课程与教学论	李允
教师专业发展导论	于胜刚
学校教育概论	李清雁
现代教育评价教程（第二版）	吴钢
教师礼仪实务	刘霄
家庭教育新论	闫旭蕾 杨萍
中学班级管理	张宝书
教育职业道德	刘亭亭
教师心理健康	张怀春

现代教育技术	冯玲玉
青少年发展与教育心理学	张清
课程与教学论	李允
课堂与教学艺术（第二版）	孙菊如 陈春荣
教育学原理	靳淑梅 许红花
教育心理学（融媒体版）	徐凯
高中思想政治课程标准与教材分析	胡田庚 高鑫

21世纪教师教育系列教材·初等教育系列

小学教育学	田友谊
小学教育学基础	张永明 曾碧
小学班级管理	张永明 宋彩琴
初等教育课程与教学论	罗祖兵
小学教育研究方法	王红艳
新理念小学数学教学论	刘京莉
新理念小学音乐教学论（第二版）	吴跃跃
初中历史跨学科主题学习案例集	杜芳 陆优君
青少年心理发展与教育	林洪新 郑淑杰
名著导读12讲——初中语文整本书阅读指导手册	文贵良
小学融合教育概论	雷江华 袁维

教师资格认定及师范类毕业生上岗考试辅导教材

| 教育学 | 余文森 王晞 |
| 教育心理学概论 | 连榕 罗丽芳 |

21世纪教师教育系列教材·学科教育心理学系列

| 语文教育心理学 | 董蓓菲 |
| 生物教育心理学 | 胡继飞 |

21世纪教师教育系列教材·学科教学论系列

新理念化学教学论（第二版）	王后雄
新理念科学教学论（第二版）	崔鸿 张海珠
新理念生物教学论（第二版）	崔鸿 郑晓慧
新理念地理教学论（第三版）	李家清
新理念历史教学论（第二版）	杜芳
新理念思想政治（品德）教学论（第三版）	胡田庚
新理念信息技术教学论（第二版）	吴军其
新理念数学教学论	冯虹
新理念小学音乐教学论（第二版）	吴跃跃

21世纪教师教育系列教材·语文教育系列

语文文本解读实用教程	荣维东
语文课程教师专业技能训练	张学凯 刘丽丽
语文课程与教学发展简史	武玉鹏 王从华 黄修志
语文课程学与教的心理学基础	韩雪屏 王朝霞
语文课程名师名课案例分析	武玉鹏 郭治锋 等
语用性质的语文课程与教学论	王元华
语文课堂教学技能训练教程（第二版）	周小蓬
中外母语教学策略	周小蓬
中学各类作文评价指引	周小蓬
中学语文名篇新讲	杨朴 杨旸
语文教师职业技能训练教程	韩世姣

21世纪教师教育系列教材·学科教学技能训练系列

新理念生物教学技能训练（第二版）	崔鸿
新理念思想政治（品德）教学技能训练（第三版）	胡田庚 赵海山
新理念地理教学技能训练（第二版）	李家清
新理念化学教学技能训练（第二版）	王后雄
新理念数学教学技能训练	王光明

王后雄教师教育系列教材

教育考试的理论与方法	王后雄
化学教育测量与评价	王后雄
中学化学实验教学研究	王后雄
新理念化学教学诊断学	王后雄

西方心理学名著译丛

儿童的人格形成及其培养	[奥地利] 阿德勒
活出生命的意义	[奥地利] 阿德勒
生活的科学	[奥地利] 阿德勒
理解人生	[奥地利] 阿德勒
荣格心理学七讲	[美] 卡尔文·霍尔
系统心理学：绪论	[美] 爱德华·铁钦纳
社会心理学导论	[美] 威廉·麦独孤
思维与语言	[俄] 列夫·维果茨基
人类的学习	[美] 爱德华·桑代克
基础与应用心理学	[德] 雨果·闵斯特伯格
记忆	[德] 赫尔曼·艾宾浩斯
实验心理学（上下册）	[美] 伍德沃斯 施洛斯贝格
格式塔心理学原理	[美] 库尔特·考夫卡

21世纪教师教育系列教材·专业养成系列（赵国栋 主编）

微课与慕课设计初级教程	
微课与慕课设计高级教程	
微课、翻转课堂和慕课设计实操教程	
网络调查研究方法概论（第二版）	
PPT云课堂教学法	
快课教学法	

其他

三笔字楷书书法教程（第二版）	刘慧龙
植物科学绘画——从入门到精通	孙英宝
艺术批评原理与写作（第二版）	王洪义
学习科学导论	尚俊杰
艺术素养通识课	王洪义